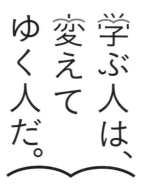

学ぶ人は、変えてゆく人だ。

目の前にある問題はもちろん、

人生の問いや、

社会の課題を自ら見つけ、

挑み続けるために、人は学ぶ。

「学び」で、

少しずつ世界は変えてゆける。

いつでも、どこでも、誰でも、

学ぶことができる世の中へ。

旺文社

大学入試

一問一答 世界史

三訂版

ターゲット 4000

河合塾講師 上住友起

旺文社

本書の特長と使い方

本書の特長

本書は，世界史の大学入試対策として必要十分な，
4,000 問を収録した一問一答形式の問題集です。
基本・標準・応用の 3 レベルに分かれた構成となっているため，
自分のレベル・目標に応じて，集中的・効率的に学習できます。

難関大で差をつけたい
から難関大レベルまで
やるぞ！

共通テストのみの受験
だから入試基礎レベル
をがんばろう。

難関大で差がつく
難関大レベル　応用の 910 問
目標の目安とする大学：慶應義塾大学
上智大学・早稲田大学

難関大で必ず覚える
私大上位レベル　標準の 920 問
目標の目安とする大学：青山学院大学・学習院大学・中央大学・
法政大学・明治大学・立教大学・南山大学・同志社大学・
立命館大学・関西大学・関西学院大学など

共通テスト・私大上位で必ず覚える
入試基礎レベル　基本の 2,170 問
目標の目安とする大学：共通テスト・駒澤大学・専修大学・東洋大学・
日本大学・京都産業大学・龍谷大学・近畿大学・甲南大学など

※ここであげた大学は，あくまで目標の目安です。実際に受験する大学の過去問には必ず目を通し，傾向を
つかむようにしましょう。国立大学の一般的な単答問題は入試基礎レベルでおおよそ対応できますが，論述
問題や特殊な問われ方をする問題に対応するのであれば，私大上位レベルにも目を通しておきましょう。

本書の基本的な使い方

①まずは p.4 からの「『一問一答』の最強の使い方」を確認しましょう。
　一問一答を使用して，効率的に用語を覚えるための学習法を提示しています。

②本文は，ページの左側に問題文，右側に空欄の解答を掲載しています。
　解答は付属の赤シートで隠して確認することができます。

③解けなかった問題（または解けた問題）は，問題文の左端に設けたチェック
　ボックスにチェックを入れて，復習するようにしましょう。

その他の特長

『全国大学入試問題正解』を過去 15 年分以上分析！

各問題には，旺文社の『全国大学入試問題正解』を過去 15 年分以上分析した

出題大学データに基づく，類題を出題している大学名（基本的には近年の問題，選択肢なども含む）を，原則として掲載しています。また，出題データに基づき，よく出ている問題には，「頻出」マークを入れています。

黒太字は重要用語＆ヒント！

問題文中の黒い太字は，空欄以外にも設問の対象となりうる重要用語や，解答を導くためのヒントです。これらの用語も意識して覚えておくように心がけましょう。

問題文も意識して読もう！

問題文の文章は，大学の入試問題で実際に出題された文章ではなく，出されやすい文章，用語を覚えやすい文章としています。また，基本問題の問題文中の用語が標準問題の解答になっていたり，標準問題の問題文中の用語が応用問題の解答になっていたりします。常に問題文を意識して読んでおくことで，次のレベルの学習につながります。

地図・図版・ゴロの覚え方も掲載！

おさえておきたい地図・図版も掲載しています。用語と一緒に確認しておきましょう。また，ゴロを使った用語や年代の覚え方も紹介していますので，活用してみてください。

巻末索引も充実！

巻末索引で，どの用語がどのレベルで出題されているかがすぐにわかります。

 問題文の空欄を補充した文章を音声合成で読み上げた動画を，公式 YouTube チャンネルにて視聴することができます。音声を聞いて耳からも学習することが可能です。

 「頻出」マークのついた問題を，時代問わず，特定のレベルの大学での出題回数データ順に並び替えた，「難関大最終チェック PDF」があります。この本をやり終えたら，ぜひチャレンジしてください。

特典サイト **https://www.obunsha.co.jp/service/syakaitarget/**
※公式 YouTube チャンネル，特典サイトは予告なく終了することがあります。

（諸注意）
※ 解答欄の〔　〕は別解，（　）は省略可を表しています。
※ 問題の解答には，主に，教科書や入試問題でよく扱われる，代表的な人物・事件・作品などの名称及び表記を掲載しています。

『一問一答』の最強の使い方

　『一問一答』は，用語を覚えているかどうか，確認するための参考書です。使い方も簡単で，左段の問題文の空欄にあてはまる用語を答えられるか，確認していくだけです。

　一方，実際の受験問題は多種多様で，単純に用語を暗記しただけでは，太刀打ちできないものが多いのも事実です。

　『一問一答』を用いて，用語をより確実に覚え，実際の試験で使える知識にするため，以下の3点を心がけるようにしましょう。

> ① 教科書や参考書を併用する
> ② スケジュールを立てる
> ③ 復習の時間を設ける

❶ 教科書や参考書を併用する

　もし，まったく学習していない内容があれば，まずは教科書や参考書などで該当する単元の内容を，確認するようにしましょう。公式 YouTube チャンネルの動画・音声を利用してもかまいません。

　『一問一答』を学習していく中で，間違えた内容，理解があやふやな内容は，教科書や参考書で，再確認しましょう。その時に自分なりに気付いたり，記憶の助けとなるポイントをこの本に追加して書き込んだりしてみてもよいでしょう。一通り覚えたらもう一度，教科書を読んでみるのもオススメです。

❷ スケジュールを立てる

　『一問一答』に限らず，参考書はやりきることが重要です。いつまでに終えるか，そのために毎日どれぐらい進めるかを，決めることが大切です。

　本書は，三段階のレベルに分かれているため，最初は「入試基礎レベル」，227ページ分だけを終える，などの使い方が可能です。「入試基礎レベルを1ヶ月で終える」ことを目標にする場合，まず，終了まで31日間と設定します。その際，「日曜は一週間分の復習の日にする」など，知識の定着のための，復習の日を設けましょう。日曜が31日の中に4日あるとして，残りは27日となります。入試基礎レベル227ページを27日で割ると，約8ページを一日に進めればよいことになります。

❸ 復習の時間を設ける

　知識は，アウトプット（ここでは，解答を導き出すこと）を繰り返すことでより深く定着し，すぐに思い出せるようになります。

　以下のような流れで，1日，そして1週間の学習の中で，復習の時間を繰り返し設けることを心がけましょう。

1　まずは，学習する範囲を教科書・音声などで復習する

2　『一問一答』で確認し，解けなかった問題にチェックを入れる

3　解けなかった問題の内容を，改めて教科書などで確認する

4　その日のうちに，解けなかった問題にもう一度取り組む

5　1週間に一度，復習の日を決め，週の学習内容全体をもう一度確認する

これは NG！「だめな使い方」

×「『一問一答』だけで勉強する」

本書は入試に出た問題を分析し，そのうえで問題文を作成しています。ですが，大学入試では様々な形式の問題が出題されます。単純な用語の暗記だけに陥らないよう，前述の通り，教科書や参考書の併用を心掛けましょう。

×「年代・特定の単語と解答だけを覚える」

年代や特定の用語と解答だけをセットで覚えてしまうと，同じパターンの穴埋め問題だけにしか対応できません。入試では，用語の内容を理解していないと解けない正誤判定問題なども多く出題されます。このような問題に対応できるようになるには，問題文の時代や，問題文そのものの内容を意識することが大事です。

解答の用語から，問題文が導き出せるようになったら，記述問題にも対応できる実力が養えたことになります。

問題文を意識した学習をするために，公式 YouTube チャンネルの動画・音声を活用することでさらなる効果が得られます。

×「解ける問題ばかり学習する」

間違えた問題，苦手な問題はつい後回しにしがちです。ですが，間違えた問題，解けなかった問題を，次に似たようなかたちで出題された時には絶対に間違えないようにすることが，実力を伸ばす重要なポイントです。そのためには，チェックボックスを用いて，間違えた問題を記録しておきましょう。復習の時，間違えた問題だけを重点的に学習することで，効率的な学習が可能です。

もくじ

	入試 基礎レベル 基本の 2,170問	私大 上位レベル 標準の 920問	難関大 レベル 応用の 910問
元の文化	72	262	349
イスラーム教の成立と拡大	73	262	349
イスラーム文化	78	264	350
ゲルマン大移動とフランク王国の盛衰	79	265	350
キリスト教の成立と発展	82	266	351
ビザンツ帝国	86	267	351
中世ヨーロッパ	88	268	352
中世のヨーロッパ文化	95	270	353

3章　アジア諸地域の繁栄と近代ヨーロッパの成立

明・清帝国	97	271	354
明・清の文化	106	273	356
ティムール朝とサファヴィー朝	108	274	357
オスマン帝国の盛衰	110	274	357
インドのイスラーム化とムガル帝国	113	276	358
ルネサンス	114	277	359
宗教改革	118	278	359
大航海時代	121	280	360
絶対主義Ⅰ（主権国家体制）	123	280	360
イギリス革命	127	282	361
絶対主義Ⅱ（ドイツ以東）	130	283	361
17～18世紀のヨーロッパ文化	134	284	362

4章　帝国主義時代の世界

産業革命	138	287	363
アメリカの独立	139	288	363
フランス革命とナポレオン	143	289	364
ウィーン体制と自由主義	149	291	364
東方問題とイスラームの革新的動き	151	291	365
アメリカの発展と南北戦争	154	293	366
イタリア・ドイツの統一	157	294	367
19世紀のヨーロッパ諸国	160	295	368

編集協力： 株式会社かえでプロダクション
装丁デザイン： 有限会社アチワデザイン室　前田由美子
本文デザイン： 牧野剛士
本文図版： 株式会社ユニックス
データベース作成等協力： 有限会社トライアングル，株式会社友人社
校閲： 株式会社東京出版サービスセンター，立野高史，和中正太
企画協力： 中森泰樹

共通テスト・私大上位で必ず覚える
入試基礎レベル

基本の2,170問

1章 古代の世界

先史時代

☑01 チンパンジーやゴリラを**類人猿**というのに対し，最古の
人類を a という。彼らは， b を行った。
（駒澤大）

a 猿人
b 直立二足歩行

☑02 この人類として，**約400万年前に南アフリカで出現した**
と考えられるものを という。 （和歌山大）

アウストラロ
ピテクス（群）

☑03 猿人につぐ人類を という。 （東洋大）

原人

☑04 **頻出** この人類は， a などの b といった**道具**を
製作し， c ・**言語**を使用した。 （成城大）

a ハンドアッ
クス
b 打製石器
c 火

☑05 180万〜20万年前に東アフリカにあらわれた原人を，
 a という。この原人として，**インドネシア**で発見さ
れた b や，**中国**で発見された c などが挙げら
れる。 （学習院大）

a ホモ＝エレ
クトゥス
b ジャワ原人
c 北京原人

☑06 **約60万年前**， a とよばれる人類が出現した。彼ら
には，**死者**を b する風習が見られる。 （駒澤大）

a 旧人
b 埋葬

☑07 この人類として，**ドイツ**で最初に発見された a が挙
げられ， b を使用した。 （京都府立大）

a ネアンデル
タール人
b 剝片石器

☑08 **約20万年前**，**現代人と同種**に属する a という人類
が出現し，代表は**南フランス**で発見された b である。
（成城大）

a 新人
b クロマニョ
ン人

☑09 この人類は，**狩猟**などに用いる a や呪術などに用
いる b を作製した。 （駒澤大）

a 骨角器
b 女性裸像

☑ 10 **頻出** **北スペイン**の <u>a</u> や**南フランス**の <u>b</u> では，**洞穴絵画**が発見された。　　　　　　　　　　　（専修大）
a アルタミラ
b ラスコー

☑ 11 中国では，北京原人が見つかった洞穴の上の洞穴で <u>　　　</u> という新人も発見された。　　　　　（学習院大）
周口店上洞人

☑ 12 <u>a</u> 時代の**狩猟・採集**による食料獲得を <u>b</u> という。　　　　　　　　　　　　　　　　　　　（新潟大）
a 旧石器
b 獲得経済

☑ 13 <u>a</u> 時代の**農耕・牧畜**による食料獲得を <u>b</u> という。　　　　　　　　　　　　　　　　　　　（駒澤大）
a 新石器
b 生産経済

☑ 14 **新石器時代**には，打製石器より高度な <u>　　　</u> が製作された。　　　　　　　　　　　　　　　　（京都府立大）
磨製石器

☑ 15 雨水など自然に依存する農業を乾地農法，**人工的に水を供給する農業**を <u>　　　</u> という。　　　（駒澤大）
灌漑農業
（かんがい）

☑ 16 **歴史時代**に対し，文字の登場以前のものを <u>　　　</u> 時代という。　　　　　　　　　　　　　　　（京都大）
先史

古代メソポタミア

メソポタミア文明の成立

☑ 01 <u>a</u> とは，ギリシア語で**"川に挟まれた地域"**を意味する言葉で，一般的に <u>b</u> 川と <u>c</u> 川の間を指している。　　　　　　　　　　　　　　　　　　（近畿大）
a メソポタミア
b・c ティグリス・ユーフラテス（順不同）

☑ 02 古代メソポタミアでは，**都市の中央部**に <u>　　　</u> とよばれる聖塔が建てられた。　　　　　　　（南山大）
ジッグラト

☑ 03 **頻出** これらの川の下流域を中心として，前3000年頃から民族系統不明の <u>　　　</u> 人が**都市国家群**を形成し始めた。神殿を建て，**神権政治**をおこなった。（和歌山大）
シュメール

☑ 04 **頻出** この民族の都市国家としては，<u>a</u> ・ <u>b</u> ・ ラガシュなどが有名である。　　　　　　　（新潟大）
a・b ウル・ウルク（順不同）

☑ 05 この民族は，**粘土板**に <u>　　　</u> とよばれる文字を刻んだ。　　　　　　　　　　　　　　　　　（東海大）
楔形文字
（くさびがたもじ）

☑06 **シュメール人**は，天文学・角度・時間の単位となる**記数法**として，_____ を発明した。　　　　　　　（獨協大）　　　六十進法

☑07 **月の満ち欠けの周期を基準**とする _____ は，シュメール人以降の古代メソポタミアで広く用いられた。この暦で生じる季節とのずれを解消したものは**太陰太陽暦**とよばれる。　　　　　　　　　　　　　　　（獨協大）　　　太陰暦

☑08 シュメール人の都市国家群を征服したセム語族系 _____ a _____ 人の _____ b _____ は，前24世紀頃**メソポタミア最初の統一国家**を建設した。　　　　　（高崎経済大）

　　a アッカド
　　b サルゴン1世

☑09 メソポタミアに侵入した**セム語族系** _____ a _____ 人は，前19世紀初めに**バビロン**を中心として _____ b _____ を建てた。　　　　　　　　　　　　　　　（筑波大）

　　a アムル
　　b バビロン第1王朝〔古バビロニア王国〕

☑10 前18世紀，この国に登場した第6代 _____ a _____ 王は，**シュメール法などを継承**して全282カ条からなる _____ b _____ を成立させた。　　　　　　　　　　　　（神奈川大）

　　a ハンムラビ
　　b ハンムラビ法典

☑11 この法典は， _____ a _____ と身分法を特色としている。この原則は，「 _____ b _____ 」という有名な言葉で表された。　　　　　　　　　　　　　　　　　　（大阪学院大）

　　a 同害復讐法
　　b 目には目を，歯には歯を

☑12 インド・イラン系の東方系言語とゲルマン語・ロマンス語・スラヴ語などの西方系言語を話す人々を総称して _____ 語族とよぶ。　　　　　　　　　　　（関西大）

　　インド＝ヨーロッパ

☑13 頻出 前1800年頃，この語族の _____ が小アジアの**アナトリア高原**に侵入し，先住民族を従え始めた。　（駒澤大）　　　ヒッタイト

☑14 前17世紀頃， _____ によって**北メソポタミア**から東地中海東岸部に版図を持つ国家が建設された。　（南山大）　　　ミタンニ

☑15 バビロン第1王朝の滅亡後， _____ がメソポタミア南部に**バビロン第3王朝**を建てた。　　　　　（南山大）　　　カッシート

☑16 史上初めて**鉄製武器**を用いた**ヒッタイト**は，前14世紀に北メソポタミアの _____ 王国を服属させた。　（南山大）　　　ミタンニ

☑ 17 前13～前12世紀, "[_____]"とよばれる民族系統不明の諸民族がバルカン半島から東地中海一帯に進出し, **ヒッタイト衰退やエジプト弱体化の要因**となった。

(東京学芸大)

海の民

☑ 18 頻出 セム語族系の遊牧民である [a] 人は, **内陸の中継貿易**で活躍した。その中心地は [b] であった。

(東洋大)

a アラム
b ダマスクス

☑ 19 頻出 古代オリエント世界では, **国際商業用語として** [_____] 語が普及した。

(東洋大)

アラム

☑ 20 頻出 セム語族系 [a] 人は, **地中海東岸部**に [b] や [c] など多くの海港都市国家を建て, 前12世紀頃から**地中海交易を独占**し始めた。[c] がアフリカ北岸に建設した植民市は, [d] である。

(京都産業大)

a フェニキア
b シドン
c ティルス
d カルタゴ

☑ 21 この民族が用いた [_____] は, 西方系諸文字の源流となり, **アルファベットの起源**となった。

(京都産業大)

フェニキア文字

☑ 22 前2000年頃にユーフラテス川上流域で遊牧を行っていた [_____] 人は, 前1500年頃から先住民カナーン人を服属させて**パレスチナ**に住み始めた。

(東京学芸大)

ヘブライ

☑ 23 前13世紀, ヘブライ人の伝説的預言者 [_____] が**"出エジプト"**を指導したとされる。

(高崎経済大)

モーセ

☑ 24 ヘブライ人は自らを [_____] と称していた。ユダヤ教成立以降, 彼らは**ユダヤ人**とよばれている。

(関西学院大)

イスラエル人

☑ 25 **イスラエル〔ヘブライ〕王国の第2代** [a] 王は, ペリシテ人を撃破してパレスチナにおけるヘブライ人の優位性を確立し, [b] に都を置いて統一国家を建設した。

(南山大)

a ダヴィデ
b イェルサレム

☑ 26 **イスラエル〔ヘブライ〕王国**は, 第3代 [_____] 王の治世に**全盛期**を迎えた。

(駒澤大)

ソロモン

☑ 27 この王の死後, **イスラエル〔ヘブライ〕王国**は北部の [a] と南部の [b] に分裂した。

(南山大)

a イスラエル
王国
b ユダ王国

☑ 28 ユダ王国滅亡の際, 新バビロニアの王が住民の多くを**強制移住**させた出来事を"[_____]"とよぶ。

(東北学院大)

バビロン捕囚

☑ 29 **頻出** セム語族系民族が建設した □□□ は，前 722 年に
イスラエル王国を滅ぼすなどして，**初のオリエント統一**
へと動いた。 (駒澤大)

アッシリア

☑ 30 オリエントを統一したこの帝国は，□□□ 王の下で**最大
版図を形成**し，アラビアやエジプトまでも領内に組み込
む"世界帝国"を形成した。 (早稲田大)

アッシュルバ
ニパル

☑ 31 この王の時代，当時の首都 □□□ には，壮麗な宮殿や大
図書館などが建造された。 (名古屋大)

ニネヴェ

☑ 32 この国は前 612 年に滅亡し，オリエントに 4 つの王国が
分立した。そのうち，**小アジア南西部**で栄えた □a□ で
は，**世界最古の** □b□ が使用された。 (駒澤大)

a リディア
b 金属貨幣

☑ 33 **分立した 4 王国のうち，最も広大な版図**を有した
□□□ は，インド＝ヨーロッパ語族系**イラン人（ペルシア
人）初**の国家だった。 (京都産業大)

メディア

☑ 34 セム語族系民族の建てた □□□ 王国は，**メソポタミア主
要部を支配**し，アッシリアから自立した **4 王国の中で最
も強勢**を誇った。 (北海学園大)

新バビロニア
〔カルデア〕

☑ 35 **頻出** ナイル川流域の国家である □□□ は，第 26 王朝時
代にアッシリアの支配から脱却した。 (九州大)

エジプト

☑ 36 **頻出** イラン高原南西部の**ペルシア人**が建てた □□□ 朝は，
前 550 年にメディアを滅ぼして自立し，前 330 年に滅
亡するまで**全オリエントを支配**して栄えた。 (駒澤大)

アケメネス
〔アカイメネス〕

☑ 37 この王朝の版図は，第 3 代 □□□ の時代，東のインダス
川流域から西のエーゲ海・黒海沿岸部にまで及んだ。
(駒澤大)

ダレイオス 1 世

■ 四国分裂を整理しよう！

エジプト	エジプト語族系	エジプト	サイス朝
リディア	インド＝ヨーロッパ語族系	小アジア	商業が発達
新バビロニア	セム語族系	メソポタミア	4 国中最も富強
メディア	インド＝ヨーロッパ語族系	イラン高原	4 国中最も広大

☑38 第3代**ダレイオス1世が建設を始めた** a は，神事を
行う場所として用いられるようになった。一方，行政の
首都は b であった。 (東洋大)

a ペルセポリス
b スサ

☑39 アケメネス朝では， a とよばれる**州の長官（知事）**が，
王によって任命され， b （州）へ派遣された。
(駒澤大)

a サトラップ
b サトラッピア
〔サトラ〕

☑40 中央集権的統制のため，州の長官や地方の状況を**王直属
の監察官**" "に巡察させた。 (首都大学東京)

王の目・王の耳

☑41 ダレイオス1世によって" "とよばれる長距離の
国道の建設が始められ，**駅伝制**が整備された。 (和歌山大)

王の道

☑42 頻出 ダレイオス1世の時代，アケメネス朝と**ギリシア諸ポ
リス**との間で 戦争が始まった。 (東洋大)

ペルシア

■ 古代オリエントの国々を地図で確認しよう！

☑ 43 新バビロニアによる約 50 年に及ぶ**"バビロン捕囚"**から　　　　a ヤハウェ
解放された**ヘブライ人**は，帰国後　a　を唯一神とする　　　　b ユダヤ教
　b　を成立させた。　　　　　　　　　　　　　　　（名古屋大）

☑ 44 **ユダヤ教**の教典は『　a　』であり，ユダヤ教には，ユダ　　　a 旧約聖書
ヤ民族を破滅から救う　b　が現れるとする思想があ　　　　　b メシア
る。　　　　　　　　　　　　　　　　　　　　　　（駒澤大）　　　　〔救世主〕

☑ 45 **ユダヤ教**には，神との契約をかわしている**ユダヤ人のみ**　　　選民思想
が救済されるという　　　　がある。　　　　　（大阪大）

☑ 46 **頻出** 前 7 世紀頃に成立したイラン人の宗教　　　　は，　　　ゾロアスター教
善悪二元論に基づき，**拝火教**ともよばれる。　　　（日本大）

☑ 47 **ゾロアスター教**は，世界を光明・善の最高神　a　と暗　　　　a アフラ゠マ
黒・悪の神　b　の対立からとらえる。　　（首都大学東京）　　　ズダ
　　　　　　　　　　　　　　　　　　　　　　　　　　　　　　　　b アーリマン

☑ 48 **頻出** **ゾロアスター教**の　　　　思想は，後のユダヤ教やキ　　　最後の審判
リスト教にも大きな影響を与えたとされる。　　　（北海道大）

■ **アケメネス朝の重要事項は君主と合わせて**
力業で覚えよう！
◎**アケメネス朝の重要君主は"キュロカンダクダレ"**
··
→**キュロ**ス 2 世：メディア・リディア・新バビロニア（カルデア）を滅ぼす
→**カン**ビュセス 2 世：エジプト征服（オリエント統一）
→**ダレ**イオス 1 世：第 1 次・第 2 次ペルシア戦争（マラトンの戦い）
→**ク**セルクセス 1 世：第 3 次ペルシア戦争（サラミスの海戦）
→**ダレ**イオス 3 世：アレクサンドロス大王の東方遠征で敗北

古代エジプト

☑ 01 **ナイル川の恵み**に支えられた古代エジプトの繁栄は，古　　　a ヘロドトス
代ギリシアの歴史家　a　の「　b　」という言葉に象　　　b エジプトは
徴される。　　　　　　　　　　　　　　　（大阪経済大）　　　ナイルの賜物

☑ 02 **古代エジプトの王**は，**"大きな家"**を意味する　　　　と　　　ファラオ
よばれ，**太陽神ラーの子**として君臨した。　　　（福岡大）

☑03 古代エジプトでは，**1年が365日**の ☐ a ☐ が用いられた。また，ナイル川の氾濫に対する土地区画の手段として ☐ b ☐ が発達した。　　　　　　（早稲田大）

a 太陽暦
b 測地術

☑04 前3000年頃，**上(かみ)エジプト**の王**メネス**は，下(しも)エジプトを押さえる要として都 ☐☐☐☐ を建設し，**エジプト初の統一**を達成した（第1王朝）。　　　　　（大阪経済大）

メンフィス

☑05 前27〜前22世紀，この都市を中心として**第3〜第6王朝**が栄えた。この約500年間を ☐☐☐☐ 時代とよぶ。　　　　　　（京都府立大）

古王国

☑06 この時代，ファラオの権力が絶大になるにつれて，その**巨大墳墓**とされる ☐☐☐☐ が作られるようになった。　　　　　　（京都産業大）

ピラミッド

☑07 頻出 その最大のものは，**第4王朝**の ☐☐☐☐ 王によって作られた。　　　　　　（駒澤大）

クフ

☑08 古代エジプトでは，**太陽神** ☐☐☐☐ が主神とされた。また，人間の死後の審判を行う神として**オシリス**が知られている。　　　　　　（神戸学院大）

ラー

☑09 前21〜前18世紀の**第11・第12王朝**期を ☐☐☐☐ 時代とよぶ。　　　　　　（明治大）

中王国

☑10 この時代と後の新王国時代には，ナイル川中流にある ☐☐☐☐ が首都とされた。　　　　　　（京都産業大）

テーベ

☑11 頻出 中王国時代の末期，**軍馬**と**戦車**を持つ遊牧民 ☐☐☐☐ がシリア地方から侵入し，ナイル川下流のデルタ地帯を支配して第15・第16王朝を建てた。　　　　　　（南山大）

ヒクソス

☑12 **上エジプト**に発生した第17・18王朝によって，**この遊牧民はデルタ地帯から放逐**された。これによって，前16世紀に ☐☐☐☐ 時代が到来した。　　　　　　（立命館大）

新王国

☑13 **ネフェルティティ**を妃に迎えた第18王朝のファラオ ☐☐☐☐ は，前14世紀に**唯一神アトンの信仰を強制**して宗教改革を行った。　　　　　　（大妻女子大）

アメンホテプ4世〔イクナートン〕

☑14 この時代に ☐☐☐☐ へと都が遷されたが，この王**一代限りの首都**となった。

テル＝エル＝アマルナ

☑ 15 **アメンホテプ4世**の時代，写実的な　　　　美術が栄えた。 アマルナ

（駒澤大）

☑ 16 エジプト繁栄期最後のファラオといわれる第19王朝の
　　　　は，**カデシュの戦い**で**ヒッタイト**と争った。 ラメス2世
〔ラメセス2世〕

（南山大）

☑ 17 頻出 **アレクサンドロス大王没後のエジプト**は，この地を治 プトレマイオス
めた彼の部将の名前から，　　　　朝エジプトとよばれる
ようになった。

（駒澤大）

☑ 18 頻出 この王朝は，アレクサンドロスが東方遠征中**ナイル川 アレクサンド
河口**に建設した都市　　　　を中心として栄えた。 リア （東洋大）

☑ 19 前31年，**プトレマイオス朝最後の王**　　　　が**オクタウィ クレオパトラ
アヌス**に敗れ，エジプトはローマの属州になった。

（聖心女子大）

☑ 20 古代エジプト人が**霊魂不滅**を信じて加工保存した遺体を ミイラ
　　　　とよぶ。 （名古屋大）

☑ 21 古代エジプトの**正式な文書**などには，　　　　とよばれる 神聖文字
文字が使用された。 （明治学院大） 〔ヒエログリフ〕

☑ 22 **神聖文字を最も簡略化した文字**は　　　　である。 民用文字〔デ
（日本女子大） モティック〕

☑ 23 **ナポレオンのエジプト遠征の際に発見された**　　　　が， ロゼッタ＝ス
これらの文字を解読する手掛かりとなった。 （東洋大） トーン

☑ 24 フランス人考古学者　　　　が**神聖文字の解読**に成功し シャンポリオン
た。 （南山大）

☑ 25 古代エジプトの文字は，　　　　とよばれる書写材料に書 パピルス
かれていた。 （明治大）

☑ 26 古代エジプト人は，**死後の世界の案内書**として『　　　　』 死者の書
を副葬した。 （九州大）

古代ギリシア

☑ 01 **エヴァンズ**が発見した ▢ a ▢ 文明は，**エーゲ海最大の島**
で栄えた，**平和かつ明るい海洋文明**だった。前 2000 年
頃，▢ b ▢ を中心とする王国がこの島を統一したと考
えられている。 （成城大）

a クレタ
b クノッソス

☑ 02 前 1600 年頃，南下したギリシア人によって**ペロポネソ
ス半島を中心**に内陸的で尚武的な ▢▢▢ 文明が興った。
（成城大）

ミケーネ

☑ 03 **クレタ文明・ミケーネ文明**では，▢▢▢ とよばれる文字
が使用された。 （京都大）

線文字

☑ 04 **ミケーネ文明**の時代，ペロポネソス半島においては**ミケーネ・
▢▢▢・ピュロス**などの王国が中心となった。 （甲南大）

ティリンス

☑ 05 頻出 ミケーネ文明の遺跡や**トロイア遺跡**は，『**古代への情
熱**』で有名な 19 世紀ドイツの考古学者 ▢▢▢ によって
発掘された。 （甲南大）

シュリーマン

☑ 06 前 1200 年頃，**ギリシア人の第 2 次南下**としてペロポネ
ソス半島に ▢▢▢ 人が定住した。 （名古屋大）

ドーリア

☑ 07 前 1200 〜前 800 年頃の 400 年間は，**歴史的に不明瞭**
であることから，▢▢▢ とよばれている。 （学習院大）

暗黒時代

☑ 08 **アテネ**や**ミレトス**を建てたギリシア人の一派を ▢ a ▢ 人，
バルカン半島北部から小アジア北部に分布した一派を
▢ b ▢ 人とよぶ。 （京都産業大）

a イオニア
b アイオリス

☑ 09 頻出 ギリシア人は，先住民に軍事上対抗するため，貴
族を中心とする**集住（シノイキスモス）**などによって
▢▢▢ を形成した。 （一橋大）

ポリス
〔都市国家〕

■ 古代ギリシアの自然哲学者は勿業で覚えよう！
◎自然哲学者 "ヘタデモピ"

→**ヘ**ラクレイトス："万物は流転する"（変化）→観念論哲学（ヘーゲル）へ
→**タ**レス（哲学の父）："万物の根源は水である"（日食も予言）
→**デモ**クリトス："万物の根源は原子である"（唯物論）→エピクロス派へ
→**ピ**タゴラス："万物の根源は数である"→地動説

☑ 10 前 8 世紀以降，**マッサリアやビザンティウム**など周辺各　　植民市
地でギリシア人が _____ を建設した。　　　　　　（名古屋大）

☑ 11 ポリスにおいて，**中心部の小高い丘を** [a]，政治や経　　a アクロポリス
済活動が行われていた**公共の広場を** [b] とよぶ。　　b アゴラ
　　　　　　　　　　　　　　　　　　　　　　　（駒澤大）

☑ 12 ギリシア人は，自らのことを [a] とよぶ一方，他民族　　a ヘレネス
のことを [b] とよんで蔑視した。　　　　　　（東洋大）　　b バルバロイ

☑ 13 4 年に一度，ポリス間では神事 _____ が開催された。　　オリンピアの祭典
　　　　　　　　　　　　　　　　　　　　　　　（駒澤大）　　〔 オ リ ン ピ ア
　　　　　　　　　　　　　　　　　　　　　　　　　　　　　競技会〕

☑ 14 頻出 **ドーリア人の都市国家** _____ は，肥沃なラコニア地　　スパルタ
方を支配していた。　　　　　　　　　　　　　（専修大）

☑ 15 このポリスにおいて，_____ とよばれる**劣格市民**は農耕　　ペリオイコイ
よりも蔑まれていた商工業に従事していた。（神戸学院大）

☑ 16 頻出 スパルタに抵抗した人々は**国有奴隷** _____ とされ，　　ヘイロータイ
完全市民の土地を耕作させられた。　　　　　（北海道大）　　〔ヘロット〕

☑ 17 スパルタの完全市民は，自分たちの支配を維持するため，　　リュクルゴス
伝説の立法者 _____ による法を用いた。　　　（北海道大）

アテネ民主政の展開

☑ 18 前 8 世紀頃，**アテネは王政から** _____ に移行していっ　　貴族政
た。　　　　　　　　　　　　　　　　　　　　（東洋大）

☑ 19 **自弁で武具を用意出来る平民**が出現し，_____ として　　重装歩兵
戦争で活躍するようになった。　　　　　　　　（大阪大）

☑ 20 前 621 年，**立法者** _____ によって，貴族が支配してい　　ドラコン
た**慣習法が成文化**された。　　　　　　　　（愛知教育大）

☑ 21 頻出 貴族と平民の対立が深まる中，_____ が前 594 年　　ソロン
アルコン（執政官） に就任して，両者の調停に乗り出した。
　　　　　　　　　　　　　　　　　　　　　　　（専修大）

☑ 22 この人物は，貴族を含む市民を**財産額に応じて 4 ランク**　　財産政治
に分け，権利と義務に差別化を設ける _____ を行った。
　　　　　　　　　　　　　　　　　　　　　　　（日本大）

☑ 23 身体を抵当に入れて借金し，返済できずに奴隷となった人々を ▭ とよぶ。その救済のため，**ソロン**が負債の帳消しを行い，市民の ▭ 化を禁止した。　　　（龍谷大）

債務奴隷

☑ 24 前 561 年，僭主（せんしゅ） ▭ は亡命貴族の土地や財産を平民に分配し，その自立を促進させた。　　　（龍谷大）

ペイシストラトス

☑ 25 アテネ民主政の基礎は，前 6 世紀に ▭ a ▭ によって確立された。**彼は僭主になることが予測される人物を排斥**するため， ▭ b ▭ を開始した。また，部族制を解体し， ▭ c ▭ という行政単位（区）を制定した。　　　（神戸学院大）

a クレイステネス

b 陶片追放〔オストラキズム〕

c デーモス

ペルシア戦争

☑ 26 前 500 年，アケメネス朝ペルシアに対して ▭ a ▭ を中心とする ▭ b ▭ 植民市が反乱を起こしたことが，**ペルシア戦争**のきっかけになった。　　　（獨協大）

a ミレトス

b イオニア

☑ 27 **アテネの重装歩兵軍**は，前 490 年の ▭ の戦いでペルシア軍を撃退した。　　　（南山大）

マラトン

☑ 28 頻出 **アテネ海軍**は， ▭ の海戦でペルシア艦隊を壊滅状態に追い込んだ。　　　（駒澤大）

サラミス

☑ 29 アテネの ▭ a ▭ は，ペルシア艦隊を**サラミス水道**におびき寄せて壊滅状態に追い込んだ。この際，**アテネの無産市民**たちが ▭ b ▭ の漕ぎ手として活躍した。　　　（名城大）

a テミストクレス

b 三段櫂船（さんだんかいせん）

■ ペルシア戦争の重要事項は**カ業**で覚えよう！

◎ペルシア戦争 "マッ テ サラ と プラ ミ ちゃん"

→**マッ**⇒**マ**ラトンの戦い：第 2 次・前 490
→**テ**⇒**テ**ルモピレーの戦い：スパルタ軍玉砕（レオニダス王戦死）
→**サラ**と⇒**サラ**ミスの海戦：アテネ海軍（byテミストクレス）勝利
→**プラ**⇒**プラ**タイアの戦い：アテネ・スパルタ連合軍勝利
→**ミ**ちゃん⇒**ミ**カレー岬の戦い（in小アジア沖）：ペルシア敗退

☑ 30 　　a　　の戦いやミカレー岬の戦いにより，ペルシア戦争におけるギリシア側の勝利が決定的となった。その後，ペルシアの再侵攻にそなえ，アテネを盟主に　　b　　という軍事同盟が結成された。　　　　　（南山大）

a プラタイア
b デロス同盟

☑ 31 頻出 15年連続で将軍に選出された　　　　　は，アテネを指導し**古代民主政**を完成させた。　　　　　（名古屋大）

ペリクレス

☑ 32 頻出 18歳以上の全男子市民の**直接民主政**による総会を　　　　　とよぶ。　　　　　（近畿大）

民会
〔エクレシア〕

☑ 33 ペリクレスの友人である建築家**フェイディアス**は，力強さをアピールするドーリア式で　　　　神殿を再建した。　　　　　（日本大）

パルテノン

☑ 34 **スパルタやコリントスを中心**とする　　　　　同盟は，デロス同盟結成以前からペロポネソス半島で大きな力を持っていた。　　　　　（大阪学院大）

ペロポネソス

☑ 35 前431〜前404年，ギリシアでは　　　　　とよばれる大規模かつ**長期にわたる戦争**が起こった。　　　　　（愛知教育大）

ペロポネソス
戦争

☑ 36 **スパルタ**は，前371年の**レウクトラの戦い**で新興勢力　　　　　に敗れた。その後も，ギリシアでは抗争が繰り返された。**傭兵**が盛んに用いられ，**市民皆兵**の原則は失われていった。　　　　　（甲南大）

テーベ

ヘレニズム時代

☑ 37 都を**ペラ**とする　　　　　は，**ギリシア北方**を中心に農耕を基盤とする集落を統合支配する部族国家（王国）だった。　　　　　（駒澤大）

マケドニア

☑ 38 この国は，王　　a　　の下で大国に成長し，前338年の　　b　　の戦いで**アテネとテーベの連合軍**を破った。　　　　　（名城大）

a フィリッポ
ス2世
b カイロネイア

■ 古代ギリシアの重要事項は ゴロで覚えよう！

（参政権の拡大）

立法政治（前 <u>621</u>年, ドラコン）

⬇　浪人1回

財産政治（前 <u>594</u> 年, ソロン）

⬇　獄死の

僭主政治（前 <u>561</u>年, ペイシストラトス）

⬇　ころあい見て独裁

民主政治（前 <u>508</u>年, クレイステネス）

号令発する

> **ペルシア戦争**
> （前 <u>500</u> ～前 <u>449</u> 年）
> イオニアの反乱　カリアスの和約
>
> 無産市民＝軍船
> ➡参政権

ペリクレス時代
（前 <u>443</u> ～前 <u>429</u> 年）
民会→ 18 歳以上の
男子市民

◎<u>子細を知れよ</u> ペロポネソス戦争
　4 3 1　　4 0 4

⇒前 <u>431</u> ～前 <u>404</u> 年　ペロポネソス戦争の勃発

◎<u>さんざんやられる</u> カイロネイア
　3 3 8

⇒前 <u>338</u> 年　カイロネイアの戦いでマケドニアが勝利

◎<u>さーさしっかり</u> 東方遠征
　3 3 4

⇒前 <u>334</u> 年　アレクサンドロス大王が東方遠征を開始

◎<u>アンセプト</u> 色は無残に滅ぼされ
　1 6 8　6 3　　3 0

⇒前 <u>168</u> 年：**アン**ティゴノス朝マケドニアがローマの攻撃で滅亡
⇒前 <u>63 (64)</u> 年：**セ**レウコス朝シリアがポンペイウスの攻撃で滅亡
⇒前 <u>30</u> 年：**プト**レマイオス朝エジプトがクレオパトラの自決により滅亡

☑39 フィリッポス 2 世が自ら盟主となり，前 337 年にスパル　　コリントス
　　タを除いた全ポリスに ▢ 同盟を結成させた。　　　　　　〔ヘラス〕

　　　　　　　　　　　　　　　　　　　　　　　　（首都大学東京）

☑40 頻出 前 334 年，マケドニアの ▢ 大王はペルシアへの　　アレクサンド
　　遠征（**東方遠征**）を開始し，アケメネス朝を滅ぼした。　　ロス

　　　　　　　　　　　　　　　　　　　　　　　　（愛知教育大）

☑41 この大王は，前 333 年の ▢ の戦いと前 331 年にティ　　イッソス
　　グリス川中流で行われた**アルベラ**（ガウガメラ）の戦いで
　　ペルシア王ダレイオス 3 世率いる大軍に圧勝した。

　　　　　　　　　　　　　　　　　　　　　　　　（南山大）

☑42 この大王の治世において，帝国内での公用語は ▢　　　　コイネー
　　とよばれた。　　　　　　　　　　　　　　　　（九州大）

☑43 頻出 この大王が前 323 年にバビロンで病死した後，彼の　　後継者〔ディ
　　部将たちは ▢ の座をめぐって対立した。　（近畿大）　アドコイ〕

☑44 この大王の没後，**ギリシア**から小アジアの一部にわたっ　　アンティゴノス
　　て建てられた ▢ は，前 168 年ローマに滅ぼされた。　　朝マケドニア

　　　　　　　　　　　　　　　　　　　　　　　　（京都産業大）

☑45 この大王の没後，**西アジア**の大部分を勢力範囲とした　　セレウコス朝
　　▢ は，西は小アジア，東はインダス川に至る広大な　　シリア
　　版図を形成した。　　　　　　　　　　　　　　（京都産業大）

☑46 前 3 世紀半ば，この国の支配から自立したギリシア系住　　バクトリア
　　民が，中央アジアの**アム川上流域**で ▢ 王国を建設し
　　た。　　　　　　　　　　　　　　　　　　　　（日本大）

☑47 アレクサンドロス大王の部下が**エジプト**に建国した　　　プトレマイオ
　　▢ は，**ヘレニズム世界の中心**的国家となった。　　ス朝エジプト

　　　　　　　　　　　　　　　　　　　　　　　　（京都産業大）

☑48 プトレマイオス朝の首都**アレクサンドリア**には，天文学や　　ムセイオン
　　幾何学などヘレニズム自然科学の**大研究機関（王立研究
　　所）**である ▢ が建てられた。　　　　　（駒澤大）

ギリシア・ヘレニズム文化

☑ 01 **頻出** 前 8 世紀頃, ギリシア二大叙事詩人の一人 ⬚ は, **ギリシア神話の大成者**としても活躍した。　　　　（甲南大）

ホメロス

☑ 02 この詩人は, **トロイア戦争を題材**にした二大叙事詩『 a 』と『 b 』を残している。　　　　（駒澤大）

a・b イリアス・オデュッセイア（順不同）

☑ 03 ギリシア二大叙事詩人の一人 ⬚ は, 『**労働と日々**』で農耕の尊さを説いた。　　　　（駒澤大）

ヘシオドス

☑ 04 この詩人は, **叙事詩**『 ⬚ 』でオリンポス 12 神の系譜を語った。　　　　（西南学院大）

神統記

☑ 05 前 7 ～前 6 世紀, レスボス島出身の女性叙情詩人 ⬚ が活躍した。　　　　（駒澤大）

サッフォー

☑ 06 『**アガメムノン**』などを残したアテネの三大悲劇詩人の一人 ⬚ は, マラトンの戦い・サラミスの海戦に参戦したことで知られる。　　　　（駒澤大）

アイスキュロス

☑ 07 この人物のほか, 『**オイディプス王**』などを残した a と, 『**メディア**』などを残した b がアテネの三大悲劇詩人として挙げられる。　　　　（駒澤大）

a ソフォクレス
b エウリピデス

☑ 08 **頻出** ペリクレス時代に活躍した a は, **アテネ最大の喜劇作家**で, 反戦をテーマに『 b 』を残した。　　　　（近畿大）

a アリストファネス
b 女の平和

☑ 09 イオニア自然哲学の代表はミレトス出身の哲学者 ⬚ で, 「**万物の根源は水**」であると考えた。彼は前 585 年の日食を予言したとされる。　　　　（京都産業大）

タレス

☑ 10 「**万物の根源は数**」であると考えた ⬚ は, 南イタリア・クロトンで一種の宗教団体を設立した。　　　　（駒澤大）

ピタゴラス

☑ 11 **頻出** 歴史家 ⬚ は, 大旅行で得られた見聞からペルシア戦争を主題とする『**歴史**』を著した。　　　　（専修大）

ヘロドトス

☑ 12 歴史家 ⬚ は, **ペロポネソス戦争**に限定した科学的歴史記述によって, 『**歴史**』を著した。　　　　（東洋大）

トゥキディデス

☑13 小アジア・コス島出身の□□は、"**医学の父**"といわれた。 (西南学院大)

ヒッポクラテス

☑14 前5世紀，民主政最盛期のアテネでは□a□とよばれる**弁論・修辞の職業教師**が活躍した。その代表的人物である□b□は、「**人間が万物の尺度**」という言葉を残した。 (愛知教育大)

a ソフィスト
b プロタゴラス

☑15 **頻出** ペロポネソス戦争に従軍した□□は、デルフィの信託から「**無知の知**」を自覚した。 (駒澤大)

ソクラテス

☑16 **この人物の弟子**□□は、真に存在するのは善や美という**イデア**であると説いた。彼は著書『国家』で**哲人政治**を理想とした。 (東洋大)

プラトン

☑17 **頻出** この人物の弟子□□は、諸学の集大成者として"**万学の祖**"とよばれ、「**人間はポリス的動物である**」という言葉を残すなど、後世に大きな影響を及ぼした。マケドニアからアテネに帰った彼は、リュケイオンとよばれる学園を開設した。 (東洋大)

アリストテレス

ヘレニズム文化

☑18 ヘレニズム時代の影響で広まった，国家や民族の枠を超え，世界全体を一つの共同体とする考えを、□□という。 (東京大)

世界市民主義
〔コスモポリタ
ニズム〕

☑19 キプロス島出身の哲学者□□は、**禁欲主義**による心の平静を説いた（**ストア派**）。 (駒澤大)

ゼノン

☑20 哲学者□□は、精神的な**快楽主義**による心の平静を説いた。 (駒澤大)

エピクロス

☑21 ギリシアの数学者□□は、**平面幾何学**を大成して『**幾何学原論**』を著した。 (東洋大)

エウクレイデス
〔ユークリッド〕

☑ 01 古代ローマでは，大土地所有者としてさまざまな権利を独占した**貴族**を　a　，中小土地所有者だった平民を　b　といった。 (大阪学院大)

a パトリキ
b プレブス

☑ 02 【頻出】前 509 年，ローマは　a　人の**王を追放して**　b　になった。 (日本大)

a エトルリア
b （貴族）共和政

☑ 03 【頻出】この体制下では，任期 1 年で 2 名からなる高位官職の　a　や，**官職経験者によって構成される**　b　が力を持った。 (東洋大)

a コンスル
〔執政官〕
b 元老院

☑ 04 **戦争などの非常時**，元老院の提案でコンスルの中から 1 人，全権を委任される　　　　が任命された。 (津田塾大)

ディクタトル
〔独裁官〕

☑ 05 **イタリア半島を統一**する際，**平民は重装歩兵**となって戦い，社会的地位の向上や権利拡大を目指して，政治的に既得権をもつ貴族に対抗して　　　　を起こした。 (日本女子大)

身分闘争

☑ 06 前 494 年，　　　　という**平民の権利を保護**する官職が出来た。 (甲南大)

護民官

☑ 07 前 450 年頃，　　　　という**成文法**が出来た。 (東洋大)

十二表法

☑ 08 前 367 年，**コンスルのうち 1 名は平民から選出**することなどを定めた　　　　が制定された。 (大阪学院大)

リキニウス・セクスティウス法

☑ 09 前 287 年，**平民会の決定が元老院の承認なしに国法となる**ことを定めた　　　　が制定された。 (東洋大)

ホルテンシウス法

☑ 10 前 3 世紀頃，西地中海沿岸を中心として**フェニキア人の植民市**　a　が勢力を誇っていた。一方，南イタリアのギリシア人植民市　b　は，前 272 年にローマに占領された。これにより**イタリア半島が統一**された。 (東洋大)

a カルタゴ
b タレントゥム

☑ 11 ローマは征服したイタリア半島内の諸都市と，それぞれ内容が異なった同盟関係を構築し，**都市相互の対立を助長し団結を防ぐ**　　　　を採用した。 (大阪大)

分割統治

☑12 イタリア半島南部からシチリア島にかけて広がるギリシ
ア人植民市群の支配確立を狙う**ローマ**は，　a　と前
264 年以降 3 次にわたる　b　を繰り広げた。　(東京大)

a カルタゴ
b ポエニ戦争

☑13 頻出 **第 1 回ポエニ戦争**は，前 264 年に　a　島を主
戦場として始まった。戦争の結果，ローマはこの島を
　b　にした。　(東京大)

a シチリア
b 属州

☑14 頻出 この戦争において，ローマの重装歩兵は　a　率
いるカルタゴに**カンネーの戦い**で大敗したが，ザマの戦
いでローマの将軍　b　はこれを破った。　(専修大)

a ハンニバル
b スキピオ

☑15 頻出 ローマ社会において，新しく得た領土で奴隷を用い
て行った**大農園経営**を　　　　とよぶ。　(専修大)

ラティフンディ
ア
〔ラティフン
ディウム〕

内乱の一世紀

☑16 **中小農民の没落**という危機の中，前 133 年に護民官と
なった　　　　は，**リキニウス・セクスティウス法の復活**
により大都市所有の制限，自作農創設による市民軍の再
建を提唱したが，結局失敗に終わった。　(東洋大)

(ティベリウス
＝) グラックス

☑17 **平民会を支持基盤**とする反元老院派のグループを
　a　とよぶ。これに対し，**元老院を支持基盤**とするグ
ループを　b　という。彼らは，シチリア島の奴隷反乱
などを鎮圧して功績を争った。　(学習院大)

a 平民派
b 閥族派

☑18 平民出身の　　　　は，**無産市民に俸給**を約束して訓練
を施し，自らの兵として**ユグルタ戦争**に用いる兵制改革
を行った。　(獨協大)

マリウス

☑19 **同盟市戦争**では，この人物の副官として　　　　が活躍
した。　(立命館大)

スラ

☑20 頻出 閥族派の　　　　は，前 73 年に始まる剣闘士**スパル
タクスの反乱**や 25 年にわたる**ミトリダテス戦争**を平定し，
力を持つようになった。　(東洋大)

ポンペイウス

☑ 21 **カエサル・ポンペイウス・クラッスス**という，元老院に対抗する有力者 3 人の秘密盟約により，前 60 年から ☐ が始まった。　　　　　　　　　　（東洋大）

第 1 回三頭政治

☑ 22 カエサルの養子だった**オクタウィアヌス**とカエサルの部下だった**アントニウス・レピドゥス**の 3 人は，前 43 年に共和派に対抗して ☐ を始めた。　　　　　（東洋大）

第 2 回三頭政治

☑ 23 レピドゥスが失脚した後，アントニウスは**プトレマイオス朝**の女王 ☐ と手を結んだ。　　　（聖心女子大）

クレオパトラ

☑ 24 前 31 年，**オクタウィアヌス**は ☐ の海戦でアントニウスとこの女王を破った。　　　　　　　　（成城大）

アクティウム

帝政ローマ

☑ 25 **オクタウィアヌス**は，前 28 年に**"筆頭市民"**を意味する ☐ と自称した。　　　　　　　　　　（専修大）

プリンケプス

☑ 26 **オクタウィアヌス**は，前 27 年に**"尊厳者"**を意味する ☐a☐ の称号を元老院から得た。彼以降，ローマでは ☐b☐ が始まった。　　　　　　　　　　　（駒澤大）

a アウグストゥス
b プリンキパトゥス〔元首政〕

☑ 27 ☐ 帝から**マルクス＝アウレリウス＝アントニヌス**帝までの治世を**五賢帝時代**という。　　　　　（成城大）

ネルウァ

☑ 28 オクタウィアヌスから**五賢帝時代**（96 〜 180 年）まで，**ローマが比較的安定し繁栄した時代**を ☐ とよぶ。

パックス＝ロマーナ
〔ローマの平和〕

☑ 29 頻出 **五賢帝** 2 人目の ☐ 帝は，現ルーマニアからメソポタミアに領土を拡大し**最大版図**を形成した。（東洋大）

トラヤヌス

☑ 30 この皇帝を継いだ**五賢帝 3 人目**の ☐ 帝は，拡大したローマの領土を維持することに専念し，各地に防壁（**ローマの長城**）を建設した。　　　　　　（東海大）

ハドリアヌス

☑ 31 五賢帝 4 人目は ☐ 帝である。　　（獨協大）

アントニヌス＝ピウス

☑ 32 五賢帝最後の a 帝は，**ストア派**哲学に傾倒して**"哲人皇帝"**ともよばれ，ギリシア語で『 b 』を著した。 (駒澤大)

a マルクス＝アウレリウス＝アントニヌス
b 自省録

☑ 33 彼は『**後漢書**』の中で□□□□と記されている。 (駒澤大)

大秦国王安敦

☑ 34 **頻出** □□□□帝は，212 年**アントニヌス勅令**を出して帝国内の**全自由民にローマ市民権**を与えた。 (東洋大)

カラカラ

☑ 35 五賢帝時代後半から行われた，**隷属的な小作人** a を使用した土地経営を b とよぶ。 (名城大)

a コロヌス
b コロナトゥス

☑ 36 235 ～ 284 年は，**各地の軍隊が自分たちに都合のいい皇帝を勝手に擁立**し，富と覇権をめぐって抗争しあう□□□□時代となった。 (大阪大)

軍人皇帝

☑ 37 ローマの政治が混乱して帝権が極限にまで低下していたこの時代，最後の軍人皇帝として登場した a 帝が，**最初の専制君主**となった。皇帝に神的権威を付加し，自らを神ユピテルの子として b を強制した。 (京都産業大)

a ディオクレティアヌス
b 皇帝崇拝

☑ 38 この皇帝は，自らの手足として動く官僚制を整えて□□□□を始めた。 (大阪大)

専制君主政〔ドミナトゥス〕

☑ 39 293 年，この皇帝は分割した**東西の帝国に正・副の皇帝**を置き，□□□□を始めた。 (明治学院大)

テトラルキア〔四分統治〕

☑ 40 皇帝 a 帝は，313 年**キリスト教を公認する** b 勅令を発した。また， c 金貨をつくり，経済の安定を狙った。 (聖心女子大)

a コンスタンティヌス
b ミラノ
c ソリドゥス

☑ 41 **頻出** 325 年，この皇帝は**キリスト教の教義を統一する**ために a 公会議を開き，**イエスと神を同質**とする b 派を正統とした。一方，**イエスの神性を否定する** c 派は異端とされた。 (京都大)

a ニケーア
b アタナシウス
c アリウス

☑42 頻出 コンスタンティヌス帝は，330年にビザンティウムを
　　　 [　　　] と改称し首都とした。　　　　　　　　（専修大）

コンスタン
ティノープル

■ 古代ローマの重要事項は ゴロで覚えよう！

◎号令くまなく ローマの共和政
509

⇒前 509 年　エトルリア人の王を追放して貴族共和政が開始

◎ムシ いや しく ポエニ戦争
64 1 8 4 9

⇒前 264 年〜：第1回ポエニ戦争：ローマがシチリア島を獲得
⇒前 218 年〜：第2回ポエニ戦争：カンネーの戦い⇒ザマの戦い
⇒前 149 年〜：第3回ポエニ戦争：カルタゴ滅亡

◎勇み足のグラックス
133

⇒前 133 年〜：グラックス兄弟の改革（内乱の一世紀）が始まる

◎ローマの綱引く アウグストゥス
27

⇒前 27 年　オクタウィアヌスが「アウグストゥス」の称号を
　　　　　　得る（元首政の開始）

◎苦労 いわない 五賢帝 "ネル トラ ハ アン マル"
96 180

⇒後 96 〜 180 年　五賢帝時代
　①ネルウァ：後継者指名の規範確立
　②トラヤヌス：最大版図を形成
　③ハドリアヌス：辺境防衛，長城建設
　④アントニヌス＝ピウス：内政の充実
　⑤マルクス＝アウレリウス＝アントニヌス：哲人皇帝，『自省録』

☑ 43 375 年，**フン人の圧迫を受けた西ゴート人が西進を開始**し，翌年ドナウ川を渡ってローマ領に侵入した。この出来事を ◻︎◻︎◻︎ とよぶ。　　　　　　　　　　（京都府立大）

ゲルマン人の
大移動

☑ 44 頻出 ◻︎ a ◻︎ 帝は，392 年に**キリスト教を国教化**し，死に際して帝国の ◻︎ b ◻︎ を行った。　　　　（日本大）

a テオドシウス
b 東西分割

☑ 45 **西ローマ帝国**は，ゲルマン人の傭兵隊長 ◻︎◻︎◻︎ によって 476 年に滅ぼされた。　　　　　　　　　　　（近畿大）

オドアケル

ローマ文化

☑ 01 前 4 世紀に着工されたローマの ◻︎◻︎◻︎ 街道は，板石舗装の**軍用道路**で，最初はローマとカプアを結んだ。　　　　　　　　　　　　　　　　　　（西南学院大）

アッピア

☑ 02 ◻︎◻︎◻︎ は，第 3 回ポエニ戦争に従軍し，『**ローマ史**』を残し**政体循環史観**を主張した。　　　　（北海道大）

ポリビオス

☑ 03 **ラテン文学**における三大詩人の一人で古代ローマ最大の詩人といわれる ◻︎◻︎◻︎ は，ローマ建国にまつわる叙事詩『**アエネイス**』を著した。　　　　　　　（駒澤大）

ウェルギリウス

☑ 04 雄弁家 ◻︎◻︎◻︎ は，『**国家論**』や『**義務論**』を著した。彼の文体は，**ラテン散文の模範**とされた。　　　（駒澤大）

キケロ

☑ 05 **カエサル**が残した遠征記録『 ◻︎ a ◻︎ 』は，**古ケルト・古ゲルマン**研究の重要史料にもなっている。また，彼が制定した暦の ◻︎ b ◻︎ は，1582 年に現行のグレゴリウス暦が制定されるまで用いられていた。　　　（北海道大）

a ガリア戦記
b ユリウス暦

☑ 06 ローマの歴史家 ◻︎◻︎◻︎ は，アウグストゥスに委嘱されて『**ローマ建国史**』を著した。　　　　　　（駒澤大）

リウィウス

☑ 07 頻出 ◻︎◻︎◻︎ は，古ゲルマン研究の重要史料である『**ゲルマニア**』や，ローマ政治史をまとめた『**年代記**』などを著した。　　　　　　　　　　　　　　　　（専修大）

タキトゥス

☑ 08 前1世紀〜後1世紀のギリシア人地理学者 □□□ は, 史料的な地誌である**『地理誌』**を著した。 （駒澤大）

ストラボン

☑ 09 頻出 ローマにある円形競技場 a は, 皇帝ネロの黄金宮殿の跡地に建設された。他にローマ帝国の有名な建築物としては, **凱旋門**, **パンテオン**, b **水道橋**が挙げられる。 （東洋大）

a コロッセウム
b ガール

☑ 10 都市生活における民衆の不満を癒すものとして, 食料や娯楽の提供があり, これらは「□□□」とよばれた。 （神戸学院大）

パンとサーカス〔見世物〕

☑ 11 □□□ は, **『対比列伝（英雄伝）』**を著し, ギリシアとローマの英雄を比較し論じた。 （東北福祉大）

プルタルコス

☑ 12 皇帝**ネロの教育係・相談役**だった □□□ は, **『幸福論』**を著した。 （北海道大）

セネカ

パルティア王国とササン朝ペルシア

☑ 01 ヘレニズム国家である □□□ は, イラン高原を含む**西アジア**の大半を領有した。 （京都産業大）

セレウコス朝シリア

☑ 02 この国から自立した**イラン系遊牧民**によって, a を族長とし, 前3世紀に b 王国が建設された。 （近畿大）

a アルサケス
b パルティア

☑ 03 この王国を中国では □□□ 国とよぶ。 （近畿大）

安息

☑ 04 セレウコス朝の東の都セレウキアが陥落した後, その対岸に**パルティア王国の後半の都**となる □□□ が**ミトラダテス1世**により建設された。 （専修大）

クテシフォン

☑ 05 頻出 前64年, ローマの □□□ によって**セレウコス朝シリアが滅ぼされた**。 （東洋大）

ポンペイウス

☑ 06 前53年, パルティアは**第1回三頭政治**を始めたローマの □□□ をカルラエの戦いで戦死させた。 （東洋大）

クラッスス

☑ 07 224年, **パルティアに代わって**, クテシフォンを都とする □□□ が建国された。 （京都産業大）

ササン朝・ペルシア

☑ 08 3世紀，**サ サ ン 朝**初代の王 ☐ によってパルティアは
滅ぼされた。　　　　　　　　　　　　　　（近畿大）

アルダシール
1世

☑ 09 ササン朝第2代の王 ☐ a ☐ は，エデッサの戦いで**ローマ
皇帝の ☐ b ☐ を捕虜**とした。　　　　　　　　（北海道大）

a シャープー
ル1世
b ウァレリア
ヌス

☑ 10 5～6世紀，イラン東部に**中央アジアの遊牧騎馬民族**
☐ が侵入した。　　　　　　　　　　　　（京都産業大）

エフタル

☑ 11 頻出 6世紀後半，ササン朝ペルシアの王 ☐ は**突厥と
同盟**して，この民族を滅ぼした。　　　　　　　（駒澤大）

ホスロー1世

☑ 12 ササン朝ペルシアでは，イラン伝統の**ゾロアスター教が国
教**とされ，その聖典『☐ 』が成立した。　　（近畿大）

アヴェスター

☑ 13 ササン朝ペルシアで国教化されたゾロアスター教は，中国
では ☐ とよばれている。　　　　　　　　　　（福岡大）

祆教

☑ 14 3世紀前半，ゾロアスター教にキリスト教・仏教などの要
素を融合して，☐ a ☐ が成立した。この宗教は，中国で
は ☐ b ☐ とよばれた。　　　　　　　　　　　（昭和女子大）

a マニ教
b 摩尼教

☑ 15 ササン朝様式の作品は日本にも多く，法隆寺の緯錦で
ある ☐ や正倉院の漆胡瓶などがその代表例である。
　　　　　　　　　　　　　　　　　　　　　　　（東京経済大）

獅子狩文錦

古代のインド

インダス文明

☑ 01 前2500年頃から，**インダス川流域**に広く見られた青銅
器文明を ☐ とよぶ。　　　　　　　　　　　　（龍谷大）

インダス文明

☑ 02 ☐ 人は，**インダス文明の建設者**として推測され，こ
の文明の担い手だと考えられている。　　　　　（甲南大）

ドラヴィダ

☑03 インダス川**中流域のパンジャーブ地方**で，この文明を代 　ハラッパー
　　表する都市遺跡 ⬜︎⬜︎ が見つかった。　　　　　(京都産業大)

☑04 インダス川**下流域のシンド地方**では，"死人の丘"を意味 　モエンジョ=
　　する ⬜︎⬜︎ 遺跡が発見された。　　　　　　　　　　ダーロ

☑05 インダス文明で用いられた ⬜︎⬜︎ は，**未解読の象形文字** 　インダス文字
　　で，印章に刻まれている。　　　　　　　　　　(関西学院大)

☑06 [頻出] 前 1500 年頃までに，中央アジアからパンジャーブ 　アーリヤ
　　地方へと**インド＝ヨーロッパ語族**の ⬜︎⬜︎ 人が移住して
　　きた。　　　　　　　　　　　　　　　　　　　　(龍谷大)

☑07 この民族はパンジャーブ地方からガンジス川流域へと移 　a ヴェーダ
　　動中に宗教的文献 ⬜︎a⬜︎ を口伝しはじめ，前 1200 〜前 　b リグ＝ヴェ
　　1000 年頃に成立したとされる**最古の賛歌集**は『 ⬜︎b⬜︎ 』 　　ーダ
　　とよばれる。　　　　　　　　　　　　　　(慶應義塾大)

☑08 前 1000 年頃，この民族は ⬜︎⬜︎ 川流域に進出した。 　ガンジス
　　　　　　　　　　　　　　　　　　　　　　　　　(龍谷大)

☑09 [頻出] 前 10 世紀頃には，⬜︎⬜︎ とよばれる**4 つの基本的** 　ヴァルナ
　　身分が成立した。のち，⬜︎⬜︎ の枠外に**不可触民**が置か
　　れるようになった。　　　　　　　　　　　　　　(九州大)

☑10 [頻出] この身分制度において，宗教儀式を司る最上位の**司** 　バラモン
　　祭階級を ⬜︎⬜︎ とよぶ。　　　　　　　　　　　(甲南大)

☑11 この身分制度において，第 2 位に位置する**貴族・武人階** 　クシャトリヤ
　　級を ⬜︎⬜︎ とよぶ。　　　　　　　　　　　　　(東京大)

☑12 この身分制度において，第 3 位に位置する農民・商人な 　ヴァイシャ
　　どの**庶民階級**を ⬜︎⬜︎ とよぶ。　　　　　　　　(東京大)

☑13 この身分制度において，最下位に位置する被征服民を中 　シュードラ
　　心とする**隷属民階級**を ⬜︎⬜︎ とよぶ。　　　　　(関西大)

☑14 聖職者 (バラモン) の下で，**ヴェーダの神々を崇拝**する 　バラモン教
　　⬜︎⬜︎ が成立した。　　　　　　　　　　　　　　(甲南大)

☑15 祭式・形式至上主義に陥ったバラモン教への反省と批判 　ウパニシャッド
　　から，⬜︎⬜︎ 哲学と呼ばれる**宗教哲学**が生まれた。この
　　言葉は，"**奥義書**"を意味する。　　　　　　　(東京大)

☑ 16 ネパールの**シャカ族の王子**だった［　　　］が，前 5 世紀
頃に仏教を開き，**ブッダ**として教えを広めた。彼により，
業や**輪廻転生**といった考えが深められた。　　（同志社大）

ガウタマ＝
シッダールタ

☑ 17 仏教では，**人生苦を超越**することを［ a ］とよぶ。その
境地に至るには，［ b ］の実践が必要とされる。
（立教大）

a 解脱
b 八正道

☑ 18 前 5 世紀頃，**マハーヴィーラ**の尊称でよばれた［ a ］は，
徹底した不殺生主義に立つ［ b ］を創始した。
（和歌山大）

a ヴァルダ
マーナ
b ジャイナ教

マウリヤ朝

☑ 19 前 6 世紀に興った［ a ］国は，前 5 世紀に［ b ］国を
併合し，ガンジス川中流域を支配した。　　（中央大）

a マガダ
b コーサラ

☑ 20 頻出 前 4 世紀後半，［ a ］は**北インド初の統一国家**で
ある［ b ］朝を創始した。　　（駒澤大）

a チャンドラ
グプタ
b マウリヤ

☑ 21 この王朝は，マカダ国の**ナンダ朝**から引き継いだ［　　　］
に都を置いた。　　（京都産業大）

パータリプトラ

☑ 22 **マウリヤ朝全盛期**を現出した第 3 代［ a ］王は，**仏教教
説の収集・編纂事業**として，3 回目の［ b ］を行ったと
される。また，［ c ］へ布教を行った。　　（専修大）

a アショーカ
b 仏典結集
c スリランカ

☑ 23 **この王**は，インド思想の概念である［ a ］を政治理念と
し，［ b ］や**石柱碑**に詔勅を刻ませた。　　（龍谷大）

a ダルマ〔法〕
b 磨崖碑

☑ 24 頻出 後 1 世紀後半，**大月氏**の支配から自立した**イラン系
遊牧民のクシャーン人**が中央アジアから西北インドにか
けて［　　　］朝を建国した。　　（近畿大）

クシャーナ

☑ 25 頻出 この王朝**最盛期**の［ a ］王は**プルシャプラ**に都を
定めた。この王の治世に，［ b ］美術とよばれる仏教美
術が発達し，ギリシア彫刻の影響を強く受けた仏像など
が作られた。　　（甲南大）

a カニシカ
b ガンダーラ

☑ 26 従来の部派仏教に対して，**万人の救済**を目指した新仏教
を一般に［　　　］とよぶ。　　（立教大）

大乗仏教

☑ 27 **この新仏教**では，□□□□を信仰することによって衆生 (しゅじょう)
の救済が行われると説いた。 (愛知大)

菩薩 (ぼさつ)

☑ 28 **この新仏教の経典**は□□□語，**上座部 (部派) 仏教**の経 (じょうざぶ)
典はパーリ語で編纂 (へんさん) されていた。 (駒澤大)

サンスクリット

☑ 29 出家して**個人の解脱**を目指す従来の部派仏教を ┃ a ┃ (げだつ)
といい，大乗仏教側から ┃ b ┃ という蔑称でよばれた。 (べっしょう)

a 上座部仏教 (じょうざぶ)
b 小乗仏教 (しょうじょう)

☑ 30 **頻出** 4 世紀前半，**パータリプトラ**を都とする□□□□朝が
成立し，北インドを統一した。 (専修大)

グプタ

☑ 31 この王朝は，3 代目の王□□□□の時代に**最盛期**を迎え
た。 (龍谷大)

チャンドラグ
プタ 2 世

☑ 32 **頻出** グプタ朝の頃，**バラモン教と民間信仰が融合**して成
立した□□□□が，インド人の宗教として民衆の間に広
まった。 (北海道大)

ヒンドゥー教

☑ 33 この宗教では，**破壊**を司る ┃ a ┃ 神，**世界維持の神**であ
る ┃ b ┃ 神，**世界創造の神ブラフマー神**が三大神として
信仰されている。 (関西大)

a シヴァ
b ヴィシュヌ

☑ 34 聖典のないこの宗教において，**人々の生活規範**をまとめ
た『□□□□』が成立した。 (大阪大)

マヌ法典

☑ 35 グプタ朝の下，□□□□とよばれる**純インド的な仏教美術**
が発展した。 (津田塾大)

グプタ様式

☑ 36 **インドを代表する二大叙事詩**の一つ『□□□□』は，部族
間の戦いを題材とし，4 世紀頃までにまとめられた。
(龍谷大)

マハーバーラタ

☑ 37 **インドを代表する二大叙事詩**の一つ『□□□□』は，コー
サラ国の王子の冒険を題材とし，4 世紀頃までにまとめ
られた。 (龍谷大)

ラーマーヤナ

☑ 38 グプタ朝は 5 世紀に，**パータリプトラ近郊**に□□□□とよ
ばれる**仏教教学の研究機関**を建設した。 (駒澤大)

ナーランダー
僧院

☑ 39 インドで確立された□□□□の概念は，**十進法**とともに，
後にアラビアへと伝わった。 (龍谷大)

ゼロ

☑ 40 グプタ朝期には，□□□□□の主要部が作られた。その南には，3 つの宗教の寺院が数世紀にわたって掘られた**エローラ石窟寺院**もある。　　　　　　　　（松山大）

アジャンター
石窟寺院

☑ 41 6 世紀半ば，中央アジアで強大な力を誇る□□□□□の南下などによって**グプタ朝は滅びた。**　　　　　　　（京都産業大）

エフタル

☑ 42 頻出 7 世紀前半に □ a □ によって創始された □ b □ 朝が，**北インド最後の統一王朝**となった。　　　（京都産業大）

a ハルシャ＝
ヴァルダナ
b ヴァルダナ

☑ 43 この王の時代，仏教教学の中心である**ナーランダー僧院**に唐僧□□□□□が訪れた。　　　　　　　　　　（近畿大）

玄奘
(げんじょう)

☑ 44 チャンドラグプタ 2 世の宮廷では，サンスクリット文学の代表でもある戯曲『 □ a □ 』を代表作とする詩人 □ b □ が活躍した。　　　　　　　　　　　（法政大）

a シャクン
タラー
b カーリダーサ

☑ 45 **ヴァルダナ朝が滅亡した後**，仏教研究のために唐僧□□□□□が訪印した。　　　　　　　　　　　（龍谷大）

義浄
(ぎじょう)

☑ 46 **ヴァルダナ朝滅亡後**の 8 ～ 13 世紀，北インドでは多数の王国が興亡することになった。これらを建てた人々は自らをクシャトリヤの子孫を意味する□□□□□と称した。　　　　　　　　　　　　　　　（首都大学東京）

ラージプート

南インドの諸王朝

☑ 47 **デカン高原以南のインド**では，□□□□□系の民族が中心となった。　　　　　　　　　　　　　　　　（中央大）

ドラヴィダ

☑ 48 頻出 **マウリヤ朝の衰退**に乗じて，インド中南部の**デカン高原周辺**では □ a □ 朝が台頭し，ローマと □ b □ を展開した。　　　　　　　　　　　　　　　　（九州大）

a サータヴァ
ーハナ
b 季節風〔モ
ンスーン〕貿易

☑ 49 この貿易に関する当時の史料として，ギリシア人が書いた『□□□□□』が挙げられる。　　　　　　　（関西大）

エリュトゥ
ラー海案内記

☑ 50 前 3 世紀に成立した□□□□□朝は，ドラヴィダ系**タミル人**が建国した王朝で，**スマトラ**などに遠征した。半島南端部では，ほかにパーンディヤ朝も長く続いた。　（龍谷大）

チョーラ

☑ 01 **中国（黄河）文明前期**の a を作る文化は，最初に**初期農耕遺跡**が発見された河南省の村名から， b 文化ともよばれる。
(京都産業大)

a 彩陶
b 仰韶
（ヤンシャオ）

☑ 02 前 2000 年頃， とよばれる**薄手の磨研土器**を用いる文化が発展した。
(甲南大)

黒陶

☑ 03 この文化は，**黄河下流域を中心に興った新石器時代後期**のもので，山東省の遺跡名から 文化ともよばれる。
(名城大)

竜山
（ロンシャン）

☑ 04 [頻出] 新石器時代以降，**集落や都市**を意味する が形成された。
(近畿大)

邑
（ゆう）

☑ 05 [頻出] **禹**を始祖とする**伝承上の最古の王朝**は とよばれる。**禹**は，**堯・舜**と共に伝説上の帝王とされている。
(名古屋大)

夏
（か）

☑ 06 現在確認されている**中国最古の王朝**は，前 16 世紀に成立した である。
(京都産業大)

殷
（いん）

☑ 07 **河南省安陽市**から，この王朝最後の都とされる遺跡が見つかった。これを とよぶ。
(愛知教育大)

殷墟
（いんきょ）

☑ 08 この遺跡からは， が刻まれた**獣骨や亀の甲羅**が発見された。
(名古屋大)

甲骨文字
（こうこつ）

☑ 09 [頻出] 前 11 世紀，**渭水盆地**から興った a が，殷を滅ぼすことに成功した。周の都の b は，のち西方の**犬戎**という遊牧民に攻撃された。
(専修大)

a 周
（しゅう）
b 鎬京
（こうけい）

☑ 10 この王朝の時代， という**血縁的関係を基盤**とした統治体制が導入された。
(愛知教育大)

封建制度

☑ 11 前 770 年，この王朝は中国西北にいたチベット系とされる**犬戎**に攻められ，都を東の に遷した。
(東洋大)

洛邑
（らくゆう）

☑ 12 周の東遷が行われた前 770 年から**晋**が**韓・魏・趙**の 3 国に**分裂**した前 403 年までを， 時代とよぶ。
(西南学院大)

春秋

☑ 13 この時代，周王に代わって**会盟（諸侯同盟）**を指導した
有力諸侯を ▢▢▢▢ とよぶ。　　　　　　　（近畿大）　　　覇者

☑ 14 前 403 年の**晋の分裂**から前 221 年までを ▢▢▢▢ 時代と
よぶ。　　　　　　　　　　　　　　　　　（専修大）　　　戦国

☑ 15 この時代，"▢▢▢▢"とよばれる **7 カ国**が有力となった。　　戦国の七雄
　　　　　　　　　　　　　　　　　　　（首都大学東京）

☑ 16 **春秋時代末期**から使われ始めた ▢▢▢▢ 農具が，戦国時　　鉄製
代に普及した。　　　　　　　　　　　　　　（一橋大）

☑ 17 春秋・戦国時代，鉄製の**犂**を牛にひかせる ▢▢▢▢ 農法　　牛耕
が広がった。　　　　　　　　　　　　　　　（名城大）

☑ 18 戦国時代，北方の**斉・燕**では小刀の形をした ▢ a ▢，　　a 刀銭〔刀貨〕
韓・魏・趙では農具の形をした ▢ b ▢，**秦**では ▢ c ▢　　b 布銭〔布貨〕
という青銅貨幣が使用された。　　　　　　　（成城大）　　　c 環銭〔円銭〕

■ 前 5C・思想の時代を整理しよう！

ギリシア
ソクラテス
ギリシア哲学の創始者
プラトン

インド
ガウタマ＝シッダールタ
八正道（仏教）
ヴァルダマーナ

中国
孔子
儒家思想

諸子百家

☑ 19 春秋時代末期から現れた，さまざまな**思想家**や**諸学派**を
　　　□□□と総称する。　　　　　　　　　　　（中央大）

諸子百家

☑ 20 **頻出** 春秋時代末期に，**魯の曲阜**から出た思想家 □ a □
　　　は，礼を重んじ，**仁を根本思想**と説いて，□ b □ とよば
　　　れる学派の祖となった。　　　　　　　　　　（甲南大）

a 孔子
b 儒家

☑ 21 **頻出** 五経の一つとされる**魯の年代記**『□□□』は，孔子
　　　が**編年体**という記述法で記したものだといわれる。
　　　　　　　　　　　　　　　　　　　　　　　（立命館大）

春秋

☑ 22 孔子の死後，弟子によって編纂された**孔子と弟子たちの
　　　言行録**『□□□』は，後に四書の一つとなった。（名城大）

論語

☑ 23 儒家の□□□は，**性善説**を唱え，**王道政治**を理想とした。
　　　　　　　　　　　　　　　　　　　　　　　　（東洋大）

孟子

☑ 24 天命を受けた**天子**（君主）が徳ではなく力による支配を
　　　した場合，天が支配者を易えるという理念を，□□□論
　　　とよぶ。　　　　　　　　　　　　　　　（京都産業大）

易姓革命

☑ 25 **性悪説**を唱える□□□は，**礼**という規律で民衆を支配
　　　すべきだという礼治主義を主張した。　　　　　（東洋大）

荀子

☑ 26 **老子**を祖とする学派□□□は，**荘子**が継承・発展させた。
　　　　　　　　　　　　　　　　　　　　　　　　（名城大）

道家

☑ 27 この学派の根本思想には，**一切の人為を排除**して自然の
　　　原理に従うという□□□がある。　　　　　（名古屋大）

無為自然

☑ 28 **墨子**を祖とする□□□は，儒家を批判した。　（名城大）

墨家

☑ 29 **墨子**は，**無差別の愛**を指す □ a □ や**戦争否定論**である
　　　□ b □，浪費を戒め**相互に助け合う**ことを重要視する
　　　交利といった思想を唱えた。　　　　　　　　（明治大）

a 兼愛
b 非攻

☑ 30 □□□とよばれる学派は，君主の定めた**法による統治**
　　　を主張した。　　　　　　　　　　　　　　　（専修大）

法家

☑ 31 **頻出** この学派の□□□は，戦国時代に**秦の孝公**に仕え
　　　て**変法**（改革）を実施した。　　　　　　　（近畿大）

商鞅

☑ 32 前3世紀, □□□□によって**法家の思想は大成された**。　　韓非
　　　　　　　　　　　　　　　　　　　　　　　　　　（東洋大）

☑ 33 **天体の動きと人間生活との関係**を説いた学派を □□□□　　陰陽家
　　という。　　　　　　　　　　　　　　　　　　　（京都大）

☑ 34 戦国時代, ☐ a ☐ とよばれる人々が**外交政策**を唱えた。　　a 縦横家
　　6国が同盟して秦に対抗すべきだという**合従策**を唱えた　　b 蘇秦
　　☐ b ☐ や, 6国それぞれが秦と同盟を結ぶべきだという　　c 張儀
　　連衡策を唱えた ☐ c ☐ がその代表とされる。　（法政大）

☑ 35 **孫子・呉子を代表**する □□□□は, 兵法と戦略を説いた。　　兵家
　　　　　　　　　　　　　　　　　　　　　　　　（関西学院大）

秦・漢帝国

秦

☑ 01 "**戦国の七雄**"の一つである**秦**は, 孝公のときに □□□□　　咸陽
　　を都とした。　　　　　　　　　　　　　　　　　（甲南大）

☑ 02 前221年に中国を統一した後, **秦王政**は □□□□ と名乗っ　　始皇帝
　　た。　　　　　　　　　　　　　　　　　　　（明治学院大）

☑ 03 **中央集権化**のため, 秦では □□□□ という**地方統治制度**　　郡県制
　　が実施された。　　　　　　　　　　　　　　　　（東洋大）

☑ 04 始皇帝は, □□□□ という**思想・言論の統制策**を実施した。　　焚書・坑儒
　　　　　　　　　　　　　　　　　　　　　　　　　（名城大）

☑ 05 **始皇帝**によって, ☐ a ☐ という**統一貨幣**が定められた。　　a 半両銭
　　また, **始皇帝**の陵墓周辺には大量の ☐ b ☐ が埋められ　　b 兵馬俑
　　た。　　　　　　　　　　　　　　　　　　　　　（近畿大）

☑ 06 頻出 戦国時代以降, 中国の北部には騎馬遊牧民族の　　匈奴
　　□□□□ が度々侵入してきた。　　　　　　　　（駒澤大）

☑ 07 この**遊牧民の侵入を防ぐ**ため, **始皇帝**は戦国時代より各　　長城
　　地に建設されていた □□□□ を修復し, それらを連結し
　　た。　　　　　　　　　　　　　　　　　　　　　（駒澤大）

☑ 08 秦の華南征服後, 現在の広東省地域には □□□ が設置された。 (近畿大) 　　南海郡 (なんかいぐん)

☑ 09 秦末の前 209 年, □□□ という**中国史上初の農民反乱**が発生した。 (昭和女子大) 　　陳勝・呉広の乱 (ちんしょう・ごこう)

☑ 10 「□□□」という言葉は, 秦末の乱を指導した**陳勝**が言ったとされるもので, **実力主義の風潮**を表している。 (青山学院大) 　　王侯将相い (おうこうしょうしょう) ずくんぞ種あらんや

漢

☑ 11 頻出 前 202 年, **項羽を破った** a は, b を都とする**漢 (前漢) を創始**した。 (近畿大) 　　a 劉邦 (りゅうほう) b 長安

☑ 12 頻出 前漢の**高祖 (劉邦)** は, 前 200 年の**白登山の戦い**で匈奴の □□□ に敗北した。 (日本女子大) 　　冒頓単于 (ぼくとつぜんう)

☑ 13 高祖は, **郡県制と封建制を併用**する □□□ という地方統治制度を実施した。 (東洋大) 　　郡国制

☑ 14 前 154 年, **江南を中心**とする **7 諸侯**によって □□□ が起こった。この乱が鎮圧されたことは, **中央集権化**が進められる契機となった。 (成城大) 　　呉楚七国の乱 (ごそしちこく)

☑ 15 頻出 **第 7 代** □□□ の時代, **前漢は最盛期**を迎えた。 (専修大) 　　武帝 (ぶてい)

☑ 16 この皇帝の時代, 現在の広東省からベトナム北部にあった □□□ を滅ぼした。 (駒澤大) 　　南越

☑ 17 **匈奴を挟み撃ちにする**ため, この皇帝はモンゴル高原から中央アジアで活躍していた a と手を組もうと考え, b を派遣した。 (京都産業大) 　　a 大月氏 b 張騫 (ちょうけん)

☑ 18 頻出 武帝は, a が建国した**衛氏朝鮮を滅ぼし, 朝鮮 4 郡**を設置した。中心は, 現在の**平壌付近**の b である。 (関西学院大) 　　a 衛満 b 楽浪郡 (らくろうぐん)

☑ 19 武帝は, □□□ の提言で**儒学を官学化**した。 (専修大) 　　董仲舒 (とうちゅうじょ)

☑ 20 後宮に仕える**去勢された男性**を □□□ という。前漢の末期, 彼らは皇帝の側近として権力をふるった。 (南山大) 　　宦官 (かんがん)

☑ 21 頻出 武帝は，**地方長官の推薦**によって優秀な人物を官吏 として採用する ▢ の制度を設けた。 （西南学院大）

郷挙里選（きょうきょり せん）

☑ 22 武帝は財政再建のため，3 つの物品 ▢ を **専売化**した。 （日本女子大）

塩・鉄・酒

☑ 23 頻出 秦・漢時代以降， ▢ とよばれる**地方の実力者**が広大な土地と多くの奴婢（ぬ ひ）・農民を支配した。 （大阪大）

豪族

☑ 24 頻出 前漢元帝（げんてい）の皇妃の一族（**外戚（がいせき）**）だった ▢ a ▢ は，権力を纂奪（さんだつ）して**前漢を倒し**，後 8 年に ▢ b ▢ を建国した。 （昭和女子大）

a 王莽（おう もう）
b 新

■ **武帝の遠征は図で整理しよう！**

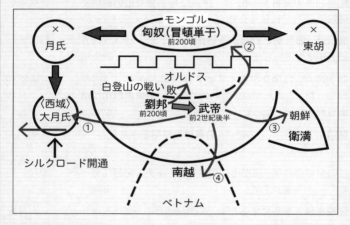

① 張騫→大月氏へ→敦煌郡
　┗ 李広利→大宛（汗血馬を求める）／シルクロード開通
② 匈奴遠征→匈奴は東西分裂（前 1 世紀）
③ 衛氏朝鮮×→朝鮮四郡
④ 南越×→南海郡，日南郡，交趾郡
　　　　広州　　フエ　ハノイ
　　　　　　　〔ユエ〕

〈朝鮮四郡〉
楽→楽浪郡
な　平壌付近
し→真番郡
り→臨屯郡
げ→玄菟郡（最北）

☑ 25　この人物の復古的政治に不満を持った人々は，各地で反乱を起こした。**山東地方**からは □ が起こった。
(南山大)

赤眉の乱

☑ 26　**頻出** 後 25 年，河南省の豪族出身の □a□ が □b□ を都に漢王朝を復興して，初代皇帝（**光武帝**）となった。この王朝を □c□ とよぶ。
(駒澤大)

a 劉秀
b 洛陽
c 後漢

☑ 27　後漢の**和帝**の時代，北匈奴遠征に従軍した □ は西域都護となった。
(京都産業大)

班超

☑ 28　2 世紀後半に起こった □ という事件では，宦官の専横に反発する**儒学者官僚が弾圧**された。
(昭和女子大)

党錮の禁

☑ 29　この王朝末期の 184 年，□ とよばれる**大規模な農民反乱**が起こった。
(南山大)

黄巾の乱

☑ 30　この反乱では，□a□ を指導者とする □b□ という宗教結社が中心になった。
(愛知教育大)

a 張角
b 太平道

☑ 31　**頻出** 220 年，後漢最後の**献帝**に禅譲されて**魏**の □ が即位し，漢王朝は滅亡した。
(駒澤大)

文帝〔曹丕〕

秦・漢帝国の文化

☑ 01　漢代の劉向らによって編集された『□』には，戦国時代の楚の韻文が集められている。
(京都産業大)

楚辞

☑ 02　この作品集には，楚の政治家・詩人の □ が**祖国の滅亡を憂う詩**が収められている。
(昭和女子大)

屈原

☑ 03　前漢の武帝の頃，儒教の経典の最も重要な 5 つの書が □ と総称された。
(専修大)

五経

☑ 04　そのうちの一つとされる**中国最古の詩集**『□』には，黄河流域の民謡や歌が集められている。
(明治大)

詩経

☑ 05　儒教古典の**字句解釈**を目的とした学問を □ とよぶ。
(日本大)

訓詁学

☑ 06　この学問は，**後漢**時代の儒学者・**馬融**や □ によって大成された。
(昭和女子大)

鄭玄

☑ 07 [頻出] 前漢の歴史家 _____ は, 『**史記**』という中国最初の 正史となる歴史書を完成させた。　　　　　(甲南大)

司馬遷

☑ 08 『史記』から始まる**人物中心の記述形式**を _____ という。　　　　　　　　　　　　　　　(名古屋大)

紀伝体

☑ 09 前漢の高祖から王莽の滅亡までを記した**前漢一代の正史**を『_____』という。　　　　　　　(京都産業大)

漢書

☑ 10 この正史は, 西域都護の**班超の兄**である歴史家 _____ によって著された。　　　　　　　　　(西南学院大)

班固

東南アジアの諸文明

ベトナム

☑ 01 ベトナム北部では, 前 4 世紀頃から**中国文化の影響**を受けた _____ 文化が形成され, **銅鼓**が有名である。　(東洋大)

ドンソン

☑ 02 秦滅亡後の混乱の中, 趙陀が中国南部からベトナム北部にかけて _____ を建国した。　　　　　　(駒澤大)

南越

☑ 03 [頻出] 2 世紀, **チャム人**がベトナム中部に _____ を建国した。　　　　　　　　　　　　　(昭和女子大)

チャンパー

☑ 04 ベトナム北部では 11 世紀に李朝が成立し, 国号を _____ a _____ とした。13 世紀になると陳朝が成立し, 元の侵攻を撃退し, 民族文字 _____ b _____ を創設した。　(東洋大)

a 大越国
b 字喃〔チュノム〕

☑ 05 1428 年, 滅亡した陳朝の部将によって, ベトナム北部に _____ 大越国が建国された。　　　　　(日本女子大)

黎朝
(レ)

☑ 06 フランス人勢力と結んだ阮氏一族の _____ a _____ は, **西山朝を滅ぼして**, 1802 年に _____ b _____ を創始した。　(南山大)

a 阮福暎
b 阮朝

☑ 07 この王朝では, _____ が国号とされた。　(大阪大)

越南〔ベトナム〕国

カンボジア

☑ 08 [頻出] 1 世紀の末頃, インドシナ半島の**メコン川流域**に, _____ が建国された。　　　　　　　　　(東洋大)

扶南〔プノム〕

☐09 **頻出** 6世紀, **メコン川中流域**に, ⬚a⬚ 人によって ⬚b⬚ が建国された。　　　　　　　　　　(専修大)

a クメール
b 真臘〔カンボジア〕

☐10 **頻出** 9世紀初頭, ⬚⬚⬚ 朝が建国され, 分裂していた真臘が再統一された。　　　　　　　　　　　　(京都産業大)

アンコール

☐11 12世紀, この王朝では**"首都の寺"**を意味する ⬚a⬚ が建設された。13世紀には, 城塞都市の ⬚b⬚ が完成された。　　　　　　　　　　　　　　　　　　　(国士舘大)

a アンコール =ワット
b アンコール =トム

タイ

☐12 10世紀中頃, 中国南西部に居住していたタイ人が, **雲南地方**で ⬚⬚⬚ を建国した。　　　　　　　(中央大)

大理国

☐13 スコータイは, 14世紀中頃に同じタイ人が**チャオプラヤ川下流域**で建国した ⬚⬚⬚ 朝に従属し, 15世紀には滅亡した。　　　　　　　　　　　　　　　(駒澤大)

アユタヤ

☐14 16世紀, **日本**から**アユタヤ朝**に赴いた山田長政によって, ⬚⬚⬚ が建設された。　　　　　　　　(慶應大)

日本町

☐15 アユタヤ朝は, 16世紀に西の**ビルマとの関係を悪化**させた結果, ⬚⬚⬚ 朝の侵入を受けた。　　(名古屋大)

タウングー〔トゥングー〕

☐16 アユタヤ朝は, 1767年にビルマの ⬚⬚⬚ 朝の侵入を受けて滅亡した。　　　　　　　　　　　　　(専修大)

コンバウン〔アラウンパヤー〕

☐17 18世紀後半, **チャオプラヤー=チャクリ**はバンコクを都とする ⬚⬚⬚ 朝を建設した。　　　　　　(関西大)

ラタナコーシン〔チャクリ〕

ビルマ (ミャンマー)

☐18 1044年, **イラワディ川中流域**の古都 ⬚⬚⬚ を都として, **ビルマ人最初の王朝**である ⬚⬚⬚ 朝が建国された。　　　　　　　　　　　　　　　　　(西南学院大)

パガン

☑ 19 13世紀後半，パガン朝は**元**の◻◻◻の侵攻を受けて衰　　　フビライ
退し，1299年に滅亡した。　　　　　　　　　（昭和女子大）

☑ 20 1531年，**ビルマ人・モン人連合王朝**である◻◻◻朝が　　タウングー
成立した。　　　　　　　　　　　　　　　　　　（立教大）　〔トゥングー〕

☑ 21 この王朝を滅ぼしたモン人を退けて，1752年に◻ a ◻　　a コンバウン
朝が成立した。この王朝は，建国者の名前から◻ b ◻朝　　b アラウン
ともよばれる。　　　　　　　　　　　　　　　　（専修大）　パヤー

インドネシア

☑ 22 頻出 7世紀に**スマトラ島**で**パレンバン**を都に形成された　　シュリーヴィ
◻◻◻王国は，**海上交易によって繁栄**した。　　（甲南大）　ジャヤ

☑ 23 8世紀の**ジャワ島**では，**古マタラム王国**を圧倒して　　シャイレンドラ
◻◻◻朝が成立した。　　　　　　　　　　　　（日本女子大）

☑ 24 この国では**大乗仏教**が栄え，◻◻◻を代表とする**仏教**　　ボロブドゥール
寺院を遺した。　　　　　　　　　　　　　　　　（駒澤大）

☑ 25 10世紀，**ジャワ島東部**で成立した**クディリ朝**では，　　ワヤン
◻◻◻とよばれる**影絵芝居**が発達した。　　　　（明治大）

☑ 26 **唐僧**◻ a ◻は，インドからの帰りの航路の途中で**シュ**　　a 義浄
リーヴィジャヤ王国を訪れ，パレンバンで『◻ b ◻』を　　b 南海寄帰
著した。　　　　　　　　　　　　　　　　　　　（龍谷大）　内法伝

☑ 27 頻出 13世紀末，元軍侵入の混乱を利用して，ジャワ島を　　マジャパヒト〔マ
中心に◻◻◻王国が成立した。　　　　　　　　　（東洋大）　ジャパイト〕

☑ 28 頻出 14世紀末，マレー半島南端部では**東南アジア初の本**　　マラッカ〔ム
格的イスラーム国家となる◻◻◻王国が成立した。　　　ラカ〕
　　　　　　　　　　　　　　　　　　　　　　　　（駒澤大）

☑ 29 頻出 マタラム王国と同時代，**スマトラ島北部**には15世紀　　アチェ
末～1903年までイスラーム教の◻◻◻王国が存在し
た。　　　　　　　　　　　　　　　　　　　　　（専修大）

ラテンアメリカ・アフリカの諸文明

ラテンアメリカ

☑01 陸続きだったシベリアとアラスカの間の ☐ を通った
先住民の**インディオ**たちにより，**オルメカ文明**や**マヤ文明**といった**メソアメリカ文明**がおこった。　（法政大）

ベーリング海峡

☑02 中南米では，古くより ☐ や**ジャガイモ・トマト・サツマイモ**などの栽培が行われていた。　（東洋大）

トウモロコシ

☑03 前11世紀，**メキシコ湾岸**に発生した ☐ 文明が，**ラテンアメリカ初の都市文明**である。　（近畿大）

オルメカ

☑04 前1世紀頃より**メキシコ高原**では，オルメカ文明の影響を受けた ☐ 文明が栄え，太陽信仰に基づく**神権政治**が行われた。　（駒澤大）

テオティワカン

☑05 頻出 ☐ a ☐ **王国**は，14世紀にメキシコ高原の ☐ b ☐ を都として建てられ15世紀に発展するも，1521年に**コルテス**に滅ぼされた。　（東洋大）

a アステカ
b テノチティトラン

☑06 前1000年頃から**ユカタン半島**で形成された ☐ a ☐ 文明には，☐ b ☐ による数字や**ゼロの概念**が存在していた。また，☐ c ☐ や絵文字も特徴である。　（近畿大）

a マヤ
b 二十進法
c ピラミッド状神殿

☑07 15世紀半ばより，ペルーを中心とする**アンデス高原**一帯に，都を ☐ a ☐ として，☐ b ☐ 帝国が繁栄した。　（明治学院大）

a クスコ
b インカ

☑08 文字を持たなかったこの帝国には，**縄の結び目**や色で数字や統計を記録する ☐ という伝達手段があった。　（青山学院大）

キープ〔結縄〕

■ 古代の南米は地図で確認しよう！

③**チャビン（南米最古）→ナスカ（彩陶＝地上絵）**
③**インカ（ケチュア族，クスコ）：空中都市（マチュピチュ）**
文字なし（キープ＝結縄＝十進法）→ピサロにより滅亡

①メキシコ湾岸　②メキシコ高原　③アンデス　④ユカタン半島

北米
オルメカ文明①
②テオティワカン〜アステカ文明
マヤ文明
南米
③文字なしピラミッド

☐ 09	前 10 世紀ナイル川中流のエジプト南部からスーダンに かけて成立した ☐ 王国は，**エジプトを除くアフリカ** **人最古の国**として知られる。　　　　　　　　（立命館大）	クシュ
☐ 10	前 7 世紀，この王国は**アッシリアの攻撃**により，都を ☐ へ遷した。　　　　　　　　　　　　　　　（南山大）	メロエ
☐ 11	紀元前後，セム語族系といわれる民族が**エチオピア**に ☐ 王国を建国した。　　　　　　　　　　（京都産業大）	アクスム
☐ 12	頻出 サハラ砂漠南西部のアフリカでは，7 世紀頃から**ニ** **ジェール川流域**で ☐ 王国が栄えた。　　　（成蹊大）	ガーナ
☐ 13	**隊商交易**の軍事的保護で栄えたこの王国は，1076 年に アフリカ北西部の ☐ 朝の侵入を受け衰退した。 　　　　　　　　　　　　　　　　　　　　　　（甲南大）	ムラービト
☐ 14	頻出 13 世紀，西サハラに**イスラーム教国**である ☐ 王国が成立した。この国は，ガーナの**金**とサハラの**塩の** **交易**で繁栄した。　　　　　　　　　　　（京都産業大）	マリ
☐ 15	**マリ王国**の ☐ 王は，14 世紀に**メッカを巡礼**した際， 大量の金を奉納したことで知られる。　　　　（立命館大）	マンサ＝ムーサ
☐ 16	15 世紀，**ガオ**を都とする ☐ 王国がマリ王国を滅ぼ して強勢を誇るようになった。　　　　　　　　（専修大）	ソンガイ
☐ 17	この王国ではニジェール川中流域で，**隊商交易の拠点**と して ☐ という都市が栄えた。　　　　　　（南山大）	トンブクトゥ
☐ 18	**アフリカ東岸地域**は，☐ 系民族の下でイスラーム化 した。　　　　　　　　　　　　　　　　　　　（東海大）	バントゥー
☐ 19	**この民族の言葉とアラビア語が混じって** ☐ 語と なった。　　　　　　　　　　　　　　　　（京都産業大）	スワヒリ
☐ 20	大陸南部の**ザンベジ川流域**では，**ジンバブエ**を中心に，バ ントゥー系の ☐ 王国が繁栄した。　　　　　（南山大）	モノモタパ

2章 前近代のアジアと中世ヨーロッパ

魏晋南北朝時代

三国時代

☐ 01 国家財政を確立するため，魏の**曹操**は荒廃地を国有化して農民などに耕作させるという　　　を用いた。
(同志社大)
屯田制

☐ 02 **頻出** 魏の**文帝**として即位した　a　は，　b　に都を置いた。
(新潟大)
a 曹丕
b 洛陽

☐ 03 曹丕は，漢代の**郷挙里選**によって大きな勢力を有していた**豪族を抑える**ため，　　　を定めた。
(南山大)
九品中正

☐ 04 魏の**九品中正**では，中央から任命された　a　が各地の人材を9等級に分けて推薦した。この制度によって中央政界へ進出した豪族の子弟は，　b　を形成した。
(聖心女子大)
a 中正官
b 門閥貴族

☐ 05 曹丕は，朝鮮の**楽浪郡**や**帯方郡**を支配した。この帯方郡に，**邪馬台国の女王**　　　が使者を派遣してきた。
(成蹊大)
卑弥呼

☐ 06 **頻出** 帝位についた**劉備**は，国号を　a　とした。一方**孫権**は，黄武の元号をたてて事実上独立し，国号を　b　とした。
(駒澤大)
a 蜀（漢）
b 呉

☐ 07 蜀滅亡直後の265年，魏の将軍　a　が国を奪って皇帝に即位し（**武帝**），　b　を都とする　c　を建国した。
(東洋大)
a 司馬炎
b 洛陽
c 晋〔西晋〕

☐ 08 武帝の死後，290年から　　　という**一族諸王による内乱**が始まった。
(東京女子大)
八王の乱

五胡十六国～南北朝時代

☑09 **八王の乱**の際，諸王が異民族の兵力を利用したことを機に，"[____]"と総称される**5つの異民族**が華北に侵入した。 　　　　　　　　　　　　　　　　　（福井大）

五胡

☑10 頻出 **五胡**の一つである [a] は，華北で漢（**前趙**）を建国し，五胡十六国時代が始まった。また，[b] は，**後趙**を建国して強勢を誇った。 　　　　　　（専修大）

a 匈奴
b 羯

☑11 五胡の一つでモンゴル系またはトルコ系といわれる [____] は，4世紀に**北魏**を建設した。 （甲南大）

鮮卑

☑12 五胡において，後に**前秦**を建国する [a] と，青海地方に居住した [b] は，ともに**チベット系**とされる。 　　　　　　　　　　　　　　　　　（新潟大）

a 氐
b 羌

☑13 西晋滅亡後，晋一族の [a] によって [b] を都とする**東晋**が成立した。 　　　　　　（駒澤大）

a 司馬睿
b 建康

☑14 頻出 **淝水**の戦いの後の前秦の瓦解に乗じて，386年，**鮮卑族**の [a] によって [b] が建国された。 （上智大）

a 拓跋珪〔道武帝〕
b 北魏

☑15 この国の第3代 [____] は，439年に**華北の統一**に成功し，**南北朝時代**が始まった。 （京都産業大）

太武帝

☑16 華北を統一した**北魏**のこの皇帝は，[____] を保護して国教とし，**廃仏**を断行した。 （名古屋大）

道教〔新天師道〕

☑17 華北と江南で統一王朝が併存した439～589年は，[____] 時代とよばれる。 （九州大）

南北朝

☑18 485年，北魏の第6代 [a] は [b] を導入し，**豪族の大土地所有を抑制**する一方，農民に性別や年齢に応じた均等な土地の授給と回収を行った。 （龍谷大）

a 孝文帝
b 均田制

☑ 19 494 年，この皇帝は山西省の**平城**（へいじょう）から河南省の□□□□ に遷都し，**漢化政策**を実施した。 (日本大) 　洛陽

☑ 20 北魏の分裂後，**長安**を都に成立した□□□□は，**府兵制を開始**したことで知られる。 (佛教大) 　西魏（せいぎ）

☑ 21 556 年，この国の恭帝に禅譲させた宇文覚によって，□□□□が建国された。 (専修大) 　北周（ほくしゅう）

☑ 22 頻出 東晋の武将劉裕（りゅうゆう）は，**南朝最初の王朝である** a を創始した。この国に続いて，南朝では b が建国された。 (専修大) 　a 宋（そう）　b 斉（せい）

☑ 23 南朝 3 番目の□□□□の時代，**南朝文化は最盛期**を迎えた。 (駒澤大) 　梁（りょう）

☑ 24 頻出 南朝最後の□□□□は，**隋**（ずい）によって滅ぼされた。 (近畿大) 　陳（ちん）

☑ 25 北魏の分裂後，北魏の将軍**高歓**（こうかん）は孝静帝（こうせいてい）を擁立して□□□□を建国した。 (京都大) 　東魏（とうぎ）

☑ 26 550 年，高歓の子高洋が孝静帝に禅譲させ，□□□□を建国した。 (専修大) 　北斉（ほくせい）

■ 三国の分立時代は
地図で確認しよう！

魏晋南北朝の文化

☑01 魏・晋時代，竹林の七賢と総称される7人を代表として，□□□という老荘思想に基づく哲学的論議が流行した。
(上智大)
清談

☑02 南朝（特に斉・梁時代）では，□□□とよばれる4字と6字の対句と韻を踏む華麗な形式の文体が流行した。
(名古屋大)
四六駢儷体

☑03 六朝第一と評された田園詩人といわれる東晋の□□□は，「桃花源記」や「帰去来辞」を詠んだことで知られる。
(南山大)
陶潜〔陶淵明〕

☑04 東晋の画家□□□は"画聖"と称せられる。
(龍谷大)
顧愷之

☑05 この画家が描いた「□□□」は，女性の心得を題材としている。
(立教大)
女史箴図

☑06 「蘭亭序」で有名な書家□□□は，"書聖"と称せられた。
(福岡大)
王羲之

☑07 南朝・梁の武帝の長子である a は，詩文にすぐれ，全30巻からなる詩文集『 b 』を編纂した。
(専修大)
a 昭明太子
b 文選

☑08 頻出 4世紀初め，西域・亀茲出身の僧□□□が洛陽を訪れ，仏教を広めた。
(京都産業大)
仏図澄〔ブドチンガ〕

☑09 5世紀初め，亀茲出身の□□□が長安を訪れ，仏典の漢訳と仏教教理の中国定着に大きく貢献した。
(駒澤大)
鳩摩羅什〔クマーラジーヴァ〕

☑10 頻出 仏典収集のために長安から陸路インドに渡った東晋時代の僧□□□は，チャンドラグプタ2世統治下のグプタ朝で仏跡をめぐり，海路で帰国した。
(日本女子大)
法顕

☑11 帰国後，この僧は仏典の漢訳に努め，『□□□』というインド旅行記を著した。
(駒澤大)
仏国記

☑12 4～14世紀にかけて，甘粛省西端のオアシス都市□□□で莫高窟などの石窟寺院が造営された。
(昭和女子大)
敦煌

☑ 13 北魏前半の都**平城の西**に位置する □□□□ で，石窟寺院 が造営された。　(駒澤大)　雲崗

☑ 14 北魏の遷都後から，**洛陽南方**の □□□□ で石窟寺院の造 営が開始された。　(関西大)　竜門

☑ 15 北魏の時代，後漢末の**太平道**や**五斗米道**を源流として中 国固有の宗教 □□□□ が教団組織を確立した。　(大妻女子大)　道教

☑ 16 北魏の太武帝に重用された □□□□ は，五斗米道を改革 して，**新天師道（道教）**を確立した。　(昭和女子大)　寇謙之

☑ 17 **仙人と長生不死の観念が結合した** □□□□ 思想は，秦・ 漢時代に始まり，魏・晋時代に最も盛んになった。 (東海大)　神仙

☑ 18 魏晋南北朝時代，**無為自然を理想の生き方**とする □□□□ 思想が流行した。　(同志社大)　老荘

古代からの朝鮮

☑ 01 **衛満**が前 190 年頃に建国した □□□□ は，前漢の**武帝に よって滅ぼされた。**　(神戸学院大)　衛氏朝鮮

☑ 02 頻出 前漢の武帝が平壌付近に設置した**楽浪郡**は，313 年 に中国東北地方の □□□□ によって滅ぼされた。 (京都産業大)　高句麗

☑ 03 4 世紀半ば，**朝鮮半島西南部の馬韓**をまとめて □□□□ が 建国された。　(成蹊大)　百済

☑ 04 頻出 4 世紀半ば，**朝鮮半島東南部に分立していた辰韓**を 統一して，□ a □ を都とする □ b □ が成立した。この 国は，676 年に**初の半島統一**を達成している。また，こ の国では，唐に倣って**仏教の保護**が行われ，首都の付近 には □ c □ が建立された。　(駒澤大)　a 慶州〔金城〕　b 新羅　c 仏国寺

☑ 05 562 年，**新羅**は半島南部に勢力を拡大する際に □□□□ を滅ぼした。　(東京女子大)　加羅〔伽耶〕

☑ 06 **唐は新羅と連合**し，660 年に □ a □ を滅ぼし，663 年 には日本を □ b □ の戦いで破った。　(中央大)　a 百済　b 白村江

☑ 07 新羅では，出身氏族によって**身分を5段階に区分**し，官職・婚姻などから衣服・家屋のつくりに至るまで厳密に規定する ____ が採られた。 （日本女子大）

骨品制（こっぴんせい）

☑ 08 新羅と同時代，**朝鮮半島北部から中国東北地方**にかけては ____ という国が存在した。 （関西学院大）

渤海（ぼっかい）

☑ 09 この国は，698年に**ツングース系靺鞨族**の a が建国，8世紀半ばより都は b となった。 （駒澤大）

a 大祚栄（だいそえい）
b 上京竜泉府（じょうけいりゅうせんぷ）

☑ 10 新羅の混乱と907年の唐の滅亡に乗じて，918年，a を開祖として，朝鮮中部の b を都とする c が建国された。935年にこの国は，弱体化した**新羅を滅ぼした**。13世紀には，**世界最古**といわれる d による**印刷**が行われた。 （専修大）

a 王建（おうけん）
b 開城（かいじょう）
c 高麗（こうらい）
d 金属活字

☑ 11 この国では，**科挙が導入され豪族の子弟が官僚に選ばれる**ようになり，____ とよばれる支配層が構成されるようになった。 （成城大）

両班（ヤンバン）

☑ 12 **仏教経典を集大成**した ____ は，高麗においては**木版**で作られていた。 （成蹊大）

高麗版大蔵経

☑ 13 **宋の手法**を用いて11世紀頃から作り始められた ____ は，**製陶技術の頂点**ともいわれている。 （筑波大）

高麗青磁

☑ 14 頻出 14世紀，____ とよばれる**日本人海賊**が高麗の沿岸部を襲撃した。 （甲南大）

倭寇（わこう）

☑ 15 この海賊討伐で功のあった ____ は，高麗軍を率いて中国に成立した明朝を攻撃するよう命じられた。 （専修大）

李成桂（りせいけい）（イ・ソンゲ）

☑ 16 頻出 1392年，この人物が王位について a を建設し，b に都が置かれた。 （東洋大）

a 朝鮮〔李朝〕
b 漢城〔漢陽〕

☑ 17 この王朝では，君臣関係を重要視する ____ が**官学化**された。 （日本女子大）

朱子学

☑ 18 1446年，朝鮮国の第4代 a によって b という文字が制定された。 （千葉大）

a 世宗（せいそう）
b 訓民正音（くんみんせいおん）〔ハングル〕

☑ 19 16世紀末, 朝鮮国は日本の◻︎◻︎によって侵略を受けた。　　　　　　　　　　　　　　　　　（津田塾大）

豊臣秀吉

☑ 20 16世紀の**日本による朝鮮出兵**は, 1592年の◻︎a◻︎と1597年の◻︎b◻︎という形で2度行われた。　　　　（京都府立大）

a 文禄の役
b 慶長の役

☑ 21 **この朝鮮侵略**を, 朝鮮では◻︎◻︎とよぶ。　　（成蹊大）

壬辰・丁酉の倭乱

☑ 22 秀吉の侵略に際して, **朝鮮海軍**を率いた◻︎a◻︎は, ◻︎b◻︎とよばれる軍艦を利用して日本の補給路の寸断に成功した。　　　　　　　　　　　　　　（東北学院大）

a 李舜臣
b 亀甲船

隋・唐帝国

隋

☑ 01 581年, **北周の外戚**だった◻︎a◻︎が, 禅譲によって初代皇帝（**文帝**）に即位し, 長安の南東の◻︎b◻︎を都として**隋**を建国した。589年に彼は, 南朝の陳を滅ぼして**中国を再統一**した。　　　　　　　　　　（京都産業大）

a 楊堅
b 大興城

☑ 02 頻出 この皇帝は, **北魏に始まる土地制度**◻︎a◻︎や, **西魏に始まる兵制**◻︎b◻︎を継承した。また税制として◻︎c◻︎を確立させ, 人民の支配強化を狙った。　（龍谷大）

a 均田制
b 府兵制
c 租調庸〔租庸調〕制

☑ 03 **文帝は全国を州とその中の県に分ける**◻︎◻︎を実施し, 地方長官が任命していた各地の全官職を中央からの派遣に改めた。　　　　　　　　　　　　　　　（新潟大）

州県制

☑ 04 頻出 隋の第2代◻︎a◻︎は, 華北と江南を結ぶ**大運河**を完成し, ◻︎b◻︎への大遠征を3度行った。　（龍谷大）

a 煬帝
b 高句麗

☑ 05 頻出 **煬帝**は, **高句麗**や**東突厥**のほか, ベトナムの◻︎◻︎にも遠征軍を派遣した。　　　　　　　　（駒澤大）

チャンパー〔林邑〕

唐

☑06 **頻出** 618 年，鮮卑族系の　 a 　によって　 b 　を都と
する**唐**が建国された。　　　　　　　　　　（昭和女子大）

a 李淵〔高祖〕
b 長安

☑07 第 2 代　　　　の時代，**唐の中国統一**が完成した。
　　　　　　　　　　　　　　　　　　　　　　（東洋大）

李世民〔太宗〕

☑08 唐の中央政府には，　 a 　とよばれる 3 つの最高機関
や，　 b 　とよばれる 6 つの行政執行機関が置かれた。
また，　 c 　は**刑法**，　 d 　は**行政法**の法典をさす。
　　　　　　　　　　　　　　　　　　　　　　（大阪経済大）

a 三省
b 六部
c 律
d 令

☑09 太宗は，皇帝の**詔勅**を立案・起草する　 a 　，立案さ
れた**詔勅**を審議する　 b 　，成立した**詔勅**を実施する
　 c 　という三省を設置した。　　　　　　　（駒澤大）

a 中書省
b 門下省
c 尚書省

☑10 六部の　 a 　は，**官吏の人事**を担当した。
六部の　 b 　は，**戸籍や財政**を管理した。
六部の　 c 　は，**科挙や外交**を担当した。
六部の　 d 　は，**軍事**を担当した。

六部の　 e 　は，**司法**を担当した。
六部の　 f 　は，**土木事業**を担当した。　（名城大）

a 吏部
b 戸部
c 礼部
d 兵部
e 刑部
f 工部

☑11 唐代，**官吏を監視**する機関として，　　　　　が設置された。
　　　　　　　　　　　　　　　　　　　　　　（駒澤大）

御史台

☑12 太宗の時代，遊牧民国家　 a 　や，7 〜 9 世紀に**チベッ
ト**で栄えた　 b 　が唐に服属した。　　　　（京都産業大）

a 東突厥
b 吐蕃

☑13 第 3 代皇帝　　　　は，**唐の最大版図**を形成した。
　　　　　　　　　　　　　　　　　　　　　　（専修大）

高宗

☑14 **頻出** この皇帝の時代，唐は朝鮮半島に進出し，**新羅**と同
盟を結んで 660 年に　 a 　を，668 年には　 b 　を滅
ぼした。　　　　　　　　　　　　　　　　　　（京都産業大）

a 百済
b 高句麗

☑15 唐は**都護府**を置いて，周辺民族を服属させつつ自治を認
めた。この国内における**間接統治政策**を　　　　　とよぶ。
　　　　　　　　　　　　　　　　　　　　　　（大阪大）

羈縻政策

☑16 **頻出** 7世紀末，第3代高宗の皇妃 <u>a</u> が実子の中宗・睿宗を廃し，**中国史上唯一の女帝**となった。この即位によって，<u>b</u> が建国された。 （東洋大）

a 則天武后
b 周〔武周〕

☑17 この皇妃などが起こした混乱を収拾した功績で，父の睿宗から譲位された李隆基が，712年に □ として即位した。 （南山大）

玄宗

☑18 この皇帝は晩年，□ を愛妃とした。 （立命館大）

楊貴妃

☑19 **均田制の崩壊**に伴い，749年に**府兵制**が**全面的に廃止**された。これに代わって □ が施行された。 （福岡大）

募兵制

☑20 この皇帝の治世，周辺民族に備えて，辺境に □ とよばれる**募兵軍団の指揮官**が10か所に配置された。 （甲南大）

節度使

☑21 **節度使**は，その地での民政権・財政権も掌握し，□ とよばれる半独立の地方政権となった。 （聖心女子大）

藩鎮

☑22 751年，**唐・アッバース朝間**で起こった <u>a</u> の戦いが契機となって，<u>b</u> がイスラーム世界に伝わったとされる。 （近畿大）

a タラス河畔
b 製紙法

☑23 玄宗の治世後半，節度使の <u>a</u> が，唐の実権を握る**楊国忠を打倒**すべく挙兵して，755年 <u>b</u> が起こった。 （南山大）

a 安禄山
b 安史の乱

☑24 安禄山の部下 □ は，この武将の子安慶緒を殺害し，大燕皇帝を称した。 （名城大）

史思明

☑25 **頻出** この乱の後，唐では**均田制・租庸調制の破綻**が決定的となり，780年から □ が施行された。 （駒澤大）

両税法

☑26 唐代，科挙によらず家柄の官位によって任官できる制度があったことから，多くの貴族が官僚となって，**大所領**である □ を形成していった。 （九州大）

荘園

☑27 中国の**周辺諸国**の支配者が，中国皇帝に対し**貢物を送る**ことを <u>a</u> という。これは，<u>b</u> とよばれる国際秩序（**中華帝国が中心**となり**各地域の統治を承認する仕組み**）の中にある国には義務付けられていた。 （北海道大）

a 朝貢
b 冊封体制

☑ 28 頻出 875 年から始まる［　　　　］とよばれる農民反乱が、
907 年に唐が滅亡する契機となった。　　　　　（聖心女子大）

黄巣の乱

☑ 29 この乱は、反乱軍から唐に寝返って汴州の節度使となっ
た［　　　　］などの活躍により鎮圧された。　　　（福岡大）

朱全忠

■ 前近代の中国の重要事項は ゴロ で覚えよう！

◎フレフレ劉邦 漢の成立
⇒前 202 年　中国を統一した劉邦が漢〔前漢〕を創始

◎イヨイヨ華やか 武帝の時代
⇒前 141 ～前 87 年　武帝の時代

◎ニコニコ劉秀 後漢の成立
⇒後 25 年　劉秀が漢王朝を復興〔後漢〕

◎いやよ後漢 黄巾の乱
⇒ 184 年　黄巾の乱が勃発

◎楊堅の 怖い建国 怖くない統一
⇒ 581 年に建国された隋、589 年に陳を滅ぼして中国を統一

"リリ子チューするエイゲンと"
⇒唐の皇帝：①李淵〔高祖〕：隋を倒して唐を建国
　　　　　　②李世民〔太宗〕：中国統一、"貞観の治"
　　　　　　③高宗：最大版図
　　　　　　④中宗：則天武后により廃位、韋后により毒殺（武
　　　　　　　　　　韋の禍）
　　　　　　⑤睿宗：則天武后により廃位
　　　　　　⑥玄宗："開元の治"、募兵制の施行、安史の乱

◎やなこった唐 黄巣の乱
⇒ 875 年　黄巣の乱が勃発

隋・唐の文化

☑ 01 儒学者 ａ は，太宗の勅命で『隋書』や**五経の注釈書**
『 ｂ 』を編纂した。 (大阪大)

a 孔穎達
b 五経正義

☑ 02 **頻出** 7世紀前半，往復とも陸路でインドに赴いた僧
ａ の旅行記『 ｂ 』は，弟子の編集によって完成
した。 (京都産業大)

a 玄奘
b 大唐西域記

☑ 03 **"詩仙"**と称される □ は，美しい詩を多く残した。
(明治大)

李白

☑ 04 後に**"詩聖"**とよばれる □ は，「**春望**」や「兵車行」
など社会の現実をうたった作品を多く残した。 (東海大)

杜甫

☑ 05 **中唐の詩人** □ は，玄宗と楊貴妃の悲恋をうたった
「**長恨歌**」などで知られる。 (東京女子大)

白居易〔白楽天〕

☑ 06 中唐の文章家 □ は，**唐宋八大家の一人**とされ，文章
家としては**古文の復興**を，学者としては**儒学の復興**を唱
えた。 (南山大)

韓愈〔韓退之〕

☑ 07 **唐宋八大家**の一人とされる中唐の文章家 □ は，こ
の人物とともに古文の復興を唱えた。 (立命館大)

柳宗元

☑ 08 楷書・草書に力強い書風を開いた盛唐の書家 □ は，
安史の乱の際に義勇兵を率いて戦った。 (青山学院大)

顔真卿

☑ 09 副葬品に多く使用された，緑・褐色・白などの彩色を施
した**唐代の陶器**を □ という。 (京都大)

唐三彩

☑ 10 玄宗に仕えた盛唐の画家 □ は，線の太さで量感や
立体感を表す新技法を生み出した。 (明治大)

呉道玄

☑ 11 **阿弥陀浄土信仰**を説いた仏教の一派 □ は，東晋の
慧遠を開祖とし，唐代に大成された。 (関東学院大)

浄土宗

中国北方民族

☑ 01 前7世紀に**黒海北岸の草原地帯**を拠点に活躍した騎馬
遊牧民族 □ は，イラン系と推測されている。
(東洋大)

スキタイ

☑ 02 **頻出** 前3世紀末頃から活躍した騎馬遊牧民族である
□ は，草原の道・オアシスの道を支配した。(駒澤大)

匈奴 (きょうど)

☑ 03 前3世紀，父である頭曼単于(とうまんぜんう)を殺害した □ が**匈奴**
を統率し，前漢の高祖を**白登山の戦い**で破った。(信州大)

冒頓単于 (ぼくとつぜんう)

☑ 04 匈奴のこの王は，**甘粛(かんしゅく)・タリム盆地東部にいた** □ を
イリ地方に追いやった。(専修大)

月氏 (げっし)

☑ 05 **2世紀半ば～6世紀**にかけてモンゴル高原で活躍した
□ は，4世紀に華北へ進出し，5世紀に華北を統一
した。(東京経済大)

鮮卑 (せんび)

☑ 06 **5世紀～6世紀**にかけて，モンゴル系騎馬遊牧民族の
□ a □ がモンゴル高原で活躍し，"□ b □"という君主
の称号が用いられた。(駒澤大)

a 柔然 (じゅうぜん)
b 可汗 (かがん)

☑ 07 **6世紀～8世紀**に活躍したトルコ系騎馬遊牧民族 □ a □
は，柔然(じゅうぜん)を滅ぼしてモンゴル高原に大帝国を建てたが，
□ b □ の介入で東西に分裂した。(近畿大)

a 突厥 (とっけつ)
b 隋〔楊堅〕

☑ 08 **頻出** **8世紀～9世紀**に活躍したトルコ系騎馬遊牧民族
□ は，もともと突厥(とっけつ)や唐に服属していた。
(京都産業大)

ウイグル

☑ 09 この民族は内部の反乱から北アジアのトルコ系民族であ
る □ の侵攻を受け，840年に四散した。(近畿大)

キルギス

☑ 10 **ウイグル**が使用した □ a □ は，アラム文字系**ソグド文字**
に倣ったものだった。宗教では，□ b □ が信仰されてい
た。(東洋大)

a ウイグル文字
b マニ教

五代十国から宋と征服王朝

五代十国時代

☑ 01 907 年に**朱全忠**が a を建国して以降, 960 年まで
華北では b とよばれる **5 つの短命な王朝が興亡**を
繰り返した。　　　　　　　　　　　　　　　(駒澤大)

a 後梁
b 五代

☑ 02 五代において, 2 番目の 　　　　 だけが**洛陽**を都とした。
　　　　　　　　　　　　　　　　　　　　　(神奈川大)

後唐

☑ 03 五代 3 番目の a は, 建国の際に**契丹族**の力を借り
たことによって, 彼らに b を割譲した。　(日本大)

a 後晋
b 燕雲十六州

☑ 04 この国に続き, 五代 4 番目の a , 5 番目の b
も**開封**を都とした。　　　　　　　　　　　(京都大)

a 後漢
b 後周

宋

☑ 05 **頻出** 五代の最後である**後周の武将** a によって, 960
年 b を都とする**宋 (北宋)** が建国された。
　　　　　　　　　　　　　　　　　　　　(京都産業大)

a 趙匡胤
b 開封

☑ 06 宋は, 漢民族王朝ならではの儒教精神に基づく a
によって統治され, **中央集権化**が進んだ。また, 優秀な
官僚を得るための**科挙が整備**され, 最終試験に**皇帝が直
接面接を行う** b が設けられた。　　　　　(愛知大)

a 文治主義
b 殿試

☑ 07 宋代以降, 儒教的教養を持つ 　　　 階級によって, 社会
的支配層が形成された。　　　　　　　　　(東京女子大)

士大夫

☑ 08 **宋**は, 第 2 代 　　　 の時代に**中国統一**を成し遂げた。
　　　　　　　　　　　　　　　　　　　　　(南山大)

太宗

☑ 09 宋の第 6 代**神宗**に登用された宰相 a は, **富国強兵
を目的とする新法改革**を行った。しかし, 第 7 代哲宗の
下で宰相となった b により, **新法はことごとく廃
止**された。　　　　　　　　　　　　　　(京都産業大)

a 王安石
b 司馬光

☑ 10 王安石の流れをくみ，新法を支持する官僚層を　a　，　　　a 新法党
司馬光など新法に反対した**保守的**な官僚層を　b　と　　b 旧法党
よぶ。　　　　　　　　　　　　　　　　　　　　　（福井大）

☑ 11 王安石の新法で，　a　は，**小農民救済**のために穀物や　a 青苗法
資金を低利で貸し付けた。また，　b　は，**中小商人の**　b 市易法
保護と大商人による物価の操作を抑制した。そのほかに
も，**募役法・均輸法・保甲法・保馬法**が制定された。
　　　　　　　　　　　　　　　　　　　　　　　　（名城大）

☑ 12 頻出 中国北方で遼を滅ぼした**金**が，宋の違約を理由　a 靖康の変
に**開封を占領**し，1127 年に宋も滅ぼした。この事件　　b 欽宗
を　a　とよぶ。これにより，皇帝　b　や上皇の　　　c 徽宗
　c　が黒竜江方面に拉致された。　　　　　　　　（専修大）

☑ 13 宋の滅亡時に**江南**へ逃れた　a　は，1127 年に　b　　a 高宗
を都として宋を再建した。この国を　c　とよぶ。　　　b 臨安〔杭州〕
　　　　　　　　　　　　　　　　　　　　　　　　（甲南大）　c 南宋

☑ 14 建国当初のこの国では，**主戦派の中心**　a　が金と戦っ　a 岳飛
て華北を取り戻すことを，**和平派の中心**　b　が金と　　b 秦檜
の講和を主張した。　　　　　　　　　　　　　　（南山大）

宋代の社会

☑ 15 **中国風俗画**の一つ「　　　」は，**北宋の都開封のにぎわ**　清明上河図
いを描いている。　　　　　　　　　　　　　　（北海道大）

☑ 16 　a　とよばれた**新興地主層**が有力になると，彼らは　a 形勢戸
自分たちの土地を　b　とよばれる**小作人**に耕作させ　　b 佃戸
た。　　　　　　　　　　　　　　　　　　　　（京都産業大）

☑ 17 ベトナムから，**日照りに強い早稲種**の　　　が導入され　占城稲
た。　　　　　　　　　　　　　　　　　　　　　　（甲南大）

☑ 18 宋代，**江南（長江下流域）**が名実ともに大穀倉地帯になっ　蘇湖〔江浙〕
たことは，「　　　」という象徴的な言葉で表された。　　熟すれば天
　　　　　　　　　　　　　　　　　　　　　　（京都産業大）　下足る

☑ 19 南宋時代の商業において，地方では [　　] とよばれる
小さな**交易所**が発達した。　　　　　　（京都産業大）

草市

☑ 20 この中から，[　　]・[　　]・店などとよばれる**小商
業都市**が生まれた。　　　　　　　　　（東京女子大）

鎮・市

☑ 21 営業の独占や相互扶助を目的に作られた，**商人の同業組
合**を [a]，**手工業者の同業組合**を [b] とよぶ。
　　　　　　　　　　　　　　　　　　（西南学院大）

a 行
b 作

☑ 22 頻出 **南宋**では，**海上交易**が盛んに行われるようになった。
この当時発展した海港都市を 4 つ挙げよ。　（東洋大）

広州
臨安〔杭州〕
泉州
明州
（順不同）

☑ 23 手形から発展した [a] が北宋で発行され，**世界最初
の紙幣**となった。南宋では，[b] とよばれる紙幣が発
行された。　　　　　　　　　　　　　（西南学院大）

a 交子
b 会子

☑ 24 宋代には，唐代からあった**貿易管理機関** [a] が整備
されて設置された。また，中国商人は [b] を利用し，
南シナ海交易を行った。　　　　　　　　（専修大）

a 市舶司
b ジャンク船

☑ 25 **宋の三大発明**のうち，[a] は，南宋では点火用・威嚇
用に使用され，金・元では軍事的に実用化された。また，
[b] は，**磁石の指極性**を利用し，南宋では**航海**にも使
用された。これらはともに [c] 世界へ伝わった。
　　　　　　　　　　　　　　　　　　（信州大）

a 火薬
b 羅針盤
c イスラーム

征服王朝

☑ 26 4 世紀頃，東モンゴルにある遼河上流の**シラ=ムレン流域**
に，遊牧・狩猟を生活基盤とする [　　] 族が出現した。
　　　　　　　　　　　　　　　　　　（近畿大）

契丹〔キタイ〕

☑ 27 この民族の [a] は，916 年に**東モンゴル**で [b] を
建国し，926 年には**渤海を滅ぼした**。　（東洋大）

a 耶律阿保機
b 契丹〔遼〕

☑ 28 この国では，**漢字とウイグル文字をもとに**して，民族文
字である [　　] が作られた。　　　　　（北海道大）

契丹〔キタイ〕
文字

☑29 1004 年，遼は**宋**と　　　　という**講和条約**を結び，以後　　　　澶淵の盟
毎年一定量の銀と絹を宋から遼へ贈らせることを約束
した。　　　　　　　　　　　　　　　　　　　　　（信州大）

☑30 1038 年，黄河上流の陝西・甘粛地方に進出した**チベッ**　　a タングート
ト系　a　**族**の　b　により，　c　が建国された。　　b 李元昊
　　　　　　　　　　　　　　　　　　　　　　　　（甲南大）　c 西夏

☑31 頻出 この国では，**漢字を母体**にして，　　　　とよばれ　　西夏文字
る民族文字が作られた。　　　　　　　　　　　　（福井大）

☑32 **中国東北地方の半農・半猟民族**だった　　　　族は，2 世　　女真
紀にわたって遼の支配下に置かれていた。　　　　（南山大）

☑33 1115 年，この民族の　a　によって　b　が建国さ　　a 完顔阿骨打
れた。　　　　　　　　　　　　　　　　　　　　（駒澤大）　〔太祖〕
　　　　　　　　　　　　　　　　　　　　　　　　　　　　　b 金

☑34 **女真族**の部族組織をもとに，金では 300 戸から 100 人　　猛安・謀克
を徴兵することを基礎とした　　　　という**軍事・行政
組織**が形成された。　　　　　　　　　　　　（日本女子大）

☑35 **金の時代に華北で成立**した　a　は，**儒教・仏教・道**　　a 全真教
教を調和させた道教の一派である。その開祖は　b　　　b 王重陽
である。　　　　　　　　　　　　　　　　　　　（南山大）

☑36 金・宋連合に滅ぼされた遼の王族　a　は，**中央アジア**　　a 耶律大石
に逃れてチュー川上流を拠点とする**カラ＝ハン朝を倒し**，　b 西遼〔カラ
1132 年に　b　を建国した。　　　　　　　　　（九州大）　キタイ〕

☑37 建国者である**耶律大石**の死後，西遼は内紛によって弱体　　ナイマン
化し，1211 年には　　　　に滅ぼされた。　　（京都府立大）

☑38 遼や金では，**北方民族と中国農耕民を分けて統治**する　　二重統治体制
　　　　が採用された。　　　　　　　　　　　　（東洋大）

■ 官吏登用法史の重要事項は**功業**で覚えよう！

◎官吏登用法史 "**郷里** で **休暇** する **殿**"

→**郷里**で⇒**郷**挙**里**選 (漢＝武帝)

→**休**⇒**九**品中正 (魏＝文帝＝曹丕)

→**暇**する⇒**科**挙 (隋＝文帝＝楊堅)

→**殿**⇒**殿**試 (宋)

宋の文化

学問・文学

☑01 宋代，**訓詁学に反発**して，| a | という新しい宇宙観や 実践倫理を探求する**新しい儒学**が成立した。この学問の 先駆者となった北宋の儒学者 | b | は，道家思想や仏 教哲学を導入しながら『**太極図説**』を著した。　(西南学院大)

a 宋学

b 周敦頤

☑02 頻出 この学問は，**格物到知・理気二元論**・性即理説など を説く**南宋**の儒学者 | a | によって大成され，| b | とよばれるようになった。　(日本女子大)

a 朱熹〔朱子〕

b 朱子学

☑03 **朱熹**は，| a | を高く評価し，『**春秋**』に基づいて君臣 関係を正そうとする | b | 論を強調した。　(愛知大)

a 四書

b 大義名分

☑04 **中華思想**のもととなる ◯◯◯◯ 思想は，周辺民族の文化 を低いものとしてみなす考え方をいう。　(名城大)

華夷

☑05 北宋の**司馬光**は，戦国時代から五代末までの史書である 『◯◯◯◯』を**編年体**で編纂した。　(京都大)

資治通鑑

☑06 北宋の学者 ◯◯◯◯ は，『**新唐書**』『**新五代史**』を編纂した。　(南山大)

欧陽脩

☑07 **唐宋八大家の一人**とされる北宋の文人・政治家の ◯◯◯◯ は，「**赤壁の賦**」を残した。　(南山大)

蘇軾〔蘇東坡〕

☑08 楽曲に合わせて歌う歌詞は ◯◯◯◯ とよばれ，**宋代特有 の文学**として発達した。　(名古屋大)

詞

☑09 北宋では，◯◯◯◯ という**歌・せりふ・しぐさを伴う歌 劇**が成立した。　(立命館大)

雑劇

美術・技術

☑ 10 宋代，宮廷内で絵画を制作した a が保護された。この機関に属する画家によって，**写実的で装飾的**な画風の b が描かれた。　　　　　　（京都大）

a 画院
b 院体画

☑ 11 "風流天子"と称される北宋の皇帝 は，「桃鳩図」という有名な絵画を残した。　　　　　　（南山大）

徽宗

☑ 12 絵画の専門家でない**文人**が**余技に描いた** では，**山水・人物**などが**水墨**や細かい線で描かれた。　（成蹊大）

文人画〔南画，南宋画〕

☑ 13 宋代，緑色または青色を帯びた a や，白色の素地に透明な釉をかけた b などの磁器が発達し， c で多くが生産された。　　　　　　（名城大）

a 青磁
b 白磁
c 景徳鎮

☑ 14 **唐初に発明**されたとされる の技術が，宋代に広く普及した。　　　　　　（明治大）

木版印刷

宗教

☑ 15 **宋代以降**，仏教の一派である が**士大夫層を中心**に広まった。　　　　　　（京都大）

禅宗

モンゴル帝国と元

モンゴル帝国

☑ 01 **テムジン**は，1206 年の a （部族長会議）で諸部族の長に推戴され， b という称号を得て c を形成した。　　　　　　（東洋大）

a クリルタイ
b チンギス=ハン
c モンゴル帝国

■ 征服王朝は勿業で覚えよう！
◎征服王朝 "遼 生 帰 省"

→遼⇒遼（916 by耶律阿保機）
→生⇒西夏（1038 by李元昊）
→帰⇒金（1115 by完顔阿骨打）
→省⇒西遼（1132 by耶律大石）
※征服王朝→自らのルーツ，習慣を維持しつつ中国を支配→遼・金・元・清（北魏は浸透王朝）

☑02 頻出 チンギス=ハンは，アム川下流域からイランにかけてを支配していた**トルコ系イスラーム王朝**の ［ a ］ を滅亡に追い込んだ。また，1227 年には，**タングート族**の ［ b ］ を滅ぼした。 (近畿大)

a ホラズム〔ホラズム=シャー朝〕
b 西夏

☑03 第 2 代大ハンに推された，チンギス=ハンの第 3 子 ［ a ］ は，**南宋と同盟**を結んで 1234 年に ［ b ］ を滅ぼした。 (成蹊大)

a オゴタイ=ハン
b 金

☑04 1235 年，外モンゴルのオルホン川右岸に**モンゴル帝国の都** ［ ］ が建設された。 (龍谷大)

カラコルム

☑05 **オゴタイの命**で西征軍総司令官となった ［ a ］ は，1241 年にポーランド・リーグニッツ東南の地でドイツ・ポーランド諸侯連合軍を撃破した。これを ［ b ］ の戦いとよぶ。 (駒澤大)

a バトゥ
b ワールシュタット

☑06 この人物は，西征の帰途で**南ロシア**草原に ［ ］ を建国した。 (近畿大)

キプチャク=ハン国

☑07 第 3 代**グユク=ハン**の治世，教皇インノケンティウス 4 世の使者として，フランチェスコ派修道士の ［ ］ が**カラコルム**を訪れた。 (東洋大)

プラノ=カルピニ

☑08 グユク=ハンが死去したことによって，**第 4 代大ハン**に ［ ］ が選出された。 (京都大)

モンケ=ハン

☑09 このハンの治世，フランス王**ルイ 9 世の命**を受けたフランチェスコ派修道士 ［ ］ が謁見のためカラコルムを訪れた。 (神戸女子大)

ルブルック

☑10 頻出 第 4 代**モンケ=ハンの命**で西征を始めた ［ a ］ は，1258 年にイランからメソポタミアへと侵入し，**バグダードを攻略**して ［ b ］ を滅ぼした。 (京都産業大)

a フラグ
b アッバース朝

☑11 この人物によって，**イランを中心**とする西アジアに ［ ］ が建国された。 (神戸女子大)

イル=ハン国

☑12 1259 年，モンゴル帝国は抵抗を続けてきた朝鮮半島の ［ ］ を服属させることに成功した。 (専修大)

高麗

☑13 頻出 1259 年，第 4 代**モンケ＝ハン**が南宋への遠征途上 　　フビライ
で病死すると，その後のクリルタイで□□□が第 5 代大
ハンに選ばれた。　　　　　　　　　　　　　（昭和女子大）

☑14 **フビライの即位に対抗して**，オゴタイ＝ハンの孫□□□　　ハイドゥ
がハンを称して挙兵して□□□の乱をおこした。（龍谷大）

☑15 頻出 フビライは，即位して 4 年後の 1264 年に都を　　a 大都
□ a □に遷した。また 1271 年には，国号を□ b □に　　b 元〔大元，
改めた。　　　　　　　　　　　　　　　　　　（駒澤大）　　大元ウルス〕

元

☑16 元朝は，1276 年に**臨安を攻略して**□□□を滅ぼした。　　南宋
　　　　　　　　　　　　　　　　　　　　　　　（東洋大）

☑17 **フビライ**は 1274 年と 1281 年に，□□□を行った。　　日本遠征〔元寇〕
　　　　　　　　　　　　　　　　　　　　　　　（筑波大）

☑18 元では，六部を掌握し政務行政を統括していた**尚書省が**　　中書省
廃止され，六部を□□□に直属させることによって，中
央行政の一本化が図られた。　　　　　　　　　（駒澤大）

☑19 **西域出身者**など□□□は，モンゴル人の次に重用され，　　色目人
高級官僚や財政担当などで重用された。　　　　（福井大）

☑20 元代，**金の支配下にあった人民**は□ a □という第三身　　a 漢人
分，**南宋の支配下にあった人民**は□ b □という第四身　　b 南人
分とされた。　　　　　　　　　　　　　　　　（新潟大）

☑21 金や元では，□□□と呼ばれる**紙幣**が使用された。　　交鈔
　　　　　　　　　　　　　　　　　　　　　　　（専修大）

☑22 1351 年，**白蓮教徒**を統率する**韓林児**の反乱から，江南　　a 紅巾の乱
で□ a □という農民反乱が起こった。この反乱から台　　b 朱元璋
頭した安徽省の貧農出身の□ b □は，1368 年に**明朝**を
建国した。　　　　　　　　　　　　　　　　　（駒澤大）

☑23 チンギス＝ハンの第 2 子が**中央アジアに建国した**□□□　　チャガタイ＝
は，14 世紀に東西分裂した。その後，西の国からは**ティ**　　ハン国
ムールが台頭した。　　　　　　　　　　　　　（龍谷大）

☑24 ムスリムが多かった**イル=ハン国**では，第 7 代 ◻ が
自ら**イスラーム教**に改宗し，これを**国教化**した。

ガザン=ハン

(東北学院大)

☑25 このハンの下，**イラン人**の歴史家 a が宰相となり，
土地・税制度の改革と中央集権化を強化した。この人物
は，『 b 』という歴史書を著した。　　　　(近畿大)

a ラシード=
アッディーン

b 集史

■ モンゴル帝国と元朝の歴代大ハンと重要事項は
　　語呂で覚えよう！

◎モンゴル帝国・元の大ハン**"チンギス=ハン，オ グのモーフ"**

→**チ**ンギス=ハン：ホラズム・西夏の滅亡
→**オ**ゴタイ=ハン：金の滅亡・バトゥの西征
→**グ**ユク=ハン：カルピニ来訪
→**モ**ンケ=ハン：ルブルック来訪・フラグの西征
→**フ**ビライ=ハン：大都遷都・南宋滅亡

☑26 **元**では，主要道路 10 里ごとに駅を置く a （モンゴ
ル語で b ）が完備された。　　　　　　(西南学院大)

a 駅伝制

b ジャムチ

☑27 元を訪れた**マルコ=ポーロ**は，福建省の ◻ を**ザイト
ン**とよび，世界第一の港市として紹介した。　　(甲南大)

泉州

☑28 **頻出** **マルコ=ポーロ**は，大運河の南の出発点 ◻ を**キ
ンザイ**の名でヨーロッパに紹介した。　　　　(日本大)

杭州

☑29 **チンギス=ハン**は，部族制に代わって ◻ を採用し，
すべての遊牧民を千戸単位のグループに分け，有事の際
には**各戸から 1 人の兵士を動員**させた。　　　(近畿大)

千戸制

☑30 フビライは a を保護し，帝師として b を招い
た。彼は b 文字を作成したが，一般には普及しな
かった。　　　　　　　　　　　　　　　　　(新潟大)

a チベット
仏教〔ラマ教〕

b パスパ

元の文化

☑01 **フビライ=ハン**に仕えた科学者 [a] は，初め水利工事に活躍し，後に**イスラーム天文学の影響**を受けて [b] という暦を作成した。これをもとに，江戸時代の日本では**渋川春海**(しぶかわはるみ)が [c] を作成した。（東北学院大）

a 郭守敬(かくしゅけい)
b 授時暦(じゅじれき)
c 貞享暦(じょうきょう)

☑02 宋(そう)で始まった**雑劇**(ざつげき)が，元で完成されて一般に [ ] とよばれるようになった。（立命館大）

元曲(げんきょく)

☑03 **王実甫**(おうじっぽ)は，『[ ]』で上流社会の封建的圧力に抵抗した男女の悲恋物語を雑劇化した。（神奈川大）

西廂記(せいそうき)

☑04 元末，江南地方の**高明**(こうめい)〔**高則誠**(こうそくせい)〕は，出世した夫と故郷に残された妻の苦労を題材とする雑劇『[ ]』を残した。（立命館大）

琵琶記(びわき)

■ 元の文化は **力業** で覚えよう！

◎元曲（雑劇）は"**精悍美**"

→精⇒『西廂記』by 王実甫
→悍⇒『漢宮秋(かんきゅうしゅう)』by 馬致遠(ばちえん)
→美⇒『琵琶記』by 高明〔高則誠〕

◎元の文人画を"**超交互に思う**"

→超　⇒趙孟頫(ちょうもうふ)：元末四大家へ影響
→交　⇒黄公望(こうこうぼう)：全真教に傾倒
→互に⇒呉鎮(ごちん)　：優れた山水画
→思う⇒王蒙(おうもう)　：南宋画の大成者

■ 元の遠征の結果を **図** で整理しよう！

南宋×　by フビライ
アジア各国との
交易利権の継承を狙う

- ビルマ
  パガン朝×
  ↓
  タウングー朝
- ジャワ
  大混乱→シンガサリ朝×
  ↓
  マジャパヒト朝
  (最後のヒンドゥー教)
- ベトナムが撃退
  陳朝
  (字喃作成)
- 日本が撃退
  鎌倉幕府
  (北条時宗)

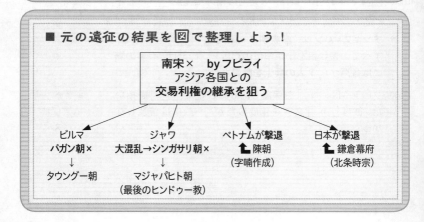

イスラーム教の成立と拡大

イスラーム教の成立

☑01 **頻出 アラビア半島**の先住民である 　　　 **人**は，セム語系 アラビア語を母語とした。　　(京都産業大)

アラブ

☑02 **頻出 メッカ**の 　a 　族**ハーシム家出身**の 　b 　は，神 の啓示を受けて **610 年頃**に 　c 　を**創始**した。　(東洋大)

a クライシュ
b ムハンマド
c イスラーム教

☑03 この宗教は，**アラビア語**で 　　　 とよばれる**唯一神**を崇 める厳格な一神教で，**偶像崇拝を徹底して禁止**している。
(九州大)

アッラー

☑04 アラビア半島西部の**ヒジャーズ地方**に位置する 　a 　は， 古くから**宗教や商業の中心都市**として栄えた。この地に ある 　b 　は，もともと**アラビア半島の多神教信仰の中 心地**で，古くから聖石や聖像が納められていた。　(龍谷大)

a メッカ
b カーバ聖殿

☑05 **622 年**，**ムハンマド**は**大商人の迫害**を受けて，この都市 から北方の 　a 　に移住した。これを 　b 　とよぶ。
(日本大)

a メディナ
b 聖 遷〔ヒ
ジュラ〕

☑06 この移住後，**ムハンマド**は 　　　 とよばれるイスラーム 教徒の**共同体**を作った。　　(日本大)

ウンマ

☑07 **イスラーム教徒**は 　　　 とよばれ，主であるアッラーの 僕として絶対的な服従が求められた。　(東洋大)

ムスリム

☑08 **異教徒に対するイスラーム教徒の戦い**を 　　　 とよぶ。
(神奈川大)

ジハード〔聖戦〕

☑09 **頻出 632 年**にムハンマドが死去すると，　　　 とよばれ る**後継者**が選ばれるようになった。　(京都大)

カリフ

☑10 ムハンマドの義父 　　　 が，**初代カリフ**に選出された。
(京都産業大)

アブー=バクル

☑ 11 頻出 ムハンマド死後の 650 年頃, **イスラーム教の聖典** 『[____]』が編纂された。 （九州大）

コーラン〔クルアーン〕

☑ 12 頻出 ハーシム家に生まれた**第 4 代カリフ** a は, ムハンマドの娘ファーティマを妻とし, シリア総督 b と争った。第 4 代までの 4 人のカリフを**正統カリフ**という。 （駒澤大）

a アリー
b ムアーウィヤ

☑ 13 ムスリムが信じるべき**神・天使・預言者・啓典・来世・天命**を a , 実行すべき**断食や巡礼**などを b という。 （新潟大）

a 六信
b 五行

ウマイヤ朝

☑ 14 頻出 **アリーが暗殺**された後, a がカリフに就任し, b 朝が始まった。 （京都大）

a ムアーウィヤ
b ウマイヤ

☑ 15 シリアの[____]を都とする**ウマイヤ**朝では, アラビア語を公用語とするなど, 王朝の中央集権化を進め, **アラブ人第一主義**が採られた。 （成城大）

ダマスクス

☑ 16 ムアーウィヤのカリフ就任に反対する**アリーの支持者**は, [____]とよばれるグループを作った。 （首都大学東京）

シーア派

☑ 17 これに対し, **代々のカリフを正統と認めるイスラーム教の多数派**を[____]とよぶ。 （大阪大）

スンナ派

☑ 18 イスラーム世界の**人頭税** a は, 当初は**"啓典の民"** とよばれたユダヤ教徒・キリスト教徒に対して, 正統カリフ時代以降は全ての異教徒に対して課された。 b 朝時代までは彼らがイスラム教に改宗しても免除されなかった。 （近畿大）

a ジズヤ
b ウマイヤ

☑ 19 イスラーム世界の**地租**[____]は, 当初は征服地の住民に対して, 後にアラブ人に対しても課された。 （日本大）

ハラージュ

■ **正統カリフは功業で覚えよう！**
◎正統カリフ"危 ない オマル と 薄 着の アリー"

→危ない⇒**アブー** = バクル : 半島の再統一
→オマルと⇒**ウマル** : vs.ビザンツ帝国, vs.ササン朝 (ニハーヴァンドの戦い)
→薄着の⇒**ウスマーン** : 『コーラン (クルアーン)』(ムハンマドがアッラーより得た啓示の結集)
→**アリー** : 暗殺でシーア派成立へ

■イスラーム教の成立と拡大の重要事項は
力業で覚えよう！

◎浪人2年ムハンマド
> ⇒ <u>622</u>年　メディナに聖遷（ヒジュラ）

◎ミニ国家の正統カリフ
> ⇒ 6<u>32</u>年　正統カリフ時代の始まり

◎無論一番ウマイヤ朝
> ⇒ <u>661</u>年　ウマイヤ朝の成立

◎名残れアッバース日に壊れ
> ⇒ <u>750</u>～<u>1258</u>年　アッバース朝

アッバース朝

☑20 頻出 750 年，　a　朝が成立。　a　家の第 2 代カリ　　　a アッバース
フは都　b　を建設。第 5 代カリフ　c　の下で**最盛**　　　b バグダード
期を迎えた。　　　　　　　　　　　　　　　　（京都産業大）　　c ハールーン
　　　　　　　　　　　　　　　　　　　　　　　　　　　　　　　　　＝アッラシード

☑21 アッバース朝期，**イスラーム法**　a　が制定された。こ　　a シャリーア
の法は，『コーラン』と**ムハンマドの伝承**　b　を解釈し　　b ハディース
て確立させたものだった。　　　　　　　　　　　（日本大）

☑22 頻出 アッバース朝成立に際し，北アフリカより**イベリア**　　a コルドバ
半島に逃れたウマイヤ家のアブド=アッラフマーン 1 世　　　b 後ウマイヤ
は，756 年に　a　を都とする　b　朝を建国した。
　　　　　　　　　　　　　　　　　　　　　　　　　　　（北海道大）

☑23 875 年，中央アジアで**イラン系**の□□□□朝が独立した。　　サーマーン
　　　　　　　　　　　　　　　　　　　　　　　　　　（龍谷大）

☑24 10 世紀，中央アジアに□□□□朝を成立し，トルコ系騎馬　　カラ＝ハン
遊牧民にイスラームが広がった。　　　　　　　　（中央大）　　〔カラハン〕

☑ 25 932 年に**イラン系シーア派の軍事政権**である ﹍a﹍ 朝
が成立し，946 年に**バグダードに入城**した。アッバース
朝のスンナ派カリフの保護を条件として， ﹍b﹍ という
称号を与えられ政権を担った。 　　　　　　(愛知教育大)

a ブワイフ
b 大アミール

☑ 26 ブワイフ朝では，軍人や官僚に対して，彼らの俸給額に
見合う金額を徴収出来る**土地の管理と徴税権を与える**
﹍﹍﹍﹍ が始められた。 　　　　　　　　　　(東京大)

イクター制

☑ 27 [頻出] 11 世紀，中央アジアで**トルコ系スンナ派**の﹍﹍﹍﹍朝
が興った。 　　　　　　　　　　　　　　　　(東洋大)

セルジューク

☑ 28 この王朝の創始者 ﹍a﹍ は，1055 年のバグダード入城
後，アッバース朝カリフから**世俗君主**を意味する ﹍b﹍
の称号を授かった。 　　　　　　　　　　　(日本大)

a トゥグリル
　 ＝ベク
b スルタン

☑ 29 [頻出] 1258 年，モンゴルの ﹍a﹍ による侵攻を受けて
アッバース朝が滅亡した。その後アッバース朝のカリフ
は，エジプトの ﹍b﹍ 朝に亡命した。 　　　(名古屋大)

a フラグ
b マムルーク

☑ 30 11 世紀以降，各地で**ウラマー（学者）を育成**するための
高等教育機関 ﹍﹍﹍﹍ が作られた。 　　　　(西南学院大)

マドラサ

☑ 31 11 世紀頃から，禁欲的な修行で神との一体感を求める
﹍a﹍ （**神秘主義**）が盛んになり ﹍b﹍ が理論化，その
修行に励む ﹍c﹍ たちは，教団を組織した。　 (甲南大)

a スーフィズム
b ガザーリー
c スーフィー

イベリア半島のイスラーム王朝

☑ 32 コーカソイドとネグロ・セム語族系の混血とされ，ムー
ア人ともよばれる**北アフリカ西部マグリブ地方の先住民
族**﹍﹍﹍﹍人が形成された。 　　　　　　　(名城大)

ベルベル

☑ 33 11 世紀半ば，イスラーム化したこの民族が**モロッコ**に建
てた ﹍﹍﹍﹍ 朝は，西サハラ地域やイベリア半島に進出し
た。 　　　　　　　　　　　　　　　　　　(京都産業大)

ムラービト

☑ 34 12 世紀にモロッコで成立した ﹍a﹍ 朝は，この王朝を
滅ぼしてイベリア半島に進出したが，**キリスト教勢力**が
展開していた ﹍b﹍ によって後退した。 　　(一橋大)

a ムワッヒド
b 国土回復運動
　 〔レコンキスタ〕

☑ 35 13 世紀イベリア半島南部に成立した**ナスル朝**の下，**イスラーム建築最高傑作**といわれる ☐ 宮殿が建設された。 （名城大）

アルハンブラ

エジプトのイスラーム王朝

☑ 36 頻出 909 年に**チュニジアで成立**したシーア派の ☐a☐ 朝は，969 年にエジプトのイフシード朝を滅ぼし，軍営都市**フスタート**の近くに都 ☐b☐ を建設した。 （専修大）

a ファーティマ
b カイロ

☑ 37 頻出 **スンナ派**の支持を得た，シリアの ☐a☐ 人である ☐b☐ は， ☐c☐ 朝を開き，1171 年には**ファーティマ朝を打倒**することに成功した。 （近畿大）

a クルド
b サラーフ゠アッディーン〔サラディン〕
c アイユーブ

■ イスラームの重要地は地図で確認しよう！

☑ 38 この人物は，十字軍に占領されていた**聖地** ☐ を奪回した。 （東洋大）

イェルサレム

☑ 39 頻出 1250 年，アイユーブ朝の軍司令官によって建てられたスンナ派の ☐a☐ 朝は，1517 年に**オスマン帝国**の ☐b☐ によって滅ぼされた。 （日本女子大）

a マムルーク
b セリム 1 世

> ■ エジプトのイスラーム王朝は**勿業**で覚えよう！
> ◎エジプトのイスラーム王朝 "<u>ファ</u> <u>イ</u>トで <u>愛</u> を <u>守る</u> <u>オスマン</u>"
> - →**ファ イ**トで⇒**ファ**ーティマ朝(909〜) →**守る**⇒**マム**ルーク朝 (1250〜)
> - →**愛**を⇒**アイ**ユーブ朝 (1169〜) →**オスマン**帝国 (1517〜)

イスラーム文化

☑01 **セルジューク朝**時代の詩人□□□は, 『**ルバイヤート**』の
作者として知られる。 (東海大)

ウマル=ハイ
ヤーム

☑02 14世紀, イスラーム世界最高の歴史家とされる**チュニス
出身**の a が, 『 b 』で都市と遊牧民との関係を
中心に**歴史の法則性**を論じた。 (龍谷大)

a イブン=ハ
ルドゥーン
b 世界史序説

☑03 頻出 コルドバ生まれの哲学者□□□（ラテン名**アヴェロエ
ス**）は, **アリストテレスの著作の注釈**を行った。 (京都産業大)

イブン=ルシュド

☑04 頻出 14世紀の**モロッコ出身**の大旅行家 a は, アラ
ビア語で口述筆記し, 『 b 』を著した。 (駒澤大)

a イブン=バッ
トゥータ
b 三大陸周遊
記〔旅行記〕

☑05 イラン系の医学者であり哲学者□□□（ラテン名**アヴィ
ケンナ**）は, ギリシア・アラビア医学を集大成し『**医学典範**』
を著したことでも知られる。 (南山大)

イブン=シーナー

☑06 **インド数字を原型**としてイスラーム世界で完成された
□□□は, ヨーロッパにも普及した。 (千葉大)

アラビア数字

☑07 イスラーム世界では, 『□□□』という説話集が大衆に
好まれていた。 (名城大)

千夜一夜物語
〔アラビアン
=ナイト〕

☑08 ムスリムの制作物にしばしばみられる, 植物などを図案化
した**幾何学的な文様**のことを□□□とよぶ。 (北海学園大)

アラベスク

☑09 モスクやマドラサに付随する**尖塔**のことを a といい,
モスクには b とよばれる**市場**が隣接し, その中には
c とよばれる**隊商宿**もあった。 (愛知教育大)

a ミナレット
b スーク
c キャラヴァ
ンサライ

ゲルマン大移動とフランク王国の盛衰

ゲルマン人の大移動

☑ 01 **頻出** 4 世紀，**匈奴と同系**といわれるアジア系の ⬚ 人
が西進し，南ロシアからローマの国境近くにいた**ゲルマ
ン諸民族を移動させる契機**となった。 （専修大）

フン

☑ 02 376 年，ゲルマン人の ⬚ 族が**ドナウ川を越えてロー
マ領に侵入**した。 （東洋大）

西ゴート

☑ 03 **東ゴート族の王** ⬚ は，西ローマ帝国を滅ぼした**オ
ドアケル**を破り，ラヴェンナを都とする王国を建設した。
（近畿大）

テオドリック

☑ 04 ゲルマン国家として最後に建設された ⬚a⬚ 王国は，
774 年に**フランク王国の** ⬚b⬚ の攻撃を受け，滅ぼされ
た。 （東洋大）

a ランゴバルド
b カール大帝
〔カール 1 世〕

フランク王国

☑ 05 481 年，**メロヴィング家の** ⬚a⬚ によって**フランク王国
が建設**された。496 年，彼はランス大司教から洗礼を受
け，⬚b⬚ に改宗した。 （昭和女子大）

a クローヴィス
b アタナシウス
派キリスト教

☑ 06 フランク王国の**宮宰** ⬚a⬚ は，732 年の ⬚b⬚ の戦い
で，西ゴート王国を滅亡させ，さらに北上してきた**ウマ
イヤ朝軍を撃破**した。 （名城大）

a カール=マ
ルテル
b トゥール・
ポワティエ間

☑ 07 **頻出** 6 世紀後半，弱体化したメロヴィング家に代わり，
宮宰職を務めていた ⬚a⬚ 家が実権を掌握。751 年，
クーデターで ⬚b⬚ が政権を奪取し ⬚a⬚ 朝が成立し
た。 （愛知大）

a カロリング
b ピピン〔小
ピピン，ピピ
ン 3 世〕

☑ 08 ピピンは ⬚a⬚ 王国を攻撃し奪った ⬚b⬚ とその周辺
地域を**教皇に寄進**し，⬚c⬚ の起源となった。 （大阪大）

a ランゴバルド
b ラヴェンナ
c 教皇領

☑ 09 **頻出 カール大帝**は，9 世紀に**北ドイツ**の ⬚a⬚ 族を討伐
し，侵入してきた**モンゴル系**の ⬚b⬚ 族も撃退した。
（成城大）

a ザクセン
b アヴァール

☑10 **頻出** **フランク王国の最盛期**を築いた ［ a ］ は，774 年に ［ b ］ 王国を滅ぼし，800 年には教皇 ［ c ］ から**ローマ皇帝の帝冠**を授かった。 (駒澤大)

a カール 1 世 〔カール大帝〕
b ランゴバルド
c レオ 3 世

☑11 カール大帝は，全国を州に分けて，そこに ［＿＿＿＿］ とよばれる**地方長官**を置いた。 (成城大)

伯

☑12 カール大帝は，この地方長官の統治を ［＿＿＿＿］ という役職に監視させた。 (愛知大)

巡察使

☑13 843 年に締結された ［＿＿＿＿］ 条約によって，フランク王国は西フランク，中フランク，東フランクの **3 国に分裂**した。 (日本女子大)

ヴェルダン

☑14 870 年の ［＿＿＿＿］ 条約で，中フランクに位置する**ロタールの地を東西に分割**し，残りをイタリア王国とすることになった。 (成城大)

メルセン

☑15 10 世紀， ［＿＿＿＿］ 人が中欧に侵入してきた。 (甲南大)

マジャール

☑16 962 年，教皇が東フランクの ［＿＿＿＿］ に**ローマ帝冠**を授けたことで，**神聖ローマ帝国が成立**した。 (駒澤大)

オットー 1 世

☑17 西フランク王国（フランス）では，987 年のカロリング朝断絶後， ［ a ］ が即位し， ［ b ］ **朝**が確立した。 (新潟大)

a ユーグ＝カペー
b カペー

中世封建社会

☑18 王から付与された土地や，騎士たちが王に所有を認めてもらった土地に関しては，**王権の介入**を拒否する ［＿＿＿＿］ が認められていた。 (成城大)

不輸不入権〔インムニテート〕

☑19 **頻出** 保有地での生産物は農奴のものとなったが，**領主**に一部を ［ a ］ する必要があった。また，領内の**教会**に払う ［ b ］ も課せられた。 (京都大)

a 貢納
b 十分の一税

☑20 **頻出** 10 ～ 11 世紀頃，**春耕地・秋耕地・休耕地**に 3 分して 3 年で一巡させる ⬚ という農法がヨーロッパで始まった。 (東京女子大)

三圃制 _{さんぽせい}

☑21 12 世紀頃から，**牛馬につけて用いる** ⬚ などの鉄製農具が普及し，深耕を可能にした。 (西南学院大)

重量有輪犂 _{じゅうりょうゆうりんすき}

☑22 生産物で要求していた**税を金納化する**ことで，⬚ が発生した。 (慶應義塾大)

貨幣地代

☑23 **頻出** 少しずつ豊かになっていった農民は，最終的に**領主から土地を買い上げる**などして ⬚a⬚ となった。これをイギリスでは ⬚b⬚ とよぶ。 (近畿大)

a 独立自営農民
b ヨーマン

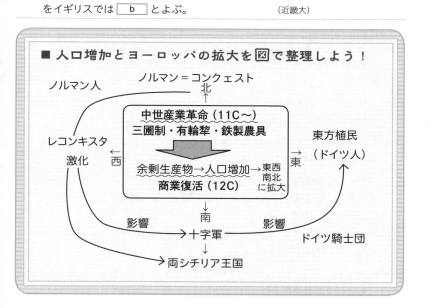

■ **人口増加**と**ヨーロッパの拡大**を**図**で整理しよう！

ノルマン人　　　　　ノルマン＝コンクェスト
　　　　　　　　　　　　　　北
　　　　　　　　　　　　　　↑
　　　　　　　　┌─────────────────────┐
　　　　　　　　│ **中世産業革命（11C～）**　　　│　　東方植民
レコンキスタ　　│ **三圃制・有輪犂・鉄製農具**　│　（ドイツ人）
激化　　　　←─│　　　　　　⬇　　　　　　　→東│
　　　　　　西 │ **余剰生産物→人口増加**→東西│ 東
　　　　　　　　│ **商業復活（12C）**　　南北│
　　　　　　　　└─────────┬───────────┘ に拡大
　　　　　　　　　　　　　　│南
　　　　　影響　　　　　　　↓　　　　影響
　　　　　　　───→十字軍←───　ドイツ騎士団
　　　　　　　　　　　　　　↓
　　　　　　　→両シチリア王国

キリスト教の成立と発展

キリスト教の成立

☑01 **頻出** ナザレの大工ヨセフの許嫁（いいなずけ）**マリア**を母として生まれた　a　は、**ヨハネの洗礼**を受けると、自らを　b　と信じるようになった。　　　　　　　　　　　　　（龍谷大）

a イエス
b 救世主〔メシア〕

☑02 **頻出** **救世主（メシア）**をギリシア語で"クリストス"とよぶことから、現在の日本ではイエスを　　　　とよんでいる。　　　　　　　　　　　　　　　　　　　　　　　（愛知大）

キリスト

☑03 最高位の使徒である　　　　は、**概念上の初代ローマ教皇**とされている。　　　　　　　　　　　　　　　（聖心女子大）

ペテロ〔ペトロ〕

☑04 小アジア生まれのユダヤ人だった　　　　は、当初**ユダヤ教のパリサイ派**に属していたが、後に回心して使徒となった。　　　　　　　　　　　　　　　　　　　（京都産業大）

パウロ

☑05 キリスト教が迫害を受けていた時代、信徒が信仰を守った**地下墳墓**を　　　　とよぶ。　　　　　　　（南山大）

カタコンベ

☑06 1～2世紀頃、キリスト教の教典『　　　　』が、ヘレニズム世界の共通語だった**コイネー**で記された。　（明治学院大）

新約聖書

☑07 **ニケーア公会議**で正統とされた**アタナシウス派**は、後に父なる神・子なるイエス・聖霊は同じ本質を持つとする　　　　へとつながった。　　　　　　　　　（愛知教育大）

三位一体説（さんみいったい）

☑08 ローマ皇帝　　　　は、ギリシア古典と**ミトラ教**に心酔し、教会から"**背教者**"とよばれた。　　　　　　（駒澤大）

ユリアヌス

☑09 **頻出** 教父　　　　は、北アフリカのヌミディア出身で、**もともとはマニ教徒**だった。　　　　　　　　（甲南大）

アウグスティヌス

■ **修道院**は勿業（ごろ）で覚えよう！
◎修道院"**文 句 ある 人**"

→**文**⇒**モンテ**＝カシノ修道院（6Cローマ近郊）→ベネディクトゥス"祈り、働け"
→**句ある**⇒**ク**リュニー修道院（10Cフランス中東部）→教会刷新運動
→**人**⇒**シトー**（派）修道会（11～12Cフランス）→荒地開墾（植民）の推進

☑ 10 **アウグスティヌス**は，著書『　　　　』で，衰退するローマ
帝国に対してイエスの神の国こそが永遠の普遍性を持つ
世界であると論証した。　　　　　　　　　　　（聖心女子大）

神の国

☑ 11 **頻出** 431 年のエフェソス公会議では，**イエスの神性と人
性を分離する**　a　派が異端とされた。この教派は，後
に唐代の中国に伝わって　b　とよばれた。（京都産業大）

a ネストリウス
b 景教

☑ 12 東ローマ皇帝マルキアヌスとローマ教皇**レオ 1 世**により，
451 年に**小アジア**で　　　　公会議が開催された。
　　　　　　　　　　　　　　　　　　　　　　　（南山大）

カルケドン

☑ 13 この**会議**では，　　　　派が異端とされた。　（同志社大）

単性論

■ ローマ期の公会議は
力技で覚えよう！
◎異端を定めた "**NEC**"
....
→**N**⇒ニケーア公会議：アリウス派が異端に
　　　（325 年）　　　┗ ゲルマン人へ

→**E**⇒エフェソス公会議：ネストリウス派が異端に
　　　（431 年）　　　┗ ササン朝から唐へ（景教）

→**C**⇒カルケドン公会議：単性論が異端に
　　　（451 年）　　　┗ コプト教会・シリア教会

中世のキリスト教

☑ 14 **頻出** 6 世紀，　a　が中部イタリアに建設した　b　
修道院では，**服従・清貧・貞潔**を守る修道士たちが，
「　c　」という**会則**のもとで修行に励んだ。　（新潟大）

a ベネディク
トゥス
b モンテ=カシノ
c 祈り，働け

☑ 15 教皇の保護を受けた　　　　派教会は，ローマ教会が**ゲ
ルマン諸国家への布教**をした際に中心的存在となった。
　　　　　　　　　　　　　　　　　　　　　　　（近畿大）

ベネディクト

☑16 910 年，アキテーヌ公ギヨーム 1 世によって**フランス中東部**に ☐ 修道院が設立された。　（成城大）

クリュニー

☑17 東の**ギリシア正教会**と西の ☐ 教会は，1054 年に互いに**破門**を行い，分裂が決定的になった。　（近畿大）

ローマ=カトリック

☑18 1098 年に設立された ☐ 修道会は，**開墾運動を大々的に推進**した。　（専修大）

シトー派

☑19 11 世紀後半，クリュニー修道院の影響を受けた教皇 ☐a☐ は，神聖ローマ皇帝 ☐b☐ と**聖職叙任権をめぐって対立**した。　（南山大）

a グレゴリウス 7 世
b ハインリヒ 4 世

☑20 1077 年，この皇帝は**北イタリアで教皇に謝罪**し，破門を解かれた。この事件を ☐ とよぶ。　（成城大）

カノッサの屈辱〔カノッサ事件〕

☑21 1122 年，教皇カリクストゥス 2 世と皇帝ハインリヒ 5 世によって，**叙任権闘争に終止符**を打つべく ☐ が成立した。　（九州大）

ヴォルムス協約

十字軍

☑22 **頻出** 1095 年，教皇 ☐a☐ は南フランスの ☐b☐ で公会議を開き，**十字軍を提唱**した。　（近畿大）

a ウルバヌス 2 世
b クレルモン

☑23 1096 年，ドイツ・フランスを中心に諸侯・騎士が集まって**聖地**へと出発し，☐ を建国した。　（神奈川大）

イェルサレム王国

☑24 **アイユーブ朝**の ☐ がイェルサレムを奪ったことを契機として，**第 3 回十字軍**が結成された。　（首都大学東京）

サラーフ=アッディーン〔サラディン〕

☑25 13 世紀の教皇 ☐ は，「**教皇は太陽，皇帝は月**」などの言葉を残し，**教皇権の絶頂期**を築き上げた。　（学習院大）

インノケンティウス 3 世

☑26 **頻出** この教皇が提唱した**第 4 回十字軍**は，1204 年にビザンツ帝国の首都 ☐ を攻略し，**ラテン帝国**を建国した。　（東洋大）

コンスタンティノープル

☑27 十字軍が進む13世紀，□□□□によって**エルベ川以東・バルト海沿岸への東方植民**が行われた。これが，後のプロイセンにつながる。 (日本大)

ドイツ騎士団

☑28 13世紀に登場した□□□□修道会は，封建貴族化した修道院に対抗して，**個人財産を持たずに説教活動**を行った。 (西南学院大)

托鉢

☑29 この修道会においては，**アッシジの聖者**が創立した□□□□修道会が代表的である。 (近畿大)

フランチェスコ

☑30 頻出 この修道会に属した □ a □・**ルブルック**・□ b □は，13世紀に**モンゴル**を訪れた。 (東洋大)

a・b プラノ＝カルピニ，モンテ＝コルヴィノ（順不同）

☑31 **スペイン出身のドミニコ**は，南フランスで□□□□という托鉢修道会を設立した。 (東北学院大)

ドミニコ修道会

☑32 **第6回・第7回十字軍を起こしたフランス王** □ a □は，エジプトのイスラーム勢力に敵対心を持つ**モンゴル**との同盟関係の構築を狙い，□ b □を派遣した。 (神戸女子大)

a ルイ9世
b ルブルック

教皇権の失墜

☑33 1298年，**カペー朝最盛期のフランス王**□□□□が，それまで禁止されてきた**教会への課税**を断行した。 (成蹊大)

フィリップ4世

☑34 1303年，このフランス王が**教皇** □ a □を**ローマ近郊でとらえて憤死においこんだ**。これを □ b □とよぶ。 (南山大)

a ボニファティウス8世
b アナーニ事件

☑35 頻出 1309年，**南フランス**の□□□□に教皇庁が移転された。ここから7代約70年にわたり，**教皇庁は事実上フランス王の支配下**に置かれた。 (国士舘大)

アヴィニョン

☑36 この出来事は，後に"□□□□"とよばれるようになった。 (愛知学院大)

教皇のバビロン捕囚

☑ 37 1378 ～ 1417 年, 西ヨーロッパでは**ローマとアヴィニョ
ンにあった 2 つの教会をそれぞれ支持する**グループに
分かれた。これを ☐ とよぶ。　　　（東北学院大）

教会大分裂
〔大シスマ〕

☑ 38 この分裂を終わらせた ☐ 公会議では, 宗教改革の
先駆けであった**ウィクリフ**や**フス**が異端とされた。
　　　（日本大）

コンスタンツ

ビザンツ帝国

☑ 01 頻出 **6 世紀の東ローマ皇帝** ☐ は, 即位後まもなく
発生した国内の反乱 (ニカの乱など) を鎮圧した。
　　　（駒澤大）

ユスティニア
ヌス (1 世)

☑ 02 この皇帝は, メソポタミアや東地中海の制海権をめぐっ
て**ササン朝ペルシア**の ☐ と争った。　　　（新潟大）

ホスロー 1 世

☑ 03 頻出 この皇帝は, 534 年にチュニジアを拠点とするゲル
マン人国家の ☐a☐ 王国, 555 年には**イタリア**を拠点と
する ☐b☐ 王国を滅ぼした。　　　（東洋大）

a ヴァンダル
b 東ゴート

☑ 04 この皇帝は, 首都コンスタンティノープルに大きな円
蓋(えん)(がい)を特徴とする**ビザンツ様式**で ☐ 聖堂を再建した。
　　　（京都産業大）

ハギア＝ソフィ
ア〔聖ソフィア〕

☑ 05 この皇帝は, **トリボニアヌス**ら十数人の学者に命じて, 共
和政からの**歴代ローマ法を集大成**した『 ☐ 』を成立
させた。　　　（近畿大）

ローマ法大全

☑ 06 7 世紀の**ヘラクレイオス 1 世**により, 帝国をいくつかの
☐ に分け, その**司令官に各地区での軍事と行政の
権限を与える制度**が用いられた。　　　（愛知教育大）

軍管区〔テマ〕

☑ 07 東方教会では, ☐ とよばれる**キリストや聖者など**の
絵が用いられていた。　　　（学習院大）

イコン

☑ 08 **イサウリア朝**を創始した ☐ は, 小アジアから首都コ
ンスタンティノープルに侵攻してきた**ウマイヤ朝軍を撃
退**した。　　　（東京経済大）

レオン 3 世

☑09 この皇帝は，国内の中央集権化を狙って726年に ☐☐☐ を発布した。 (関東学院大)　聖像禁止令

☑10 11世紀，**ローマとコンスタンティノープルの教会が完全に分裂し**，☐☐☐ が正式に成立した。 (愛知教育大)　ギリシア正教会

☑11 11世紀に軍役奉仕の代償として，皇帝が貴族や将軍に対して一代限りで固有地と住民の管理を任せる ☐☐☐ 制が始まった。 (駒澤大)　プロノイア

☑12 [頻出] **アレクシオス1世**は，**セルジューク朝**に奪われた領土の回復を狙い，聖地イェルサレム奪回を口実として**ローマ教皇に救援を要請**した。これによって，☐☐☐ が結成された。 (専修大)　十字軍

☑13 1204年，**ヴェネツィア商人**に利用された**第4回十字軍**によって首都コンスタンティノープルが攻略され，新たに ☐☐☐ が建国された。 (国士舘大)　ラテン帝国

☑14 ビザンツ帝国は，☐ a ☐ 年に**オスマン帝国**のスルタン ☐ b ☐ の攻撃を受けて滅亡した。 (甲南大)　a 1453　b メフメト2世

☑15 **セルビア人**や**クロアティア人**などの ☐☐☐ は，バルカン半島に住み着いた。 (近畿大)　南スラヴ人

☑16 [頻出] 西スラヴ人のポーランド人は，14世紀に ☐ a ☐ 朝**リトアニア＝ポーランド王国**を成立させた。☐ b ☐ 人のベーメン（ボヘミア）王国は神聖ローマ帝国に属した。 (日本女子大)　a ヤゲウォ　b チェック〔チェコ〕

☑17 ☐☐☐ ・ウクライナ人・ベラルーシ人など**東スラヴ人**は，**ギリシア正教**の文化圏に入る。 (東京外国語大)　ロシア人

☑18 ウラル語族系の**マジャール人**は，10世紀にパンノニア平原に ☐☐☐ を建て，**カトリック**を受容した。 (成城大)　ハンガリー王国

☑19 トルコ系遊牧民の**ブルガール人**は，7世紀にバルカン半島に ☐☐☐ を建て，**ギリシア正教**を受容した。 (日本女子大)　ブルガリア王国〔ブルガリア帝国〕

☑20 ギリシア正教会がスラヴ人への布教のために作成した □□□□□文字は，現在**ロシア**などで使用されている文字の 原型である。　　　　　　　　　　　　　　　　（近畿大）　　　　　キリル

■ 叙任権闘争は**勿業**で覚えよう！

カノッサの屈辱〔カノッサ事件〕(1077)

<u>ハイジ</u>→<u>ハイ</u>ンリヒ**4**世　VS　<u>グレルナ</u>→<u>グレ</u>ゴリウス**7**世

←妥協へ

ヴォルムス協約 (1122)

<u>はこ</u>→<u>ハ</u>インリヒ**5**世　＝　<u>借りに</u>→<u>カリ</u>クストゥス**2**世

中世ヨーロッパ

ノルマン人

☑01 頻出 8 ～ 11 世紀にかけて，北方の**ユトランド半島**や**スカンディナヴィア半島**に住んでいたゲルマン人の一派を □□□□人という。　　　　　　　　　　　　（東洋大）　　　　　ノルマン

☑02 交易とは名ばかりの略奪や植民を前提とした征服活動を行った**ノルマン人**は，□□□□とよばれた。（日本女子大）　　　ヴァイキング

☑03 9 世紀後半，イングランドの□□□□が**デーン人**を撃退した。　　　　　　　　　　　　　　　　　　　　（明治大）　　　　　アルフレッド 大王

☑04 **ノルマン人**の首長 a は，9 世紀頃から西フランク王国への侵入を活発化させ，パリを包囲した。この人物は，セーヌ河口域に b という国を建設した。　（専修大）　　　a □□ b ノルマン ディー公国

☑05 1016 年，イングランドは**デンマーク王子** a によって征服され b 朝が建設された。　　　　（近畿大）　　　a クヌート 〔カヌート〕 b デーン

☑06 頻出 1066 年，**ノルマンディー公ウィリアム**がイングランドを征服して□□□□朝を建国した。　　　　（東洋大）　　　　ノルマン

☑07 ウィリアムがイングランド王の地位を奪取したこの事件は，□□□□とよばれる。　　　　　（関東学院大）　　　　ノルマン＝コンクェスト

中世のイギリス

☑08 1154 年，**ヘンリ 2 世**（アンジュー伯アンリ）によってイギリスに ▢ 朝が開かれた。 (専修大)

プランタジネット

☑09 頻出 **"欠地王"**とよばれる ▢ 王は，カンタベリ大司教の任命をめぐって教皇**インノケンティウス 3 世**と対立した。 (日本大)

ジョン

☑10 1215 年，**議会**はこの王の専制に楔を打つべく ▢ を認めさせた。 (一橋大)

マグナ＝カルタ〔大憲章〕

☑11 1258 年，**大憲章を無視**したヘンリ 3 世に対して，▢ が反乱を起こした。 (甲南大)

シモン＝ド＝モンフォール

☑12 ヘンリ 3 世の子 ▢ は，王太子時代に**この乱の平定**に活躍した。 (南山大)

エドワード 1 世

☑13 1265 年，**英国議会の起源**ともいわれる ▢ が開催された。 (甲南大)

シモン＝ド＝モンフォール議会

☑14 1295 年，**聖職者・貴族**のほか，各州 2 名の**騎士**，各都市 2 名の**市民**から構成される議会が招集された。これは ▢ とよばれている。 (津田塾大)

模範議会

☑15 イギリスの**この議会**は，後の議会構成の典型となった。こうした議会を ▢ とよぶ。 (成城大)

身分制議会

☑16 フランス王フィリップ 4 世の娘イザベルとエドワード 2 世の間に生まれた ▢ が，**百年戦争**を起こした。 (駒澤大)

エドワード 3 世

中世のフランス

☑17 頻出 987 年，フランスで ▢ 朝が成立した。 (東洋大)

カペー

☑18 この王朝の ▢ は，ジョン王と戦ってノルマンディーやアンジューなど**在仏イギリス領の大半を没収**した。 (専修大)

フィリップ 2 世

☑19 カペー朝のフィリップ2世は，**南フランス**に広大な所領 　アルビジョワ
を持っていた**異端**を攻撃する ☐☐☐ 十字軍を率いた。
(名古屋大)

☑20 頻出 1302 年，**フィリップ4世**はパリのノートルダム大 　(全国)三部会
聖堂にて聖職者・貴族・市民の代表による**身分制議会**を
開始した。これを ☐☐☐ とよぶ。 (甲南大)

☑21 頻出 フランスでは，1328 年のカペー朝断絶を受け，**フィ**
リップ6世が即位して ☐☐☐ 朝が始まった。 (専修大) 　ヴァロワ

■ **中世ヨーロッパ**は**地図**で確認しよう！

①**アングロ＝サクソン七王国 (ヘプターキー)**
┗ 統一 (829, エグベルト→イングランド王国)
　　　vsデーン→アルフレッドが撃退
②**デーン朝** (1016, クヌート〔カヌート〕王) →大北海帝国
　　　　　　　┗**デンマーク・ノルウェー・英を支配**
③**ノルマン朝** (1066, ウィリアム1世王)
　仏より封建制導入 (検地ドゥームズデーブック)
④**プランタジネット朝** (1154, ヘンリ2世王)
┗ **vs英の大貴族→憲法・議会** (仏王との対立→百年戦争へ)

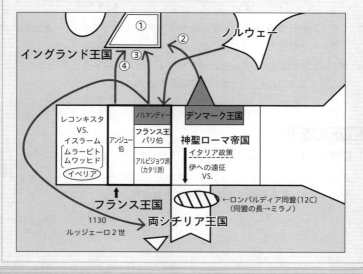

百年戦争

☐ 22 **頻出** 毛織物産業で栄えた ▢ 地方は，英仏両国の争奪地となった。　(西南学院大)
　　フランドル

☐ 23 1339 年，**イギリス・フランス間**で ▢ が勃発し，1453 年まで続いた。　(九州大)
　　百年戦争

☐ 24 1346 年，**エドワード黒太子**率いるイギリス軍が ▢ の戦いでフランス軍に快勝した。　(南山大)
　　クレシー

☐ 25 **頻出** 14 世紀の中頃，**中央アジア**に発した ▢ は，ジェノヴァやマルセイユなどの港を経由してフランス全土に広がった。この**伝染病の流行**により，西ヨーロッパの人口の 3 分の 1 が死亡したとされている。　(専修大)
　　黒死病〔ペスト〕

☐ 26 領主層が行った農民搾取の再強化に対し，1358 年に**北フランス**の農民が ▢ を起こした。　(南山大)
　　ジャックリーの乱

☐ 27 1381 年，**イギリス**では ▢a▢ とよばれる農民反乱が起こった。これを指導した ▢b▢ は，「**アダムが耕し，イヴが紡いだとき，誰が貴族であったか**」と平等主義を説いた。　(愛知教育大)
　　a ワット＝タイラーの乱
　　b ジョン＝ボール

☐ 28 1429 年，神のお告げを受けたとする農民の娘 ▢a▢ がイギリス軍に包囲された ▢b▢ に入り，後のフランス王 ▢c▢ の解放に成功した。　(甲南大)
　　a ジャンヌ＝ダルク
　　b オルレアン
　　c シャルル 7 世

☐ 29 百年戦争で敗れたイギリスは，唯一**フランスの港市** ▢ のみを確保し続けた。　(近畿大)
　　カレー

☐ 30 百年戦争に敗北したイギリスでは，1455 年に**王位継承**をめぐる ▢ という内乱が起こった。　(駒澤大)
　　バラ戦争

☐ 31 この内乱に勝利して新たにイギリス王となった ▢a▢ は，1485 年に ▢b▢ 朝を創始した。　(日本女子大)
　　a ヘンリ 7 世
　　b テューダー

中世のドイツ

☑32 **頻出** シュタウフェン朝の a は, **第5回十字軍で**一時的に b の奪回に成功した。 (東洋大)

a フリードリヒ2世

b イェルサレム

☑33 a 朝断絶後の 1256 ～ 73 年, 実質的に**神聖ローマ皇帝が不在**の b 時代が続いた。 (名古屋大)

a シュタウフェン

b 大空位

☑34 この時代の開始から 100 年後にあたる 1356 年, 皇帝の選出権を持つ **7人の選帝侯**と皇帝選出のあり方を定めた a が b によって発布された。 (駒澤大)

a 黄金文書〔金印勅書〕

b カール4世

中世のイタリア

☑35 神聖ローマ皇帝によるイタリアへの干渉が続く中, イタリアでは a と b という 2 党派が形成され争った。 (大阪大)

a・b 教皇党〔ゲルフ〕・皇帝党〔ギベリン〕(順不同)

☑36 **頻出** 12 世紀半ば, **ミラノを盟主**として結ばれた a 同盟は, 神聖ローマ皇帝のイタリアへの干渉(b)から都市の利益を守る, 軍事的色彩の強い都市同盟だった。 (西南学院大)

a ロンバルディア

b イタリア政策

☑37 **フィレンツェ**では, 15 世紀頃から ___ 家が独裁支配を確立した。 (愛知教育大)

メディチ

中世のイベリア半島

☑38 11 世紀頃, レオン王国の辺境伯の騎士ゴンザレスによって ___ が建国された。 (東京経済大)

カスティリャ王国

☑39 11 世紀に**イベリア半島の東側**で成立した a は, 1479 年に**カスティリャ王国**と合邦して b となった。 (東京経済大)

a アラゴン王国

b スペイン王国

☑ 40 **スペイン王国成立**は，1469年にカスティリャ王女
　　 ▢a▢ とアラゴン王子 ▢b▢ が結婚したことをきっか
　　 けとする。　　　　　　　　　　　　　（日本女子大）

a イサベル
b フェルナンド

☑ 41 頻出 ▢a▢ を都とする ▢b▢ 朝が，**イベリア半島に残っ
　　 た最後のイスラーム王朝**となった。　　　　（日本大）

a グラナダ
b ナスル

☑ 42 ▢a▢ 年，▢b▢ 王国によってイスラーム勢力に対す
　　 る**レコンキスタ（国土回復運動）**が完成した。（近畿大）

a 1492
b スペイン

中世都市の発展

☑ 43 11～12世紀より，都市は領主から ▢a▢ を獲得し，法
　　 的自立を意味する ▢b▢ を得た。　　　　（北海道大）

a 特許状
b 自治権

☑ 44 十字軍の影響で▢▢▢▢が活発化し，**商業圏が形成され
　　 た。**　　　　　　　　　　　　　　　　　（一橋大）

遠隔地貿易

☑ 45 **この貿易**の発達で，商業圏を結んだ要地に▢▢▢▢が開
　　 かれるようになった。　　　　　　　　　（日本女子大）

定期市

☑ 46 **地中海・北海両商業圏の中間**に位置するパリ東南の
　　 ▢▢▢▢地方では，**大定期市**が開かれた。　（大阪経済大）

シャンパーニュ

☑ 47 頻出 イタリアの港市は，**レヴァント貿易（東方貿易）**に
　　 よって絹や▢▢▢▢を輸入して繁栄した。　（日本女子大）

香辛料

☑ 48 北ドイツの**リューベックを盟主**として，▢▢▢▢という都
　　 市同盟が結成された。　　　　　　　　　（東京経済大）

ハンザ同盟

☑ 49 頻出 15世紀，**南ドイツの** ▢a▢ では，銀山経営を行う
　　 ▢b▢ 家が台頭した。　　　　　　　　　　（成城大）

a アウクスブルク
b フッガー

☑ 50 中世都市では，▢▢▢▢とよばれる**商人や手工業者の排
　　 他的な同業組合**が結成された。　　　　　（摂南大）

ギルド

☑ 51 都市では，当初商人を中核とした▢▢▢▢が**市政運営の
　　 中心**となった。　　　　　　　　　　　　（一橋大）

商人ギルド

☑ 52 ▢▢▢▢とよばれる**同一業種の手工業者組合**には，徒弟
　　 制度などの厳格な規約があった。　　　　　（一橋大）

同職ギルド〔ツンフト〕

☑53 市政に参加出来た同職ギルドのメンバーは， [＿＿＿] 身分 だけだった。 (神戸学院大)

親方〔マイスター〕

☑54 1397年，デンマーク王女 [a] がスウェーデン・ノルウェーとともに [b] を結成し，**デンマーク連合王国**という同君連合が生まれた。 (甲南大)

a マルグレーテ
b カルマル同盟

■ **中世ヨーロッパの重要事項は** **カ薬で覚えよう！**

◎ビザンツ皇帝は"**ユヘレババア**"

→**ユ**スティニアヌス1世：ヴァンダル・東ゴート征服
→**ヘ**ラクレイオス1世：軍管区〔テマ〕制，屯田兵制
→**レ**オン3世：聖像禁止令 (726年) vs. ローマ教会
→**バ**シレイオス1世：マケドニア朝創始
→**バ**シレイオス2世：キエフ大公ウラディミル1世をギリシア正教に改宗
→**ア**レクシオス1世：十字軍要請

◎中世イギリスは"**井出ノープラン**"

→**イ**ングランド王国：エグバートがアングロ＝サクソン七王国を統一(9世紀)
→**デ**ーン朝：デンマーク王子クヌートが建設 (1016年)
→**ノ**ルマン朝：ノルマンディー公ウィリアムがイングランドを征服(1066年)
→**プラン**タジネット朝：ヘンリ2世が創始 (1154年)

◎苦労人のオットー1世

→ 962年 オットー1世により神聖ローマ帝国成立

◎苦はなく成立 カペー朝

→ 987年 フランスでカペー朝が成立

◎いざ惨苦の百年戦争

→ 1339年 英仏間で百年戦争が勃発

◎石箱便利なテューダー朝

→ 1485年 イギリス王**ヘンリ7**世がテューダー朝を創始

中世のヨーロッパ文化

学問・神学

☑01 **カール大帝**の保護・奨励によって，[　　　]とよばれる **古典文芸の復興**が行われた。　　　　　　　（学習院大）
カロリング=ルネサンス

☑02 カール大帝は，イギリスの神学者[　　　]を自らの宮殿が置かれたドイツ西部の都市**アーヘン**に招いた。　　　　（東洋大）
アルクイン

☑03 中世の学問では，キリスト教の教理・信仰・倫理を研究する[　　　]が中心となった。　　　　　　　　　　（近畿大）
神学

☑04 [　　　]とよばれる中世の神学・哲学では，**キリスト教の教理にアリストテレス哲学が結びつけられて体系化**された。　　　　　　　　　　　　　　　　　　　（名古屋大）
スコラ学〔スコラ哲学〕

☑05 頻出 イタリア出身の[　　　]は，スコラ哲学を大成して『**神学大全**』を著した。　　　　　　　　　　　（摂南大）
トマス=アクィナス

☑06 **法学**で知られる北イタリアの[　　　]大学はヨーロッパ最古の大学として有名で，ダンテやペトラルカも学んだ。　　　　　　　　　　　　　　　　　　　（東洋大）
ボローニャ

☑07 頻出 ノートルダム大聖堂付属神学校から教授学生組合に発展した[　　　]大学は，**神学**で知られる。　（北海道大）
パリ

☑08 この大学をモデルとしたイギリスの[a]大学は，[b]を背景に設立された。　　　　　　　（西南学院大）
a オックスフォード
b 12世紀ルネサンス

☑09 13世紀，イギリスの[　　　]は，実験と観察を重視する経験論の礎を築いた。　　　　　　　　　　　　（東洋大）
ロジャー＝ベーコン

文学

☑10 中世北フランスで成立した武勲詩『[　　　]』は，**カール大帝下のイスラーム戦**部隊が，ピレネー山脈で全滅した話をテーマとしている。　　　　　　　　　　　（中央大）
ローランの歌

☑11 騎士道文学『____』は，**ケルト人の英雄伝説**をベース
としている。 （駒澤大）

アーサー王物語

☑12 **中世ドイツの英雄叙事詩**『____』は，ブルグント族と
アッティラ率いるフン人との戦いなどを題材にしている。
（昭和女子大）

ニーベルンゲ
ンの歌

建築

☑13 [頻出] 東ヨーロッパを中心に広まった____様式は**大き
なドーム**が特徴で，内壁はモザイク画で飾られている。
（愛知教育大）

ビザンツ

☑14 東ゴート時代に古都**ラヴェンナ**で着工した____聖堂
は，ビザンツ皇帝**ユスティニアヌス**と**皇后テオドラのモザ
イク画**があることで知られる。 （近畿大）

サン=ヴィター
レ

☑15 11 〜 12 世紀，西欧では____様式とよばれる重厚・荘
重さを持つ教会建築様式が発達した。 （大阪経済大）

ロマネスク

☑16 [頻出] この様式の代表的建造物として，イタリアの____a____
大聖堂や，フランスの____b____修道院が挙げられる。
（駒澤大）

a ピサ
b クリュニー

☑17 12 世紀に**北フランス**から興った____様式は，**尖頭アー
チ**と広い窓・**高い双塔**を持ち，大規模な教会建築の主流
となった。 （一橋大）

ゴシック

☑18 この様式の教会の窓には，____とよばれる**彩色ガラス**
が用いられた。 （京都産業大）

ステンドグラス

☑19 **パリを代表するゴシック建築**である____大聖堂は，12
〜 13 世紀，シテ島に建立された。 （南山大）

ノートルダム

☑20 **ドイツ最大のゴシック建築**である____大聖堂は，13
世紀末に建立が始まり，19 世紀に完成した。 （北海道大）

ケルン

☑21 パリ南西の**代表的なゴシック建築**である____大聖堂
は，12 世紀末〜 13 世紀初めに建立された。 （大阪経済大）

シャルトル

明・清帝国

明

☑01 **頻出** 1368年に**明を建国**した a は，b に都を
置いて，元号を c と定めた。　　　　　　　　　（近畿大）

a 朱元璋
b 南京〔金陵〕
c 洪武

☑02 **洪武帝**は，政治の最高機関である a や**宰相を廃止**
して b を**皇帝直属の機関**にするなど，皇帝独裁体
制の確立に努めた。　　　　　　　　　　　　　　（日本大）

a 中書省
b 六部

☑03 **頻出** **洪武帝**は，漢民族の伝統の回復と秩序の維持を狙っ
て a を官学化し，b を整備して広く**有能な人
材の確保**を行った。　　　　　　　　　　　　　（一橋大）

a 朱子学
b 科挙

☑04 **洪武帝**は，**村落行政組織を構成**するために a を施
行し，b とよばれる**戸籍簿・租税台帳**や c と
呼ばれる**土地台帳**を作成させた。　　　　　　　（駒澤大）

a 里甲制
b 賦役黄冊
c 魚鱗図冊

☑05 **洪武帝**は，死の1年前にあたる1397年，　　　とよば
れる**民衆教化のための教訓**を発布した。　　　　（東洋大）

六諭

☑06 **洪武帝**は，**唐の府兵制**を範として 　　　　という兵制を
設立した。　　　　　　　　　　　　　　　　　　（駒澤大）

衛所制

☑07 **洪武帝**は，皇帝の権威向上を狙って，**皇帝一代で一元号**
とする 　　　　を始めた。　　　　　　　　　（関西学院大）

一世一元の制

☑08 **納税義務**を負わされていた 　　　　という人民は，**六部**
の戸部によって戸籍を把握されていた。　　　　（神戸学院大）

民戸

☑09 これより劣格に置かれた**軍事担当**の 　　　　という人民
は，**六部の兵部**に掌握されていた。　　　　　（神戸学院大）

軍戸

☑10 **洪武帝**が1388年に**北元を滅ぼした**後，**モンゴル高原の東側**
では a が，**西側**では b が割拠した。　（日本女子大）

a 韃靼
b オイラト

☑11 **私貿易を制限**する a の強化に対抗して，b と
いう**日本人中心の海賊**が，活動を活発化させた。（筑波大）

a 海禁
b 前期倭寇

☑ 12 この海賊を制限するため，[＿＿＿]という割符を用いる
貿易が始められた。 （日本女子大）

かんごう
勘合

☑ 13 **洪武帝の孫**にあたる第2代[a]が諸王への抑圧策を
採ったことに対し，叔父の**燕王朱棣**が[b]とよばれ
るクーデタを起こした。 （愛知教育大）

けんぶんてい
a 建文帝
せいなん えき
b 靖難の役

☑ 14 1402年，南京を攻略して帝位を奪った燕王朱棣は，成
祖[a]として即位し，5度の[b]親征を行った。
（駒澤大）

えいらくてい
a 永楽帝
b モンゴル

☑ 15 [頻出] この皇帝が燕王だった頃から仕える**宦官**[＿＿＿]を
指揮官として，**南海遠征**が行われた。 （九州大）

ていわ
鄭和

☑ 16 明の南海遠征は，**アフリカ東海岸**の[＿＿＿]にまで達した。
（成城大）

マリンディ

☑ 17 [頻出] 永楽帝は**紫禁城**完成後の1421年，都を北平に遷し
て[＿＿＿]と改称した。 （東洋大）

ペキン
北京

☑ 18 明を苦しめた**北方からと南方からの外敵の侵入**を
[＿＿＿]と総称する。 （愛知教育大）

ほくりょなんわ
北虜南倭

☑ 19 15世紀半ば，モンゴル諸部族を率いて明に南下を始め
た**オイラト**の[a]を撃退すべく，皇帝[b]が親征
に出たが，大敗して捕虜となった。この一連の事件を
[c]とよぶ。 （駒澤大）

a エセン
せいとうてい
b 正統帝
c 土木の変

☑ 20 16世紀半ば，**韃靼**の勢力を拡大させた[a]が，連年
明に侵入するようになった。このハンは，**チベット仏教
（ラマ教）**に帰依し，その教主に[b]の称号を贈った。
（法政大）

a アルタン＝
ハン
b ダライ＝ラマ

☑ 21 14世紀，[a]が**チベット仏教**を改革し，[b]（**ゲ
ルク派**）が生まれた。17世紀にはチベットの中心都市
ラサに[c]宮殿が建てられた。 （学習院大）

a ツォンカパ
b 黄帽派
c ポタラ

☑ 22 アルタン＝ハンと講和した[＿＿＿]は，**隆慶帝**の死に際し，
子の**万暦帝の首席内閣大学士**に指名された。 （専修大）

ちょうきょせい
張居正

☐ 23	朝貢貿易の減少をうけて，**中国人の密貿易者**が事実上の海賊行為を展開するようになった。彼らを____とよぶ。　(九州大)	後期倭寇
☐ 24	**頻出** 16世紀後半，**土地税（田賦）と人頭税（丁税）を一**括して銀で納める____が江南から施行され始めた。　(名古屋大)	一条鞭法
☐ 25	1604年，**顧憲成**は江蘇省無錫に____とよばれる学問所を建て，**政治批判**を行った。　(昭和女子大)	東林書院
☐ 26	この**学問所**を中心とする官僚集団を__a__，**宦官**と結んで政権を掌握していた官僚集団を__b__とよんだ。　(大妻女子大)	a 東林派 b 非東林派
☐ 27	**頻出** 1644年，____の乱が勃発し，**明が滅亡するきっかけ**となった。　(甲南大)	李自成

明の社会

☐ 28	高い地代や税を負担しなければならなかった中小農民は，現金収入を得るために__a__や__b__の**家内工業**を営んだ。　(大阪大)	a・b 絹織物・綿織物（順不同）
☐ 29	**頻出** 江西省の__a__では政府直営の工場などで染付・赤絵などの__b__が生産された。　(一橋大)	a 景徳鎮 b 陶磁器
☐ 30	日本と**勘合貿易**を行っていた明では____が流通するようになった。　(名古屋大)	日本銀
☐ 31	スペインの**アカプルコ（ガレオン）貿易**に福建商人が加わったことで，中国に大量の____が流入した。　(九州大)	メキシコ銀〔墨銀〕
☐ 32	明代には，富裕層の中から科挙の合格者が多く出現し，____とよばれる**地方社会の実力者**となった。　(北海学園大)	郷紳
☐ 33	**16世紀**，穀物生産地がそれまでの**長江下流域**から長江中流域（現在の湖南省や湖北省など）に移ったことで，「____」といわれるようになった。　(京都産業大)	湖広熟すれば天下足る

☑ 34 客商（遠隔地商人）の中でも，**安徽省出身**の　a　や
山西省出身の**山西商人**が知られ，政治権力と結びつき
　b　となっていた。　　　　　　　　　　（同志社大）

a 徽州〔新
安〕商人
b 特権商人

☑ 35 客商の活躍を受け，各主要都市では　　　　とよばれる
彼らの**相互扶助のための施設**が作られた。　（同志社女子大）

会館・公所

清

☑ 36 明末の万暦帝治世，**中国東北地方で女真族愛新覚羅氏**の
　a　が頭角を現し始め，　b　年に　c　を建国し
た。　　　　　　　　　　　　　　　　　　（愛知教育大）

a ヌルハチ
b 1616
c 後金〔金，
アイシン〕

☑ 37 17 世紀初頭，この国では　a　とよばれる**軍事行政組
織**が創設された。これは当時，女真族のみで構成されて
いたことから　b　とよばれた。　　　　　（愛知教育大）

a 八旗
b 満州八旗

☑ 38 **ヌルハチ時代**の 1599 年，モンゴル文字を参考にして
　　　　が制定された。　　　　　　　　　　（愛知教育大）

満州文字

☑ 39 1619 年の明との戦いで活躍したヌルハチ（**太祖**）の第 8
子　　　　が，第 2 代大ハン（**太宗**）に推された。
　　　　　　　　　　　　　　　　　　　　　（愛知教育大）

ホンタイジ

☑ 40 頻出 この人物は，征服した内モンゴルの**チャハル部**に伝
わっていたとされる元の帝室の玉璽を継承し，1636 年
に国号を　a　，民族名を　b　に改称した。　（成蹊大）

a 清
b 満州

☑ 41 太宗が内モンゴルでの間接統治のために設置した**蒙古衙
門**は，後に支配する民族が増えたことで　　　　となっ
た。　　　　　　　　　　　　　　　　　　　（東京大）

理藩院

☑ 42 清は，支配下に入れたモンゴル人や漢人にも**満州人の軍
事行政組織**を適用させて，　a　や　b　を組織した。
　　　　　　　　　　　　　　　　　　　　　（愛知教育大）

a・b モンゴル
〔蒙古〕八旗・漢
軍八旗（順不同）

☑ 43 八旗とは別に，**漢人**による　　　　が編制され，主に治安
維持にあたった。　　　　　　　　　　　　　（学習院大）

緑営

☑ 44 頻出 1637 年，太宗は**明を宗主国として清を認めなかっ
た**　　　　を属国とした。　　　　　　　　　（成城大）

朝鮮〔李朝〕

☑ 45 李自成の乱によって明が滅亡した際, 清の南下に備えて山海関の北に陣取っていた明将 [____] が降伏し, **清軍の北京入城**を助けた。 (甲南大)

呉三桂

☑ 46 1644 年に北京に入城した第 3 代**順治帝**(世祖)は, **満州人男性の習慣**だった [____] を強制する法を発布した。 (東京経済大)

辮髪

☑ 47 清では, 科挙が行われ, **漢民族と満州人を同人数官僚として採用**する [____] が実施された。 (青山学院大)

満漢併用制
〔満漢偶数官制〕

☑ 48 1661 年に順治帝が亡くなると, その第 3 子が 8 歳で即位し聖祖 [____] となった。彼の治世から**清朝の全盛期**が続いた。 (南山大)

康熙帝

☑ 49 明の滅亡後, 清朝と戦い明の復活を狙った [____] は, 1661 年に**オランダ勢力を台湾から駆逐**して, この地を拠点とした。 (聖心女子大)

鄭成功

☑ 50 頻出 **康熙帝**が, 藩王として中国南部の**雲南**にいた [a] ら 3 人の明将を取り潰そうとした結果, 1673 年に [b] が起こった。 (甲南大)

a 呉三桂
b 三藩の乱

☑ 51 康熙帝は, **鄭成功**の占領によって始まった [____] を 1683 年に滅ぼし, **中国統一を達成**した。 (明治大)

鄭氏台湾

☑ 52 頻出 1689 年, 清とロシアは**アルグン川とスタノヴォイ山脈**を結ぶ線で国境を画定させる [____] 条約を結んだ。 (日本大)

ネルチンスク

☑ 53 一条鞭法に代わって導入された [____] 制は, **人頭税を固定化し, それに地税を組み込んで一体化**させ, 事実上人頭税を廃止した。 (成城大)

地丁銀

☑ 54 康熙帝の没後, 帝位継承による混乱の中で即位した世宗 [a] は, 1724 年に [b] を背景に [c] を禁止した。 (愛知大)

a 雍正帝
b 典礼問題
c キリスト教の布教

☑ 55 この皇帝の時代, 皇帝の諮問機関として軍機大臣が重要な政務を行うようになり, 内閣や議政王大臣に代わる**最高機関**として [____] が機能するようになった。 (駒澤大)

軍機処

☑ 56 **雍正帝**（ようせいてい）の治世には，□□□□が版図に組み込まれた。　　　青海〔ワラ部〕
（同志社女子大）

☑ 57 康熙帝から乾隆帝期には，反満・反清的な内容の文章や　　　文字（もんじ）の獄
文字を書いた者を取り締まる□□□□という思想弾圧が
行われた。　　　　　　　　　　　　　　　　　　　　　　　（京都大）

☑ 58 17世紀，東トルキスタンに成立した**オイラト系**の□□□□　　ジュンガル部
が勢力を拡大したが，1758年に**乾隆帝**（けんりゅうてい）が平定した。　〔準部〕
（関西大）

☑ 59 これに加えて1759年に**回部を平定し，□ a □を形成**　　a 最大版図
した乾隆帝は，これら東トルキスタンの2地域を合わせ，　　b 新疆（しんきょう）
"新しい土地"という意味の□ b □とよんだ。
（東京経済大）

☑ 60 清では，**反政府的書物の焼き捨てや刊行の禁止**など，　　　禁書
□□□□という書物の統制が行われた。　　　　　　　　　（京都大）

☑ 61 **頻出** **乾隆帝**（けんりゅうてい）は1757年に交易港を□ a □1つに限定し，　a 広州
□ b □とよばれる**特許商人組合に貿易を独占**させるこ　　　b 公行（こうこう）
とで，国家が貿易を完全に管理出来るようにした。　　　　　　　　　（コホン）
（東洋大）

☑ 62 **頻出** これを受けて，1793年，イギリス国使□□□□が**乾**　　マカートニー
隆帝に謁見し，自由貿易を求めた。　　　　　　　　　　（東洋大）

清の動揺

☑ 63 乾隆帝の死後，1796年から□□□□という大農民反乱が　　白蓮教徒（びゃくれんきょうと）の乱
始まった。　　　　　　　　　　　　　　　　　　　　（京都産業大）

☑ 64 1839年，広東に派遣された□ a □が**アヘンの密輸取り**　　a 林則徐（りんそくじょ）
締まりを強行したことをきっかけとして，1840年にイ　　b アヘン戦争
ギリスは清に対して□ b □という侵略戦争を開始した。
（龍谷大）

☑ 65 1842年，この戦争の講和条約として□□□□が締結され　　南京（ナンキン）条約
た。　　　　　　　　　　　　　　　　　　　　　　　　（東洋大）

■ 明・清の重要事項は 力業で覚えよう！

◎明朝皇帝は"洪永正万"

→ 洪武帝（太祖，朱元璋）：南京を都に明を建国，中書省廃止
→ 永楽帝（成祖）：鄭和の南海遠征，内閣の設置，北京に遷都
→ 正統帝（英宗）：土木の変で捕虜
→ 万暦帝（神宗）：張居正の財政再建，万暦の三大征

◎"いろいろ"集めて後金建国

→ 1616 年　女真族のヌルハチが中国東北地方で後金を建国

◎清朝皇帝は"順子ようケンカ道で感動交戦"

→ 順治帝（世祖）：北京入城，辮髪の強制
→ 康熙帝（聖祖）：三藩の乱平定，中国統一，ネルチンスク条約締結
→ 雍正帝（世宗）：軍機処の設置，キリスト教の布教を禁止
→ 乾隆帝（高宗）：最大版図，海禁の強化
→ 嘉慶帝（仁宗）：白蓮教徒の乱
→ 道光帝（宣宗）：アヘン戦争
→ 咸豊帝（文宗）：太平天国の乱，アロー戦争
→ 同治帝（穆宗）：洋務運動，"同治の中興"
→ 光緒帝（徳宗）：変法自強運動，戊戌の政変，光緒新政
→ 宣統帝（溥儀）：幹線鉄道国有化，辛亥革命

☑66 イギリスは，南京条約によって □□□□ を廃止させ，清朝に**自由貿易**を認めさせた。 (首都大学東京)

公行（コホン）

☑67 南京条約によって，広州に隣接する最大の貿易港 □□□□ が**イギリスに割譲**された。 (東洋大)

香港（ホンコン）

☑68 1843 年，□□□□ とよばれる**不平等な条約**が結ばれた。 (東洋大)

虎門寨追加条約

☑69 1843 年に結ばれたこの条約によって，関税率を定める際に貿易相手国の同意が必要になった。これを □□□□ の放棄という。 (首都大学東京)

関税自主権

☑70 清朝が将来他国に対して特権を与えた場合，自動的にその特権が他の条約国にも与えられる仕組みを □□□□ とよぶ。 (東京学芸大)

（片務的）最恵国待遇

☑71 1844 年，清朝は**アメリカ**と □ a □，**フランス**と □ b □ を締結した。 (首都大学東京)

a 望厦条約
b 黄埔条約

☑72 頻出 1856 年，**イギリス・フランス**連合軍が □ a □ とよばれる侵略戦争を仕掛けてきた。この際イギリスは，□ b □ 事件を開戦の口実とした。 (南山大)

a アロー戦争
b アロー号

☑73 この戦争中の 1858 年，□□□□ という講和条約が 4 カ国と結ばれたが，清朝は批准しなかった。この条約には，**キリスト教布教の自由**などの内容があった。 (佛教大)

天津条約

☑74 頻出 1860 年，**アロー戦争の講和条約として** □□□□ が締結された。 (東洋大)

北京条約

☑75 アロー戦争を利用して清朝から**沿海州**を得たロシアは，この地域の南端に □□□□ という都市を建設した。 (西南学院大)

ウラジヴォストーク

■ アヘン戦争の条約を整理しよう！

なん→南京条約 (42)　①公行廃止
　　　　　　　　　　　②5 港開港

　ア→厦門（アモイ）　　**コウ**→広州（こうしゅう）
　ニ→寧波（ニンポー）　**フク**→福州（ふくしゅう）
　シャの→上海（シャンハイ）…初の租界
　　　　　　　　　(45，租借のルーツ)

こも→虎門寨追加条約 (43)
ぼう→望厦条約 (44) →対米
こう→黄埔条約 (44) →対仏

■ 露清間国境条約は図で整理しよう！

背景 ┌ 17c (ピョートル1世) →南下政策 vs. 清 (康熙帝) →ロシアとの国境画定へ
　　　└ 19c (アレクサンドル2世) →クリミア戦争敗→極東南下へ→沿海州狙う
　　　　　　　　　　　　　　　　　　　　　　　　　↳ ネルチンスク条約
　　　　　　　　　　　　　　　　　　　　　　　　　　破棄へ

◎ "ネル キャ アイ ペイ"

┌ ①ネルチンスク条約 (1689) ┌ 清 (康熙帝)　　　　┌ スタノヴォイ山脈　┐→通商
│　　　　　　　　　　　　　└「露」(ピョートル1世) └ アルグン川　　　┘ (アルバジン城付近で)
│
│ ②キャフタ条約 (1727) ┌ 清 (雍正帝)　　　→キャフタ条約線 (北をシベリア, 南を外蒙古)
│　　　　　　　　　　　└「露」(ピョートル2世)　↳ 背景…康熙帝によるハルハ部平定
│
│ ③アイグン条約 (1858) ┌ 清 (咸豊帝)　　　　　┌ アムール川以北はロシア
│　　　　　　　　　　　│　 ↳ ムラヴィヨフ　　　│　　↳ アロー戦争を利用
│　　　　　　　　　　　└「露」(アレクサンドル2世) └ ウスリー江以東 (沿海州) は共同
│
│ ④ペキン条約 (1860) →沿海州もロシア (by ムラヴィヨフ←東シベリア総督)
│
└ ⑤イリ条約 (1881) ┌ 清 (光緒帝)　　　　　　┌ イリ事件 (清は欽差大臣の左宗棠派遣)
　　　　　　　　　　└「露」(アレクサンドル2世) └ ロシアは中央アジア南下 (英はアフガニスタンへ)
　　　　　　　　　　　　　　　　　　　　　　　　調印 (ペテルブルク)

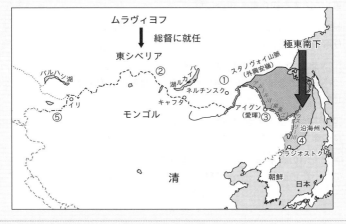

地図中の①〜⑤は, 上記の条約に対応する。

明・清の文化

明の文化

☑ 01 **頻出** **明代の学者・政治家** a は，南宋の**陸九淵**が唱
えた**「心即理」**に影響を受け， b という儒学の学派
を完成させた。　　　　　　　　　　　　　　　　　（龍谷大）

a 王守仁〔王陽明〕

b 陽明学

☑ 02 この学派には，**認識することと実践することの両者は一
体**のものであるという□□□□とよばれる基本原理があ
る。　　　　　　　　　　　　　　　　　　　　　　（中央大）

知行合一

☑ 03 **永楽帝**の命で，**四書の注釈書**『 a 』や**五経の注釈書**
『 b 』が編纂された。　　　　　　　　　　　（聖心女子大）

a 四書大全

b 五経大全

☑ 04 **永楽帝**の命で，**中国最大の類書**である『□□□□』が編纂
された。　　　　　　　　　　　　　　　　　　　　（学習院大）

永楽大典

☑ 05 **頻出** **明末，キリスト教に入信した学者・官僚**の a に
よって，『 b 』という**農政・農業の総合書**が編纂さ
れた。　　　　　　　　　　　　　　　　　　　　　（南山大）

a 徐光啓

b 農政全書

☑ 06 **16世紀末，明の医薬家** a は『 b 』という**薬物(薬
草)に関する総合書**を刊行した。　　　　　　　　　（専修大）

a 李時珍

b 本草綱目

☑ 07 **明末，** a によって『 b 』という**産業技術の図入
り解説書**が著された。　　　　　　　　　　　　　　（駒澤大）

a 宋応星

b 天工開物

☑ 08 **頻出** **北宋の108人の豪傑の武勇伝**『□□□□』は，元代
に**施耐庵**によって**原作が書かれ，明代に羅貫中が完成**さ
せた。　　　　　　　　　　　　　　　　　　　　　（専修大）

水滸伝

☑ 09 **羅貫中**は，**三国時代の抗争**を英雄の活躍を通して描いた
長編歴史小説『□□□□』を完成させた。　　　　（大妻女子大）

三国志演義

☑ 10 **明代後期の呉承恩**によって，**玄奘のインド旅行**をテーマ
に描いた物語『□□□□』が完成した。　　　　　（大妻女子大）

西遊記

☑ 11 『**水滸伝**』の一部を発展させた明末の風俗小説『　　　』は，**豪族の裏の生活**を描いた。　　　　　　　（京都産業大）

金瓶梅

☑ 12 **客観的・実証的に儒学の古典を究明**しようとした　　　　　という儒学の一学派は，明末に始められ，清代中期に完成された。　　　　　　　　　　　　　（東京大）

考証学

☑ 13 **清代考証学の大成者**とされる　　　は，史学研究法を樹立し，『**大清一統志**』の編纂に関わった。　　（龍谷大）

銭大昕

☑ 14 明末に盛んになった　　　は，**社会に役立つ学問**を意味し，"**経世致用の学**"ともよばれた。　　　　　（早稲田大）

実学

☑ 15 明末清初の学者　　　は，実証主義を重視して『**日知録**』を著し，考証学の基礎を築いた。　　　　　（南山大）

顧炎武

清の文化

☑ 16 **康熙帝**の命で，『　　　』という漢字辞書が作られた。　　　　　　　　　　　　　　　　　　　　（和歌山大）

康熙字典

☑ 17 1万巻に及ぶ**現存最大の類書**『　　　』は，**康熙帝**の命で編纂され，**雍正帝**時代に完成した。　　　　（京都大）

古今図書集成

☑ 18 **乾隆帝**の命により，古今の書物を集め4部に分類した一大叢書『　　　』が編纂された。　　　　　（昭和女子大）

四庫全書

☑ 19 頻出 貴族の栄枯盛衰を描いた長編小説『　　　』は，大半を**曹雪芹**が著した。　　　　　　　　　　　　（東洋大）

紅楼夢

☑ 20 **呉敬梓**は，長編小説『　　　』で科挙を風刺し，**官吏の腐敗**を描いた。　　　　　　　　　　　　　　（学習院大）

儒林外史

イエズス会宣教師の活躍

☑ 21 万暦帝時代の明に入った宣教師　　　（中国名：利瑪竇）は，**イエズス会最初の中国伝道**を行った。　（専修大）

マテオ＝リッチ

☑ 22 この人物によって，「　　　」という**漢訳版世界地図**が作成された。　　　　　　　　　　　　　　　（新潟大）

坤輿万国全図

☑ 23 **マテオ=リッチ**は，**徐光啓**の協力を得て**エウクレイデス**（ユークリッド）の平面幾何学を漢訳した。その書名を『［　　］』という。　　　　　　　　　　（慶應義塾大）

幾何原本

☑ 24 **ドイツ出身**の宣教師［　　］（中国名：湯若望）は，明末に徐光啓の協力で**『崇禎暦書』**を作成した。　　（駒澤大）

アダム=シャール

☑ 25 **ベルギー出身**の宣教師［　　］（中国名：南懐仁）は，この人物を助けて，布教や暦法・**大砲鋳造**などの紹介に尽力した。　　　　　　　　　　　　　　　　　　（京都大）

フェルビースト

☑ 26 **フランス出身**の宣教師［　　］（中国名：白進）は，**康熙帝**に仕えて実測の中国地図を作成した。　（同志社女子大）

ブーヴェ

☑ 27 この人物が康熙帝の命により，10 年かけて完成させた最初の**実測中国地図**を「［　　］」という。　　（京都大）

皇輿全覧図

☑ 28 **イタリア出身**の宣教師［　　］（中国名：郎世寧）は，康熙帝・雍正帝・乾隆帝に仕えて**西洋画法**を紹介した。　　　　　　　　　　　　　　　　　　　　（京都産業大）

カスティリオーネ

☑ 29 この人物は，**北京郊外**にある**バロック式と中国様式を融合**した清朝の離宮［　　］の設計にも参画した。この離宮は，19 世紀後半の**アロー戦争中**にイギリス・フランス軍によって破壊された。　　　　　　　　（明治大）

円明園

ティムール朝とサファヴィー朝

ティムール朝

☑ 01 頻出 1370 年，中央アジアに出現した**ティムール**は，**西チャガタイ=ハン国**の混乱に乗じて，［ a ］を都とする［ b ］を建国した。　　　　　　　　　　　　　　　（東洋大）

a サマルカンド
b ティムール朝

☑ 02 **ティムール**は，モンゴル人の帝国である元を滅ぼした［　　］に対して遠征を行ったが，その途上で病死した。　　　　　　　　　　　　　　　　　　　　　（中部大）

明

☑ 03 ティムール朝時代，中央アジアのシル川一帯には**トルコ系**の◻︎◻︎◻︎◻︎が活躍し，16 世紀にティムール朝を滅ぼした。 (獨協大)

遊牧ウズベク〔ウズベク〕

☑ 04 ブハラを中心に**ウズベク族**が建てた◻︎◻︎◻︎◻︎国は，当初**シャイバニ朝〔シャイバーン朝〕**ともよばれていた。 (中央大)

ブハラ〔ボハラ〕= ハン

☑ 05 16 世紀前半，**ウズベク族**はアム川下流の**ホラズム**にヒヴァを都として◻︎◻︎◻︎◻︎国を建てた。 (中央大)

ヒヴァ = ハン

☑ 06 18 世紀初め，ブハラ=ハン国から自立した**ウズベク族**は，**コーカンド**を都とする◻︎◻︎◻︎◻︎国を建てた。 (中央大)

コーカンド = ハン

☑ 07 ◻︎◻︎◻︎◻︎とよばれる**細密画**は，ティムール朝で栄えた文化としてイランからインドへ伝来した。 (名城大)

ミニアチュール

サファヴィー朝

☑ 08 16 世紀初め，**神秘主義教団**の指導者だった◻︎ a ◻︎は，イランの◻︎ b ◻︎を都として**サファヴィー朝**を建設し，その初代君主となった。 (東洋大)

a イスマーイール（1 世）
b タブリーズ

☑ 09 サファヴィー朝は，**シーア派**の主流を占める**穏健派**の◻︎◻︎◻︎◻︎を国教とした。 (京都大)

十二イマーム派

☑ 10 頻出 サファヴィー朝は，"**王**"を意味する**イラン風**の称号◻︎◻︎◻︎◻︎を採用した。 (近畿大)

シャー

☑ 11 頻出 サファヴィー朝は，第 5 代君主◻︎◻︎◻︎◻︎が治める 16 世紀後半〜 17 世紀前半にかけて，**最盛期**を迎えた。 (西南学院大)

アッバース 1 世

☑ 12 この君主は，海上交易の拠点を確保するため，◻︎◻︎◻︎◻︎にいた**ポルトガル人**を追放した。 (日本大)

ホルムズ島

☑ 13 頻出 この君主の時代，**サファヴィー朝**はイラン中部の◻︎◻︎◻︎◻︎に遷都した。 (京都産業大)

イスファハーン

☑ 14 サファヴィー朝の新首都が大いに繁栄したことは，"◻︎◻︎◻︎◻︎"という言葉で表現される。 (東京外国語大)

イスファハーンは世界の半分

☑15 サファヴィー朝滅亡後に混乱したイランは, 1796 年の ▢▢▢▢ 朝成立によって安定した。　(近畿大)　カージャール

オスマン帝国の盛衰

オスマン帝国

☑01 頻出 13 世紀末, モンゴルの侵入を受けて混乱する小アジアで, トルコ系の**オスマン=ベイを始祖**とする ▢▢▢▢ が成立した。　(一橋大)　オスマン帝国

☑02 オスマン帝国では, 14 世紀に改宗させたキリスト教徒の子弟によって, ▢▢▢▢ とよばれる**スルタン直属の常備歩兵軍団**が編制された。　(日本大)　イェニチェリ

☑03 頻出 **ニコポリスの戦い**に勝利した第 4 代 a は, 1402 年の b **の戦い**でティムール軍に敗れて捕らわれた。　(専修大)　a バヤジット 1 世　b アンカラ

☑04 第 7 代スルタン ▢▢▢▢ は, 1453 年に**ビザンツ帝国**を滅ぼした。　(日本大)　メフメト 2 世

☑05 占領後, オスマン帝国の都となった**コンスタンティノープル**は, "イスラーム教徒の町" を意味する ▢▢▢▢ とよばれるようになった。　(駒澤大)　イスタンブル

☑06 頻出 第 9 代スルタン a は, 1517 年に b 朝を滅ぼして**エジプトを占領**し, オスマン帝国を隆盛に導いた。　(京都大)　a セリム 1 世　b マムルーク

☑07 16 世紀前半から後半にかけて, 第 10 代スルタン ▢▢▢▢ が**オスマン帝国の全盛期**を現出した。　(京都産業大)　スレイマン 1 世

☑08 このスルタンは, 1529 年に**ハプスブルク家の拠点**を包囲し, 神聖ローマ皇帝 a を圧迫した。この出来事を b とよぶ。　(東洋大)　a カール 5 世　b (第 1 次) ウィーン包囲

☑09 オスマン帝国は, **フランス**に領事裁判権・租税免除などを**恩恵的措置**として与えた。これを ▢▢▢▢ とよぶ。　(東京大)　カピチュレーション

☑10 オスマン帝国では，軍事奉仕の代償として，騎士に◯◯◯◯とよばれる**分与地での徴税権**が与えられた。

(駒澤大)

ティマール

☑11 1538 年，オスマン海軍はギリシア西岸で行われた◯◯◯◯でスペイン・ヴェネツィア・教皇の連合艦隊を破った。

(駒澤大)

プレヴェザの海戦

☑12 1571 年，**オスマン帝国**はギリシア西岸の湾内における◯◯◯◯で**スペイン・ヴェネツィア・教皇の連合艦隊に敗**れた。

(首都大学東京)

レパントの海戦

☑13 頻出 1699 年の◯◯◯◯条約で，オスマン帝国は**オーストリアにハンガリーなどを割譲**し，その退潮が決定的となった。

(近畿大)

カルロヴィッツ

解体に向かうオスマン帝国

☑14 頻出 1821 年，オスマン帝国領だった◯◯◯◯で独立戦争が勃発した。

(一橋大)

ギリシア

☑15 この戦争に際し，オスマン帝国は**エジプト総督**◯◯◯◯に鎮圧を要請した。

(駒澤大)

ムハンマド＝アリー

☑16 **ギリシア独立戦争**時のスルタン・**マフムト 2 世**は，1826 年に◯◯◯◯の廃止を断行した。

(日本大)

イェニチェリ

☑17 マフムト 2 世が急死した後にスルタンとなった a は，1839 年に b を発布して c （恩恵改革）を開始した。この改革は，"上からの近代化"を目指した**西欧化政策**であった。

(東京大)

a アブデュルメジト 1 世
b ギュルハネ勅令
c タンジマート

☑18 1876 年，オスマン帝国の宰相 a は**アジア最初の近代憲法**である b を制定し，二院制議会と責任内閣制を採用し，タンジマートを完成させた。

(南山大)

a ミドハト＝パシャ
b ミドハト憲法

☑19 1877 ～ 78 年のロシア＝トルコ（露土）戦争勃発を口実として，◯◯◯◯は**この憲法を停止**した。

(甲南大)

アブデュルハミト 2 世

☑20 1889 年頃，トルコで**憲法復活と立憲政治の確立**を掲げた青年将校や知識人によって，通称" a "（正式名称 b ）とよばれる組織が結成された。この組織は，1906 年にギリシアの**サロニカ**へと拠点を移した。

(東洋大)

a 青年トルコ人
b 統一と進歩団

☑21 1908 年，**サロニカ**で　　　とよばれる無血革命が発生した。

(東京大)

青年トルコ革命

☑22 **この革命**によって，**アブデュルハミト 2 世**は a と b の復活を認めさせられた。

(甲南大)

a・b ミドハト憲法・議会
（順不同）

☑23 頻出 第一次世界大戦後の 1920 年 8 月，連合国とオスマン帝国の**スルタン政府**との間で　　　条約が結ばれた。

(南山大)

セーヴル

☑24 1919 〜 23 年の**トルコ革命**では，　　　が中心的指導者となった。

(京都産業大)

ムスタファ＝ケマル

☑25 この人物は，1920 年に**アンカラ**で　　　を招集して政府を樹立した。

(日本大)

トルコ大国民議会

☑26 1922 年，　　　の廃止によって**オスマン帝国は名実ともに滅亡**した。

(京都大)

スルタン制

☑27 頻出 1923 年，トルコ新政権と連合国は新たに　　　条約を締結した。

(駒澤大)

ローザンヌ

☑28 1923 年，**ケマル**によって首都を**アンカラ**に　　　の樹立が宣言された。

(千葉大)

トルコ共和国

☑29 トルコ共和国樹立後の 1924 年，　　　が廃止されて**政教分離**が実現した。

(愛知教育大)

カリフ制

☑30 1928 年，**アラビア文字を廃止して**　　　を採用した。これを**文字改革**とよぶ。

(愛知教育大)

ローマ字

☑31 一連の改革を行ったケマルに対して，1934 年にトルコ大国民議会は　　　という尊称を呈上した。

(愛知教育大)

アタテュルク
〔父なるトルコ人〕

インドのイスラーム化とムガル帝国

インドのイスラーム化

☑01 **頻出** 北インドには, 10 世紀末以降は**トルコ系**の ☐ a ☐ 朝が, 12 世紀末以降は**イラン系**とされる ☐ b ☐ 朝が**アフガニスタン方面から侵入**した。　　　　（近畿大）

a ガズナ
b ゴール

☑02 1206 年, トルコ系奴隷出身の ☐ a ☐ によって ☐ b ☐ が建国された。　　　　（甲南大）

a アイバク
b 奴隷王朝

☑03 この王朝をはじめとして, いずれも**都を北インドのデリーに置く 5 王朝**が, 1206 年から 1526 年まで続いた。これらを ☐ ☐ と総称する。　　　　（関西大）

デリー＝スルタン朝

☑04 14 世紀に南インドに成立した ☐ ☐ 王国は, 香辛料・綿織物交易で繁栄した。　　　　（専修大）

ヴィジャヤナガル

ムガル帝国

☑05 **頻出** 1526 年, **ティムールの子孫**でかつチンギス＝ハンの血も引くとされる ☐ ☐ が, イスラーム国家である**ムガル帝国を創始**した。　　　　（駒澤大）

バーブル

☑06 第 3 代皇帝 ☐ a ☐ は, 建国者の死後に混乱した帝国を再興し, 都もデリーから ☐ b ☐ に遷し, 官僚制度として ☐ c ☐ を定めた。　　　　（専修大）

a アクバル
b アグラ
c マンサブダール制

☑07 この皇帝は, **ヒンドゥー教徒との和解やラージプート諸王国との融和**を進めるため, ☐ ☐ を実施した。　　　　（広島修道大）

ジズヤ〔人頭税〕の廃止

☑08 愛妃の死を悲しんだムガル帝国第 5 代皇帝 ☐ a ☐ は, アグラの東に**インド＝イスラーム**建築の ☐ b ☐ 廟を造営した。　　　　（近畿大）

a シャー＝ジャハーン
b タージ＝マハル

☑09 **頻出** 17 世紀後半の第 6 代皇帝 ☐ ☐ は, 外征に専念して**帝国最大の領土**を獲得した。　　　　（甲南大）

アウラングゼーブ

☑10 厳格なスンナ派ムスリムだったこの皇帝は, **非イスラーム教徒に対する最終的な迫害策**として, ☐ ☐ を行った。　　　　（北海道大）

ジズヤ〔人頭税〕の復活

☑ 11 現在の**パキスタンの国語**となっている ▢▢▢▢ 語が, ムガ　　ウルドゥー
ル帝国時代に成立した。　　　　　　　　　　　　　　(日本大)

☑ 12 16 世紀初頭のインドで, ▢▢▢▢ という開祖によって**シ**　　ナーナク
ク教が成立した。　　　　　　　　　　　　　　　　(甲南大)

■ ムガル帝国の文化は**功業**で覚えよう！

◎ムガルの文化 "**ム**ラの**ウタ**"

→**ム**ガル絵画：宮廷絵画 (肖像や動植物)

→**ラ**ージプート絵画：ヒンドゥー教の神々がテーマ

→**ウ**ルドゥー語：北インドの口語 + ペルシア語 ⇒ アラビア文字表記

→**タ**ージ＝マハル廟：シャー＝ジャハーンがアグラに建設

☑ 13 シク教徒が 19 世紀初頭に建てた**シク王国**は, インドに　　シク戦争
進出してきたイギリスとの ▢▢▢▢ に敗れ, 併合された。
　　　　　　　　　　　　　　　　　　　　　　　　(東洋大)

ルネサンス

☑ 01 [頻出] **芸術・思想上の新しい動き**である ▢▢▢▢ は, フラン　　ルネサンス
ス語で "**再生**" を意味する。　　　　　　　　　　(名古屋大)

☑ 02 キリスト教の倫理観と人間の実態のずれを明らかにする　　ヒューマニズ
動きを ▢▢▢▢ という。　　　　　　　　　　　　　(成城大)　　ム〔人文主義〕

イタリア＝ルネサンス

☑ 03 **イタリア＝ルネサンスの先駆者**とよばれるフィレンツェ　　a ダンテ
出身の ▢a▢ は, 14 世紀前半に大叙事詩『▢b▢』を　　b 神曲
著した。　　　　　　　　　　　　　　　　　　　　(新潟大)

☑ 04 この作品で用いられた ▢▢▢▢ 語は, **現在のイタリア語**に　　トスカナ
発展した。　　　　　　　　　　　　　　　　　　　(東洋大)

☑05 "万能の天才"の典型とされる　a　は,「　b　」「最後の晩餐」などの絵画のみならず自然諸科学や諸技術にも優れていた。　　　　　　　　　　　　　（日本大）

a レオナルド＝ダ＝ヴィンチ

b モナ＝リザ

☑06 頻出 ルネサンスを代表する画家　　　　　は, 多くの「聖母子像」で知られる。　　　　　　　　　　　　　（日本大）

ラファエロ

☑07 フィレンツェの詩人・人文主義者　　　　　は, 古代ローマをたたえ, 古典の収集・復活に努力した。　　　（名古屋大）

ペトラルカ

☑08 人文主義者　a　は, ギリシア古典を研究し, 初めてホメロスのラテン語訳を行った。彼の代表作『　b　』は, 黒死病が流行した14世紀半ばのフィレンツェを題材にしている。　　　　　　　　　　　　　　　　（新潟大）

a ボッカチオ

b デカメロン

☑09 「聖フランチェスコの生涯」を描いたルネサンス絵画の先駆者　　　　　は, ダンテと親交をもった。　（南山大）

ジョット

☑10 透視図法の発見者　　　　　は, フィレンツェのサンタ＝マリア大聖堂の大ドームを設計した。　　　（西南学院大）

ブルネレスキ

☑11 聖職者サヴォナローラの失脚後, フィレンツェ共和政府で活躍した　a　は, 著書『　b　』で現実の政治を直視し, 近代政治学の先駆をなした。　　　　　　（近畿大）

a マキァヴェリ

b 君主論

☑12 頻出 メディチ家の保護を受けた　a　は, ギリシア神話をテーマにして描いた「春」や「　b　」など, 古典的・異教的な傑作を残した。　　　　　　　　（京都産業大）

a ボッティチェリ

b ヴィーナスの誕生

☑13 頻出 ルネサンスを代表する彫刻家・画家・建築家　a　は, 主にフィレンツェとローマで活躍し, メディチ家に保護された。彼の彫刻としてはローマの「ピエタ」やフィレンツェの「　b　像」などが知られる。　（日本大）

a ミケランジェロ

b ダヴィデ

西洋諸国のルネサンス

☑14 頻出 ネーデルラント・ロッテルダム出身の　a　は, 宗教改革に大きな影響を与えた。代表作『　b　』で知られる。　　　　　　　　　　　　　　　　　（東洋大）

a エラスムス

b 愚神礼賛

☑ 15 **エラスムス**と文通したことで知られるフランスの人文主義者 [a] は，**痛烈な社会風刺**を込めて『[b]』を描いた。 (東洋大)

a ラブレー
b ガルガンチュアとパンタグリュエルの物語

☑ 16 フランスの人文主義者 [a] は，合理主義と中庸の思想を持ち，**ユグノー戦争の調停**にも活躍した。彼は公私にわたる生活を省みて，『[b]』を著した。 (近畿大)

a モンテーニュ
b エセー〔随想録〕

☑ 17 トマス=モアは，『[a]』で架空の理想社会を描き，イギリスで展開されていた"囲い込み"を「[b] が人を喰う」と批判した。 (駒澤大)

a ユートピア
b 羊

☑ 18 ヘンリ8世の宮廷画家となったドイツの [　] は，**エラスムス**や**トマス=モア**の肖像画でも知られる。 (関西大)

ホルバイン

☑ 19 イギリス・**エリザベス1世**時代の劇作家 [　] は，俳優や劇団付き作家を経て創作活動を行った。彼の代表作として「**ハムレット**」などの四大悲劇が知られる。 (松山大)

シェークスピア

☑ 20 **油彩技法を駆使**した肖像画や宗教画を描いた [　] は，**フランドル派**を創始したとされている。 (津田塾大)

ファン=アイク兄弟

☑ 21 「農民の踊り」などを代表作とする [　] は，**農民風俗や庶民生活**を好んで描いた。 (駒澤大)

ブリューゲル

☑ 22 「**四人の使徒**」を描いた [　] は，イタリアの影響を受けつつ独自のドイツ・ルネサンス様式を完成させた。 (関西大)

デューラー

☑ 23 **スペイン**の [a] は，社会の矛盾をユーモアにあふれた作品で表現した。[b] で負傷したことでも有名。 (名古屋学院大)

a セルバンテス
b レパントの海戦

☑ 24 この人物の風刺作品『[　]』では，正義感あふれる時代錯誤の騎士と現実主義の従者との滑稽な内容が描かれている。 (南山大)

ドン=キホーテ

近代技術の発展

☑25 **頻出** **フィレンツェ**の天文・地理学者で医師でもあった　　　　トスカネリ
　　　　□□□は，**地球（大地）球体説**を唱えた。　　（東洋大）

☑26 **ポーランドの聖職者**□□□は**地動説**を展開したが，その　　コペルニクス
　　学説を著した『**天球回転論**』は死の直前まで発表されな
　　かった。　　（日本女子大）

☑27 中国の**宋・元で実用化**した□□□は，**イスラーム経由**で　　火薬
　　西欧に伝播したとされる。　　（首都大学東京）

☑28 **中国起源の磁針**がイスラーム経由で西欧に伝播し，　　　　羅針盤
　　□□□となった。　　（首都大学東京）

☑29 1450 年頃に□□□が**活版印刷術**を実用化させ，聖書や　　グーテンベルク
　　知識の普及を促したとされる。　　（京都大）

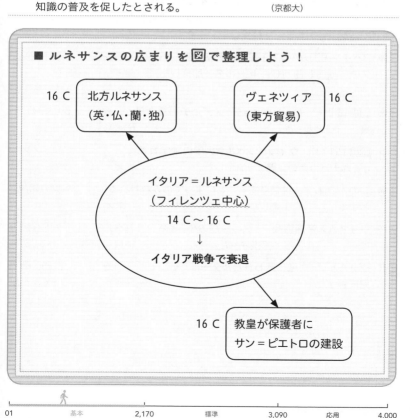

■ ルネサンスの広まりを図で整理しよう！

16 C　北方ルネサンス（英・仏・蘭・独）

ヴェネツィア（東方貿易）　16 C

イタリア＝ルネサンス
（フィレンツェ中心）
14 C 〜 16 C
↓
イタリア戦争で衰退

16 C　教皇が保護者に
サン＝ピエトロの建設

宗教改革

宗教改革のルーツ

☑01 14世紀後半に活躍したオックスフォード大学の神学教授□□□□は，教皇権を否定し，また**聖書の英訳**を行った。
(近畿大)
ウィクリフ

☑02 頻出 ベーメンのプラハ大学教授 a は，**聖書のチェコ語訳**を行い， b 公会議で火刑となった。 (甲南大)
a フス
b コンスタンツ

☑03 このフスの処刑に対して，□□□□が起こった。 (南山大)
フス戦争

ドイツの宗教改革

☑04 **サン゠ピエトロ大聖堂**の建築費用を集める目的などで，カトリック教会は□□□□という**贖罪の証明書**を発行していた。 (新潟大)
贖宥状
〔免罪符〕

☑05 スペイン国王**カルロス1世**は，皇帝選挙において，フランスの a に勝利し b の名で即位した。 (駒澤大)
a フランソワ1世
b カール5世

☑06 頻出 16世紀，**ロレンツォ゠デ゠メディチの第2子**が，教皇□□□□となった。 (日本大)
レオ10世

☑07 頻出 1517年，**ヴィッテンベルク大学**の神学教授□□□□が『**九十五カ条の論題**』を提示した。 (駒澤大)
(マルティン゠)ルター

☑08 この人物は，"人は信仰することによってのみ救われる"とする□□□□を主張した。 (法政大)
信仰義認説

☑09 **ヴォルムス帝国議会**で"法の保護の外"とされたルターは，□□□□によって保護された。 (札幌大)
ザクセン選帝侯フリードリヒ

☑10 ヴァルトブルク城に匿われた**ルター**は，そこで□□□□を完成させた。 (聖心女子大)
(新約)聖書のドイツ語訳

☑ 11 1524 ～ 25 年，ルターに影響を受けた農民たちは □ を起こした。　　（南山大）

ドイツ農民戦争

☑ 12 ライン川流域で拡大した農民たちのこの反乱は，**再洗礼派**の □ に率いられて貧農一揆に発展した。　（専修大）

ミュンツァー

☑ 13 ルター派の人々は，□ とよばれた。この言葉は，後に**新教徒**全体を指すようになった。　　（九州大）

プロテスタント

☑ 14 1530 年，ルター派諸侯たちは □ という**反皇帝同盟**を結成し，1546 年より皇帝側と戦争した。　（明治学院大）

シュマルカルデン同盟

☑ 15 1555 年，ドイツの新教勢力と皇帝を代表する旧教勢力との間で □ a □ という妥協が成立した。これにより**領主は信仰の自由を獲得**し，□ b □ が確立した。　　（九州大）

a アウクスブルクの和議
b 領邦教会制

スイスの宗教改革

☑ 16 スイスの □ a □ で，スイス宗教改革の先駆者 □ b □ は，『新約聖書』の研究を進めていた。　（日本大）

a チューリヒ
b ツヴィングリ

☑ 17 頻出 早くから**福音主義**を唱えていた**フランスの人文主義者** □ a □ は，フランスを追われたがスイスの □ b □ に招かれた。　　（駒澤大）

a カルヴァン
b ジュネーヴ

☑ 18 この人物によって，**救いに関しては万能の神によってあらかじめ定められている**とする □ が打ち立てられた。　　（北海道大）

予定説

☑ 19 1536 年，**カルヴァン**は自らの考えを論文にまとめ，『□ 』としてバーゼルで出版した。（明治学院大）

キリスト教綱要

☑ 20 **カルヴァン派**を信仰する人々を，**イングランド**では □ a □，**フランス**では □ b □ とよんだ。　（一橋大）

a ピューリタン〔清教徒〕
b ユグノー

イギリスの宗教改革

☑ 21 **テューダー朝第 2 代**国王 _____ は，もともとは宗教改
革に対抗する立場をとっていた。 (甲南大)

ヘンリ 8 世

☑ 22 1534 年，この国王は，国王を宗教上も最高の首長とす
る _____ を発布し，**イギリス国教会を成立**させた。
(専修大)

国 王 至 上 法
〔首長法〕

☑ 23 イギリスの大法官で人文主義者の _____ は，**ヘンリ 8 世
の離婚に反対し，処刑**された。 (甲南大)

トマス＝モア

☑ 24 **エドワード 6 世**の死後，彼の姉 _____ が**カトリック**を復
活させた。 (東洋大)

メアリ 1 世

☑ 25 頻出 1554 年，**メアリ 1 世**はカトリック教国**スペイン**の
王太子 a （後の b ）と結婚した。 (専修大)

a フェリペ
b フェリペ 2 世

☑ 26 1558 年に即位した a は，1549 年以降数度発布さ
れていた b を 1559 年に再度制定し，**イギリス国教
会を確立**させた。 (東京大)

a エリザベス
1 世
b 統一法

対抗宗教改革

☑ 27 新教が急速に発展していくのに対して，**カトリック側が
勢力を立て直す**ために行った改革を _____ とよぶ。
(新潟大)

対抗宗教改革
〔反宗教改革〕

☑ 28 頻出 1545 〜 63 年に開かれた _____ 公会議で，**教皇の
至上権が確認**された。 (首都大学東京)

トリエント

☑ 29 頻出 1534 年，**新教への攻撃**とカトリックの勢力拡大の
ための組織として， a らがパリで b を設立し
た。 (京都大)

a イグナティ
ウス＝ロヨラ
b イエズス会

☑ 30 この組織の _____ は，**日本で布教活動**を展開した。
(首都大学東京)

フランシスコ
＝ザビエル

☑31 1494 年に始まる，フランスのヴァロワ家とハプスブルク家の**イタリア支配権をめぐる抗争**は　a　とよばれる。1559 年に　b　という講和条約が結ばれた。　（南山大）

a イタリア戦争
b カトー＝カンブレジ条約

大航海時代

☑01 元から帰国したマルコ＝ポーロが獄中で口述筆記させた『　　　　』は，西洋人の東洋への興味を高めた。　（南山大）

世界の記述〔東方見聞録〕

大航海時代のスペイン・ポルトガル

☑02 15 世紀，**ポルトガル国王ジョアン 1 世の子**である　　　　が，ジブラルタル海峡の対岸にあるセウタを攻略し，**アフリカ西岸部探検**の足場を得た。　（東京経済大）

「航海王子」エンリケ

☑03 アフリカ西岸を中心とする地域の情報をもとに，ポルトガル国王**ジョアン 2 世**によって　　　　が派遣され，**"喜望峰"**に到達した。　（東北学院大）

バルトロメウ＝ディアス

☑04 1492 年，イタリア・ジェノヴァ出身の　a　が，レコンキスタを終えた**スペインの女王イサベルの支援**を受け，**西インド諸島**（バハマ諸島）の　b　に到達した。　（東洋大）

a コロンブス
b サンサルバドル島

☑05 1494 年，**スペインとポルトガル**は植民地分界線を西方に移動させて　　　　を締結した。　（近畿大）

トルデシリャス条約

☑06 頻出 ポルトガル国王マヌエル 1 世に派遣された　a　は，1498 年に**インド西岸**の　b　に到達した。　（日本大）

a ヴァスコ＝ダ＝ガマ
b カリカット

☑07 1499 年から航海を始めたフィレンツェ出身の　　　　が，**アメリカ大陸**の存在を確認した。

アメリゴ＝ヴェスプッチ

☑08 1500 年，　　　　が**ブラジル**に漂着したことで，この地はポルトガル領になった。　（東洋大）

カブラル

☑ 09 スペイン人 [a] は**南米大陸**に渡って，そこで 1512 年   a バルボア
に総督となり，翌年 [b] を横断し**太平洋を発見**した。   b パナマ地峡

(専修大)

☑ 10 **頻出** 1510 年，**ポルトガル**はインドの [　　] に**総督府**を   ゴア
設置した。2 年後には東南アジアの**モルッカ諸島**に来航
し，香辛料を得た。 (首都大学東京)

☑ 11 **頻出** ポルトガルのインド総督に就任した**アルブケルケ**は，   マラッカ
1511 年に [　　] を占領した。 (名古屋大)

☑ 12 1519 年にスペイン王カルロス 1 世の命で航海を始めた   マゼラン〔マガ
[　　] の一行が，1522 年に**世界周航を達成**した。   リャンイス〕

(東洋大)

☑ 13 1521 年にスペイン人 [a] が**アステカ王国**を，1533 年   a コルテス
にはスペイン人 [b] が**インカ帝国**を滅ぼした。 (駒澤大)   b ピサロ

☑ 14 これらの人物を代表とする**征服者**を [　　] とよぶ。   コンキスタドー
ル〔コンキスタ
(近畿大)   ドレス〕

大航海時代の影響

☑ 15 大航海時代，**ヨーロッパ商業の中心は地中海沿岸**から   商業革命
大西洋岸に移った。このような一連の商業的な移行を
[　　] とよぶ。 (一橋大)

☑ 16 大航海時代に新航路が開拓されたことで，**ポルトガル**の   a リスボン
[a] や**ネーデルラント**の [b] が栄え始めた。   b アントウェ
ルペン〔アン
(龍谷大)   トワープ〕

☑ 17 **新大陸や日本の銀が大量流入**したことによって，ヨー   価格革命
ロッパの貨幣価値が急激に下落し，**物価が上昇**した。こ
れを [　　] とよぶ。 (九州大)

☑ 18 スペイン領となった**ボリビア**で [　　] が発見されたこと   ポトシ銀山
が，**この革命**のきっかけとなった。 (九州大)

絶対主義 I（主権国家体制）

絶対主義

☑01 国境によって区切られた国土に**一元的な支配体制**が存在する国家を □□□ とよぶ。 （駒澤大）
主権国家

☑02 主権国家の中で，**主権が国王**にあり絶対的な権力を持つ国家形態を □□□ とよぶ。 （京都大）
絶対王政〔絶対主義〕

☑03 頻出 このような国家では，**専門の行政官**的存在である □□□ が，国王に集中した権力の運用を任された。 （名城大）
官僚

☑04 絶対主義国家では，普段から訓練が施されて俸給が支給される □□□ が整備された。 （聖心女子大）
常備軍

☑05 フランスの**ボシュエ**やイギリスの**フィルマー**が提唱した □□□ も，王の権力を支えた。 （北海学園大）
王権神授説

☑06 頻出 絶対主義では，**官僚制と常備軍を維持するための**資金を調達する手段として □□□ 政策がとられた。 （日本女子大）
重商主義

☑07 絶対主義時代，労働者を工場に集めて，**分業**方式などを採用して生産する □□□ が盛んになった。 （慶應義塾大）
マニュファクチュア〔工場制手工業〕

スペインの絶対主義

☑08 1516 年，スペイン国王に □□□ が即位したことで，正式に**スペイン＝ハプスブルク家**が始まった。 （専修大）
カルロス 1 世〔カール 5 世〕

☑09 神聖ローマ皇帝も兼ねたこの王は，1556 年の退位にあたって子の □□□ を**スペイン国王**とした。 （聖心女子大）
フェリペ 2 世

☑10 この王は，セリム 2 世時代の**オスマン帝国**を 1571 年の □□□ で破った。 （南山大）
レパントの海戦

☑11 頻出 1580 年，**フェリペ 2 世**は母イサベルの血統を理由に □□□ 王位兼任を宣言した。 （近畿大）
ポルトガル

☑12 **多くの植民地を領有**し，領地を拡大した**スペイン**は，"□□□□"という言葉で形容された。　　　(明治学院大)

太陽の沈まぬ (帝) 国

オランダの独立

☑13 頻出 1477 年以降 □a□ 家の支配下にあった**ネーデルラント**では，スペイン王**フェリペ 2 世**の支配に対抗して，1568 年に □b□ が起こった。　　　(日本大)

a ハプスブルク
b オランダ独立戦争

☑14 現在のベルギーにあたる**南部 10 州**がこの戦争から離脱するなか，**北部の 7 州**は 1579 年に □a□ を結成し，□b□ を中心としてスペインへの抵抗を続けた。
(専修大)

a ユトレヒト同盟
b オラニエ公ウィレム〔オレンジ公ウィリアム〕

☑15 この抵抗の結果，1581 年に □□□□ の独立が宣言された。　　　(学習院大)

ネーデルラント連邦共和国

☑16 頻出 **オランダの独立**は，1648 年の □□□□ 条約によって国際的に認められた。　　　(専修大)

ウェストファリア

☑17 オランダの首都となった □□□□ は，ヨーロッパの金融の中心となった。　　　(専修大)

アムステルダム

☑18 イギリスやフランスとは比較にならないほどの資金を持つ**オランダ東インド会社**は，その機動力から，1623 年に**イギリスをインドネシア地域から締め出す** □□□□ 事件を起こした。　　　(京都産業大)

アンボイナ

イギリスの絶対主義

☑19 頻出 スペインの無敵艦隊を破った**エリザベス 1 世**は，1600 年に □□□□ を設立した。　　　(駒澤大)

東インド会社

☑20 この頃，地方地主層の □□□□ がより一層土地を手に入れ勢力を伸ばした。　　　(北海道大)

ジェントリ〔郷紳〕

フランスの絶対主義

☑21 1562 年, フランスでは**カルヴァン派と旧教勢力の対立**から □ が起こった。　　　　　　　　　　（神奈川大）
　　ユグノー戦争

☑22 1572 年, 国王の妹とユグノーの首領ナヴァル王アンリの結婚を祝ってパリに集まった**新教徒が大量虐殺**された。この事件を □ とよぶ。　　　　　　　　　（駒澤大）
　　サンバルテルミの虐殺

☑23 **ヴァロワ朝の断絶**を受けて 1589 年に即位した □ は, その後新教徒から**カトリックに改宗**した。　（駒澤大）
　　アンリ 4 世

☑24 この王の即位によって, フランスでは □ 朝が始まった。　　　　　　　　　　　　　　　　　　　（専修大）
　　ブルボン

☑25 1598 年, **アンリ 4 世**は □ を発した。新教徒に旧教徒と同等の市民権が与えられ, **個人の信仰の自由**が認められたことで, ユグノー戦争は終結した。　（甲南大）
　　ナントの王令

☑26 1610 年に即位した □ が, **フランスの絶対王政を確立**した。　　　　　　　　　　　　　　　　　（近畿大）
　　ルイ 13 世

☑27 1614 年に招集された □ は, 翌 1615 年にルイ 13 世が解散させてから, 1789 年まで招集が停止された。　　　　　　　　　　　　　　　　　　　　（甲南大）
　　三部会

☑28 1624 年にルイ 13 世の**宰相**となった □ は, 大貴族やユグノーを弾圧し, 王権の絶対化に努めた。（京都大）
　　リシュリュー

☑29 頻出 国王 [a] は, **フランス絶対主義の最盛期**を現出し, "[b]" とよばれた。　　　　　　（駒澤大）
　　a ルイ 14 世
　　b 太陽王

☑30 1661 年まで, 宰相 □ が幼くして即位したこの国王を助け, 中央集権化を進めた。　　　　　　（南山大）
　　マザラン

☑31 1648 ～ 53 年, **王権の伸張に反対する貴族**たちは □ を起こした。　　　　　　　　　　　（中央大）
　　フロンドの乱

☑32 1661 年のマザランの死後に親政を開始した**ルイ 14 世**は, 「□」という絶対主義を象徴する言葉を残している。　　　　　　　　　　　　　　（神戸学院大）
　　朕は国家なり

☑33 [頻出] 代表的な**重商主義者** ［　　　］ が，ルイ 14 世の財務総監を務めた。　　　　　　　　　　　　　　（専修大）

コルベール

☑34 この人物の重商主義政策の一環として，貿易拡大を目指して**毛織物などを製造する** ［　　　］ が設立された。　　　　　　　　　　　　　　　　　　　（北海道大）

特権マニュファクチュア

☑35 [頻出] この人物の**重商主義政策**の一環として，1664 年に ［　　　］ が再建された。　　　　　　　　　　　　　（駒澤大）

東インド会社

☑36 絶大な権力を誇示するため，**ルイ 14 世**はパリ近郊に**バロック様式**の ［　　　］ を建設した。　　　　　（同志社大）

ヴェルサイユ宮殿

☑37 ルイ 14 世は，1685 年に ［　　　］ を強行するなどの**カトリック重視政策**をとった。　　　　　　　　　　（日本大）

ナントの王令の廃止

☑38 隣国**スペインでの王朝断絶**に際して，孫の王位継承権を主張するルイ 14 世は，1701 年に ［　　　］ 戦争を起こした。　　　　　　　　　　　　　　　　　　（専修大）

スペイン継承

☑39 1713 年，この戦争の講和条約として ［　　　］ が締結された。　　　　　　　　　　　　　　　　　　　　（成城大）

ユトレヒト条約

☑40 この条約では，フランスとスペインの合併を永久に禁止する条件で**フェリペ 5 世**の即位が認められ，［　　　］ 朝が成立した。

スペイン＝ブルボン

■ ユトレヒト条約の内容は
 カジで覚えよう！

◎ "**あには地味**"

→**ア**カディア
→**ニ**ューファンドランド
→**ハ**ドソン湾地方
⇒**カナダ方面**
（仏）から（英）へ

→**ジ**ブラルタル
→**ミ**ノルカ島
⇒**地中海方面**
（西）から（英）へ

イギリス革命

☑01 **スコットランド王ジェームズ6世**は，イングランド王
　　　 a として即位し，1603年に b 朝を始めた。
　　　　　　　　　　　　　　　　　　　　　　　　　（駒澤大）

a ジェームズ
1世
b ステュアート

☑02 **この王**は a を強制し，国王の宗教的権威を否定す
　　　る b を弾圧した。　　　　　　　　　　　（名城大）

a 国教会
b カルヴァン
派〔ピューリ
タン〕

☑03 次の王　　　　　も，父であるジェームズ1世同様に絶対
　　　主義的な政策をとった。　　　　　　　　　　　　（東洋大）

チャールズ1世

☑04 1628年，議会は専制を行うこの国王に"　　　　"を提出
　　　して，**議会の同意のない課税や不法逮捕などに反対した**。
　　　　　　　　　　　　　　　　　　　　　　　　　（駒澤大）

権利の請願

☑05 国王の反省を促す大諫奏（だいかんそう）をめぐって，**王党派**と**議会派**
　　　との対立が激化した。1642年に始まったこの内乱を
　　　　　　　　　とよぶ。　　　　　　　　　　　　　（信州大）

ピューリタン
〔イギリス〕革命

☑06 頻出 軍人で政治家の　　　　　は，熱心なピューリタンで，
　　　独立派の指導者として王党派を破った。　　　（専修大）

クロムウェル

☑07 議会派内の　　　　　派は，**農民や小市民らの立場を代表**
　　　し，財産権と参政権の平等を強く主張した。　　（名古屋大）

水平

☑08 **クロムウェル**は，ジェントリとヨーマンを中心に　　　　
　　　と呼ばれる騎兵隊を編成した。　　　　　　　　（同志社大）

鉄騎隊

☑09 頻出 1649年のチャールズ1世処刑後，**イギリス史上唯
　　　一の**　　　　　が始まった。　　　　　　　　　（日本大）

共和政〔コモ
ンウェルス〕

☑10 重商主義政策の一環として，1651年に**オランダ船の締
　　　め出しを目的とする**　　　　　が発布された。　（専修大）

航海法

☑11 この法を原因として，1652年から第1次　　　　　戦争が
　　　起こった。　　　　　　　　　　　　　　　　　（立命館大）

イギリス＝オ
ランダ〔英蘭〕

☑12 1653年，クロムウェルは議会を解散した後，**政治・軍事
　　　の最高官職である**　　　　　に就任した。　　（学習院大）

護国卿

☑13 1660 年，亡命先から帰国した**チャールズ 1 世の息子**が，イギリス国王 ⬚a として即位した。これを ⬚b という。　　　　　　(明治大)

a チャールズ 2 世

b 王政復古

☑14 頻出 1673 年，チャールズ 2 世のカトリック容認政策に反対した議会は，**公職就任者を国教徒に限る**とする ⬚ を制定した。　　　　　　(駒澤大)

審査法

☑15 1679 年，議会は**チャールズ 2 世の専制政治に対抗**して，不法な逮捕と裁判を禁じる ⬚ を制定した。　(南山大)

人身保護法

☑16 1685 年，**チャールズ 2 世の弟**が ⬚ として即位し，専制政治の強化とカトリックの復活に努めた。　(成城大)

ジェームズ 2 世

☑17 頻出 この王の王位継承を認めた議会の一派は，その反対派によって ⬚a とよばれた。一方認めない一派は ⬚b とよばれた。　　　　　　(専修大)

a トーリ

b ホイッグ

☑18 頻出 1688 〜 89 年，議会はこの王を廃し，王の娘とその夫の**オランダ総督**を新たな君主として招いた。これを ⬚ とよぶ。　　　　　　(明治学院大)

名誉革命

☑19 1689 年，"王は議会の意思に反した行動をとれない"とする" ⬚a "が議会で可決され，" ⬚b "として成文化された。　　　　　　(名古屋大)

a 権利の宣言

b 権利の章典

☑20 この宣言を承認したオランダ総督は，**妻メアリ 2 世**との共同君主として即位し，イギリス王 ⬚a となり，⬚b を開始した。　　　　　　(立教大)

a ウィリアム 3 世

b 立憲王政〔立憲君主制〕

☑21 1707 年，それまで同君連合を形成していた**スコットランドを合邦**したイギリスは，⬚a とよばれるようになり，⬚b がその初代国王となった。　(南山大)

a 大ブリテン王国

b アン女王

☑22 **ステュアート朝断絶後，1714 年にドイツ**から迎えられた ⬚a がイギリス王 ⬚b として即位し，⬚c 朝が成立した。　　　　　　(九州大)

a ハノーヴァー選帝侯

b ジョージ 1 世

c ハノーヴァー

☑23 この時代，議会での多数党が内閣を組織して議会に対し責任を負う ⬚ という制度が成立した。　(立教大)

責任内閣

■ イギリス絶対主義以降の重要事項は ゴロで覚えよう！

◎<u>便利な 便利屋 江戸のむすめのエリちゃん</u>

⇒テューダー朝の英王

①ヘンリ7世：バラ戦争に勝利してテューダー朝を創始
②ヘンリ8世：国王至上法を発布，イギリス国教会を統率
③エドワード6世：一般祈禱書を制定
④メアリ1世：フェリペ2世と結婚，カトリックの復活
⑤エリザベス1世：統一法制定，イギリス国教会確立，東インド会社設立

◎<u>以後さよならカトリック</u>
_{1 5 3 4}

⇒ <u>1534</u>年　ヘンリ8世が国王至上法を制定

◎<u>いちころにユグノー 以後苦はないナントの王令</u>
_{1 5 6 2}　　　　　　　　_{1 5 9 8}

⇒ <u>1562</u>年に勃発したユグノー戦争，<u>1598</u>年発布のナントの王令で終結

◎<u>一路オッサン ジェームズ＝ステュアート</u>
_{1 6 0 3}

⇒ <u>1603</u>年　英王ジェームズ1世がステュアート朝を創始

◎<u>涙で審査，泣く子を保護</u>
₇₃　　　　₇₉

⇒ 16<u>73</u>年　審査法，16<u>79</u>年　人身保護法

◎<u>いないよ王様ハノーヴァー朝</u>
_{1 7 1 4}

⇒ <u>1714</u>年　ハノーヴァー選帝侯が英王ジョージ1世に

☑24 頻出 イギリスの初代首相とされるホイッグ党の □□□□ は，議会政治と内閣制度の基礎を固めた。　　（近畿大）

ウォルポール

☑25 議会政治が発達したイギリスでの国王の地位は「□□□□」という言葉に象徴される。　　（上智大）

王は君臨すれ
ども統治せず

絶対主義Ⅱ（ドイツ以東）

宗教対立の深まるドイツ

☑01 16世紀の活況に対して17世紀は a 化による食糧難・疫病の流行・戦乱の頻発などによって，人口減少や経済停滞が続いた。このことを b とよぶ。　（神戸学院大）

a 寒冷
b 17世紀の危機

☑02 皇帝側の**傭兵隊長** は，三十年戦争に介入してきたデンマーク王兼ノルウェー王クリスティアン4世を撃退した。　（立命館大）

ヴァレンシュタイン

☑03 **スウェーデン王** a は，1630年に新教徒保護を名目としてドイツに侵入し，この傭兵隊長を破った。また，旧教国 b は新教側で介入した。　（京都産業大）

a グスタフ＝アドルフ
b フランス

☑04 頻出 三十年戦争の結果，1648年に 条約が締結され，**神聖ローマ帝国が有名無実化**した。　（専修大）

ウェストファリア

☑05 この条約では， a と b の独立が国際的に承認された。　（近畿大）

a・b スイス・オランダ（順不同）

■ **ウェストファリア条約は⑥つのポイントをおさえよう！**

◎**ウェストファリア条約（1648年）**

①アウクスブルクの和議の再確認　→**カルヴァン派も承認**

②スイス・オランダの独立　→**国際的に承認**

③ドイツ領邦の主権の承認　→**神聖ローマ帝国の有名無実化**

④アルザス・ロレーヌの一部　→**フランスへ**

⑤西ポンメルン　→**スウェーデンへ（バルト海制覇）**

⑥意義　→**ヨーロッパにおける主権国家体制確立**

☑06 **三十年戦争**が勃発した際，**ブランデンブルク辺境伯領と
プロイセン公国**が合併して □□□□ となった。　　（上智大）

ブランデンブ
ルク＝プロイ
セン公国

☑07 プロイセン公国は，**スペイン継承戦争**の際に皇帝側とし
て参戦したことから □□□□ に昇格した。　　（大阪大）

プロイセン王国

☑08 プロイセン王 □□□□ は，**官僚制を整備し，国費の半分を
軍事力の強化に費やして"軍隊王"**とよばれた。　（近畿大）

フリードリヒ＝
ヴィルヘルム１世

☑09 □□□□ とよばれる地主貴族が，整備された官僚や軍の
中核となった。　　（西南学院大）

ユンカー

☑10 **"大王"**ともよばれる □□□□ は，**啓蒙専制君主**を代表す
る一人である。　　（甲南大）

フリードリヒ
２世

☑11 この君主は，著書『**反マキァヴェリ論**』の中で「□□□□」
という**啓蒙専制主義**を象徴する言葉を残した。
　　（西南学院大）

君主は国家
第一の下僕

☑12 この君主は，即位後の 1745 年，ベルリン郊外の**ポツダム**
で □□□□ の建設を開始した。　　（立命館大）

サンスーシ宮殿

☑13 この宮殿の室内装飾は，**曲線を多用**した**繊細優美な女性
的なデザイン**を用いる □□□□ 様式となっている。
　　（昭和女子大）

ロココ

☑14 頻出 1740 年，□ a □ が**ハプスブルク家**を継いだことを
めぐり，□ b □ が起こった。　　（南山大）

a マリア＝テ
レジア
b オーストリ
ア継承戦争

☑15 頻出 この戦争勃発に際して，プロイセンの**フリードリヒ
2世**がオーストリア領の □□□□ 地方を占領し，戦後も領
有し続けた。　　（成蹊大）

シュレジエン

☑16 頻出 オーストリアとフランスが手を結んだ □ a □ 後，イ
ギリスの援助を受けたプロイセンの先制攻撃で，1756 年
に □ b □ が始まった。　　（一橋大）

a 外交革命
b 七年戦争

☑ 17 七年戦争後の 1765 年，神聖ローマ皇帝**フランツ 1 世**が
他界して，□□□が帝位を継承した。　　　　　（東洋大）

ヨーゼフ 2 世

☑ 18 この君主は，新教攻撃を掲げるイエズス会を追放して，
非カトリック教徒にも**信仰の自由を認める**□□□を発
した。　　　　　　　　　　　　　　　　　　（早稲田大）

宗教寛容令

☑ 19 頻出 1699 年，**オーストリア**はイギリスとオランダの仲介
で**オスマン帝国**と□ a □を結び，マジャール人国家であ
る□ b □などを獲得した。　　　　　　　　　（日本大）

a カルロヴィッ
ツ条約
b ハンガリー

ロシア

☑ 20 862 年**ルス族**の首長□ a □によって建国された□ b □
のオレーグ公は，**ドニエプル川**の沿岸を征服しつつ南下
し，882 年に□ c □を建国した。　　　　　　（近畿大）

a リューリク
b ノヴゴロド国
c キエフ公国

☑ 21 10 世紀末の大公□□□は，**キエフ公国の全盛期**を現出
させた。　　　　　　　　　　　　　　　　（京都産業大）

ウラディミル
1 世

☑ 22 1271 年にダニール公が建国した国を前身とする□□□
は，15 世紀に**モンゴルの支配から脱した。**　（新潟大）

モスクワ大公国

☑ 23 15 世紀に即位した□□□は，最後のビザンツ皇帝コンス
タンティノス 11 世の姪ソフィア（ゾエ）と結婚した。
　　　　　　　　　　　　　　　　　　　　　（南山大）

イヴァン 3 世

☑ 24 15 世紀，**この大公**は，**東ローマ皇帝**の継承者でありギリ
シア正教会の保護者でもあるとして"□□□"の称号を
用いた。　　　　　　　　　　　　　　　　（日本女子大）

ツァーリ

☑ 25 3 歳で即位し 17 歳で親政を始めた□□□が，**ロシアに
おける絶対主義の形成者**となった。　　　　　（駒澤大）

イヴァン 4 世

☑ 26 1613 年に□ a □によって成立した，ロマノフ朝の圧政
に対して，1667 年より□ b □が**農民反乱**を起こした。
　　　　　　　　　　　　　　　　　　　　　（京都大）

a ミハイル＝
ロマノフ
b ステンカ＝
ラージン

☑ 27 1682 年，□□□がロマノフ朝第 5 代ツァーリとして即
位し，**絶対主義を確立**させた。　　　　　（京都産業大）

ピョートル 1 世

☑ 28 頻出 1689 年，シベリア東部における清朝との国境を**ス
タノヴォイ山脈**と**アルグン川**を結ぶ線とする □□□ 条約
が結ばれた。　　　　　　　　　　　　　　（日本大）

ネルチンスク

☑ 29 ピョートル 1 世は，西欧への進出ルートとなる**バルト
海**の確保と，急成長を遂げる**スウェーデン**を抑えるため，
1700 年に □□□ を起こした。　　　　　　　　（昭和女子大）

北方戦争

☑ 30 ロシア劣勢で進んだこの戦争で，**ピョートル 1 世**は士気
高揚のため最前線基地 □□□ に都を建設した。　（東洋大）

ペテルブルク

☑ 31 1772 年，ロシアを代表する**啓蒙専制君主** [a] が，プ
ロイセンの [b]，オーストリアの [c] とともに**第 1
回ポーランド分割**を行った。　　　　　　　　（駒澤大）

a エカチェ
リーナ 2 世
b フリードリ
ヒ 2 世
c ヨーゼフ 2 世

☑ 32 1773 年，コサック出身者が指導者となり，エカチェリー
ナ 2 世の農奴制強化に農民が反抗した。これは □□□
とよばれる。　　　　　　　　　　　　　　　（中央大）

プガチョフの
農民反乱

☑ 33 頻出 第 2 回ポーランド分割に際し，愛国者 □□□ が
分割反対闘争を指導した。その後ポーランドは消滅し，
1830 年の独立運動も鎮圧された。　　　　　　（龍谷大）

コシューシコ

☑ 34 頻出 フランス語も堪能だった**エカチェリーナ 2 世**は，啓
蒙思想家の □□□ と文通を交わしてその影響を大きく
受けた。　　　　　　　　　　　　　　　　（昭和女子大）

ヴォルテール

☑ 35 頻出 16 世紀後半の [a] 朝断絶後，**ポーランド**では
[b] 王制が行われていた。　　　　　　　　（駒澤大）

a ヤゲウォ
〔ヤゲロー〕
b 選挙

■ エカチェリーナ 2 世の対外政策を図で整理しよう！

米 vs. 英　vs. 武装中立同盟
（独立戦争）

ラクスマンを根室へ
（日本との通商要求）

エカチェリーナ 2 世（啓蒙絶対君主）
プガチョフの農民反乱
反動化→農奴制強化

ポーランド分割

露土戦争
（黒海北岸，クリミア半島へ）

17 〜 18 世紀のヨーロッパ文化

哲学・思想

☑01 17 〜 18 世紀，**上流階級の文化上の社交場として**　　　　　　サロン
が流行し，フランス文化洗練の場となった。　　　　（成城大）

☑02 イギリスの　　　　は，**経験論哲学（帰納法）**の基礎を確　　フランシス＝
立した。　　　　　　　　　　　　　　　　　　　（関西大）　ベーコン

☑03 17 世紀前半，フランスの数学者・哲学者　a　が，「**わ**　　a デカルト
れ思う，ゆえにわれあり」という言葉で主著『　b　』　　b 方法序説
において**大陸合理論**を確立した。　　　　（西南学院大）　〔方法叙説〕

☑04 デカルトの哲学やイスラーム思想に傾倒したオランダの　　　スピノザ
　　　　　は，著書『**倫理学（エティカ）**』を残した。
　　　　　　　　　　　　　　　　　　　　　　　　　（学習院大）

☑05 マインツ選帝侯の外交官だった　　　　　は，**単子論**を提唱　　ライプニッツ
する一方，ニュートンとは別に微積分法を考察した。
　　　　　　　　　　　　　　　　　　　　　　　　　（南山大）

☑06 『**パンセ（瞑想録）**』を著したフランスの　　　　は，数学・　パスカル
物理の分野でも偉大な業績を残した。　　　　　　（近畿大）

☑07 『**純粋理性批判**』を残した　a　は，経験論と合理論を　　　a カント
独断的とし，**批判哲学**を確立した。彼から**フィヒテ**，シェ　　b ドイツ観念論
リング，**ヘーゲル**に至る哲学思想を　b　とよぶ。
　　　　　　　　　　　　　　　　　　　　　　　　（京都産業大）

☑08 人間が本来持つ権利を保障する普遍的・恒久的な法を　　　　自然法
　　　　　とよぶ。　　　　　　　　　　　　　　（九州大）

☑09 この観念に基づく　　　　説には，絶対王政擁護の立場　　　社会契約
をとる一派と人民主権の立場をとる一派がある。
　　　　　　　　　　　　　　　　　　　　　　　　（成城大）

☑10 **頻出** 国際法の創始者で**"自然法の父"**とされる　a　は，　　a グロティウス
オランダの海上進出を反映した『　b　』や，**三十年戦**　　b 海洋自由論
争の惨禍を実見して著した『　c　』を残している。　　　c 戦争と平和
　　　　　　　　　　　　　　　　　　　　　　　　（専修大）　　の法

☑ 11 フランス亡命中にデカルトと知り合い，**社会契約**という
画期的学説を導入した◻︎◻︎◻︎は，結論として絶対王政
擁護に至った。　　　　　　　　　　　　　　　　（駒澤大）

ホッブズ

☑ 12 この人物は，著書『◻︎◻︎◻︎』で個人の自然権行使は"**万
人の万人に対する闘争**"を誘発するとした。　　（近畿大）

リヴァイアサン

☑ 13 **ロック**は著書『◻︎◻︎◻︎』で絶対主義を批判し，圧政に対す
る抵抗権を主張，社会契約の論理を導入した。（西南学院大）

統治二論〔市
民政府二論〕

☑ 14 フランスの法律家・啓蒙思想家 a は，『 b 』で
イギリスの議会政治を手本とする**三権分立**を唱えた。
　　　　　　　　　　　　　　　　　　　　　　　　（成城大）

a モンテス
キュー
b 法の精神

☑ 15 頻出 **『哲学書簡』**の著者◻︎◻︎◻︎は，名誉革命後のイギリス
を讃美し，フランスの封建的状態を批判した。　（昭和女子大）

ヴォルテール

☑ 16 頻出 フランスの思想家◻︎◻︎◻︎は，厳しい社会批判を行い，
後の**フランス革命**に大きな影響を与えた。　　（近畿大）

ルソー

☑ 17 **この人物**は，著書『 a 』で**私有財産が人間の不平等
の原因**であるとし，絶対王政下のフランス社会を批判し，
『 b 』で人民主権の共和政を理想とした。（青山学院大）

a 人間不平等
起源論
b 社会契約論

☑ 18 哲学者 a を中心として，**フランス啓蒙思想の集大成
的**な百科事典『 b 』が編集された。この際，フラン
スの数学者・哲学者 c も協力している。　　（専修大）

a ディドロ
b 百科全書
c ダランベール

☑ 19 『世界史論』の著者 a は，**ルイ14世**の王太子の教育
係で b をとなえた。　　　　　　　　　　　　（南山大）

a ボシュエ
b 王権神授説

経済学

☑ 20 **重農主義者**たちは，「◻︎◻︎◻︎」という標語で，経済活動
における**国家の干渉や統制の排除**を唱えた。（青山学院大）

なすにまか
せよ〔レッセ
＝フェール〕

☑ 21 フランスの a は，『 b 』で重商主義を批判し，
個人の経済活動の自由と富の源泉を農業生産にあると
考える c を主張した。　　　　　　　　　（関西学院大）

a ケネー
b 経済表
c 重農主義

☑ 22 頻出 ケネーの弟子だった◻︎◻︎◻︎は，フランス革命前に**財
務総監**になり，財政再建を試みた。　　　　　（西南学院大）

テュルゴー

☑ 23 経済活動における**自由放任主義**を受け継ぎ，自由主義経済学を完成させたイギリスの　 a 　は，著書『 b 』で初めて**資本主義**社会を体系的に分析した。　（成蹊大）

a アダム＝スミス
b 諸国民の富〔国富論〕

☑ 24 **この人物**が創始した自由主義経済学は，**"資本主義分析の古典"**という意味から，　　　　とも呼ばれる。（京都大）

古典派経済学

文学

☑ 25 クロムウェルの外交秘書だった詩人　　　　は，**ピューリタン革命**を支持し，人民主権論の立場から国王処刑を正当化した。代表作には『**失楽園**』などがある。　（同志社大）

ミルトン

☑ 26 『アンドロマク』を代表作とするフランス古典主義悲劇の大成者　　　　は，一時**ルイ14世**に仕えた。　（青山学院大）

ラシーヌ

☑ 27 フランス古典主義**喜劇**作家　　　　は，『人間嫌い』など鋭い人間観察に基づく作品を残した。　（西南学院大）

モリエール

☑ 28 頻出 イギリスの　　　　は，小説『**ロビンソン＝クルーソー**』で，孤島で一人生き抜く人間の姿と信仰を描いた。（近畿大）

デフォー

☑ 29 頻出 ダブリン出身の小説家　　　　は，『**ガリヴァー旅行記**』でイギリスの現状を鋭く批判・風刺した。　（近畿大）

スウィフト

美術・音楽

☑ 30 **フランドル派**の画家　　　　は，**バロック絵画**の巨匠として知られる。　（明治大）

ルーベンス

☑ 31 頻出 17世紀のスペインを代表する画家　　　　は，「宮廷の侍女たち」などを描いた。　（専修大）

ベラスケス

☑ 32 クレタ島出身のギリシア人画家でスペインで活躍した　　　　は，肖像画や宗教画を多く残した。　（同志社大）

エル＝グレコ

☑ 33 **"光と影の画家"**として知られるオランダの　 a 　は，1642年の代表作「 b 」などで近代油絵画法を確立した。　（龍谷大）

a レンブラント
b 夜警

☑ 34 **頻出** 家具・服飾のデザインを経て，"雅宴（がえん）の画家"になっ　　　　ワトー
たとされるロココ美術の代表者 ◯◯◯◯ は，「**シテール島
への巡礼**」などを残した。　　　　　　　　　　　　　（近畿大）

☑ 35 17 〜 18 世紀頃のヨーロッパでは，中国産の磁器が珍重　　　　　シノワズリ
され，中国式の庭園が作られた。この流行を ◯◯◯◯ （**中
国趣味**）という。　　　　　　　　　　　　　　　　　（南山大）

☑ 36 バロック音楽を代表するドイツの作曲家 ◯◯◯◯ は，"**音**　　　　バッハ
楽の父"と称され，「**マタイ受難曲**」などを残した。
　　　　　　　　　　　　　　　　　　　　　　　　　　（学習院大）

☑ 37 ドイツ生まれの**バロック音楽家** ◯◯◯◯ は「**メサイア**」など　　　ヘンデル
を残し，後にイギリス宮廷音楽家となった。　　　（京都産業大）

☑ 38 "**神童**"や**古典派音楽の大成者**ともいわれ，**歌劇「フィガ**　　モーツァルト
ロの結婚」で有名な作曲家 ◯◯◯◯ は，神聖ローマ皇帝
ヨーゼフ 2 世の宮廷で活躍した。　　　　　　　　　（東洋大）

☑ 39 "**交響曲の父**"と称されるオーストリアの ◯◯◯◯ は，**古**　　　ハイドン
典派音楽を確立した。　　　　　　　　　　　　　　　（駒澤大）

科学技術

☑ 40 **頻出** ケンブリッジ大学の ◯a◯ 教授は，**万有引力の法則**　　a ニュートン
を発見し，著書『 ◯b◯ 』でそれを説いた。　　　　（関西大）　b プリンキピア

☑ 41 "**気体力学の祖**"や"**近代化学の祖**"と呼ばれる ◯◯◯◯　　　　ボイル
は，真空ポンプによる実験から法則を発見した。　　（南山大）

☑ 42 1796 年に ◯◯◯◯ が**種痘法**を発明したことが，ワクチン　　　ジェンナー
による**人工免疫**の出発点となった。　　　　　　　　（南山大）

■ **大陸合理論哲学は力業で覚えよう！**
◎大陸合理論哲学 "**デパ の スラ**"

→**デ**⇒**デカルト**：『方法序説』（われ思う，ゆえに我あり）
→**パの**⇒**パスカル**：『パンセ』（人間は考える葦）
→**ス**⇒**スピノザ**：汎神論（無神論的）vs. 教会
→**ラ**⇒**ライプニッツ**：「モナド」（経験論的）
※演繹法（えんえき）（普遍的な前提から論理的に結論を導き出す方法）

4章 帝国主義時代の世界

産業革命

☑01 1733 年，　　　　によって**飛び杼**が発明された。（成蹊大）　　ジョン＝ケイ

☑02 1764 年頃，　　　　によって，1 人で 8 本の糸を紡ぐことが出来る**ジェニー紡績機**が発明された。（同志社女子大）　　ハーグリーヴス

☑03 1769 年，　　　　がジェニー紡績機を改良して，水車を動力源とする**水力紡績機**を発明した。（南山大）　　アークライト

☑04 1779 年，　　　　はジェニー紡績機と水力紡績機の長所を取り入れて，**ミュール紡績機**を発明した。（佛教大）　　クロンプトン

☑05 1785 年，　　　　は織布工程に蒸気機関を使用する**力織機**を発明した。（関西学院大）　　カートライト

☑06 頻出 　　　　は，1769 年に**蒸気機関を大幅に改良**し，1781 年には動力をピストン（上下）運動から回転運動に変えることに成功した。（札幌大）　　ワット

☑07 1807 年，アメリカ人　　　　が世界最初の外輪式**蒸気船クラーモント号**を作った。（中央大）　　フルトン

☑08 頻出 1814 年に実用的な**蒸気機関車**を開発した　a　は，1825 年には**ロコモーション号**での蒸気機関車輸送に成功した。1830 年には，　b　—　c　間で初の営業運転が行われた。こうした交通環境の飛躍的発展は**交通革命**と呼ばれる。（関東学院大）　　a スティーヴンソン／b・c マンチェスター・リヴァプール（順不同）

☑09 頻出 **七月革命**があった 1830 年頃，イギリスに続き　a　と　b　で産業革命が起こった。（京都府立大）　　a・b フランス・ベルギー（順不同）

☑10 産業革命の結果，**良質な工業製品を各地に供給**するようになったイギリスは，"　　　　"と呼ばれた。（専修大）　　世界の工場

☑11 頻出 産業革命の結果，**木綿工業最大の中心地**となったランカシャー地方の　　　　では，人口が急増した。（慶應義塾大）　　マンチェスター

☑12 鉄・石炭の産出地に近いイングランド中部の工業都市 ⬜⬜⬜ は，**製鉄業・機械工業の中心**となった。 （駒澤大） バーミンガム

☑13 1811～17年，イングランド中・北部の織物工業地帯で ⬜⬜⬜ と呼ばれる**機械打ちこわし運動**が起こった。 （同志社大） ラダイト運動

☑14 18世紀後半，**イギリスで穀物増産を目的とする** ⬜⬜⬜ が行われ，土地を失った農民が**工業労働者**として都市に 流出した。 （学習院大） 第2次囲い 込み〔エンク ロージャー〕

アメリカの独立

植民地時代のアメリカ

☑01 1620年，信仰の自由を求める**ピューリタン**たちが ⬜a⬜ 号に乗って**プリマス**に上陸した。彼らを ⬜b⬜ と呼ぶ。 （同志社大） a メイフラワー b ピルグリム＝ ファーザーズ

☑02 1619年，**ヴァージニア**で初の ⬜⬜⬜ が招集され，自治 が認められた。 （青山学院大） 植民地議会

☑03 多くのピューリタンが入植した**マサチューセッツ周辺**は， ⬜⬜⬜ **植民地**と呼ばれるようになった。 （日本大） ニューイング ランド

☑04 1621年に設立された**オランダ西インド会社**によって ⬜⬜⬜ が建設された。 （昭和女子大） ニューネーデ ルラント

■ **交通革命の2つのポイントをおさえよう！**

①蒸気船（米：フルトン） ↳スクリュープロペラ式で普及 ↓ 苦力（中華系移民）増加

②蒸気機関車（英：スティーヴンソン） ↳（マンチェスター～リヴァプール） 運河から鉄道へ→第二次産業革命

☑05 頻出 第2次英蘭戦争直前にイギリスに占領された**ニューネーデルラント**では，　a　（後に改称され　b　）が建設された。 (慶應義塾大)

a ニューアムステルダム
b ニューヨーク

☑06 頻出 **クウェーカー教徒**によって建設された**ペンシルヴァニア**は，"友愛の街"という意味の　　　　を中心都市とする。 (学習院大)

フィラデルフィア

☑07 17世紀，**フランス**はカナダのセントローレンス河口に　　　　植民地を建設した。 (中央大)

ケベック

☑08 18世紀頃の大西洋では　　　　が行われた。これは，西欧の武器・雑貨を西アフリカで黒人奴隷と交換し，彼らが南米・北米に運ばれることで得られる**砂糖**や**綿花**などを西欧に運ぶというものである。 (北海道大)

(大西洋)三角貿易

☑09 1754年，イギリスはオハイオ川流域をめぐって，**インディアンと結ぶフランス**を相手に　　　　戦争を開始した。 (南山大)

フレンチ＝インディアン

☑10 頻出 この戦争と並行して，1756年にヨーロッパで　　　　戦争が勃発した。 (一橋大)

七年

☑11 1763年，フレンチ＝インディアン戦争の講和条約として　　　　が締結された。 (立教大)

パリ条約

☑12 この条約で，イギリスはフランスから　　　　と**ミシシッピ以東のルイジアナ**を獲得した。 (龍谷大)

カナダ

☑13 頻出 1765年，**書類・刊行物すべてを課税対象**とする　　　　が出され，植民地側の激しい反対運動を引き起こした。 (名古屋大)

印紙法

☑14 植民地側は，「　　　　」という論理からこの法律に反対し，撤廃に成功した。 (立命館大)

代表なくして課税なし

☑15 1773年の東インド会社に独占権を認める　　　　が，**アメリカ独立戦争**の勃発の引き金となった。 (愛知教育大)

茶法

☑ 16 この法律に反対する急進派マサチューセッツの市民は，□□□ を起こした。 （青山学院大）　　ボストン茶会事件

☑ 17 この事件に対して，イギリス政府は □□□ という報復措置をとった。 （佛教大）　　ボストン港閉鎖

☑ 18 1774 年，**13 植民地の代表者**からなる第 1 回□□□ が**フィラデルフィア**で開かれた。 （東洋大）　　大陸会議

アメリカ独立戦争

☑ 19 1775 年，**ボストン北西郊外**で起きた □□□ の戦いで，植民地側の民兵軍が本国正規軍と衝突し，**独立戦争**が始まった。 （名城大）　　レキシントン

☑ 20 この戦いの後，□□□ の戦いが起こった。 （上智大）　　コンコード

☑ 21 頻出 1775 年の独立戦争勃発後，**フィラデルフィア**で開かれた**第 2 回大陸会議**で □□□ が**植民地軍総司令官**に任命された。 （専修大）　　ワシントン

☑ 22 イギリス生まれの文筆家，**トマス＝ペイン**は『□□□ 』を著し，**独立の正当性**と共和国樹立の必要性を平易な文章で訴えた。 （早稲田大）　　コモン＝センス〔常識〕

☑ 23 1776 年 7 月 4 日，フィラデルフィアの**第 2 回大陸会議**で，**ロックの自然法思想**を基礎とする □□□ が採択された。 （上智大）　　独立宣言

☑ 24 この文章は，**ヴァージニア**出身の政治家 □□□ を中心として起草された。後にこの人物は，**州権の尊重**を主張する**反連邦派**の中心となった。 （学習院大）　　トマス＝ジェファソン

☑ 25 ロシア皇帝**エカチェリーナ 2 世**の提唱で，ヨーロッパ諸国は □□□ を結び，イギリスの対米海上封鎖に対抗した。 （関西学院大）　　武装中立同盟

☑ 26 **独立宣言**は，**ロックの著書**『□□□ 』の影響を受けている。 （早稲田大）　　統治二論〔市民政府二論〕

☑ 27 **フランスの自由主義貴族** □□□ は，1777 〜 81 年に義勇兵として独立戦争に参加した。 （同志社大）　　ラ＝ファイエット

☑28 **頻出** **植民地側の駐仏大使** ☐ **のフランス宮廷におけ** フランクリン
る外交活動が，フランスなどの独立戦争参戦に大きく影
響したとされる。 （京都産業大）

☑29 1781 年，アメリカ・フランス連合軍は ☐ の戦いで ヨークタウン
イギリス軍に大勝し，**独立戦争の事実上の勝利**が確定し
た。 （同志社大）

☑30 1783 年，**独立戦争の講和条約として** ☐ **が締結され** パリ条約
た。 （新潟大）

☑31 この講和条約で，アメリカはイギリスから ☐ を獲得 ミシシッピ川以
した。 （日本大） 東のルイジアナ

☑32 **頻出** 1777 年の**アメリカ連合規約**によって，☐ を正 アメリカ合衆国
式名とする国家が発足した。 （南山大）

☑33 1787 年，連合議会の招集によってワシントンを議長に 憲法制定会議
フィラデルフィアで ☐ が開催された。 （青山学院大）

☑34 1788 年，**世界初の近代的成文憲法**である ☐ が発効 アメリカ合衆
した。 （日本大） 国憲法

☑35 この憲法により，フランスの啓蒙思想家**モンテスキュー** 三権分立
が唱える ☐ が，制度として確立された。 （名古屋大）

☑36 **頻出** 1789 年，☐ が**アメリカ合衆国の初代大統領**に ワシントン
就任した。 （近畿大）

☑37 **頻出** 1790 年，**大陸会議**が開かれていた ☐ がアメリ フィラデル
カ合衆国の**首都**として決定された。 （専修大） フィア

■ **アメリカ独立戦争の戦いは** *力業* **で覚えよう！**
◎**"歴史 は さらっと よーく"お勉強**

→**歴史**は⇒**レキシ**ントンの戦い（75）：ボストン近郊で開戦
→**さらっと**⇒**サラト**ガの戦い（77）：植民地軍の勝利
→**よーく**⇒**ヨーク**タウンの戦い（81）：イギリスの敗北決定
☆パリ条約（83）

フランス革命とナポレオン

フランス革命の背景

☑ 01　1789〜99年に展開された，フランス社会を根底から変革することになった市民革命を＿＿＿と呼ぶ。　（大阪大）

フランス革命

☑ 02　封建的身分制度が維持されていた革命前の**フランスの社会政治体制**を＿＿＿と呼ぶ。　（高崎経済大）

旧制度〔アンシャン＝レジーム〕

☑ 03　この体制下では，貴族が＿a＿，聖職者が＿b＿と呼ばれる特権階級だった。　（高崎経済大）

a 第二身分
b 第一身分

☑ 04　革命前の**旧制度〔アンシャン＝レジーム〕**では，平民（農民と市民）を＿a＿とした。**シェイエス**は『＿b＿』を著し，特権階級を批判した。　（千葉大）

a 第三身分
b 第三身分とは何か

☑ 05　**ルイ16世**は，国家財政の危機的状況を打開しようと**重農主義経済学者**＿＿＿を登用した。　（慶應義塾大）

テュルゴー

☑ 06　ルイ16世は，この人物に続き，スイス・ジュネーヴ出身の銀行家＿＿＿を財務総監に登用した。　（西南学院大）

ネッケル

☑ 07　1789年，175年ぶりに＿＿＿がヴェルサイユで招集された。　（甲南大）

三部会

☑ 08　この議会において，免税特権廃止に反対する聖職者・貴族は，**伝統的な**＿＿＿議決法を主張した。　（一橋大）

身分別

☑ 09　頻出 1789年，第三身分代表が三部会から分離して＿＿＿を結成し，**特権階級**の代表の一部もこれに合流した。　（駒澤大）

国民議会

☑ 10　この議会の議員は，**憲法制定まで解散しない**ことを約束した。これを＿＿＿と呼ぶ。　（上智大）

球戯場〔テニスコート〕の誓い

フランス革命の勃発

☑11 1789年7月14日，パリ市民が起こした [   ] 事件により，**フランス革命**が始まった。 (南山大)

バスティーユ牢獄襲撃

☑12 1789年8月4日，農民反乱の拡大に脅威を感じた国民議会は貴族の提案で [   ] を決定した。ただし，このとき**貢租〔地代〕は有償廃止**だった。 (南山大)

封建的特権の廃止

☑13 **頻出** ラ=ファイエットらの起草した [   ] では，人間の自由と平等・主権在民・私有財産の不可侵などが保障された。 (大阪大)

（フランス）人権宣言

☑14 食料が高騰した結果，**武装した主婦を中心とするデモ隊**が [   ] を起こした。 (南山大)

ヴェルサイユ行進〔十月事件〕

☑15 1791年，**国王一家がオーストリアへの逃亡**を企てたが，国境付近の町で捕らえられた。これを [   ] 事件と呼ぶ。 (早稲田大)

ヴァレンヌ逃亡

☑16 国民議会は，**立憲君主政・制限選挙・一院制**などを定めた [   ] を採択した。 (中央大)

1791年憲法

☑17 この憲法に従い，制限選挙が行われ，[   ] が成立した。 (龍谷大)

立法議会

☑18 この議会では，**立憲王政を主張**する [a] 派が右派（保守派）を，多数を占める**穏健共和主義者**たちの [b] 派が左派（革新派）を構成した。 (立命館大)

a フイヤン
b ジロンド

☑19 **"短ズボンをはかない者"**の意味で都市の下層民を指す [   ] が，革命の急進化を促した。 (獨協大)

サン=キュロット

☑20 **頻出** 1792年，このパリ民衆がテュイルリー宮殿を襲撃する [a] **事件**が発生した結果，[b] が停止されることになった。 (西南学院大)

a 八月十日
b 王権

☑21 **頻出** **フランス初の男子普通選挙**により，立法議会に代わって [   ] が成立した。 (龍谷大)

国民公会

☑22 国民公会での宣言で成立した _____ は, **フランス初の共和政**として 1804 年まで続いた。　(和歌山大)　第一共和政

■ **フランス革命の重要事項は** 力業 **で覚えよう！**

◎**"三国バス封人十月バァッとピル"**

→**三**部会：第一・第二身分の免税特権廃止をめぐって

→**国**民議会：球戯場の誓いで憲法制定を目標に

→**バス**ティーユ牢獄襲撃事件：フランス革命のスタート (1789 年 7 月 14 日)

→**封**権的特権の廃止宣言 (人身支配のみ) ⎤
→**人**権宣言：(起草者) ラ＝ファイエット ⎦ ⇒革命の急進化阻止

→**十月**事件 (ヴェルサイユ行進)：国王をパリ (テュイルリー宮殿) へ

→**バァッ**と⇒ヴァレンヌ逃亡事件：国王の国外逃亡の失敗

→**ピル**ニッツ宣言 (by 墺・普)：外国の干渉の始まり

革命政治の推移とナポレオン帝政

☑23 1789 年にさまざまな政治党派の総称として生まれた _____ は, 立憲王政派や穏健共和派の離脱後, **急進的な共和派**を指す呼び名になった。　(愛知学院大)　ジャコバン派〔山岳派〕

☑24 1793 年 4 月, **事実上の政府機関**として _____ が国民公会内に設置された。　(立命館大)　公安委員会

☑25 頻出 1793 年の**ルイ 16 世処刑**を受け, 革命の波及を恐れるヨーロッパ諸国は**イギリス首相** a の提唱した b を結成した。　(西南学院大)　a (小) ピット　b 第 1 回対仏大同盟

☑26 1793 年 5 月, **物価統制**のために _____ が制定された。　(中央大)　最高価格令

☑27 1793 年 7 月, ジャコバン派〔山岳派〕政権は _____ を実施して, **自作農を創出**させた。　(高崎経済大)　封建地代の無償廃止

☑ 28 国民公会からジロンド派を追放した**ジャコバン〔山岳〕派**は，1793年から［　　］と呼ばれる独裁政治を開始した。 (立命館大)

恐怖政治

☑ 29 国民公会では，**男子普通選挙制**などを認める［　　］［　　］憲法が採択されたが，結局実施されなかった。 (愛知学院大)

1793年〔ジャコバン〕

☑ 30 **ジャコバン派のリーダーである**［　　］は，ルソーの思想的影響を強く受けていたが，1794年から**事実上の個人独裁**を行った。 (関西学院大)

ロベスピエール

☑ 31 頻出 1794年7月，この人物に反対する一派によるクーデタが起き，**ジャコバン派の独裁が打倒**された。この事件を［　　］**9日のクーデタ**と呼ぶ。 (近畿大)

テルミドール

☑ 32 この反動〔クーデタ〕の後，ブルジョワジー中心の［　　］が制定され，**財産資格による制限選挙が復活**した。 (中央大)

1795年憲法

☑ 33 新憲法に基づく選挙の結果，1795年10月に**ブルジョワジー共和派**による［　　］が成立した。 (東洋大)

総裁政府

☑ 34 この成立の後，**私有財産の廃止**を唱える［　　］が政府転覆を計画したが，失敗に終わった。 (南山大)

バブーフ

☑ 35 **コルシカ島**出身の軍人［　　］は，1795年10月の王党派の反乱を鎮圧するなど，総裁政府の下で名声を高めていった。 (立教大)

ナポレオン＝ボナパルト

☑ 36 頻出 1796～97年，ナポレオンは［　　］遠征軍の司令官として**オーストリア軍を撃破**し，名声を高めた。 (東京大)

イタリア

☑ 37 頻出 1798年～99年，**イギリスとインドの連絡を絶つ**ため，ナポレオンは［　　］への軍事遠征を行った。 (駒澤大)

エジプト

☑ 38 この遠征に対し，1799年**イギリスはロシアやオーストリア**などと［　　］を結成した。 (南山大)

第2回対仏大同盟

☑ 39 **エジプト遠征**から帰国したナポレオンは，［ a ］のクーデタを起こして**総裁政府を打倒**し，新たに［ b ］を建てた。 (東洋大)

a ブリュメール18日
b 統領政府

☑ 40 ＿＿＿ に就任したナポレオンは，**事実上の軍事独裁体制を確立**した。　　　　　　　　　　　　　　（立命館大）　　第一統領

☑ 41 **ナポレオン**は，小ピット内閣が倒れて対仏強硬路線が和らいだ**イギリス**と ＿＿＿ を結んだ。　　（専修大）　　アミアンの和約

☑ 42 対仏大同盟が解消されフランスの安全が確保されると，**ナポレオン**は ＿＿＿ に就任した。　（関東学院大）　　終身統領

☑ 43 フランス革命で確立された法原理を盛り込んで，1804年3月に ＿＿＿ が制定された。　　（東京大）　　ナポレオン法典〔フランス民法典〕

☑ 44 1801年の ＿＿＿ により，革命で断絶していたフランス政府と**ローマ教皇との関係が修復**された。　（南山大）　　宗教協約〔コンコルダート〕

☑ 45 1804年5月，**ナポレオン1世が国民投票で皇帝に即位**し，＿a＿ が始まり，これに対抗して ＿b＿ が1805年に成立した。　　　　　　　　　　　　　（大妻女子大）　　a 第一帝政　b 第3回対仏大同盟

☑ 46 1805年，ジブラルタル海峡の北西沖で行われた ＿＿＿ の海戦に敗れた**ナポレオン**は，イギリス上陸作戦を断念した。　　　　　　　　　　　　　　　　（東洋大）　　トラファルガー

☑ 47 **イギリス提督** ＿＿＿ は，この海戦で戦死したものの，フランスに勝利した。　　　　　　　　（関西学院大）　　ネルソン

☑ 48 1805年，ナポレオンは**トラファルガーの海戦でイギリス**に敗れる一方，**三帝会戦**とも呼ばれる ＿＿＿ の戦いでロシア・オーストリア両軍を撃破した。　（同志社女子大）　　アウステルリッツ

☑ 49 頻出 1806年，**西南ドイツ諸国がナポレオンを盟主**とする ＿a＿ を結成したことで，962年から続いてきた ＿b＿ が名実ともに消滅した。　　　　　（福井大）　　a ライン同盟　b 神聖ローマ帝国

☑ 50 1806年，ナポレオンは**イギリスに経済的打撃を与える**ため，**ベルリン**で ＿＿＿ を出した。　　（南山大）　　大陸封鎖令〔ベルリン勅令〕

☑ 51 1807年，**ナポレオンはロシア・プロイセン両国**に対して屈辱的な ＿＿＿ を結ばせた。　　　（駒澤大）　　ティルジット条約

☑ 52 **頻出** **ティルジット条約**後，相次いで**プロイセン首相と**
なった ［ a ］・［ b ］ は，農奴解放や行政機構の改革・
営業の自由化など近代化を推進した。 (南山大)

a・b シュタイン・ハルデンベルク (順不同)

☑ 53 フンボルトによって創設された**ベルリン大学の初代総長**
には，哲学者 ［　　］ が就任した。 (近畿大)

フィヒテ

☑ 54 この人物は，ナポレオン軍占領下のベルリンで「［　　］」
という**連続講演**を行い，**国民意識〔ナショナリズム〕**を高
めていた。 (北海学園大)

ドイツ国民に告ぐ

☑ 55 **ナポレオンの兄ジョゼフのスペイン国王即位に抗議して，**
1808 年から展開されたゲリラ戦を，［ a ］ と呼ぶ。こ
れを ［ b ］ が絵に残した。 (関西学院大)

a スペイン反乱
b ゴヤ

☑ 56 1812 年，**大陸封鎖令**を無視してイギリスへの穀物輸出
を再開した制裁として，ナポレオンは ［　　］ を行ったが，
失敗して解放戦争を招いた。 (京都産業大)

ロシア遠征

☑ 57 1813 年，同盟軍がナポレオン軍に大勝した ［　　］ の戦
いは，**諸国民戦争**とも呼ばれる。 (京都府立大)

ライプツィヒ

☑ 58 この戦いに敗れた**ナポレオン**は，**1814 年** ［　　］ **に幽閉**
された。 (同志社女子大)

エルバ島

☑ 59 1815 年に**皇帝に復位**したナポレオンは，ベルギーでの
［　　］ の戦いで連合軍に完敗した。 (専修大)

ワーテルロー

☑ 60 再退位後，**ナポレオン**は南大西洋上の ［　　］ という**孤島
に流された**。 (南山大)

セントヘレナ島

■ フランス革命からの流れは「国立国総統一」で覚えよう！

国民議会 (178**9**) ⇒バスティーユ牢獄襲撃事件
立法議会 (179**1**) ⇒革命戦争スタート
国民公会 (179**2**) ⇒ルイ 16 世処刑
総裁政府 (179**5**) ⇒ナポレオンの台頭
統領政府 (179**9**) ⇒フランス民法典
第一帝政 (180**4**) ⇒ティルジット条約 (大陸制覇)

■ ナポレオン時代の重要事項は**力業**で覚えよう！
◎ "**国民寅**さん **ライン大陸 ロシア解放**"

→**国民**投票でフランス皇帝に即位
→**トラ**ファルガーの海戦
→**三**帝会戦（アウステルリッツの戦い）
→**ライン**同盟結成 ⇒神聖ローマ帝国崩壊
→**大陸**封鎖令（ベルリン勅令）
→**ロシア**遠征失敗（1812 年）
→**解放**戦争（ライプツィヒの戦い〔諸国民戦争〕）

ウィーン体制と自由主義

☑01 頻出 ナポレオン戦争後の混乱したヨーロッパを立て直す
ため，**オーストリア外相** a を議長として b と
よばれる国際会議が開かれた。　　　　　　　（慶應義塾大）

a メッテルニヒ
b ウィーン会議

☑02 フランス外相 a は，**ヨーロッパの秩序（主権と領土）
をフランス革命以前に戻そう**と， b とよばれる理念
を提唱した。　　　　　　　　　　　　　　　　　（成城大）

a タレーラン
b 正統主義

☑03 退位したナポレオンに代わって，**ルイ 16 世の弟**がフラン
ス国王 として即位した。　　　　　　　　（明治大）

ルイ 18 世

☑04 ウィーン会議によって， が**永世中立国**として認
められた。　　　　　　　　　　　　　　　　（西南学院大）

スイス

☑05 頻出 オランダは，オーストリアより a を得て**オラン
ダ立憲王国**を認めてもらう代償に b 島と c 植
民地をイギリスに譲渡した。　　　　　　　　（日本女子大）

a 南ネーデルラ
ント〔ベルギー〕
b セイロン
c ケープ

☑06 頻出 ドイツでは，オーストリアを議長国とする が
構成された。　　　　　　　　　　　　　　　　　（名城大）

ドイツ連邦

☑ 07 ロシア代表として出席した皇帝 a は, b と呼ばれるキリスト教精神に基づく君主間盟約を提唱した。

(関西大)

a アレクサンドル1世
b 神聖同盟

☑ 08 ウィーン会議によって成立した**保守反動的な政治体制**を a と呼ぶ。この体制を維持するため, イギリスは b の結成を提唱した。

(大阪大)

a ウィーン体制
b 四国同盟

☑ 09 1817年, ドイツのイエナでは**ウィーン体制に反対する学生**たちが ___ 運動を展開したが, メッテルニヒに弾圧された。

(青山学院大)

ブルシェンシャフト

☑ 10 頻出 1821年, **オスマン帝国からの独立を目指す** ___ が発生した。

(大阪大)

ギリシア独立戦争

☑ 11 **1830年**に開催された ___ で, **ギリシアの独立**が国際的に承認された。

(東海大)

ロンドン会議

☑ 12 **ロシア**では, 皇帝 a の即位に反対する青年貴族将校たちによって, 1825年12月に b の乱が起こったが, 鎮圧された。

(慶應義塾大)

a ニコライ1世
b デカブリスト〔十二月党員〕

☑ 13 外相 ___ の下, イギリスは**五国同盟を脱退した**。(獨協大)

カニング

☑ 14 頻出 フランスでは, ブルジョワジー階級からのブルボン朝への不満が殺到した。そこで**国王シャルル10世**は, 国民の目を外に向けさせるため, ___ に出兵した。(東洋大)

アルジェリア

☑ 15 1830年, フランス国王**シャルル10世**は, 七月勅令によって**未招集議会を解散**させようとした。これを受け, 学生や小市民らが蜂起し, 国王をイギリス亡命に追いやった。この事件を ___ と呼ぶ。

(南山大)

七月革命

☑ 16 この革命により, **"フランス国民の王"を自称する** a が即位し, b が成立した。この王は, 大ブルジョワジー中心の政治を行った。

(慶應義塾大)

a ルイ＝フィリップ
b 七月王政〔オルレアン朝〕

☑ 17 1848年, フランスで暴動が多発し, この国王は亡命に追い込まれた。これを ___ と呼ぶ。

(駒澤大)

二月革命

☑ 18 1848年の二月革命後, **ラマルティーヌ**らによって**臨時政府**が建てられた。これを ___ の開始という。(慶應義塾大)

第二共和政

☑ 19 臨時政府には，有名な**空想的社会主義者**⬚ なども
入閣していた。　　　　　　　　　　　　　　　（専修大）

ルイ＝ブラン

☑ 20 臨時政府に入閣した社会主義者たちにより，**失業者を救
済**するための⬚ が建設された。　　　　　（専修大）

国立作業場

☑ 21 ⬚a⬚ によって社会主義者が惨敗し，この施設の閉鎖
などを受けて**労働者**らによる ⬚b⬚ が起こるなど，フ
ランス国内は混乱した。　　　　　　　　　　　（南山大）

a 四月普通選挙
b 六月蜂起

☑ 22 このような混乱の中，フランス大統領選挙が行われ，ナ
ポレオンの甥⬚ が当選した。　　　　　　（法政大）

ルイ＝ナポレ
オン

☑ 23 <u>頻出</u> 二月革命後，各地で起こった**自由主義や国民主義
〔民族主義〕の高揚**を，一般的に" ⬚a⬚ "と呼ぶ。例え
ば ⬚b⬚ では**チェック人**の自治が認められた。　（日本大）

a 諸国民の春
b ベーメン
〔ボヘミア〕

☑ 24 オーストリアでは，首都ウィーンで学生や労働者が蜂起
し，首相の**メッテルニヒが失脚**した。これを⬚ と呼
ぶ。　　　　　　　　　　　　　　　　　　　（津田塾大）

三月革命

☑ 25 <u>頻出</u> オーストリア支配下の**ハンガリー**では，⬚a⬚ を指
導者として ⬚b⬚ 人が独立運動を展開した。　（駒澤大）

a コシュート
b マジャール

東方問題とイスラームの革新的動き

☑ 01 一般的に，19 世紀に起きた**オスマン帝国とヨーロッパ諸
国**との領土をめぐるさまざまな事件を，ヨーロッパ側か
ら見て" ⬚ "と呼ぶ。　　　　　　　　（日本女子大）

東方問題

☑ 02 **エジプト総督**⬚ は，ナポレオンのエジプト遠征時に
オスマン帝国の傭兵副隊長として活躍した。　（東海大）

ムハンマド＝
アリー

☑ 03 1805 年にオスマン帝国から ⬚a⬚ に抜擢された**この人
物**は，1818 年に軍を率いて，**オスマン帝国**に対抗するア
ラビア半島の ⬚b⬚ を滅ぼした。　　　　　（東京大）

a エジプト総督
b ワッハーブ
王国

☑ 04 独立が認められなかった**ムハンマド＝アリー**は，オスマン
帝国を相手に 1831 年より⬚ を起こした。
　　　　　　　　　　　　　　　　　　　　（西南学院大）

エジプト＝ト
ルコ戦争

☑05 1838 年，イギリスは ◻◻◻◻ 条約によってオスマン帝国に領事裁判権を認めさせ，関税自主権も奪った。

トルコ＝イギリス通商

☑06 **第 2 次エジプト＝トルコ戦争**でオスマン帝国を支援した**イギリス・ロシア・オーストリア・プロイセン・フランス**によって，**1840 年**に ◻◻◻◻ が開催された。　（東京大）

ロンドン会議

☑07 1853 年，ロシア皇帝**ニコライ 1 世**が ◻a◻ を口実にオスマン帝国へ軍を送り込んだことで，◻b◻ が始まった。　（明治大）

a ギリシア正教徒の保護
b クリミア戦争

☑08 この戦争では，**クリミア半島南端**に近いロシアの ◻◻◻◻ 要塞が攻防の舞台となった。　（名城大）

セヴァストーポリ

☑09 クリミア戦争に勝利した英仏は，**ロシアの南下政策を完全に封じ込めよう**として 1856 年に ◻a◻ を締結した。この条約で，◻b◻ **の中立化**が定められた。　（一橋大）

a パリ条約
b 黒海

☑10 1875 年，オスマン帝国の支配下にあった ◻◻◻◻ で**ギリシア正教徒が反乱**を起こした。　（近畿大）

ボスニア・ヘルツェゴヴィナ

☑11 **スラヴ系民族の連帯・統合**を求める ◻a◻ 主義を掲げたロシアが，バルカン半島北西部に位置するこの地域における**ギリシア正教徒の反乱**に軍事介入を行った結果，1877 年に ◻b◻ が勃発した。　（京都大）

a パン＝スラヴ
b ロシア＝トルコ〔露土〕戦争

☑12 頻出 この戦争の講和として 1878 年にオスマン帝国と ◻a◻ を締結したロシアは，◻b◻ を保護国とした。　（専修大）

a サン＝ステファノ条約
b ブルガリア

☑13 頻出 この条約によって，バルカン半島の ◻a◻ ・◻b◻ ・◻c◻ が**オスマン帝国から独立**した。　（法政大）

a・b・c ルーマニア・セルビア・モンテネグロ（順不同）

☑14 頻出 ロシアの南下阻止を狙うイギリス首相**ディズレーリ**に仲介を要請された ◻a◻ は，ドイツ帝国の首都で ◻b◻ と呼ばれる**国際会議**を開いた。この会議の条約により，上記 3 地域の独立は国際的な承認を得た。　（京都産業大）

a ビスマルク
b ベルリン会議

☑15 ベルリン条約によって，スラヴ系住民の多く居住する
　　　　 a 　の管理権が**オーストリア**に，東地中海の　 b 　
　　島の行政権が**イギリス**に認められた。　　　　　（東京学芸大）

a ボスニア・ヘ
ルツェゴヴィナ
b キプロス

☑16 18 世紀中頃，**原始イスラームに戻ること**を説いた
　　　 a 　派がネジドの豪族　 b 　家と提携して，アラビア
　　半島に　 c 　王国を建国した。　　　　　　　　　（近畿大）

a ワッハーブ
b サウード
c ワッハー
ブ〔サウード＝
ワッハーブ〕

☑17 アラビア半島西岸にあったフセインのヒジャーズ王国は
　　1924 年に，**ネジド王**［　　　　］によって滅ぼされた。　（大阪大）

イブン＝サウード

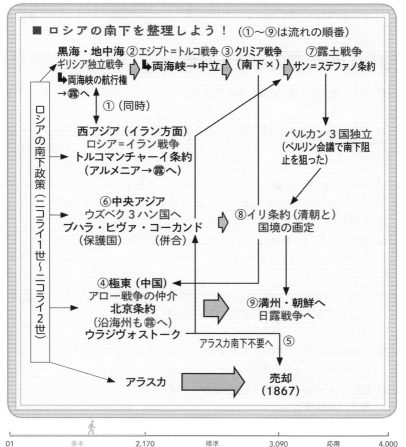

■ ロシアの南下を整理しよう！　（①～⑨は流れの順番）

黒海・地中海　②エジプト＝トルコ戦争　③クリミア戦争　⑦露土戦争
ギリシア独立戦争　　→両海峡→中立　　（南下×）　→サン＝ステファノ条約
→両海峡の航行権
→露へ

ロシアの南下政策（ニコライ1世～ニコライ2世）

① （同時）

西アジア（イラン方面）
ロシア＝イラン戦争
トルコマンチャーイ条約
（アルメニア→露へ）

バルカン 3 国独立
（ベルリン会議で南下阻
止を狙った）

⑥中央アジア
ウズベク 3 ハン国へ
ブハラ・ヒヴァ・コーカンド
（保護国）　　　（併合）

⑧イリ条約（清朝と）
国境の画定

④極東（中国）
アロー戦争の仲介
北京条約
（沿海州も露へ）
ウラジヴォストーク

⑨満州・朝鮮へ
日露戦争へ

アラスカ南下不要へ ⑤

アラスカ → 売却
（1867）

☑18 **イランのカージャール朝はロシアと**□□□□**という不平等 条約を結び、アルメニアを割譲し治外法権を認めた。**
(名城大)

トルコマン チャーイ条約

☑19 19世紀半ば、外国勢力の支配が強まる**イラン**で□□□□ という排外運動が起こった。
(日本大)

バーブ教徒の乱

☑20 19世紀のイランに現れた□□□□は、**イスラーム教と近代 科学の調和**を説いた。
(近畿大)

アフガーニー

☑21 この人物は、ヨーロッパ勢力に対して**イスラーム教徒の 団結**を主張する□□□□を掲げた。
(慶應義塾大)

パン＝イスラー ム主義

☑22 アフガーニーの影響を受け、**カージャール朝**で□□□□と いう**反英闘争**が起こった。
(早稲田大)

タバコ＝ボイ コット運動

アメリカの発展と南北戦争

☑01 1801年、**第3代アメリカ大統領**に反連邦派の□□□□が 就任した。
(早稲田大)

トマス＝ジェ ファソン

☑02 1803年にナポレオン時代のフランスから□□□□を買収 した。
(南山大)

ミシシッピ川 以西のルイジ アナ

☑03 **イギリスの海上封鎖**によってフランスなど貿易相手を失 うことになったアメリカは、これに反発して□□□□戦争 を起こした。
(京都大)

アメリカ＝イ ギリス〔米英〕

☑04 第5代□a□大統領は、アメリカとヨーロッパの相互不 干渉を主張する□b□を1823年に発表した。
(早稲田大)

a モンロー
b モンロー教書 〔宣言〕

☑05 頻出 奴隷問題で対立する南部と北部は、**1820年**に □a□を結んだ。これにより、新しく連邦に加入したミ ズーリ州は□b□州となった。
(名城大)

a ミズーリ協定
b 奴隷

☑06 **この協定によって解放された黒人の一部は、故郷のアフ リカ**に戻り□□□□を建国した。
(立教大)

リベリア共和国

☑07 頻出 **アメリカ＝イギリス〔米英〕戦争**で活躍した□□□□は、 **第7代大統領**となった。
(南山大)

ジャクソン

☑08 ジャクソン大統領は，**ネイティブ=アメリカンをミシシッピ以西**の地へと追いやる [a] 法を発したり，[b] 制度の強化を行ったりした。 (青山学院大)

a 先住民〔インディアン〕
強制移住
b 黒人奴隷

☑09 頻出 1845 年の [a] 併合にあたり，**"天から与えられている領土への進出は使命である"** という "[b]" が謳われ，西部開拓の正当性が主張された。 (東北福祉大)

a テキサス
b マニフェスト=ディスティニー〔明白な天命〕

☑10 1846 ～ 48 年の**アメリカ=メキシコ戦争に勝利**したアメリカは，メキシコから [____] を獲得した。 (東洋大)

カリフォルニア

☑11 頻出 アメリカの北部と南部は，**奴隷制度**などにおいて対立していた。このうち [____] は，奴隷制反対の立場をとった。 (千葉大)

北部

☑12 商工業を中心とする産業が盛んな北部では，**輸入品に税金をかけて自国産の製品を売ろうとする** [____] 貿易が主張された。 (愛知大)

保護関税

☑13 イギリスとの貿易を盛んに行っていた南部は，**お互いに関税をかけ合わない** [____] 貿易を主張した。 (名城大)

自由

☑14 『**アンクル=トムの小屋**』で知られる [____] は，奴隷問題における北部の正当性を世に広めた。 (専修大)

ストウ

☑15 1860 年，北部の立場を代弁する**共和党**の [a] が大統領に当選すると，これに反発する**南部**は，1861 年に合衆国を脱退して [b] を建国した。 (甲南大)

a リンカン
b アメリカ連合国

☑16 この南部の国とアメリカ合衆国の間で，[a] 年から [b] が始まった。 (関西大)

a 1861
b 南北戦争

☑17 1862 年，北部は**西部の農民の支持を得るために** [____] を制定した。 (専修大)

ホームステッド法〔自営農地法〕

☑18 **1863 年**に南北戦争最大の激戦が行われ北部が勝利した [a] の地では，その後リンカンが「[b]」という一節で有名な演説を行った。 (福井大)

a ゲティスバーグ
b 人民の、人民による、人民のための政治

☑19 1863 年に ＿＿＿ を発して北部の人道的正義を主張した
リンカンは，南北戦争終結後すぐに暗殺されてしまった。
(愛知教育大)

奴隷解放宣言

☑20 頻出 アメリカの東西を結ぶ a は，アイルランド系移
民や中国系移民の b などの労働をもとに建設され
た。 (立命館大)

a 大陸横断鉄道
b 苦力〔クー
リー〕

☑21 奴隷解放後，黒人たちは南部では ＿＿＿ とよばれる**貧
しい小作人**の地位に置かれた。 (青山学院大)

シェアクロッ
パー〔分益小
作人〕

☑22 南部の白人たちは，**テネシー州**で秘密結社 ＿＿＿ を結成
するなど，**反黒人運動**を活発化させた。 (立命館大)

ＫＫＫ〔クー
＝クラックス
＝クラン〕

☑23 アメリカの**未開拓地の境界線**は ＿＿＿ とよばれ，**西漸運
動**により西に移動してきた。**1890 年に消滅**が宣言され
た。 (東北福祉大)

フロンティア

南北戦争後のアメリカ

☑24 19 世紀末，共和党の a 大統領は，**帝国主義政策を
推進**して 1898 年に b を併合した。 (日本大)

a マッキンリー
b ハワイ

☑25 頻出 1898 年の**アメリカ＝スペイン戦争**に勝利したこの大
統領は， a ・ b ・ c を獲得し，また**キュー
バ**を独立させた。 (慶應義塾大)

a・b・c フィ
リピン・グア
ム・プエルト
リコ(順不同)

☑26 1899 年，国務長官 a が**門戸開放宣言**を発し，中国
における**門戸開放**・ b ・ c を訴えた。 (千葉大)

a ジョン＝ヘイ
b・c 領土保
全・機会均等
(順不同)

☑27 1905 年の**ポーツマス条約締結**にも関わった a 大統
領は，行き過ぎた**独占資本を規制**するなどの b 主
義を掲げた。また，彼の軍事力を背景とした帝国主義外
交は c と称された。 (慶應義塾大)

a セオドア＝
ローズヴェルト
b 革新
c 棍棒外交

☑28 南北戦争後，**同一業種の企業を同一資本の下に吸収合併**
し，市場の独占を図る ＿＿＿ が発達した。 (北海学園大)

トラスト

☑ 29 アメリカ＝スペイン戦争より顕著化した □□□□□ は中米に　　カリブ海政策
　　おける覇権を狙ったアメリカの帝国主義政策である。
　　　　　　　　　　　　　　　　　　　　　　　　　（首都大学東京）

イタリア・ドイツの統一

イタリアの統一

☑ 01 19世紀初頭に**イタリア**で誕生した秘密結社 □a□ が勢　　a カルボナリ
　　力を拡大したが，□b□ らにより弾圧された。　（駒澤大）　　b メッテルニヒ

☑ 02 この組織の構成員だった □a□ によって，政治結社　　a マッツィーニ
　　"□b□"が1831年にマルセイユで結成され，**共和政に**　　b 青年イタリア
　　よるイタリアの統一が目指された。　　　　　　　（甲南大）

☑ 03 1831年，フランスとの国境付近の □□□□ 王国で即位し　　サルデーニャ
　　た**カルロ＝アルベルト**が，イタリア統一運動の先駆けと
　　なった。　　　　　　　　　　　　　　　　　　　（愛知大）

☑ 04 カルロ＝アルベルトがオーストリアとの戦争に敗れ退位す　　a ヴィットー
　　ると，次の王として □a□ が即位し，□b□ を首相に　　リオ＝エマヌ
　　起用した。　　　　　　　　　　　　　　（同志社女子大）　　エーレ2世
　　　　　　　　　　　　　　　　　　　　　　　　　　　　　　b カヴール

☑ 05 **ナポレオン3世**とこの首相が締結した**プロンビエール密**　　a・b サヴォ
　　約によって，□a□ と □b□ のフランスへの割譲が約　　イア・ニース
　　束された。　　　　　　　　　　　　　　　　　（南山大）　　（順不同）

☑ 06 頻出 1859年の □a□ **戦争**で，サルデーニャ王国はオー　　a イタリア統一
　　ストリア領だった □b□ を獲得した。　　　　　（法政大）　　b ロンバルディア

☑ 07 □a□ は住民投票でサルデーニャ王国による併合を希　　a 中部イタリア
　　望した。**カヴール**は**サヴォイア・ニース**のフランスへの　　b ナポレオン
　　割譲により □b□ の承認を得て □a□ を併合した。　　3世
　　　　　　　　　　　　　　　　　　　　　　　　（同志社大）

☑ 08 "青年イタリア"の　a　率いる　b　隊は，**両シチリ
ア王国征服**において大きな功績をあげた。　（国士舘大）

a ガリバルディ
b 千人〔赤シャツ〕

☑ 09 この人物に両シチリア王国を献上させた**ヴィットーリオ
＝エマヌエーレ2世**は，1861 年に　　　　の成立を宣言
した。　（京都府立大）

イタリア王国

☑ 10 頻出 この国は，1866 年の**プロイセン＝オーストリア（普
墺）戦争**の際，プロイセン側について勝利したことで
　　　　を獲得した。　（中央大）

ヴェネツィア

☑ 11 イタリアは，1870 年に勃発した**プロイセン＝フランス（普
仏）戦争**でもプロイセン側につき，　　　　を獲得した。
　（大阪大）

教皇領

☑ 12 これらの領土を獲得した後も，"　　　　"とよばれる地
域が**オーストリア領**のまま残り，完全なイタリア統一は
なされなかった。　（愛知大）

未回収の
イタリア

☑ 13 **"未回収のイタリア"**とは，　a　・　b　・イストリア・
ダルマチアなどを指す。　（駒澤大）

a・b 南チロ
ル・トリエス
テ（順不同）

ドイツの統一

☑ 14 ウィーン会議により　a　君主国と　b　自由市で
　c　が結成された。

a 35
b 4
c ドイツ連邦

☑ 15 1834 年，**オーストリアを除くドイツ連邦の諸邦間**で
　　　　が成立した。　（名城大）

ドイツ関税同盟

☑ 16 **フランス二月革命**の影響下で，ドイツ統一についての
　a　議会が開かれ，**ドイツ国憲法**作成にあたって**プロ
イセン中心**の　b　主義が採用された。　（南山大）

a フランクフ
ルト国民
b 小ドイツ

☑ 17 この議会の推戴を拒否したフリードリヒ＝ヴィルヘルム 4
世の死後，1861 年に　　　　が**プロイセン国王**に即位し
た。　（東洋大）

ヴィルヘルム
1 世

☑ 18 頻出 この国王は，ユンカー出身の　　　　を**首相**に登用
した。　（甲南大）

ビスマルク

☑ 19 ビスマルクの「ただ鉄と血によってのみ解決される」というドイツの統一に関する主張は，□□□とよばれる。

（日本女子大）

鉄血政策

☑ 20 デンマーク王がシュレスヴィヒ公国を占領したことで，**オーストリアとプロイセンが出兵して**□□□が勃発した。

（早稲田大）

デンマーク戦争

☑ 21 この戦争により，**オーストリア**は□a□，**プロイセン**は□b□を獲得した。

（聖心女子大）

a ホルシュタイン

b シュレスヴィヒ

☑ 22 1866 年，プロイセンのホルシュタイン侵攻により□□□戦争が勃発した。

（中央大）

プロイセン＝
オーストリア
〔普墺〕

☑ 23 1867 年，プロイセンは自らを盟主とする**マイン川以北の22 邦で**□□□を結成した。

（名城大）

北ドイツ連邦

☑ 24 プロイセン＝オーストリア（普墺）戦争に勝利したプロイセンは，次に皇帝□a□の治める□b□を**外的反対勢力**として排斥しようとした。

（昭和女子大）

a ナポレオン
3 世

b フランス

☑ 25 プロイセンは，□□□問題によってフランスの**ナポレオン3 世**との関係を悪化させた。

（京都府立大）

スペイン王位
継承

☑ 26 □a□戦争に勝利したプロイセンは，1871 年にフランスの□b□で**ドイツ帝国成立を宣言**した。

（神戸学院大）

a プロイセン＝
フランス〔普仏〕

b ヴェルサイ
ユ宮殿

☑ 27 フランスに成立した**ティエール臨時政府**との講和条約によって，□a□・□b□地方が**ドイツ**に割譲された。

（成城大）

a・b アルザ
ス・ロレーヌ
（順不同）

☑ 28 フランスの孤立化を狙うドイツの**ビスマルク**は，1873 年にオーストリアとロシアの 2 国を誘って□□□を結成した。

（学習院大）

三帝同盟

☑ 29 **ビスマルク**は，チュニジアをめぐってイタリアがフランスとの関係を悪化させたことを利用して，**独墺同盟にイタリア**を誘い，1882 年に□□□を結成した。

（上智大）

三国同盟

☑30 1878 年，**ビスマルク**は皇帝の暗殺未遂事件を利用して，□□□を制定した。　(南山大)

社会主義者鎮圧法

☑31 南ドイツの**カトリック勢力を基盤**とする**中央党**とビスマルクの**対立が激化**した。これを□□□という。　(愛知大)

文化闘争

☑32 マルクス主義の**アイゼナハ派**と**ラサール派**が結束し，□□□が結成された。　(南山大)

ドイツ社会主義労働者党

19 世紀のヨーロッパ諸国

19 世紀のイギリス

☑01 **重化学工業（電力・石油を動力源とする）を中心**として19 世紀半ばから起こった新たな産業の発達を□□□とよぶ。工業化によりブルジョワ階層の発言権が強くなった。　(札幌大)

第 2 次産業革命

☑02 1820 年代以降，□□□たちを中心に**自由主義改革**が進められた。　(和歌山大)

産業資本家

☑03 1828 年 [a] が廃止され，非国教徒にも公職就任が認められたが，[b] 教徒は除外された。　(駒澤大)

a 審査法
b カトリック

☑04 1829 年，**アイルランド独立運動の急進化を阻止**するために□□□が発布された。　(南山大)

カトリック教徒解放法

☑05 イギリスでは，□□□改正によって**産業資本家に選挙権**が与えられた。　(成蹊大)

第 1 回選挙法

☑06 1832 年，[a] 党の**グレイ内閣**の下で行われたこの改正により，地主寡頭政治の温床となっていた [b] が廃止された。　(専修大)

a ホイッグ
b 腐敗選挙区

☑07 第 1 回選挙法改正を受け，**参政権を求める労働者**が [a] を掲げて，議会への請願やデモなどを行った。これを [b] 運動という。　(西南学院大)

a 人民憲章
b チャーティスト

☑08 1864 年，ロンドンで**共産主義者や労働者の組織**である [a] が結成され，[b] が主流となった。　(専修大)

a 第 1 インターナショナル
b マルクス主義

☑ 09

☑ 09 第1インターナショナルの結成を受けた1867年の [____] で，**都市労働者にも選挙権**が与えられた。 (関西学院大)

第2回選挙法改正

☑ 10 イギリス以外の穀物に関税をかける**穀物法**に対して，[a]・[b] を中心とする**反穀物法同盟**が結成された。 (近畿大)

a・b コブデン・ブライト（順不同）

☑ 11 1837年に即位した [a] の時代，イギリスでは**ホイッグ党を母体**とする [b] と，**トーリ党を母体**とする [c] による二大政党政治が行われた。 (日本大)

a ヴィクトリア女王
b 自由党
c 保守党

☑ 12 この女王の即位後，イギリスは"[____]"とよばれる**繁栄の時代**を迎えた。 (法政大)

パックス＝ブリタニカ

☑ 13 1840年代，**アイルランド**では [____] 飢饉（ききん）が起き，100万人以上の餓死者が出た。 (信州大)

ジャガイモ

☑ 14 頻出 1846年に [a] 法，1849年に [b] 法が廃止され，イギリスは自由貿易体制となった。 (専修大)

a 穀物
b 航海

☑ 15 1851年，**ロンドン**で世界最初の [____] が開催された。 (南山大)

万国博覧会

☑ 16 地主層などが支援する [a] 党の [b] 内閣は，1875年に**エジプトからスエズ運河会社株を買収**するなど，**帝国主義政策**を推進した。 (日本大)

a 保守
b ディズレーリ

☑ 17 スエズ運河会社株買収で**インドへのルートを確保**し，1877年に [a] を**インド皇帝**とする英領 [b] が誕生した。 (駒澤大)

a ヴィクトリア女王
b インド帝国

☑ 18 頻出 この帝国の建設中，**ロシアの南下政策**を脅威としたディズレーリは，ドイツの [____] に**仲介を要請**した。 (京都産業大)

ビスマルク

☑ 19 産業資本家層を代表する [a] 党の [b] 内閣は，**第3回選挙法改正**など**自由主義的国内政策**を進めた。 (近畿大)

a 自由
b グラッドストン

☑ 20 中央アジア進出を狙うイギリスは，1880年の**アフガン戦争勝利後**，[____] を保護国とした。 (南山大)

アフガニスタン

☑21 イギリス領だった◻◻◻は，1848年に責任政府を樹立し，1867年には**初の自治領**となった。　　（龍谷大）

カナダ

☑22 1788年に**イギリスの流刑植民地**となった◻◻◻は，1901年に自治領となった。　　（専修大）

オーストラリア

☑23 1840年にイギリスの植民地となった◻◻◻は，**1907年に自治領**となった。　　（甲南大）

ニュージーランド

19世紀のフランス

☑24 ルイ=ナポレオンが**ナポレオン3世**として帝位に就いたことで，◻◻◻とよばれる政治体制が始まった。　　（和歌山大）

第二帝政

☑25 1854年，**イギリスとフランス**はロシアの**南下政策を阻止**するため，オスマン帝国側で◻◻◻に参戦した。　　（神奈川大）

クリミア戦争

☑26 中国市場拡大を狙う**ナポレオン3世**は，1856年にイギリスとともに**清朝**に対し◻◻◻を始めた。　　（東北学院大）

アロー戦争

☑27 **頻出** 1858年，ナポレオン3世は**スペイン人宣教師殺害事件**を理由に◻a◻出兵を行い，◻b◻が始まった。　　（近畿大）

a インドシナ
b 仏越戦争〔フランス=ベトナム戦争〕

☑28 この出兵により勃発した**仏越戦争**で阮朝越南国を破ったフランスは，1863年に◻◻◻を保護国とした。　　（南山大）

カンボジア

☑29 ◻◻◻を最大の原因として**ナポレオン3世が失脚**し，**第二帝政が崩壊**した。　　（早稲田大）

プロイセン=フランス〔普仏〕戦争

☑30 臨時政府が結んだこの戦争の講和条約に反対する人々は，◻◻◻とよばれる**自治政府**を成立させた。　　（上智大）

パリ=コミューン

☑31 臨時政府の**ティエール**は，この自治政府を弾圧した後，大統領に就任して◻◻◻を確立させた。　　（日本大）

第三共和政

☑32 不安定な政情が続いた第三共和政下のフランスでは，元**陸相が軍事独裁政権の樹立を狙った**◻◻◻事件が1887年に起こった。　　（法政大）

ブーランジェ

☑33 1894年，**ユダヤ系軍人**がスパイの冤罪で捕まる◻◻◻事件が起こり，共和政存続の危機となった。　　（近畿大）

ドレフュス

☑ 34 反ユダヤ運動が高まる中，**ユダヤの民族は自分たちの国を建設しようとする**□□□運動を起こした。 （東洋大）　シオニズム

☑ 35 1889 年，□□□という，**社会主義実現**を掲げる国際的な**労働者組織**がパリで結成された。 （南山大）　第 2 インターナショナル

19 世紀のドイツ

☑ 36 **ビスマルク**は，ロシアがフランスに接近することを恐れ，1887 年に**ロシア**と□□□を結んだ。 （名城大）　再保障条約

☑ 37 □□□がドイツ皇帝に即位したことにより，**ビスマルクは辞任**へと追いやられた。 （慶應義塾大）　ヴィルヘルム 2 世

☑ 38 ビスマルク引退後の 1890 年，**社会主義者鎮圧法が撤廃**されたことを機に，**ドイツ社会主義労働者党**は□a□と改称し，□b□路線をとった。 （西南学院大）　a ドイツ社会民主党　b マルクス主義

☑ 39 ヴィルヘルム 2 世が**再保障条約を破棄**したことで，1891 年に□□□が成立した（94 年正式調印）。 （専修大）　露仏同盟

☑ 40 **ヴィルヘルム 2 世**のドイツは，**ベルリン・バグダード・ビザンティウム**（イスタンブルの旧名）という 3 つの都市を拠点として，海外進出を図った。これは"□□□"とよばれている。 （関西学院大）　3 B 政策

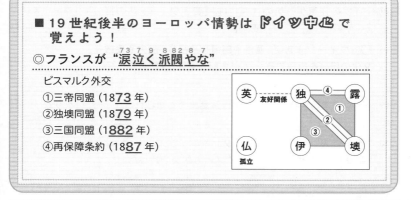

■ 19 世紀後半のヨーロッパ情勢は ドイツ中心 で覚えよう！

◎フランスが"涙泣く派閥やな"
73 79 8882 8 7

ビスマルク外交
①三帝同盟（18**73** 年）
②独墺同盟（18**79** 年）
③三国同盟（1**882** 年）
④再保障条約（18**87** 年）

英 ---- 独 --④-- 露
　　友好関係
①
②
③
仏　　伊　　墺
孤立

19 世紀の欧米文化

哲学

☑ 01 唯一絶対の原理を自我に求める主観的観念論を説いた □□□□ は, 連続公演「**ドイツ国民に告ぐ**」を展開した。

　　　　(東洋大)

フィヒテ

☑ 02 ドイツの哲学者 □□□□ は, 弁証法哲学を提唱して, **観念論を体系化して完成**させた。　　(同志社大)

ヘーゲル

☑ 03 頻出 ドイツの □□□□ は, ドイツ観念論・古典派経済学・空想的社会主義を研究・批判し, **弁証法的唯物論**を唱えた。　　(京都産業大)

マルクス

☑ 04 □ a □ とよばれる哲学は, イギリスの哲学者 □ b □ の唱えた「**最大多数の最大幸福**」を実現することが, 社会の発展につながると主張した。　　(立教大)

a 功利主義
b ベンサム

☑ 05 フランスの哲学者 □□□□ は, **実証主義哲学**を創始し, "**社会学の祖**"とされる。　　(東洋大)

コント

☑ 06 ドイツの哲学者 □□□□ は「**神は死んだ**」と主張し, 永劫回帰や"**超人**"思想を説いた。　　(同志社大)

ニーチェ

文学

☑ 07 ドイツの作家**ゲーテ**の代表作は,『若きウェルテルの悩み』や戯曲『□□□□』である。　　(同志社大)

ファウスト

☑ 08 頻出 ウィーン体制期, **個性や感情を重視し, 歴史や民族文化の伝統を尊重する** □□□□ 主義が盛んになった。

　　　　(大阪大)

ロマン

☑ 09 ドイツの言語学者 □□□□ 兄弟は**童話集**でも知られる。

　　　　(成城大)

グリム

☑ 10 "**革命詩人**"ともよばれるユダヤ系ドイツ人 □□□□ は,『**歌の本**』を代表作とし, マルクスとも親交を持った。

　　　　(近畿大)

ハイネ

☑ 11 **イギリスのロマン主義**を代表する詩人 □□□□ は, **ギリシア独立戦争**に義勇兵として参戦した。　　(同志社女子大)

バイロン

☑12 フランス最大のロマン主義作家・詩人とされる [____] は，代表作『レ=ミゼラブル』で知られる。　(神戸女子大)

ヴィクトル＝ユゴー

☑13 19世紀半ば，**社会や人間を客観的にありのままに描こうとする** [____] 主義がフランスを中心として生まれた。　(北海道大)

写実

☑14 この文芸思想の先駆的作家とされる [____] は，心理描写に優れ，『**赤と黒**』を代表作とする。　(関西大)

スタンダール

☑15 フランスの作家 [____] は，市民社会を描いた『**人間喜劇**』で知られる。　(関西大)

バルザック

☑16 ロシアの作家 [____] は，『**罪と罰**』や『**カラマーゾフの兄弟**』などの大作で，人間の魂の救済をテーマとした。　(東海大)

ドストエフスキー

☑17 ロシアの作家 [____] は，ナポレオン戦争期を題材とした『**戦争と平和**』など，人道主義的作品で知られる。　(獨協大)

トルストイ

☑18 [頻出] 19世紀後半に生まれた [____] 主義は，**写実主義を進め，現実を実験科学的にとらえて表現**した。　(聖心女子大)

自然

☑19 この文芸思想の代表的フランス人作家 [____] は，『**居酒屋**』を代表作とし，**ドレフュス事件**でのドレフュス擁護でも活躍した。　(近畿大)

ゾラ

☑20 **自然主義**作家として，『**女の一生**』を書いたフランスの [a] や，『**人形の家**』で女性のめざめと家庭からの解放を書いたノルウェーの [b] が知られる。　(龍谷大)

a モーパッサン
b イプセン

☑21 象徴主義を代表するフランスの詩人・文学者 [____] は，詩集『**悪の華**』を著した。　(南山大)

ボードレール

美術

☑22 フランスの**新古典主義**画家 [____] は，**ナポレオン1世の宮廷画家**を務めた。　(南山大)

ダヴィド

☑ 23 **ロマン主義**画家 a は，**七月革命**を題材とした「 b 」や，ギリシア独立戦争における虐殺事件がテーマの「**キオス島の虐殺**」で知られる。　　（日本女子大）

a ドラクロワ
b 民衆を導く自由の女神

☑ 24 フランスの画家＿＿＿＿は，農民生活をテーマとして，「**種をまく人**」や「**落ち穂拾い**」を描いた。　（中央大）

ミレー

☑ 25 「**石割り**」を代表作とするフランスの**写実主義**画家＿＿＿＿は，**パリ＝コミューン**に参加して投獄された。
（関西大）

クールベ

☑ 26 19世紀後半のフランスでは，**色彩分割**を特徴として，対象から受ける**直接的な印象**を絵画で表現しようとする＿＿＿＿というグループが生まれた。（首都大学東京）

印象派

☑ 27 この流派では，女性を多く描いた a や，「**印象・日の出**」「**睡蓮**」の b が指導的役割を果たした。
（南山大）

a ルノワール
b モネ

☑ 28 **後期印象派**の画家＿＿＿＿は，**色彩より構成を重視**し，代表作「**水浴**」や「**ナポリの午後**」を残した。
（同志社大）

セザンヌ

☑ 29 **オランダの後期印象派**画家＿＿＿＿は，「**ひまわり**」など強烈な色彩とタッチを特徴とする画風を確立した。
（法政大）

ゴッホ

☑ 30 **近代彫刻の開拓者**＿＿＿＿は「**考える人**」で知られる。
（法政大）

ロダン

音楽

☑ 31 古典派音楽からロマン派音楽にまたがる**ドイツの作曲家**＿＿＿＿の**第3交響曲「英雄」**は，ナポレオンをテーマとした。　（京都産業大）

ベートーヴェン

☑ 32 "**歌曲の王**"と称されたオーストリアの作曲家＿＿＿＿は，**ロマン派**の先駆者とされる。　（日本大）

シューベルト

☑ 33 頻出 "**ピアノの詩人**"と称されるポーランド出身の＿＿＿＿は，祖国への情熱から**練習曲「革命」**を作曲した。
（龍谷大）

ショパン

☑ 34 **二月革命**の影響下，ドイツでの暴動に関与してスイスに　　ヴァーグナー
亡命した□□□□は，**楽劇**四部作として「**ニーベルングの
指環**」を残した。　　　　　　　　　　　　　　　（駒澤大）

経済学

☑ 35 イギリスの**古典派経済学者**□□□□は，著書『**人口論**』で　　マルサス
人口の増加が貧困を招くと説いた。　　　　　　　　（龍谷大）

☑ 36 イギリスの□□□□は，労働価値説や分配論・地代論など　　リカード
を展開し，**古典派経済学を確立**した。　　　　　　（京都大）

☑ 37 歴史学派経済学の確立者□□□□は，**保護貿易主義**を主　　リスト
張して，**ドイツ関税同盟**の結成にも尽力した。　（南山大）

☑ 38 資本主義経済を徹底分析した**マルクス**は，マルクス経済　　資本論
学を確立した際に『□□□□』を著した。　　　　　（日本大）

歴史学

☑ 39 **ドイツの歴史学者**□□□□は，厳密な史料批判により，実　　ランケ
証的・科学的叙述を行う**近代歴史学**を確立した。
　　　　　　　　　　　　　　　　　　　　　　　（京都産業大）

社会主義

☑ 40 **アメリカ独立戦争**にも参戦した空想的社会主義者　　サン＝シモン
□□□□は，『**ジュネーヴ人の手紙**』を著した。
　　　　　　　　　　　　　　　　　　　　　　　（日本女子大）

☑ 41 フランスの空想的社会主義者□□□□は，資本主義を批判　　フーリエ
し，**ファランジュ**という**協同組合的ユートピア**を構想し
た。　　　　　　　　　　　　　　　　　　　　　　（学習院大）

☑ 42 頻出 イギリスの空想的社会主義者□□□□は，**工場法**の制　　オーウェン
定に尽力し，**ニューラナーク紡績工場**を経営した。
　　　　　　　　　　　　　　　　　　　　　　　　（近畿大）

☑ 43 1884 年に創立された□a□は，**ウェッブ夫妻やバー　　a フェビアン
ナード＝ショー**を協会員とし，□b□の源流となった。　　協会
　　　　　　　　　　　　　　　　　　　　　　　（西南学院大）　b 労働党

☑ 44 **"無政府主義の父"**とされる [＿＿＿] は，著書『**所有とは何か**』で**"財産は窃盗である"**と定義した。　　(専修大)　　プルードン

☑ 45 ドイツの科学的社会主義者 [＿＿＿] は，盟友である**マルクス**と『**共産党宣言**』などを共同起草した。　(京都府立大)　エンゲルス

科学技術

☑ 46 イギリスの物理学・化学者 [＿＿＿] は，**電磁誘導の法則**を発見した。　　　　　(立教大)　ファラデー

☑ 47 ドイツの [＿＿＿] によって，**エネルギー保存の法則**が発表された。　　　　(関西学院大)　マイヤー

☑ 48 ドイツの [＿＿＿] によって，**エネルギー保存の法則の数学的理論**が定式化された。　　(法政大)　ヘルムホルツ

☑ 49 ドイツの [＿＿＿] は，**X線**を発見し，第1回ノーベル物理学賞を受賞した。　　(摂南大)　レントゲン

☑ 50 フランスの [＿＿＿] は，1898年に放射性物質である**ラジウム**などを発見した。　　(成蹊大)　キュリー夫妻

☑ 51 **イギリスの博物学者** [a] は，ガラパゴス諸島の生物を研究した結果，キリスト教の自然観・人間観を根本から覆す**進化論**を発表し，1859年に主著『[b]』を刊行した。　　　　(専修大)　a ダーウィン　b 種の起源

☑ 52 **乳酸菌**を発見したフランスの細菌学者 [＿＿＿] は，**狂犬病の予防接種**も確立した。　　(立教大)　パストゥール

☑ 53 ドイツの細菌学者 [＿＿＿] は，**コレラ菌**を発見し，また不治の病だった**結核の解明**をした。　　(南山大)　コッホ

☑ 54 スウェーデンの [＿＿＿] は，**ダイナマイト**を発明した。彼の死後，その巨額の遺産によって財団の運営が始まった。　　(近畿大)　ノーベル

☑ 55 アメリカの [＿＿＿] は，電気の**パルス信号**を文字と数字に置き換える**電信機**を発明した。　　(立命館大)　モールス〔モース〕

☑ 56 イギリス出身でアメリカで活躍した [＿＿＿] は，遠距離間での**電気的な通話機（電話機）**を発明した。　(同志社大)　ベル

☑ 57 アメリカの [___] は，**蓄音機・電灯・映画**などを発明し，
　　"発明王"とよばれた。　　　　　　　　　　　　　（京都産業大）　　エディソン

☑ 58 頻出 アメリカの [___] 兄弟は，ガソリンエンジンを搭載
　　した複葉機**フライヤー号**によって，1903 年に**初飛行を**
　　成功させた。　　　　　　　　　　　　　　　（京都産業大）　　ライト

探検

☑ 59 18 世紀の**イギリスの航海者** [___] は，ベーリング海峡な
　　どを探検した後，**ハワイで先住民に殺害**された。　（専修大）　　クック

☑ 60 アメリカの探検家 [___] は，1909 年に初めて**北極点へ**
　　の到達に成功した。　　　　　　　　　　　　　（近畿大）　　ピアリ

☑ 61 **ノルウェー**の探検家 [___] が，1911 年に**南極点への初**
　　到達に成功した。　　　　　　　　　　　　　　（南山大）　　アムンゼン

近現代のインド

インドの植民地化

☑ 01 **イギリス東インド会社**は，インドの [a]・[b]・
　　[c] に拠点を設置した。　　　　　　　　　（日本女子大）

a・b・c マド
ラス・ボンベ
イ・カルカッ
タ（順不同）

☑ 02 フランスは，イギリスの拠点である**マドラス近郊**の
　　[a] とカルカッタ近郊の [b] を，インド進出の拠
　　点とした。　　　　　　　　　　　　　　　　　（京都大）

a ポンディ
シェリ
b シャンデル
ナゴル

☑ 03 頻出 1757 年，**北インドの支配権**をめぐって英仏が
　　[___] の戦いで衝突した。　　　　　　　　　　（駒澤大）

プラッシー

☑ 04 この戦いでは，**イギリス東インド会社書記**の [a] が
　　活躍した。軍人でもあった彼は，フランス軍と同盟した
　　[b] の軍を壊滅させた。　　　　　　　　　　　（日本大）

a クライヴ
b ベンガル太守

☑05 1765年，イギリスはムガル皇帝から**ベンガル・オリッサ・ビハール**などの地域における ⬚ を獲得した。
（北海道大）

徴税権〔ディーワーニー〕

☑06 1793年，イギリスは**北インド**で ⬚ とよばれる新しい**地税徴収制度**を導入した。
（千葉大）

ザミンダーリー制

☑07 19世紀初頭から，イギリスは**南インド**で ⬚ とよばれる**地税徴収制度**を導入した。
（関西学院大）

ライヤットワーリー制

☑08 18世紀後半，イギリスは ⬚a 戦争に勝利し**南インド**支配を確立した。また ⬚b 戦争に勝利し**デカン高原西部**を支配した。
（駒澤大）

a マイソール
b マラーター

☑09 1815年の**ウィーン議定書**によって，**イギリスはオランダ**から ⬚ 島を獲得した。
（京都大）

セイロン

☑10 1813年に**イギリス東インド会社の貿易独占権が廃止**され，イギリス資本が直接インドに流入したことを受けて， ⬚ による大量栽培が発達した。
（福井大）

プランテーション

☑11 **1833年**に**イギリス東インド会社**の ⬚ が廃止された結果，多数の商社が対清貿易へと乗り出すようになった。
（千葉大）

中国貿易の独占権

☑12 頻出 1857年，デリー北方の都市メーラトで， ⬚ とよばれる**イギリス東インド会社の傭兵**が反乱を起こした。
（駒澤大）

シパーヒー

☑13 この反乱に農民・商工業者・一部の藩王らが合流し，北インド全域を巻き込む ⬚ へと発展した。
（専修大）

インド大反乱

☑14 この反乱をきっかけにイギリスは ⬚a を滅亡させ ⬚b も引責解散させた。
（聖心女子大）

a ムガル帝国
b 東インド会社

☑15 1877年，**イギリスがインドを完全に支配**したことを受け， ⬚a をインド皇帝とする ⬚b の成立が宣言された。
（愛知大）

a ヴィクトリア女王
b インド帝国

インドの独立運動

☑16 1885 年にイギリスが主導してつくられた　a　を構成　した人々によって，　b　とよばれる**政治結社**が作られた。
(近畿大)

a インド国民会議
b 国民会議派

☑17 イギリスの植民地支配が露骨化したことで，国民会議派は反英化し，　　　　を中心的人物とする**急進派**が出現した。
(甲南大)

ティラク

☑18 1905 年にインド総督は　　　　を発し，民族運動が最も高揚していた**ベンガル州をイスラーム教徒の多い東部とヒンドゥー教徒の多い西部に分割**した。
(関西大)

ベンガル分割令〔カーゾン法〕

☑19 1906 年，**ティラク**を中心人物とする**国民会議派**の　　　　大会が開催され，**四（大）綱領**が採択された。
(近畿大)

カルカッタ

☑20 この大会で採択された四（大）綱領の一つ　　　　は，**国産品愛用**を意味する。
(東海大)

スワデーシ

☑21 この大会で採択された四（大）綱領の一つ　　　　は，**自治・独立**を意味する。
(南山大)

スワラージ

☑22 この大会で採択された四（大）綱領の一つ　　　　は，**イギリス製品の不買運動**を表している。
(東京女子大)

英貨排斥〔ボイコット〕

☑23 この大会で採択された四（大）綱領の一つ　　　　では，イギリスによる植民地教育を否定して**インド人としての自覚を持つための教育**を提唱している。
(東京女子大)

民族教育

☑24 イギリスは，このような**ナショナリズムの高揚に対抗**するため，インドで少数派だった**イスラーム教徒**に対して　　　　の結成を支援すると表明した。
(南山大)

全インド＝ムスリム連盟

☑25 第一次世界大戦後の 1919 年，事実上のインド人弾圧法となる　　　　が発布された。
(大阪学院大)

ローラット法

☑26 1915 年に南アフリカから帰国した　　　　が，1919 年以降は**国民会議派の指導者**として反英独立運動を進めた。
(聖心女子大)

ガンディー

☑27 この人物を中心として，1919 年から　　　　運動が始まった。
(札幌学院大)

非暴力・不服従

☑ 28 **1919 年制定・1921 年実施**の □□□□ は，**第一次世界大**
戦中にイギリスと交わした**自治約束とは程遠い内容**だっ
た。　　　　　　　　　　　　　　　　　　　　（昭和女子大）　　　　インド統治法

☑ 29 ガンディーの造語である □□□□ は，**"真理の把握"**を意
味した。　　　　　　　　　　　　　　　　　　（立命館大）　　　　サティヤーグ
　　　　　　　　　　　　　　　　　　　　　　　　　　　　　　　ラハ

☑ 30 頻出 1920 年代後半より □□□□ が**国民会議派議長**とし
て反英闘争を指導した。　　　　　　　　　　　（近畿大）　　　　ネルー

☑ 31 1929 年，**ラホール**で開催された**国民会議派の大会**で，
"完全なる独立"を意味する **"□□□□"** が提唱された。　　プールナ＝ス
　　　　　　　　　　　　　　　　　　　　　　　（南山大）　　　　ワラージ

☑ 32 **独立運動の抑止を狙う**イギリスは，1930 ～ 32 年にイン
ドの指導者を招いて □□□□ を開いた。　　　（京都産業大）　　英印円卓会議

☑ 33 **1930 年**，ガンディーは**第 2 次不服従運動**として「□□□□」
とよばれる**行脚**を行った。　　　　　　　　　（京都府立大）　　塩の行進

☑ 34 1935 年に □□□□ が制定され，インドの**連邦制**と各州の
自治制が導入された。　　　　　　　　　　　（昭和女子大）　　新インド統治法

☑ 35 頻出 第二次世界大戦後の 1947 年，インドにおいて**ヒン**
ドゥー教徒を主体とする □ a □ が成立し，□ b □ が首　　a インド連邦
相となった。　　　　　　　　　　　　　　　　（近畿大）　　　　b ネルー

インドとパキスタンの分離独立

☑ 36 インド北部の □□□□ 地方は，**藩王がヒンドゥー教徒で住**
民がイスラーム教徒だったため，分離独立した**インド・**
パキスタンの争奪の的となった。　　　　　　（日本大）　　　　カシミール

☑ 37 1947 年，□ a □ を総督として，イスラーム教徒を主体
とする □ b □ が分離独立を達成した。　　　　（甲南大）　　　a ジンナー
　　　　　　　　　　　　　　　　　　　　　　　　　　　　　　b パキスタン

☑ 38 1959 年，**チベット独立運動の象徴的存在**である □□□□
がインドに亡命してきた。　　　　　　　　　　（早稲田大）　　　ダライ＝ラマ
　　　　　　　　　　　　　　　　　　　　　　　　　　　　　　14 世

☑ 39 1971 年に勃発した**第 3 次インド＝パキスタン戦争**の結果，
東パキスタンが □□□□ として分離独立した。（早稲田大）　　バングラデシュ
　　　　　　　　　　　　　　　　　　　　　　　　　　　　　　（人民共和国）

近現代の東南アジア

ベトナム

☑01 **頻出** **コーチシナ支配の強化**を狙ったフランスは，1863
年に□□□を**保護国化**した。 　　　　　　(成蹊大)
　　　　　カンボジア

☑02 **劉永福**は，□□□とよばれる**太平天国の残党**を率い，ベ
トナムを支援してフランス軍と戦った。 　　(京都大)
　　　　　黒旗軍

☑03 **フランスのインドシナ進出**に対して，ベトナムの**宗主権**
を主張していた**清朝**は，1884年に□□□を起こした。
　　　　　　　　　　　　　　　　　　　　(南山大)
　　　　　清仏戦争

☑04 この戦争でフランスが圧勝した結果，1885年に□a□
が結ばれ，□b□を全権とする**清朝はベトナムの宗主権
を放棄**した。 　　　　　　　　　　　　　(関西大)
　　　　　a 天津条約
　　　　　b 李鴻章

☑05 清仏戦争に圧勝して清朝にベトナムの宗主権を放棄させ
た**フランス**は，1887年に□□□の成立を宣言した。
　　　　　　　　　　　　　　　　　　　　(愛知大)
　　　　　フランス領イ
　　　　　ンドシナ連邦

☑06 1899年，フランスは**ラーマ5世**が治める**タイ**に圧力を
かけ，その支配下にあった□□□を獲得してインドシナ
連邦に編入した。 　　　　　　　　　　　(南山大)
　　　　　ラオス

☑07 日露戦争が勃発した1904年，**日本の明治維新を理想と
する□a□によって□b□とよばれる反フランス結社**
が組織された。 　　　　　　　　　　(西南学院大)
　　　　　a ファン=ボ
　　　　　イ=チャウ
　　　　　b 維新会

☑08 日露戦争後，**ファン=ボイ=チャウ**によって**ベトナム人青年
を日本へ留学させる**□□□運動が推進された。 (愛知大)
　　　　　ドンズー
　　　　　〔東遊〕

☑09 この運動の弾圧後，日本に失望したファン=ボイ=チャ
ウは，**辛亥革命の影響**を受けて広東で□□□を結成した。
　　　　　　　　　　　　　　　　　　　　(南山大)
　　　　　ベトナム光復会

☑10 **ホー=チ=ミン**は，1925年には広州で□a□を，1930
年には**ベトナムの共産主義勢力を結集**して□b□を結
成した。 　　　　　　　　　　　　　　　(南山大)
　　　　　a ベトナム青
　　　　　年革命同志会
　　　　　b インドシナ
　　　　　共産党

☑ 11 **コミンテルンの一員**だった □□□□ によって，1930 年に **インドシナ共産党**が結成された。　　　　　(獨協大)　ホー＝チ＝ミン

☑ 12 1945 年，この人物が北ベトナムの**ハノイで独立宣言**を発し，□□□□ が成立した。　　　　　(甲南大)　ベトナム民主共和国

☑ 13 植民地支配の回復を目指す**フランスとベトナムの間**で，1946 年より □□□□ が起こった。　　　　　(信州大)　インドシナ戦争

☑ 14 1949 年，フランスの後援でベトナム南部に**阮朝最後の皇帝** a を主席とする b が成立し，北のベトナム民主共和国と対立した。　　　　　(愛知大)
a バオダイ
b ベトナム国

☑ 15 ジュネーヴ会議の最中，**フランス軍**はベトナム北西部の □□□□ の戦いで**大敗**した。　　　　　(東洋大)　ディエンビエンフー

☑ 16 a によって，北緯 b 度線を境にベトナムは南北に分断された。　　　　　(東京学芸大)
a ジュネーヴ休戦協定
b 17

☑ 17 1955 年，**アメリカ**の支援を受けて**ベトナム南部**に a が樹立され， b が大統領に就任した。　　　　　(愛知大)
a ベトナム共和国
b ゴ＝ディン＝ジエム

☑ 18 1960 年 12 月，この人物の政権に対抗して □□□□ とよばれる組織が結成された。　　　　　(甲南大)　南ベトナム解放民族戦線

☑ 19 **トンキン湾事件**を受けて，議会の支持を受けた a **大統領**が 1965 年 2 月に b を展開したことで，**ベトナム戦争が本格化**した。　　　　　(昭和女子大)
a ジョンソン
b 北ベトナム爆撃〔北爆〕

☑ 20 アメリカの大統領補佐官**キッシンジャー**は，北ベトナムとの秘密交渉に尽力し，1973 年に □□□□ を成立させた。　　　　　(聖心女子大)　ベトナム〔パリ〕和平協定

☑ 21 **南北統一を達成**した北ベトナムは，1976 年に国名を □□□□ と改称した。　　　　　(南山大)　ベトナム社会主義共和国

☑ 22 ベトナムのカンボジア出兵に対して，**中国がベトナムに侵入**し，1979 年に □□□□ が発生した。　　　　　(日本大)　中越戦争

☑ 23 社会主義経済が行き詰まりを見せ始めた**ベトナム**では，1986 年から ___ 政策が掲げられた。　　　(京都大)

ドイモイ〔刷新〕

インドネシア

☑ 24 [頻出] 1619 年，**オランダ**は植民地の拠点としてジャワ島の**ジャカルタ**に ___ 城を建設した。　　　(駒澤大)

バタヴィア

☑ 25 オランダが**ジャワ島**の支配を強化すると，これに対抗しようとした王族を中心に 1825 年より ___ が勃発した。　　　(法政大)

ジャワ戦争

☑ 26 オランダの東インド総督**ファン＝デン＝ボス**は，産業革命によって必要とされた**商品作物の栽培を現地住民に強要する** ___ を実施した。　　　(東北学院大)

強制栽培制度

☑ 27 1911 年，**イスラーム教徒の結束**を図った ___ が組織された。　　　(日本女子大)

イスラーム同盟〔サレカット＝イスラーム〕

☑ 28 1919 年に**コミンテルン**が結成されたことを受けて，**アジア最初の支部**として，1920 年に ___ が結成された。　　　(聖心女子大)

インドネシア共産党

☑ 29 [頻出] 第一次世界大戦後に**民族運動が高揚**したことを受けて，1927 年に a を中心人物とする b が結成された。　　　(甲南大)

a スカルノ
b インドネシア国民党

☑ 30 1945 年，スカルノにより ___ の独立が宣言された。　　　(聖心女子大)

インドネシア共和国

☑ 31 1955 年，**アジア・アフリカの 29 カ国**の代表が集まり，インドネシアの a で b を開いて**第三世界の結束**を図った。　　　(甲南大)

a バンドン
b 第 1 回アジア＝アフリカ会議〔バンドン会議〕

☑ 32 この会議の続編として，1961 年にユーゴスラヴィアの**ベオグラード**で ___ が開催された。　　　(新潟大)

非同盟諸国首脳会議

☑ 33 1965 年，**インドネシア共産党を中心とするクーデタ**が起きるが，右派軍人の巻き返しを受けて徹底的に弾圧された。これを ___ 事件とよぶ。　　　(獨協大)

九・三〇

☑34 九・三〇事件を収拾した [＿＿＿] 将軍は，その後大統領 スハルト
に就任し，**親米政権を樹立**した。
(獨協大)

☑35 2002 年，インドネシアから [＿＿＿] が独立した。 東ティモール
(東北福祉大)

フィリピン

☑36 マドリード大学で医学を学んだ [＿＿＿] は，**言論活動（プ** ホセ＝リサール
ロパガンダ） などによって植民地支配を徹底的に批判し
た。 (日本大)

☑37 大航海時代以降スペインの植民地だったフィリピンでは， アギナルド
1895 年に [＿＿＿] が急進的民族主義団体**カティプーナン**
に入会した。 (東京女子大)

☑38 この人物が中心となって 1896 年に [＿＿＿] を起こした。 フィリピン革命
(近畿大)

☑39 アギナルドは，1899 年に [a] の発足を宣言するも， a フィリピン
[b] が始まった。 (獨協大) 共和国
b フィリピン
＝アメリカ戦争

☑40 頻出 アメリカを中心とする**反共軍事同盟**として，1954 東南アジア条約
年に**マニラ**で [＿＿＿] が結成された。 (西南学院大) 機構〔SEATO〕

ビルマ（ミャンマー）

☑41 **イギリス**は，アッサム地方をめぐって 1824 年から 3 回 a ビルマ〔イギ
にわたる [a] 戦争を展開し，**コンバウン朝**を滅ぼして， リス＝ビルマ〕
ビルマを 1886 年 [b] に編入した。 (東洋大) b インド帝国

☑42 1930 年代初頭に結成された民族主義的な政治結社**"わ** タキン党
れらビルマ人協会"は，通称**"[＿＿＿]"** とよばれた。
(佛教大)

☑43 1786 年，**イギリスはマレー半島中部西岸にある** ▢▢▢▢ **島を占領した。** (東海大)　　　　　　　　　ペナン

☑44 <u>頻出</u> 1819 年，**イギリスのラッフルズはマレー半島の南端の島** ▢▢▢▢ **を買収することに成功した。** (日本大)　シンガポール

☑45 1826 年，**イギリスは獲得したペナン島・マラッカ・シンガポールを合わせて，** ▢▢▢▢ **を形成した。** (京都府立大)　海峡植民地

☑46 **マレー半島の内部も獲得したイギリスは，1895 年に** ▢▢▢▢ **を成立させた。** (九州大)　　　　　　マレー連合州

☑47 **産業革命が本格化したイギリスでは，この地などで栽培された** ▢▢▢▢ **の需要が非常に高まった。** (法政大)　天然ゴム

☑48 **日本の第二次世界大戦敗戦後，マレーでは再びイギリスの支配が始まったが，1957 年になって，イギリス連邦内の** ▢▢▢▢ **としての独立が承認された。** (慶應義塾大)　マラヤ連邦

☑49 1963 年，**この国にシンガポールとサラワク・サバを加えた** ▢▢▢▢ **が成立した。** (関西学院大)　マレーシア連邦

☑50 **タイでは，バンコクを都とする** ▢▢▢▢ **朝が独立を守り続けた。** (東北福祉大)　　ラタナコーシン〔チャクリ〕

☑51 1868 年に ▢▢▢▢ **が即位し，"チャクリ改革"といわれる近代化政策を行った。** (東洋大)　ラーマ5世〔チュラロンコン大王〕

☑52 **第一次世界大戦後に国民の生活が困窮したタイでは，1932 年に無血クーデタで専制王政が終わり，立憲君主制が確立した。これを** ▢▢▢▢ **とよぶ。** (南山大)　タイ立憲革命

☑ 53 1997 年，タイの通貨バーツの急落をきっかけに，東南　　アジア通貨危機
アジア諸国・韓国に広がった**金融危機**を，　　　　という。
(昭和女子大)

カンボジア

☑ 54 1970 年代，　a　を指導者とする**カンボジア共産党**は，　　a ポル゠ポト
アメリカに支援された　b　が率いる**クメール共和国**に　　b ロン゠ノル
対して内戦を展開した。　　　　　　　　　　　　　(獨協大)

清の滅亡

清朝の衰退

☑ 01 頻出 1851 年，キリスト教的宗教結社　a　を組織した　　a 拝上帝会
　b　を指導者として，**近代中国史上最大の反乱**が起　　b 洪秀全
こった。　　　　　　　　　　　　　　　　　　　(愛知大)

☑ 02 1853 年，反乱軍は**南京を占領**して　a　と改称し，こ　　a 天京
こを首都として　b　を建国した。　　　　　　　(東洋大)　　b 太平天国

☑ 03 この国では，**土地・生産物など全てを共有化**し，自給自　　天朝田畝制度
足社会の実現を目指す　　　　が唱えられた。　　(京都大)

☑ 04 **太平天国**では，"　　　　"という民族主義的なスローガン　　滅満興漢
が掲げられた。　　　　　　　　　　　　　　　　(東洋大)

☑ 05 男性の　a　を廃止した太平天国では，男女平等もう　　a 辮髪
たわれ，女性の　b　も廃止された。　　　　　　(明治大)　　b 纏足

☑ 06 清末，地方官僚や郷紳は　　　　という**義勇軍**を組織し　　郷勇
た。　　　　　　　　　　　　　　　　　　　(京都府立大)

☑ 07 太平天国軍との戦いに際して，　a　が組織した**湘軍**　　a 曾国藩
を手本として，安徽地方では　b　が**淮軍**を組織した。　　b 李鴻章
　　　　　　　　　　　　　　　　　　　　　　　(専修大)

☑ 08 太平天国軍との戦いでは，郷勇以外にも，**上海で欧米人**　　常勝軍
が指揮した　　　　という中国人部隊の活躍が見られた。
　　　　　　　　　　　　　　　　　　　　　　　(愛知大)

☑09 常勝軍は，アメリカ人 a によって創設され，彼の死後はイギリス人 b によって率いられた。　　(駒澤大)

a ウォード
b ゴードン

☑10 太平天国軍との戦いに際して，□□□□が楚軍を組織した。　　(神戸女子大)

左宗棠

☑11 この人物は，□□□□事件で占領された新疆を奪還し，清朝はロシアと 1881 年に□□□□条約を結んだ。　　(駒澤大)

イリ

☑12 アロー戦争後，清の内政・外交が表面的に安定したことから，1861 年に即位した皇帝の治世を"□□□□"とよぶ。　　(法政大)

同治の中興

☑13 この時代，西洋技術の導入により富国強兵を図ろうとする□□□□が展開された。　　(愛知大)

洋務運動

☑14 この運動では，"□□□□"というスローガンが掲げられた。　　(駒澤大)

中体西用

☑15 1875 年，a が清朝第 11 代皇帝に即位したが，まだ幼少だったため，b が摂政として権勢をふるった。　　(北海学園大)

a 光緒帝
b 西太后

☑16 頻出 日清戦争敗北後の 1898 年，この皇帝は a を登用して，中国での議会政治と憲法の制定を目指した b 運動という政治改革を断行した。　　(専修大)

a 康有為
b 変法〔変法自強〕

☑17 当時の暦から a とよばれたこの改革は，西太后によって弾圧され，光緒帝は幽閉された。この事件を b という。　　(日本大)

a 戊戌の変法
b 戊戌の政変

☑18 康有為の下で活躍した□□□□は，啓蒙雑誌『時務報』を発行した。　　(京都産業大)

梁啓超

列強の中国分割

☑ 19 中国分割に際して，イギリスは**香港島**(ホンコン)**対岸**の a と**山東半島**の b を**租借地**とした。 (東京女子大)

a 九竜半島(キューロン)
b 威海衛(いかいえい)

☑ 20 **フランス**は，清朝から広東省の を租借した。 (福井大)

広州湾

☑ 21 頻出 **ロシア**は，中国北部の と**蒙古**を勢力圏とした。 (成蹊大)

満州

☑ 22 日清戦争に勝利した日本が a 条約で**遼東半島**(りょうとう)**を割譲させた**ことに対して，**ロシアがフランス・ドイツとともに介入**した事件を b とよぶ。 (大阪大)

a 下関
b 三国干渉

☑ 23 ロシアは，この介入によって日本に**遼東半島を返還**させた代償に，清朝から の敷設権を獲得した。 (南山大)

東清鉄道

☑ 24 **山東半島**を勢力圏とする**ドイツ**は， を租借した。 (関東学院大)

膠州湾(こうしゅう)

☑ 25 中国分割を受け，**アメリカ国務長官** a が，列強に対して b 宣言を発した。 (新潟大)

a ジョン=ヘイ
b 門戸開放

☑ 26 1860 年にキリスト教布教の自由が認められて以降，中国各地では という民衆の**反キリスト教運動**が起こった。 (愛知大)

仇教運動(きゅうきょう)

☑ 27 1898 年，山東省で" "を掲げる宗教結社が中心となって**反キリスト教運動**を展開した。 (日本女子大)

扶清滅洋(ふしんめつよう)

☑ 28 1900 年，北京(ペキン)に広まった反キリスト教運動を利用して，清朝政府が列強諸国に宣戦した。これを 事件とよぶ。 (日本大)

義和団

☑ 29 これに対して，列強が**8 カ国**の連合で共同出兵した結果，1901 年に**清朝と 11 カ国の間**で が調印された。 (愛知教育大)

北京議定書(ペキン)

☐ 30 北京議定書で，列強は公使館所在区を防衛するため，□□□□を認めさせた。　　　　　　　　　（学習院大）

外国軍の北京駐屯権

☐ 31 頻出 日露戦争の日本の勝利を受けて，清朝では □ a □ という改革が本格化し，1905 年に □ b □ の廃止が断行された。　　　　　　　　　（京都産業大）

a 光緒新政
b 科挙

☐ 32 1908 年，日本の明治政府が発布した**大日本帝国憲法をモデル**にして□□□□が作られた。　　　　　（獨協大）

憲法大綱

☐ 33 日清戦争後の 1895 年，袁世凱によって□□□□という**西洋式軍隊**が建設され，1905 年に陸軍の軍制が制定された。　　　　　　　　　（千葉大）

新軍

☐ 34 **憲法大綱**の発布と同時に，9 年以内の□□□□が約束された。　　　　　　　　　（東京学芸大）

国会開設

☐ 35 日露戦争後，日本は旅順に**大陸経営の最大部隊**となる□□□□を設置した。　　　　　　　　　（立命館大）

関東軍

清朝の滅亡

☐ 36 頻出 1894 年，広東省の貧しい**客家**出身の □ a □ が中心となって，**ハワイ**で □ b □ という革命結社が結成された。□ a □ の革命運動は，中国本土から海外に移住した中国人である □ c □ に金銭面で支えられた。　（愛知大）

a 孫文
b 興中会
c 華僑

☐ 37 この人物は，1905 年に**東京**で革命結社□□□□を結成した。　　　　　　　　　（京都産業大）

中国同盟会

☐ 38 □□□□とよばれるこの組織の基本理念は，**民族の独立・民権の伸張・民生の安定**を内容とした。　（成城大）

三民主義

☐ 39 孫文は，**太平天国の乱の首謀者**□□□□を理想としていた。　　　　　　　　　（明治学院大）

洪秀全

☐ 40 1908 年，光緒帝の甥にあたる□□□□が清朝最後の皇帝となる**宣統帝**に即位した。　　　　　　（日本大）

溥儀

☐ 41 1911 年 5 月，**外国からの借款で財政難の克服を図る**ため，清朝政府は□□□□という政策を打ち出した。　　　　　　　　　（千葉大）

幹線鉄道国有化

☑ 42　幹線鉄道国有化に反対する組織を中心として，1911 年
9 月に □□□□ が勃発した。

四川暴動

☑ 43　この暴動を鎮圧するために派遣された**湖北新軍**が，
1911 年 10 月に □ a □ で蜂起した。これによって，
□ b □ が始まった。　　　　　　　　　　　　（専修大）

a 武昌
b 辛亥革命

☑ 44　1912 年，革命派と各省の代表に選出された**孫文**が
□ a □ となり，□ b □ の建国が宣言された。　（成城大）

a 臨時大総統
b 中華民国

☑ 45　頻出 **辛亥革命**に焦った清朝は，□□□□ を起用してこの
国の打倒を図ったが，彼の裏切りによって滅亡に追い込
まれた。　　　　　　　　　　　　　　　　　　（近畿大）

袁世凱

☑ 46　頻出 1912 年，**孫文・宋教仁**らは中国同盟会を軸とする
□□□□ を結成して選挙に備えたが，袁世凱に弾圧された。
　　　　　　　　　　　　　　　　　　　　　（聖心女子大）

国民党

☑ 47　**袁世凱**の独裁政権に対して**国民党**が武装蜂起したこと
を □□□□ とよぶ。　　　　　　　　　　　（明治学院大）

第二革命

☑ 48　袁世凱の独裁に対する**第二革命が失敗**した後，孫文は**東
京**で 1914 年に革命的秘密結社 □□□□ を組織した。
　　　　　　　　　　　　　　　　　　　　　（明治学院大）

中華革命党

☑ 49　袁世凱の死後，北京政府の実権をめぐって，各地に割拠
する □□□□ が争った。　　　　　　　　　　（愛知大）

軍閥

---

19 世紀後半からの極東

李朝朝鮮末期

☑ 01　19 世紀の朝鮮では，**世襲官僚の家柄である** □□□□ が政
治を独占していた。　　　　　　　　　　　　（成城大）

両班
（ヤンバン）

☑ 02　李朝第 26 代**高宗**（コジョン）の父は，自らは即位せずに**子どもが国
王となった父親**に与えられる □□□□ という称号でよば
れた。　　　　　　　　　　　　　　　　　　（成城大）

大院君
（テウォングン）

☑03 1863 年，**李朝第 26 代国王**として◻◻◻が即位した。 高宗
（ゴジョン）
（専修大）

☑04 1866 年，◻ a ◻が**高宗の后**となり，その一族◻ b ◻が
台頭した。 （成蹊大）
a 閔妃
（ミンビ）
b 閔氏

☑05 1871 年に**日本**が**清朝**と◻◻◻を締結して正式な国交を
取り決めた。 （関西大）
日清修好条規

☑06 1875 年，朝鮮近海で軍事演習中の日本海軍が朝鮮軍に
よって砲撃される◻◻◻が起きた。 （駒澤大）
江華島事件

☑07 この事件を口実として日本は半島に上陸し，軍事的圧力
を背景に 1876 年◻◻◻という**不平等条約**を締結させ
た。 （東洋大）
日朝修好条規

☑08 1882 年，**大院君派の軍隊**が首都◻ a ◻で◻ b ◻を起
（テウォングン）
こしたが，清朝に鎮圧された。 （専修大）
a 漢城
（かんじょう）
b 壬午軍乱
（じんごぐんらん）

☑09 1884 年，朝鮮の独立と近代化を図る**開化派**というグルー
プが◻◻◻とよばれる**閔氏政権打倒クーデタ**を企てた
（ミン）
が，失敗に終わった。 （京都大）
甲申政変
（こうしん）

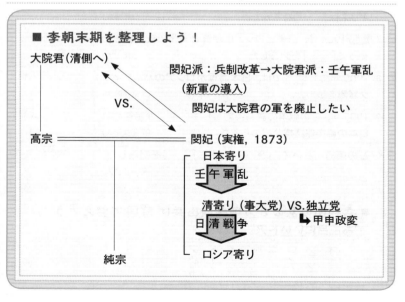

■ **李朝末期を整理しよう！**

大院君（清側へ）

閔妃派：兵制改革→大院君派：壬午軍乱
（新軍の導入）
閔妃は大院君の軍を廃止したい

VS.

高宗 ━━━━ 閔妃（実権，1873）

日本寄リ
壬午軍乱

清寄リ（事大党）VS.独立党
日清戦争 ➡甲申政変

ロシア寄リ

純宗

日清・日露戦争

☑ 10 **在来の民間宗教に儒教・仏教・道教などを融合して創**始された朝鮮の新宗教を　a　とよぶ。その創始者は，　b　である。　　　　　　　　　　　　　　　　　　　（成城大）

a 東学
b 崔済愚（チェジェウ）

☑ 11 1894 年，この宗教の信者を中心に　a　とよばれる農民反乱が起こった。この反乱の指導者は，　b　である。　　　　　　　　　　　　　　　　　　　　　　（南山大）

a 甲午農民戦争〔東学の乱〕
b 全琫準（チョンボジュン）

☑ 12 この反乱に対して出兵した日清両国は，**朝鮮支配をめぐって**　　　　を起こした。　　　　　　（愛知大）

日清戦争

☑ 13 頻出 1895 年，この戦争の講和条約として　a　が締結され，　b　島・　c　半島・澎湖諸島（ポンフー）が**清朝から日本に割譲**された。　　　　　　　　　　　　（駒澤大）

a 下関条約
b 台湾
c 遼東（リアオトン）

☑ 14 1895 年の**閔妃殺害事件**（ミンビ）に対して，朝鮮国内では　　　　が起こった。　　　　　　　　　　　（甲南大）

義兵闘争

☑ 15 1897 年，**朝鮮国**は国号を　　　　と改称した。　　（九州大）

大韓帝国

☑ 16 1902 年，ともにロシアの南下政策を懸念する日本とイギリスは　　　　を結んだ。　　　　　　　　（専修大）

日英同盟

☑ 17 頻出 1904 年，日本とロシアは**朝鮮と満州の支配権**をめぐって　　　　を起こした。　　　　　　　　（南山大）

日露戦争

☑ 18 1905 年の　　　　では，**日本海軍がロシアのバルティック艦隊**を破った。　　　　　　　　　　（大阪学院大）

日本海海戦

☑ 19 1905 年，この戦争の講和条約として　　　　が締結され，**日本の韓国保護権**が認められた。　　　　（昭和女子大）

ポーツマス条約

☑ 20 この条約において，ロシアは日本に　　　　を割譲した。　　　　　　　　　　　　　　　　　　　（慶應義塾大）

南樺太（からふと）

■ 義和団の乱の 8 カ国共同出兵は 語ロ で覚えよう！
◎"お風呂にいいドア"

オーストリア	フランス	ロシア	ニッポン	イギリス	イタリア	ドイツ	アメリカ

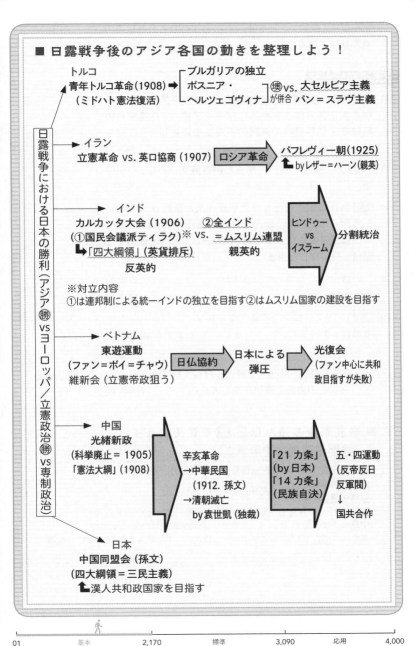

■ 日露戦争後のアジア各国の動きを整理しよう！

トルコ
青年トルコ革命 (1908) ➡ ┌ ブルガリアの独立
(ミドハト憲法復活) │ ボスニア・ ┐ ㊧ vs. 大セルビア主義
└ ヘルツェゴヴィナ ┘ が併合 パン＝スラヴ主義

イラン
立憲革命 vs. 英ロ協商 (1907) [ロシア革命] ➡ パフレヴィー朝 (1925)
┗ by レザー＝ハーン (親英)

インド
カルカッタ大会 (1906)　②全インド
(①国民会議派ティラク) ※ vs. ＝ムスリム連盟
┗「四大綱領」(英貨排斥)　親英的 ┌ ヒンドゥー ┐
反英的 │ vs │ 分割統治
└ イスラーム ┘

※対立内容
①は連邦制による統一インドの独立を目指す②はムスリム国家の建設を目指す

ベトナム
東遊運動 [日仏協約] ➡ 日本による ➡ 光復会
(ファン＝ボイ＝チャウ) 弾圧 (ファン中心に共和
維新会 (立憲帝政狙う) 政目指すが失敗)

中国
光緒新政
(科挙廃止＝1905) ➡ 辛亥革命 ➡ 「21カ条」 五・四運動
「憲法大綱」(1908) →中華民国 (by 日本) (反帝反日
(1912. 孫文) 「14カ条」 反軍閥)
→清朝滅亡 (民族自決) ↓
by 袁世凱 (独裁) 国共合作

日本
中国同盟会 (孫文)
(四大綱領＝三民主義)
┗ 漢人共和政国家を目指す

左縦：日露戦争における日本の勝利 (アジア㊞ vs ヨーロッパ／立憲政治㊞ vs 専制政治)

☑ 21 ポーツマス条約で，日本は　　　とよばれる長春以南の
東清鉄道を譲渡された。　　　　　　　　　　（広島経済大）

南満州鉄道

日本の朝鮮支配

☑ 22 **1907年**，大韓帝国皇帝の**高宗**は，**オランダ**で行われて
いる**第2回万国平和会議**に密使を派遣し，**日韓協約の
無効を主張し日本の支配の不当性を糾弾した**。これを
　　　　事件という。　　　　　　　　　　　　（南山大）

ハーグ密使

☑ 23 1909年，日露会談に向かった**伊藤博文**はハルビン駅頭
で　　　によって暗殺された。　　　　　　　（成城大）

安重根
（アンジュングン）

☑ 24 頻出 初代韓国統監となった**伊藤博文が暗殺された**こと
を利用して，日本は韓国にさらなる圧力をかけ，1910
年に**韓国併合**に関する条約（日韓併合条約）を締結させ，
漢城から改称した京城に，　　　を設置した。　（東海大）

朝鮮総督府

☑ 25 この統治機関を中心に，日本は　　　とよばれる支配
を行った。　　　　　　　　　　　　　　　　（名古屋大）

武断政治

☑ 26 頻出 1919年，ロシア革命やウィルソンの「14カ条の平
和原則」を背景に，　　　という独立運動が朝鮮で起
こった。　　　　　　　　　　　　　　　　　（一橋大）

三・一独立運動

☑ 27 日中戦争勃発後，日本は朝鮮人に対して日本姓を与える
　　　などの**皇民化政策**を推し進めた。　（同志社大）

創氏改名

■ 辛亥革命の流れは **功業** で覚えよう！
◎ "**幹部候補独立中華滅亡**"

→**幹**⇒幹線鉄道国有化問題　（借款を受けるため）→四川暴動
→**部**⇒武昌蜂起　　　　　⎫
→**候補**⇒湖北新軍　　　　 ⎬ ⇒辛亥革命スタート
→**独立**⇒14省の独立→外モンゴルの分離独立（2番目の社会主義国へ）
→**中華**⇒中華民国（1912，1/1南京）　臨時大総統は孫文⇒袁世凱
→**滅亡**⇒清滅亡（2月，宣統帝退位）by袁世凱：中華民国奪取（in北京）→独裁

第二次世界大戦後の朝鮮半島

☑ 28 日本の敗戦後、朝鮮半島には米ソ両軍が北緯 □ 度 線を**境界線**として進駐した。 (北海学園大)

38

☑ 29 頻出 1948 年 8 月、**アメリカの支援**を受けて朝鮮半島南 部に □ a □ を首都とする □ b □ が建国され、□ c □ が 初代大統領に就任した。 (近畿大)

a ソウル
b 大韓民国
c 李承晩 (りしょうばん)

☑ 30 1948 年 9 月、朝鮮半島北部で □ a □ を首都とする □ b □ が建国された。この国では、朝鮮労働党を中心と する**社会主義体制**がとられた。 (東洋大)

a 平壤 (ピョンヤン)
b 朝鮮民主主 義人民共和国

☑ 31 頻出 1950 年、この北部の国の初代首相 □ a □ にソ連の **スターリンが南北統一許可を発した**ことをきっかけとし て、北朝鮮軍が南進して □ b □ が勃発した。 (専修大)

a 金日成 (キムイルソン) (きんにっせい)
b 朝鮮戦争

☑ 32 1951 年の朝鮮休戦会談を経て、1953 年に**板門店 (はんもんてん)** で □ が成立した。 (成蹊大)

朝鮮休戦協定

☑ 33 朝鮮戦争に際して、アメリカは他国からの批判を回避す るため □ という形で軍事介入した。 (北海道大)

国連軍

4 帝国主義時代の世界

近現代のラテンアメリカ

大航海時代以降のラテンアメリカ

☑ 01 エンコミエンダ制による先住民の減少を受け、□ a □ が スペイン国王 □ b □ に報告書を送り、その廃止を訴えた。 (南山大)

a ラス゠カサス
b カルロス 1 世

☑ 02 頻出 アシエンダ制の下、□ とよばれる**植民地生まれ の白人**によって**半封建的なプランテーション**が経営され た。 (大阪大)

クリオーリョ

■ 1980 年代からの東アジアの民主化をおさえよう！

韓国：**盧泰愚 (ノテウ)** →**ソウル五輪**→**国連加盟（南北同時）**

台湾：**蔣経国 (しょうけいこく)** →**戒厳令解除**→**李登輝 (りとうき)** は初の直接選挙で当選

中南米諸国の独立闘争

☑03 **頻出** **フランス領サン=ドマング**の**蜂起**で頭角を現した　　　　　　a トゥサン=
　　　 a 　率いる反乱軍は，1804 年に**初の黒人共和国**とな　　　　　ルヴェルチュール
　　 る 　b 　の成立を宣言した。　　　　　　　　　　（東洋大）　　　b ハイチ

☑04 1811 年，　　　　　　　が**フランシスコ=デ=ミランダ**の下で**ベ**　　　シモン=ボリ
　　 ネズエラの独立を目指したが，スペインの弾圧を受け失　　　　　バル
　　 敗した。　　　　　　　　　　　　　　　　　　　　（南山大）

☑05 シモン=ボリバルが樹立した大コロンビア共和国は 1830　　　　　七月革命
　　 年に起きた　　　　　　の影響を受け，**コロンビア・ベネズエ**
　　 ラ・エクアドルに解体された。　　　　　　　　　　（専修大）

☑06 **アルゼンチン**では，独立革命軍の総指揮官　　　　　がスペ　　　サン=マル
　　 インからの独立に貢献した。　　　　　　　　　　（大妻女子大）　ティン

☑07 **シモン=ボリバル**がラテンアメリカの団結を図って開催し　　　　パン=アメリ
　　 たパナマ会議は，後の**中南米会議**や 1889 年に**アメリカ**　　　カ会議
　　 が主宰した　　　　　　へとつながった。　　　　　（西南学院大）

アメリカの進出

☑08 1898 年，ハバナ港で発生した**メイン号爆沈事件**を口実　　　　アメリカ=ス
　　 にアメリカが宣戦して　　　　　　戦争が勃発した。　（新潟大）　ペイン〔米西〕

☑09 **頻出** この戦争後のパリ条約によって，**アメリカ**はスペイ　　　a・b・c フィ
　　 ンに　 a 　・　 b 　・　 c 　を割譲させた。　（甲南大）　リピン・プエ
　　　　　　　　　　　　　　　　　　　　　　　　　　　　　　　　　ルトリコ・グ
　　　　　　　　　　　　　　　　　　　　　　　　　　　　　　　　　アム（順不同）

☑10 **頻出** カメハメハ王朝の最後の女王　　　　　が退位した後，　　　リリウオカラニ
　　 ハワイでは親米政権が樹立された。　　　　　　（明治学院大）

メキシコの混乱

☑11 1861 年，　a　の介入によってメキシコの共和政が打倒され，新たに**メキシコ皇帝が擁立**された。この出来事を　b　とよぶ。 （昭和女子大）

a ナポレオン3世

b メキシコ出兵〔遠征〕

☑12 頻出 メスティーソ出身の＿＿＿は，フアレスの下，対フランス戦争で活躍し，**1877 年からは大統領**を務めた。 （日本大）

ディアス

☑13 この大統領が**メキシコ内乱**後に行った独裁に対して，**大地主出身で自由主義者の**　a　が武装蜂起をよびかけ，　b　を開始した。 （近畿大）

a マデロ

b メキシコ革命

☑14 農民軍を率いた＿＿＿は，**小農や貧農の立場**で徹底した**土地改革**や共有地の復活を主張した。 （東洋大）

サパタ

キューバ革命

☑15 1946 年以降，**アルゼンチン**では＿＿＿大統領が独裁体制を続けていた。 （昭和女子大）

ペロン

☑16 頻出 1959 年，キューバで　a　親米政権に対する　b　が起こった。その指導者　c　は，後に首相に就任した。 （昭和女子大）

a バティスタ

b キューバ革命

c カストロ

☑17 カストロと同じく**キューバ革命の指導者**であった＿＿＿は，後にボリビアのゲリラ闘争で捕らえられて殺された。 （学習院大）

ゲバラ

キューバ革命後のラテンアメリカ

☑18 1968 年にペルー大統領に就任したベラスコは，**大土地所有を解体**して自作農の設立を狙う＿＿＿を行った。 （東京経済大）

農地改革

☑ 19 インフレが深刻化した**チリ**では，1970 年の大統領選で**人民連合**の▢が勝利した。 (獨協大) アジェンデ

☑ 20 頻出 **アジア・アフリカ・ラテンアメリカの発展途上国**に見られる，経済発展をするための強権的な政治を▢という。 (愛知教育大) 開発独裁

近現代のアフリカ

☑ 01 19 世紀，**フランス**はアフリカ▢政策を推進し，**アルジェリアやチュニジア**に侵攻した。 (摂南大) 横断

☑ 02 19 世紀，**イギリス**はアフリカ▢政策を推進し，エジプトの**スエズ運河会社株の買収**などをした。 (成蹊大) 縦断

☑ 03 **ベルギー王のコンゴ植民地化に対して**，イギリス・ポルトガル・フランスなど 14 カ国がドイツの**ビスマルクを仲介者として**，1884 ～ 85 年に▢を開催した。 (近畿大) ベルリン〔ベルリン = コンゴ〕会議

☑ 04 頻出 1898 年，アフリカを占領しようとしていた**英仏両軍がナイル河畔でぶつかる**▢事件が起きた。 (東洋大) ファショダ

☑ 05 1912 年にイタリアが獲得した**トリポリ・キレナイカ**は，古名に則って▢と改称された。 (南山大) リビア

フランスのアフリカ横断政策

☑ 06 頻出 1881 年，**フランス**はチュニスに出兵してこれを占領し，▢の**保護国化**を宣言した。 (甲南大) チュニジア

☑ 07 **"アフリカの角"**とよばれた▢は，北からフランス領，イギリス領，イタリア領に分割された。 (京都産業大) ソマリランド

☑ 08 1888 年，**横断政策の拠点**としてこの地に▢港が建設された。 (同志社大) ジブチ

☑ 09 アガディール事件の結果，1912 年，▢は正式にフランスの保護国となった。 (東洋大) モロッコ

イギリスのアフリカ縦断政策

☑10 **頻出** 1881 年，スーダンの**ムハンマド=アフマド**が"導かれたもの=**救世主**"を意味する ▢ を自称し，イギリスに対して反乱を起こした。 (日本女子大)

> マフディー

☑11 1881 年，エジプトでは" a "を合言葉として， b という反英民族運動が起こった。 (筑波大)

> a エジプト人のためのエジプト
> b ウラービー〔オラービー〕運動

☑12 第一次世界大戦後の**エジプト**では， a という民族主義政党が政権を握り， b という形で**イギリス**から**名目的に独立**した。 (東京女子大)

> a ワフド党
> b エジプト王国

☑13 17 世紀以降，ケープ植民地には**オランダ系移民の子孫**である ▢ 人が入植した。 (摂南大)

> ブール〔ブーア，ボーア〕

☑14 この移民の子孫が 19 世紀半ばに建国した a や b では，その後ダイヤモンドや金の鉱山が発見された。 (津田塾大)

> a・b トランスヴァール共和国・オレンジ自由国(順不同)

☑15 **頻出** 1899 年，イギリスがトランスヴァール共和国・オレンジ自由国に対して ▢ 戦争を起こした。 (昭和女子大)

> 南アフリカ〔ブール〕

☑16 **頻出** 1870 年代以降，イギリスの企業家・政治家 ▢ が南アフリカでダイヤモンドと金の採掘権を独占し，1890 年には**ケープ植民地首相**となった。 (新潟大)

> (セシル=)ローズ

☑17 この人物が征服した**ジンバブエからザンビア**にかけての地域は，後に ▢ と名づけられた。 (東洋大)

> ローデシア

☑18 セシル=ローズが 1896 年に失脚すると，その帝国主義政策は**イギリス本国の植民地大臣** ▢ に引き継がれた。 (佛教大)

> ジョゼフ=チェンバレン

☑19 1910 年，**ケープ・トランスヴァール・オレンジ・ナタール**の 4 州からなる ▢ が形成された。 (関西学院大)

> 南アフリカ連邦

■ アフリカの分割は地図で確認しよう！

© コンゴ問題

探険 by スタンリー（レオポルド2世が支援）

⬇

コンゴ自由国（ベルギー王私領）
┗ ベルリン会議（1884〜. ビスマルク）
→先占権＋実効支配（治安維持）の確認

モロッコ事件

- ⓐ タンジール事件（1905）
  →国際会議要求
  ┗ アルヘシラス会議（1906）
    →英は仏支持
- ⓘ アガディール事件（1911）
  →モロッコは仏の保護国（1912）

英縦断政策

①スエズ買収→英によるエジプト支配の強化
┗ ウラービー運動（ムハンマド＝アブドゥフ）
→②エジプトの保護国化
②マフディー運動（ムハンマド＝アフマド）
→③スーダンは英・エジプト共同統治
④ケープ植民地（1815. ウィーン会議でオランダより獲得）

⑤ローデシア開拓（セシル＝ローズがケープ首相に）
┗ トランスヴァール征服計画失敗
（⑥トランスヴァール共和国　⑦オレンジ自由国）
☆南アフリカ戦争（1899〜by ジョセフ＝チェンバレン）
→英領南ア連邦（黒人（人種）差別 vs. ガンディー）

仏横断政策

㋐アルジェリア出兵（1830. シャルル10世）vs. アブド＝アルカーディル
㋑チュニジアの保護国化 vs. ⑰（1882. 三国同盟で仏に対抗へ）
㋒仏領ソマリランド（ジブチ港）㋓仏領西アフリカ（サハラ）
※1 ファショダ事件（1898）→英仏抗争終了 vs. 独（世界政策）
※2 アドワの戦い（1896）：⑰ vs. エチオピア（勝）← 仏の支援

独立国

- ⓐ エチオピア
- ⓑ リベリア

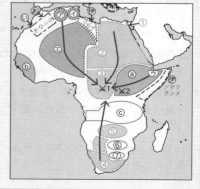

🟡…英が支配
🔴…仏が支配
※英と仏は対立
地図中の①〜⑦, ㋐〜㋓,
ⓐ・ⓘ, ⓐ〜©は
それぞれ上記に対応。

第二次世界大戦後のアフリカ

☑ 20 頻出 1954 年，北アフリカで**フランスからの独立**を求める
□□□□ 戦争が勃発した。　　　　　　　　（専修大）

アルジェリア

☑ 21 頻出 **サハラ以南**では，□ a □ を中心人物とする □ b □
が独立の先駆けとなった。　　　　　（京都産業大）

a エンクルマ
〔ンクルマ〕
b ガーナ

☑ 22 頻出 1956 年，**フランス**から □ a □ と □ b □ が独立を達
成した。　　　　　　　　　　　　　（東洋大）

a・b モロッ
コ・チュニジ
ア（順不同）

☑ 23 **17 ものアフリカ諸国が独立**を果たした **1960 年**は，
"□□□□"とよばれる。　　　　　　　（愛知大）

アフリカの年

☑ 24 1960 年，**ベルギー**から □□□□ が独立し，**ルムンバ**が首
相となった。　　　　　　　　　　　（大阪大）

コンゴ

☑ 25 アフリカ 32 カ国の首脳が一堂に会した 1963 年の**アフリ
カ独立諸国首脳会議**で，□□□□ が結成された。　（新潟大）

アフリカ統一
機構〔OAU〕

☑ 26 20 世紀，南アフリカでは □□□□ とよばれる**白人優位の
人種差別や隔離政策**が行われた。　　（京都産業大）

アパルトヘイト

☑ 27 1994 年，□□□□ が**南アフリカの大統領**に就任し，内政
の安定や，アフリカ諸国の調停役として外交にも活躍し
た。　　　　　　　　　　　　　　　（専修大）

マンデラ

■ 戦後の中東・アフリカの動きをおさえよう！

51：**イランの石油国有化**（モサデグ）←英資本の事実上没収
52：**エジプト革命**（ナギブ・ナセル）→親英王政廃止　エジプト共和国
54：**アルジェリア戦争**（背景：インドシナ戦争でのホーチミンの勝利）
55：**バンドン会議**（アジア・アフリカ会議）…ネルー＝非同盟主義
56：**スエズ戦争**（エジプト vs. イスラエル・英・仏）
┗▶ モロッコ・チュニジアの独立→西アフリカへ波及
57：**ガーナの独立**（エンクルマ）←イギリスから
58：**ギニアの独立**（セク＝トゥーレ）←フランスから
┗▶ 仏は第五共和政（ド＝ゴール）："フランスの栄光"（独自路線）
60：**アフリカの年**（コンゴ・カメルーンなど 17 カ国の独立）
62：**アルジェリアの独立**（エヴィアン協定）
63：**アフリカ統一機構**（エンクルマらの尽力）

5章 二度の世界大戦と現代の世界

第一次世界大戦

第一次世界大戦前の国際情勢

☑01 1902年に　a　を結んだソールズベリ首相は，**イギリス伝統**の"　b　"政策を破棄したことで，辞任に追い込まれた。　　　　　　　　　　　　　　　　　（専修大）

a 日英同盟
b 光栄ある孤立

☑02 **頻出** ドイツの**"3B政策"**に対して，イギリスは　a　・　b　・　c　を拠点とする帝国主義政策をとった。これを**"3C政策"**という。　　　　　　（甲南大）

a・b・c カイロ・ケープタウン・カルカッタ（順不同）

☑03 **頻出** 1898年，**アフリカ横断政策**をとっていた**フランス**と**アフリカ縦断政策**をとっていた**イギリス**が，**スーダン**の　　　　　　で衝突した。　　　　　　　　　　（東洋大）

ファショダ

☑04 この事件を平和的に解決した後，両国の間で1904年　　　　　　が締結された。　　　　　　　　　　　　（専修大）

英仏協商

☑05 1905年，**イラン**では**イギリス・ロシアの侵略**とそれに服属する政府に対して　a　革命が起こり，**国民議会**が開設された。これを受けて両国はイランでの勢力圏を確定し　b　を1907年に締結した。　　　　　（日本大）

a イラン立憲
b 英露協商

☑06 1907年の**英露協商**締結により，**イギリス・フランス・ロシア**間で　　　　　　が成立した。　　　　　　（千葉大）

三国協商

☑07 一方で，ドイツは1882年に**オーストリア・イタリア**と　　　　　　を結成していた。　　　　　　　　（京都府立大）

三国同盟

☑08 日露戦争に勝利した日本は，1907年に**ロシア**と　　　　　，フランスと日仏協約を締結した。　　　　（同志社大）

日露協約

☑ 09 日露戦争後，オスマン帝国では"□□□□"を中心として，**日本のような立憲君主制を目指す**活動が活発化していた。　　　　　　　　　　　　　　　　　　　　（東洋大）

青年トルコ人

☑ 10 **頻出** **青年トルコ革命**などの混乱が続く**オスマン帝国**から，1908 年 10 月に□□□□が独立を果たした。　（駒澤大）

ブルガリア

☑ 11 アフリカ進出を狙うドイツ皇帝**ヴィルヘルム 2 世**は，1905 年と 1911 年の二度にわたって□□□□事件を起こすが，いずれも失敗に終わった。　　　　　　（東洋大）

モロッコ

☑ 12 1911 年，この事件の混乱に乗じた**イタリアがリビアに進出**したことで，□□□□戦争が勃発した。

イタリア＝トルコ

バルカン問題

☑ 13 常に戦争の危機にさらされていた**バルカン半島**は，ヨーロッパ諸国から"□□□□"とよばれていた。　（信州大）

ヨーロッパの火薬庫

☑ 14 1908 年 10 月，**オーストリア**によってオスマン帝国内の□□□□が併合された。　　　　　　　（青山学院大）

ボスニア・ヘルツェゴヴィナ

☑ 15 **頻出** 1911 ～ 12 年のイタリア＝トルコ戦争後，ロシアの**ニコライ 2 世**は｜ a ｜主義を掲げて｜ b ｜同盟を主導した。　　　　　　　　　　　　　　　　　　（駒澤大）

a パン＝スラヴ
b バルカン

☑ 16 この考え方は，**ドイツ**を中心とするゲルマン諸国が掲げた□□□□主義と対立した。

パン＝ゲルマン

☑ 17 1912 年，ロシア主導の**バルカン同盟とオスマン帝国**との間で□□□□が起こった。　　　　　　　（龍谷大）

第 1 次バルカン戦争

☑ 18 この戦争によって領土が拡大した**ブルガリア**と，セルビアやギリシアなどが□□□□を起こした。　（日本大）

第 2 次バルカン戦争

```
■ バルカン問題の流れは ゴロ で覚えよう！
◎バルカン問題"青年 ボス 威 張る"
┈┈┈┈┈┈┈┈┈┈┈┈┈┈┈┈┈┈┈┈┈┈┈┈┈┈┈┈┈┈┈┈┈┈┈┈
→青年⇒青年トルコ革命 (08)　①ミドハト憲法復活②ブルガリアの独立
→ボス⇒ボスニア・ヘルツェゴヴィナ併合 (by墺)　vs.大セルビア主義
→威⇒イタリア＝トルコ戦争 (11)　→トルコ敗北→バルカン同盟成立
→張る⇒バルカン戦争┌第 1 次 (12)：バルカン同盟 vs. トルコ
　　　　　　　　　　└第 2 次 (13)：ブルガリア VS.バルカン三国・ギリシア・トルコ
```

二度の世界大戦と現代の世界

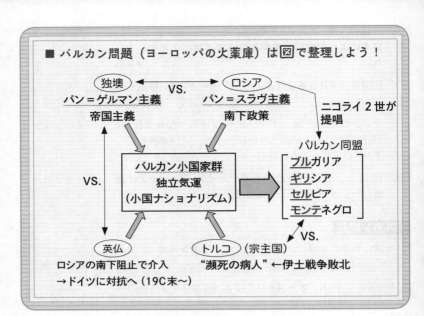

■ バルカン問題（ヨーロッパの火薬庫）は図で整理しよう！

独墺 ←→ ロシア
VS.
パン＝ゲルマン主義　　パン＝スラヴ主義
帝国主義　　　　　　　南下政策

ニコライ2世が提唱

バルカン同盟
[ブルガリア
ギリシア
セルビア
モンテネグロ]

バルカン小国家群
独立気運
（小国ナショナリズム）

VS.

英仏
ロシアの南下阻止で介入
→ドイツに対抗へ（19C末～）

トルコ（宗主国）
"瀕死の病人" ←伊土戦争敗北

VS.

第一次世界大戦の開戦

☑19　1914年6月28日，ボスニアの中心都市で**オーストリアの**
帝位継承者が暗殺される ▢ 事件が起こった。（摂南大）

サライェヴォ

☑20　頻出 この事件の犯人の出身国である ▢ に対して，
オーストリアは宣戦布告を行った。　　　　　　　　（駒澤大）

セルビア

☑21　頻出 この2国の争いは，独墺を中心とする**同盟国**と英
仏露を中心とする**協商国（連合国）**という，ヨーロッパ
全土を巻き込んだ戦争に発展した。 ▢ a ▢ 年に勃発し
たこの戦争を ▢ b ▢ とよぶ。　　　　　　　　　（九州大）

a 1914
b 第一次世界
大戦

■ 第一次世界大戦の戦いは ゴロ で覚えよう！
◎第一次世界大戦の戦い "丸 い ベ ソ"

丸⇒**マルヌ**の戦い　独を阻止byジョッフル（仏）　　　**ベ**⇒**ヴェルダン**の戦い　死守byペタン（仏）
い⇒**イーブル**の戦い　毒ガス使用（by独）　　　　　　**ソ**⇒**ソンム**の戦い　連合国が大攻撃（戦車使用）

☑ 22 **頻出** ドイツはフランスに侵攻するため, **永世中立国**だった □□□ に侵攻した。 (龍谷大)

ベルギー

☑ 23 アジアでは, **イギリスと同盟関係**にあった □a□ がドイツに対して宣戦布告し, **ドイツ領だった中国・山東省**の □b□ を占領した。 (専修大)

a 日本
b 青島（チンタオ）

☑ 24 ドイツが西方（**フランス方面**）に対して行った戦闘を □□□ と総称する。 (東京学芸大)

西部戦線

☑ 25 ベルギーに侵入したドイツ軍は, □□□ の戦いで初めてフランス軍に阻止された。 (専修大)

マルヌ

☑ 26 ドイツ軍は, **イープルの戦い**で初めて □□□ を使用した。 (甲南大)

毒ガス

☑ 27 西部戦線と並行して, ドイツが東方（**ロシア方面**）に対して行った戦闘を □□□ と総称する。 (専修大)

東部戦線

☑ 28 ドイツ軍は, ポーランド東北部における □□□ の戦いで**ロシア軍を撃破**した。 (専修大)

タンネンベルク

☑ 29 1915 年, **イギリス**はオスマン帝国の崩壊を狙って, **アラブ人**の協力を得るために □□□ を結んだ。 (九州大)

フセイン〔フサイン〕・マクマホン協定

☑ 30 1916 年, イギリス・フランス・ロシア間で戦後の**オスマン帝国の分割**を定めた □□□ が結ばれた。 (九州大)

サイクス・ピコ協定

☑ 31 ユダヤ人の資金協力を得るため, イギリスは**パレスチナにおけるユダヤ人国家建設**を認める □□□ を発した。 (日本大)

バルフォア宣言

☑ 32 軍事的に劣勢に立たされた**ドイツ**は, イギリスの海上封鎖を破るために □□□ 作戦を実施した。 (京都大)

無制限潜水艦

☑ 33 **頻出** この作戦を口実として, □□□ を大統領とする**アメリカが協商国側で参戦**した。 (東京大)

（ウッドロー＝）ウィルソン

☑ 34 ロシアで成立したソヴィエト政権は, 1918 年 □□□ 条約を締結して**ドイツと単独講和**を行った。 (甲南大)

ブレスト＝リトフスク

☑ 35 ドイツの敗北が決定的となった 1918 年, □□□ で**水兵が反乱**を起こした。 (南山大)

キール軍港

☑ 36 キール軍港の反乱が a につながり，ドイツは帝政から共和政へと移行していった。この際，ドイツ皇帝 b が**オランダに亡命**した。　　　　　（京都大）

a ドイツ革命
b ヴィルヘルム 2 世

☑ 37 亡命の翌日，ドイツと連合国が □ を結び，**第一次世界大戦が終了**した。　　　　　　　　　　（京都産業大）

ドイツ休戦協定

☑ 38 **大戦中に実用化された兵器**として，毒ガス・戦車・潜水艦・機関銃・ □ などが挙げられる。　（大妻女子大）

航空機
〔飛行機〕

ロシア革命

19 世紀後半のロシア

☑ 01 **クリミア戦争に敗北**する中で皇帝となった a は，1861 年に**農奴**に対して**人格的自由を与える** b を出した。　　　　　　　　　　　　　　　（明治大）

a アレクサンドル 2 世
b 農奴解放令

☑ 02 [頻出] a とよばれる都市の b たちは，農村共同体を基盤として，ロシア独自の平等な社会を実現しようとした。　　　　　　　　　　　　　　　（名城大）

a ナロードニキ
〔人民主義者〕
b インテリゲンツィア

☑ 03 この人々は，反動化したアレクサンドル 2 世に対し，" □ （**人民の中へ**）"というスローガンを掲げて運動を活発化させた。

ヴ゠ナロード

☑ 04 **ニヒリズム（虚無主義）**の革命思想は，**国家権力を否定**し個人の自由を強く追求する a や，**暗殺・暴行・暴力**によって自己の主張を図ろうとする b に継承された。　　　　　　　　　　　　　　（近畿大）

a 無政府主義
〔アナーキズム〕
b テロリズム

☑ 05 対外進出に積極的だったアレクサンドル 2 世の時代，**東シベリア総督**の a が**アイグン（愛琿）条約**を結んで b 以北の領土を獲得した。　　　（大阪大）

a ムラヴィヨフ
b 黒竜江〔アムール川〕

☑ 06 **1860 年の北京条約**で清朝から**沿海州**を得たロシアは，この地に □ という都市を建設した。　（北海道大）

ウラジヴォストーク

☑ 07 1875年，ロシアは日本と□□□□条約を交わした。（福井大）

樺太・千島交換

☑ 08 1894年に締結された**露仏同盟**によってフランスから多額の資本援助を受けた**ロシア**は，□□□□建設に着工した。（名城大）

シベリア鉄道

☑ 09 1898年，**労働者を基盤**とする□□□□という政党が結成された。（新潟大）

ロシア社会民主労働党

☑ 10 1903年，この政党は"**多数派**"を意味する□ a □と，"**少数派**"を意味する□ b □に分裂した。（首都大学東京）

a ボリシェヴィキ
b メンシェヴィキ

☑ 11 頻出 この政党の多数派は，□□□□を指導者とした。（東洋大）

レーニン

☑ 12 1901年，**ナロードニキの流れ**をくむ□□□□が結成され，**農民を基盤**とした。（首都大学東京）

社会革命党〔エス＝エル〕

☑ 13 アレクサンドル3世の後を継いだ□□□□が**ロシア最後の皇帝**となった。（京都産業大）

ニコライ2世

☑ 14 日清戦争による日本の中国進出に警戒するロシアは，フランス・ドイツを誘って日本に**遼東半島返還**（リャオトン）を要求した。これを□□□□とよぶ。（明治学院大）

三国干渉

第1次ロシア革命

☑ 15 頻出 **日露戦争**勃発後の1905年，戦況が不利になったロシアでは，首都□ a □で**デモが弾圧**される"□ b □事件"が起こった。（東洋大）

a ペテルブルク
b 血の日曜日

☑ 16 この事件をきっかけとして，ロシアでは□□□□が始まった。

第1次ロシア革命

☑ 17 頻出 この革命中，ロシア語で"**評議会**"を意味する□□□□が兵士と労働者により結成された。（駒澤大）

ソヴィエト

☑ 18 **ニコライ2世**は，□ a □が起草した□ b □を発布して**革命の沈静化**を図った。（東洋大）

a ウィッテ
b 十月宣言

☑ 19 この宣言により，**憲法制定**とロシア語で□□□□とよばれる**国会**の開設が約束された。（関西大）

ドゥーマ

☑20 **頻出** **日露戦争**の全権を委任されていた自由主義者**ウィッテ**は，日本の小村寿太郎と ＿＿＿＿ 条約を結んだ。（成城大）　ポーツマス

☑21 1905 年，**ブルジョワ階級を中心として** ＿＿＿＿ が結成された。（法政大）　立憲民主党〔カデット〕

☑22 **ウィッテの解任**後，次の首相に ＿a＿ が就任し，反動政治を行った。帝政の支持層拡大のため， ＿b＿ を行った。（専修大）　a ストルイピン　b ミール解体

二月革命と十月革命

☑23 1914 年に勃発した**第一次世界大戦**に際し，ロシアでは1917 年，労働者や兵士が ＿＿＿＿ で大規模な**ストライキ**を行った。（東北学院大）　ペトログラード

☑24 この暴動で**ニコライ 2 世が退位**したことにより，300 年続いた ＿a＿ が滅亡することになった。これを ＿b＿ とよぶ。（駒澤大）　a ロマノフ朝　b 二月革命〔三月革命〕

☑25 革命後に成立した**臨時政府**には，社会革命党の ＿＿＿＿ も入閣していた。（駒澤大）　ケレンスキー

☑26 スイスから帰国した ＿a＿ は， ＿b＿ で臨時政府とソヴィエトの**二重権力を否定**した。（東洋大）　a レーニン　b 四月テーゼ

☑27 これを受け，ソヴィエト内で ＿＿＿＿ が勢力を拡大させた。（首都大学東京）　ボリシェヴィキ

☑28 臨時政府打倒を決意した**レーニン**は，**ボリシェヴィキ**を率いて ＿＿＿＿ とよばれる武装蜂起（ほうき）を起こした。（神戸学院大）　十月革命〔十一月革命〕

☑29 十月革命成功後，レーニンは" ＿＿＿＿ "を発し，ドイツをはじめ交戦国に**即時停戦**と**無併合・無賠償・民族自決**の原則による講和を求めた。（津田塾大）　平和に関する布告

☑30 レーニンは，**地主の土地の所有権を無償で没収**する" ＿＿＿＿ "を発し，社会主義国家建設を事実上宣言した。（同志社大）　土地に関する布告

☑31 **十月革命後**， ＿＿＿＿ を発足させるために普通選挙が行われた。（南山大）　憲法制定会議

☑ 32 [頻出] 政権獲得後，**ボリシェヴィキ**は ┌ a ┐ と改称し，首都を ┌ b ┐ とした。 (近畿大)

a ロシア共産党
b モスクワ

☑ 33 ロシアでの革命成功を受け，社会主義運動の流入を恐れる日本・アメリカ・中国などは，**チェコ兵救出**を名目とする ┌＿＿＿┐ を行った。 (東京女子大)

シベリア出兵

☑ 34 一連の**対ソ干渉戦争に対抗**するため，ソヴィエト政権は**穀物の強制徴発**など ┌＿＿＿┐ をとった。 (日本女子大)

戦時共産主義

☑ 35 対ソ干渉戦争では，┌＿＿＿┐ とよばれる**ソヴィエト政権の軍隊**が活躍した。 (愛知教育大)

赤軍

☑ 36 [頻出] 1919 年，共産党など世界の左翼勢力が**モスクワ**に集まり，┌＿＿＿┐ が結成された。 (東洋大)

コミンテルン
〔第 3 インターナショナル〕

☑ 37 低下した生産を回復させるため，1921 年にソヴィエト政権は**穀物徴発などを廃止**し，┌＿＿＿┐ とよばれる**新たな経済政策**を開始した。 (専修大)

ネップ〔新経済政策〕

☑ 38 1922 年，**ロシアなど 4 つのソヴィエト共和国が連合**して ┌＿＿＿┐ が成立した。 (明治学院大)

ソヴィエト社会主義共和国連邦

☑ 39 その 4 カ国とは，ロシア・┌ a ┐・┌ b ┐・┌ c ┐ だった。 (専修大)

a・b・c ウクライナ・ベラルーシ〔白ロシア〕・ザカフカース(順不同)

☑ 40 **スターリン**は，┌＿＿＿┐ という**共産主義運動の理念**を主張した。 (首都大学東京)

一国社会主義論

☑ 41 これに対し，**レーニンとともに十月革命**を成功させた ┌ a ┐ は，┌ b ┐ という**共産主義運動の理念**を主張した。 (駒澤大)

a トロツキー
b 世界革命論

☑ 42 [頻出] 1924 年の**レーニン死去**後，**トロツキー**と ┌＿＿＿┐ が後継者争いを行い，後者が勝利した。 (東洋大)

スターリン

☑ 43 この人物は，レーニンの後継者に就任後，**反対する者を抹殺**する"┌＿＿＿┐"を行った。 (愛知教育大)

粛清(しゅくせい)

☑44 1928 年, ソ連では**重工業を優先**して農業国から工業国 へ変わろうとする ⬚⬚⬚ が始まった。 (大阪大)

（第 1 次）五カ年計画

☑45 これにより, 1929 年 10 月にアメリカから始まった ⬚⬚⬚ の影響をソ連は受けなかったとされる。 (愛知大)

大恐慌〔世界恐慌〕

☑46 **第 1 次五カ年計画**において, 農業では ⬚a⬚ とよばれる**集団農場**や, ⬚b⬚ とよばれる**国営農場**が組織された。 (名城大)

a コルホーズ
b ソフホーズ

第一次世界大戦後のヨーロッパ

ヴェルサイユ体制

☑01 頻出 1919 年, ⬚a⬚ で**第一次世界大戦の講和会議**が開かれた。ここでの決定事項により, ⬚b⬚ とよばれる体制が始まった。 (駒澤大)

a パリ
b ヴェルサイユ体制

☑02 頻出 この会議には, 1918 年に大戦終結のための ⬚a⬚ の**平和原則**を発表していたアメリカの ⬚b⬚ 大統領が出席した。 (東京大)

a 十四カ条
b (ウッドロー=)ウィルソン

☑03 この会議には, **イギリス**の ⬚a⬚ 首相, **フランス**の ⬚b⬚ 首相が出席した。 (専修大)

a ロイド=ジョージ
b クレマンソー

☑04 頻出 この会議で締結された条約の中で, **ドイツに関するもの**を ⬚⬚⬚ 条約とよぶ。 (日本大)

ヴェルサイユ

☑05 連合国とオーストリアは ⬚a⬚ 条約, ハンガリーは ⬚b⬚ 条約, ブルガリアは ⬚c⬚ 条約を結んだ。 (駒澤大)

a サン=ジェルマン
b トリアノン
c ヌイイ

☑06 ヴェルサイユ条約により, **プロイセン=フランス（普仏）戦争でドイツが獲得**した ⬚a⬚ ・ ⬚b⬚ がフランスに返還された。 (成城大)

a・b アルザス・ロレーヌ（順不同）

☑07 軍事的な取り決めとして, **ドイツ**の ⬚⬚⬚ 地方が**非武装化**された。 (日本大)

ラインラント

☑ 08 **頻出** ウィルソンの十四カ条に基づき，**史上初の集団的国際安全保障機構である** ⬚ a が成立し，本部が ⬚ b に置かれた。　　　　　　　　　　　　　　　　（愛知教育大）

a 国際連盟
b ジュネーヴ

☑ 09 1921〜22年，**軍拡競争による財政圧迫の解消**などを狙った ⬚ a 会議が開催され，⬚ b とよばれる国際体制が作られた。　　　　　　　　　　　　（専修大）

a ワシントン
b ワシントン体制

☑ 10 1921年，**太平洋における各国の領土と権益を相互に尊重する** ⬚ a 条約が締結され，⬚ b は破棄された。　　　　　　　　　　　　　　　　　　　　　（専修大）

a 四カ国
b 日英同盟

☑ 11 1922年の ⬚ 条約では，**中国の主権と独立の尊重**などが約された。　　　　　　　　　　　　　（甲南大）

九カ国

☑ 12 ⬚ 条約で，イギリス・アメリカ・日本・フランス・イタリアの**主力艦保有比率**が定められた。　（東京学芸大）

ワシントン海軍軍備制限〔海軍軍縮〕

☑ 13 1927年**フランス**の外相 ⬚ a と**アメリカ**の国務長官 ⬚ b により，紛争の解決に武力を用いないことを定めた協定が結ばれた。　　　　　　　　　（北海道大）

a ブリアン
b ケロッグ

ドイツの賠償問題と国際協調主義

☑ 14 1923年，賠償金の返済猶予を求めるドイツに対し，**フランスとベルギーが** ⬚ **工業地帯を軍事占領する**事件を起こしたが，失敗に終わった。　（京都産業大）

ルール

☑ 15 1924年，⬚ a によって賠償支払いに苦しむドイツに ⬚ b 資本の注入が決定した。　　（北海学園大）

a ドーズ案
b アメリカ

☑ 16 1925年の ⬚ 条約締結によって，**ドイツの国際連盟加入**が認められた。　　　　　　　　（同志社女子大）

ロカルノ

☑ 17 1928年，**国際紛争の解決は武力に頼らない**という趣旨の ⬚ が15カ国の間で交わされた。　（一橋大）

不戦〔ブリアン・ケロッグ〕条約

☑ 18 1929年の ⬚ によって，ドイツの賠償金は**358億金マルク**に引き下げられ，**59カ年賦**とされた。（甲南大）

ヤング案

☑19 1930 年，**補助艦の保有比率**を決定する ☐ 会議が開 ロンドン（軍縮）
かれた。 （早稲田大）

☑20 1932 年の**ローザンヌ賠償協定**で賠償金の総額は大幅に ヒトラー
削減されたが，1933 年にドイツで ☐ 内閣が成立し
た時，**支払いは完全に破棄**された。 （広島修道大）

第一次世界大戦後のドイツ

☑21 ドイツ革命後，☐ という政党の**エーベルト**を首相と 社会民主党
するドイツ共和国臨時政府が発足した。 （南山大） 〔ドイツ社会
民主党〕

☑22 1919 年，**ドイツ**では ☐ という非常に**民主的な憲法** ヴァイマル憲法
が発布された。 （京都産業大）

☑23 この憲法が成立してからナチス政権が成立するまでのド ヴァイマル共
イツ共和国を ☐ とよぶ。 （東京外国語大） 和国

☑24 頻出 ドイツの首相 a は，通貨を b にかえるこ a シュトレー
とで，ルール出兵頃から起きた**未曾有のインフレを解消** ゼマン
した。 （京都産業大） b レンテンマ
ルク

☑25 ドイツ革命後の初代大統領 a が 1925 年に死去す a エーベルト
ると，**第一次世界大戦の英雄** b が大統領となった。 b ヒンデンブ
（愛知教育大） ルク

第一次世界大戦後のイギリス

☑26 1905 年に結成された**アイルランド**の急進的・反英的な シン＝フェイン
☐ 党が，第一次世界大戦後に大躍進した。 （成蹊大）

☑27 1919 年，アイルランドは**イギリスからの独立**を宣言し， アイルランド
1922 年に自治領として ☐ が成立した。 （九州大） 自由国

☑28 頻出 この国は，1937 年に成立した新憲法で，国号を エール
☐ と改称した。 （駒澤大）

☑29 頻出 1924 年，イギリスでは ☐ を首相とする**初の労** マクドナルド
働党内閣が成立した。 （京都産業大）

☑ 30 1931 年の ａ によって，**イギリス本国と自治領の対等化が明文化され**，ｂ が形成された。　(東京大)

a ウェストミンスター憲章
b イギリス連邦

☑ 31 挙国一致の第 2 次マクドナルド内閣の下で恐慌対策が本格化し，**ポンドの価値を下げる**ために □ が停止された。　(津田塾大)

金本位制

☑ 32 1932 年，世界恐慌の対策として，カナダの ａ で**イギリス連邦経済会議**が開かれ，ｂ 経済の採用が決定した。　(京都産業大)

a オタワ
b ブロック

☑ 33 イギリス連邦経済会議では，**輸入品に高い関税をかけ外国製品をイギリス連邦内に入れない**ようにするブロック経済の採用が決定された。イギリスを中心とする経済ブロックを □ という。　(津田塾大)

スターリング〔ポンド〕=ブロック

第一次世界大戦後のイタリア

☑ 34 1921 年，ロシア革命に影響を受けた**イタリア社会党の左派**から □ が誕生した。　(南山大)

イタリア共産党

☑ 35 1921 年，右派暴力組織を集結させた ａ を指導者として，ｂ が結成された。　(京都産業大)

a ムッソリーニ
b ファシスト党

☑ 36 1922 年，この人物が率いる**黒シャツ隊**が，政権獲得を狙って**威圧的な行動**を決行した。これを □ とよぶ。　(京都産業大)

ローマ進軍

☑ 37 ムッソリーニは，**"未回収のイタリア"**の中で当時まだ獲得できていなかった □ とダルマチアの併合を狙った。　(東京女子大)

フィウメ

☑ 38 ムッソリーニ内閣は，1926 年に**ファシスト党以外の政党を禁止**し，□ を確立した。　(東京大)

一党独裁体制

☑ 39 頻出 1926 (27) 年，**イタリア**は □ を**事実上の保護国**とし，1939 年には併合した。　(専修大)

アルバニア

☑ 40 1929 年，ムッソリーニは □ 条約を結んで**教皇との関係を改善**した。　(専修大)

ラテラノ〔ラテラン〕

☑41 ラテラノ条約により，**教皇庁に国家主権**が認められ，□□□が成立した。 （昭和女子大）　ヴァチカン市国

☑42 **議会制民主主義を否定**し，極端な国粋主義を主張する独裁政治の形態を□□□とよぶ。 （新潟大）　ファシズム

☑43 頻出 1936 年に□□□を併合したことが，**イタリアが国際的に完全に孤立する原因**となった。 （東洋大）　エチオピア

☑44 頻出 1937 年，イタリアは□□□を脱退した。 （一橋大）　国際連盟

☑45 イタリアは，スペイン内戦で同じくフランコ側を支援していた**ドイツ**に接近し，□□□を成立させた。 （近畿大）　ベルリン＝ローマ枢軸

☑46 1937 年，**日独防共協定にイタリア**が加わり，□□□協定が成立した。 （東京学芸大）　（日独伊）三国防共

■ ドイツの賠償問題の流れは ゴロ と 図 で覚えよう！

◎ "ルール どーや 風呂打ち切り"

⇒ 1923 年　ルール出兵 (by フランス・ベルギー)

⇒ 1924 年　ドーズ案 (賠償金の支払い期限緩和)

⇒ 1929 年　ヤング案 (賠償金を 59 カ年賦へ)

⇒ 1931 年　フーヴァー=モラトリアム

⇒ 1932 年　ローザンヌ賠償協定

⇒ 1933 年　賠償金支払いの**打ち切り** (byヒトラー内閣)

ドーズ案(1924年)

米

❶ 資本投下　利息　❸ 戦債

独　❷賠償金　英仏

工業回復　経済回復

大戦間のアメリカと世界恐慌

第一次世界大戦後のアメリカ

☑01 頻出 第一次世界大戦末期，民主党の□□□□大統領は**十四カ条の平和原則**を提唱し，**秘密外交の廃止**や**海上の自由**などを訴えた。 (東京大)
（ウッドロー＝）ウィルソン

☑02 当初アメリカが大戦に参戦しなかったのは，**モンロー主義**の延長である□□□□が理由とされている。 (法政大)
孤立主義

☑03 アメリカに旧来からいる**白人の支配層**を□□□□とよぶ。 (摂南大)
WASP〔ワスプ〕

☑04 1919 年，アメリカでの酒類の製造や販売を禁止する□□□□が制定された。 (立教大)
禁酒法

☑05 排外主義を原因として，**2 人のイタリア人が冤罪**に問われる□□□□事件が発生した。 (摂南大)
サッコ・ヴァンゼッティ

☑06 1920 年，民主党政権は戦時協力をした□□□□に参政権を与えた。 (東洋大)
女性

☑07 工業化の急激な進展によって，□a□・□b□のシステムが成立した。 (東京外国語大)
a・b 大量生産・大量消費（順不同）

☑08 □□□□社は，**流れ作業（組立てライン）方式**を確立して自動車の**低価格化**を実現した。 (摂南大)
フォード

☑09 **クーリッジ**が 1924 年に制定した□□□□により，**日本からの移民が全面的に禁止**となった。 (東京大)
移民法

世界恐慌

☑10 "□a□"とよばれる 1929 年 10 月 24 日，ニューヨークの□b□にある証券取引所から恐慌が始まった。 (明治学院大)
a 暗黒の木曜日
b ウォール街

☑11 頻出 共和党の□a□大統領は，恐慌対策のため□b□を発して**戦債と賠償金支払いの 1 カ年猶予**を掲げたが，あまり効果は見られなかった。 (東洋大)
a フーヴァー
b フーヴァー＝モラトリアム

☑12 **頻出** フーヴァーの後で大統領に就任した a 党の b は、" c "とよばれる一連の経済政策を打ち出した。この政策は，一般的に**"新規まき直し"**と訳されている。　(東洋大)

a 民主
b フランクリン=ローズヴェルト
c ニューディール

☑13 この政策の一環で**農業生産を制限**し，過剰生産物を政府が買い上げる ⬚ が制定された。　(学習院大)

農業調整法〔AAA〕

☑14 1933 年，**企業ごとに規約を作らせて生産を制限**し，企業に適正な利潤を確保させようという ⬚ が制定された。　(西南学院大)

全国産業復興法〔NIRA〕

☑15 **テネシー川流域でのダム・水路の建設を目的として設立**された ⬚ によって，多くの失業者を吸収しようとした。　(津田塾大)

テネシー川流域開発公社〔TVA〕

☑16 上院議員の提案で立法化された ⬚ により，**労働者の団結権や団体交渉権**が認められた。　(成城大)

ワグナー法

☑17 **頻出** ローズヴェルトの行った対外政策は a とよばれる。その一環として，アメリカは 1934 年に b の自治を認め，10 年後の独立を約束した。　(東洋大)

a 善隣外交
b フィリピン

☑18 第二次世界大戦勃発後，**アメリカはイギリスなどに武器援助を行える**よう ⬚ を制定した。　(一橋大)

武器貸与法

国共合作と日本の中国進出

1920 年代までの中国

☑01 1914 年に第一次世界大戦が勃発すると，日本は ⬚ を口実として**ドイツに宣戦布告**をし，ドイツ領だった中国の**青島を占領**した。　(専修大)

日英同盟

☑02 1915 年，日本は中国の袁世凱政府に対して ⬚ を突きつけた。　(南山大)

二十一カ条の要求

☑ 03 1898 年の**変法運動**の一環として設立された**京師大学堂**が, 1912 年に ☐ となった。 (北海道大)

北京大学

☑ 04 1910 年代後半から, 中国では知識人・青年・学生らが中心となって, ☐ ともよばれる**新文化運動**を行った。 (一橋大)

文学革命

☑ 05 頻出 この運動の中心人物である ☐ a ☐ は, 1915 年に上海で**"民主と科学"**を掲げる**啓蒙雑誌**『 ☐ b ☐ 』を発刊した。 (駒澤大)

a 陳独秀
b 新青年

☑ 06 この雑誌で口語による**白話文学**を提唱した ☐ が, **文学革命**の口火を切った。 (明治学院大)

胡適

☑ 07 頻出 封建的な社会を批判した ☐ は, 『**阿Q正伝**』などの小説上で実際に**白話文学**を推進した。 (成城大)

魯迅

☑ 08 1918 年, 魯迅は雑誌『新青年』に儒教思想を批判する『 ☐ 』を発表した。 (明治学院大)

狂人日記

☑ 09 ロシア革命の影響を受けた北京大学の教授 ☐ が, マルクス主義研究会を設立した。 (龍谷大)

李大釗

☑ 10 頻出 1919 年, 北京大学の学生を中心として, **反帝国主義・反日**を掲げる ☐ という大規模暴動が発生した。この結果, 中華民国政府はヴェルサイユ条約の批准を拒否した。 (東京女子大)

五・四運動

☑ 11 頻出 民衆運動との結束を図るため, **孫文**は 1919 年に大衆政党 ☐ を結成した。 (大阪大)

中国国民党

☑ 12 頻出 1919 年にモスクワで**コミンテルン(第3インターナショナル)**が結成されたことを受け, 1921 年に上海で ☐ a ☐ が結成され, ☐ b ☐ が初代委員長になった。 (甲南大)

a 中国共産党
b 陳独秀

☑ 13 1924 年, 国民党は" ☐ "という**3つの方針**を採用して, **大衆や共産党と協調**する路線をとった。これにより, **第1次国共合作**が成立した。 (駒澤大)

連ソ・容共・扶助工農

☑ 14 1925 年, 上海で ☐ とよばれる**反日・反英の反帝国主義運動**が起こった。 (南山大)

五・三〇運動

☑15 1925 年，国民党はこの事件による民族意識の高揚を受けて [___] 政府を樹立した。　　　　　　　　　　（明治大）
　　　　　　広州国民

☑16 頻出 孫文（そんぶん）の死後，**国民党左派**の代表は [a]，国民党右派の代表は [b] となった。　　　　（専修大）
　　　　　　a 汪兆銘（おうちょうめい）
　　　　　　b 蔣介石（しょうかいせき）

☑17 1926 年，国民党による**軍閥打倒と中国統一を目指す戦い**が開始された。これを [___] とよぶ。　　（一橋大）
　　　　　　北伐（ほくばつ）

☑18 1927 年，この戦いに際して，**日本が居留民保護を名目に出兵**した。これを [___] という。　　（早稲田大）
　　　　　　山東出兵

☑19 1927 年，**浙江財閥**（せっこう）などの民族資本や列強の支援を受けた蔣介石が [___] とよばれる**反共クーデタ**を強行したことが，国共分裂につながった。　　　　　　（南山大）
　　　　　　上海クーデタ

☑20 頻出 共産党の若き指導者の一人 [___] は，井岡山（せいこうざん）に解放区を建設し，革命の根拠地とした。　　（近畿大）
　　　　　　毛沢東

☑21 上海クーデタ後，蔣介石は財閥や列強諸国の支持を受け，**国民党右派を主軸とする** [___] 政府を樹立した。　　　　　　　　　　　　　　　　　（大阪経済大）
　　　　　　南京国民（ナンキン）

☑22 国共分裂が決定的となった 1927 年，中国共産党は**共産党軍**となる [___] を組織した。　　（立命館大）
　　　　　　紅軍（こうぐん）

☑23 **奉天軍閥**（ほうてん）の代表 [a] は日本軍の支援を受けていたが，1928 年に北伐軍に敗れた後，**日本軍によって爆殺**（ばくさつ）された。この事件を [b] とよぶ。　　（日本大）
　　　　　　a 張作霖（ちょうさくりん）
　　　　　　b 張作霖爆殺〔奉天〕事件

☑24 頻出 この人物の子である [___] は，東北地方の実権を握り，蔣介石の中国統一を支援した。　　（関西大）
　　　　　　張学良（ちょうがくりょう）

■ 新文化運動（文学革命）は 勿襲（ゴロ）で覚えよう！

◎新文化運動 "**チン コ ロ リ**"

→**チン**⇒**陳**独秀　「新青年」→のち共産党誌

→**コ**⇒**胡**適　白話（口語）文学を提唱（文語を否定し口語へ）

→**ロ**⇒**魯**迅　白話（口語）文学を推進（「狂人日記」・「阿Q正伝」）

→**リ**⇒**李**大釗　マルクス主義研究会（in上海）→のち中国共産党

日中戦争へ

☑ 25 **頻出** 1931 年，解放区を統合して ⬚ a ⬚ を首都とする ⬚ b ⬚ が樹立された。 （駒澤大）

a 瑞金
b 中華ソヴィエト共和国臨時政府

☑ 26 日本の関東軍は，1931 年 9 月に起こした ⬚ a ⬚ とよばれる**南満州鉄道爆破事件**を発端に，⬚ b ⬚ という侵略戦争を開始した。 （東洋大）

a 柳条湖事件
b 満州事変

☑ 27 この戦争で**日本が満州のほぼ全土を軍事制圧**したことを受け，⬚ a ⬚ の成立が宣言され，**清朝最後の皇帝** ⬚ b ⬚ が執政に据えられた。 （日本大）

a 満州国
b （愛新覚羅）溥儀

☑ 28 1932 年，**日本の満州侵略を調査**するために派遣された ⬚⬚⬚ の報告をもとに，国際連盟は満州国の不承認を国際連盟総会に提案した。 （東京学芸大）

リットン調査団

☑ 29 **頻出** 満州国の不承認を受け，1933 年に日本は ⬚⬚⬚ を脱退した。 （成蹊大）

国際連盟

☑ 30 **頻出** 1930 年以降，中国では国共内戦が本格化した。ソ連の ⬚⬚⬚ は，コミンテルンを通じて**蔣介石率いる国民党への攻撃を中国共産党に指令**した。 （東洋大）

スターリン

☑ 31 1934 年 10 月から 1936 年 10 月にかけて，国民党の圧力を受けた**中国共産党とその軍隊**は，⬚⬚⬚ とよばれる**大移動**を行った。 （駒澤大）

長征

☑ 32 この大移動の途上の 1935 年 8 月，**共産党は内戦停止と民族統一戦線の結成**を訴える，通称 ⬚⬚⬚ を発表した。 （専修大）

八・一宣言

☑ 33 長征の結果，共産党は**陝西省**の ⬚⬚⬚ を根拠地とした。 （駒澤大）

延安

☑ 34 1936 年，**張学良らが蔣介石を監禁**する ⬚⬚⬚ を起こした。 （学習院大）

西安事件

☑ 35 この事件の結果, **蔣介石は内戦の停止**と**抗日への集中**を約束し, 1937 年に**第 2 次国共合作**が成立した。これにより, ___ とよばれる抵抗運動が展開された。

(一橋大)

抗日民族統一戦線

☑ 36 1937 年 7 月, **北京郊外**で a とよばれる日本と中国の軍事衝突が起こった。これをきっかけとして, b という全面戦争が起こった。 (昭和女子大)

a 盧溝橋事件
b 日中戦争

☑ 37 この戦争勃発後の 1937 年 12 月, **南京**占領部隊が起こしたとされる事件を ___ とよぶ。 (中央大)

南京事件〔南京大虐殺〕

☑ 38 頻出 日本軍によって南京を追われた**国民政府**は, **武漢**を経由して ___ へと遷都した。 (西南学院大)

重慶

☑ 39 頻出 国民政府が南京から逃れた際, もともと蔣介石と合わなかった ___ が重慶を脱出し, 日本と合流した。

(西南学院大)

汪兆銘

第二次世界大戦

ファシズムの台頭

☑ 01 頻出 第一次世界大戦後に設立された**ドイツ労働者党**という右派政党は, 1920 年に a と改称した。この政党は, b という略称でよばれた。 (愛知教育大)

a 国民〔国家〕社会主義ドイツ労働者党
b ナチ党〔ナチス〕

☑ 02 この党の党首 a は, 1933 年に b 大統領により首相に任命され, 内閣を組織した。 (立命館大)

a ヒトラー
b ヒンデンブルク

☑ 03 この内閣は, ___ 事件をきっかけにして, **共産党を解散**に追い込むことに成功した。 (法政大)

国会議事堂放火

☑ 04 ヒンデンブルク死去後, ヒトラーは国民投票によって**首相と大統領の権限を兼ねた** ___ という地位に就任した。 (中央大)

総統〔フューラー〕

☑ 05 1925 年, ナチスの幹部たちの**身辺警護組織**として ___ が結成された。 (京都大)

親衛隊〔SS〕

☑06 **ユダヤ人**とされた人々は，[____]とよばれる**強制居住区域**に隔離された。　(慶應義塾大)　／　ゲットー

☑07 1933 年，民族と国家の困難を除去することを理由として，**政府に立法権を委ねる**[____]が可決され，ヒトラーの独裁体制の基礎が確立された。　(神戸学院大)　／　全権委任法

☑08 失業者救済のため，**ヒトラー**は**ドイツ**全土に[____]とよばれる**高速道路**を張り巡らせた。　(和歌山大)　／　アウトバーン

☑09 ナチスへの反対運動を取り締まるため，**国家秘密警察**[____]が組織された。　(立命館大)　／　ゲシュタポ

☑10 ナチスは，現在の**ポーランド**に最大規模の**強制収容所**[____]を建設した。　(愛知大)　／　アウシュヴィッツ

☑11 頻出 軍備拡張を目指すドイツは，**日本**に次いで 1933 年[____]を脱退した。　(成蹊大)　／　国際連盟

☑12 1935 年，**住民投票**によって[____]地方をドイツに編入した。　(早稲田大)　／　ザール

☑13 1935 年 3 月，ドイツでは**義務兵役制の復活や国防軍の拡大**を明らかにする[____]が発せられた。　(京都府立大)　／　再軍備宣言

☑14 イギリスのボールドウィン挙国一致内閣は，**ドイツと軍艦・潜水艦の保有率**を定める[____]を締結した。　(中部大)　／　英独海軍協定

☑15 頻出 1936 年，ドイツは**非武装地域**とされていた[____]への進駐を決行した。　(日本大)　／　ラインラント

☑16 **ファシズムや戦争に反対する組織や農民・労働者・自由主義者などを結集**した[____]が，1935 年コミンテルンの提唱で作られた。　(京都産業大)　／　人民戦線

☑17 フランスでは，社会党の[____]を中心とした**人民戦線内閣**が成立した。　(専修大)　／　ブルム

☑18 頻出 1936 年，スペインで富裕層や軍部・地主などの支持を受けた**ファランヘ党**の[a]将軍が**アサーニャ人民戦線政府に対し反乱**を起こした。これを[b]とよぶ。　(成城大)　／　a フランコ　b スペイン内戦

☑19 フランコの反乱を鎮圧するため，世界各国から**スペイン人民戦線を支援する**[____]や国際旅団が集まった。　(東京経済大)　／　(国際) 義勇兵

☑ 20 [頻出] ドイツのヒトラーは，この内戦への介入でさまざま
な武器を使用し，その威力を試した。画家 [a] は，**ド
イツ空軍による空襲に憤慨して「[b]」を描いた。**

(専修大)

a ピカソ
b ゲルニカ

☑ 21 [頻出] 1938 年，ドイツは大ドイツ主義を掲げ，[＿＿＿] を
併合した。

(龍谷大)

オーストリア

☑ 22 [頻出] 1938 年 9 月，ヒトラーは**チェコスロヴァキア**に対
して [＿＿＿] 地方の割譲を要求した。

(近畿大)

ズデーテン

☑ 23 ドイツが侵略行為を続ける中，[a] の仲介で [b]
が開かれた。

(京都産業大)

a ムッソリーニ
b ミュンヘン
会談

☑ 24 この会議に出席した**イギリス**首相 [a] は，ドイツの主
張をある程度認める [b] 政策をとり，ヒトラーの勢力
増長を招いた。

(東京女子大)

a ネヴィル＝
チェンバレン
b 宥和
（ゆうわ）

■ ミュンヘン会談の首脳は
🈁 で覚えよう！

◎ミュンヘン会談（1938 年）"<u>ムヒダネ</u>"

⇒<u>ム</u>ッソリーニ（伊）：仲介役
⇒<u>ヒ</u>トラー（独）：ズデーテン要求
　　　　　　　　└─ドイツ人が多い
⇒<u>ダ</u>ラディエ（仏）
⇒<u>ネ</u>ヴィル＝チェンバレン（英）：宥和政策

☑ 25 [頻出] 1939 年 3 月，ヒトラーは**ミュンヘン協定を無視し**，
[＿＿＿] を解体した。

(専修大)

チェコスロヴァ
キア

☑ 26 西欧諸国の対応に不信感を抱いていたソ連の**スターリン**
は，ドイツと [＿＿＿] 条約を締結した。

(立命館大)

独ソ不可侵

第二次世界大戦の開戦

☑ 27 ドイツはポーランドに侵攻する前，ヴェルサイユ条約で **ポーランド領**となった a や，ポーランド唯一の海港であった b の割譲を強く要求した。 （愛知教育大）

a ポーランド回廊
b ダンツィヒ

☑ 28 ソ連は，**独ソ不可侵条約**を結んでポーランドの東半分を占領し，また 1940 年に ▢ を併合した。 （中央大）

バルト 3 国

☑ 29 頻出 1939 年，**ソ連は領土交換要求を拒否された**ことを理由に， ▢ と戦争を始めた。 （近畿大）

フィンランド

☑ 30 頻出 この戦争により，ソ連は ▢ から除名されることになった。 （成蹊大）

国際連盟

☑ 31 頻出 1939 年 9 月にドイツが a への侵略を開始した際，**英仏が対独宣戦**したことによって， b が始まった。 （明治学院大）

a ポーランド
b 第二次世界大戦

☑ 32 イギリスでは，戦争を回避できなかった**ネヴィル=チェンバレン**が辞職し， ▢ 挙国一致内閣が発足した。 （近畿大）

チャーチル

☑ 33 1940 年 4 月，ドイツは**中立国**だった a ・ b に電撃戦を仕掛けた。 （関西大）

a・b デンマーク・ノルウェー（順不同）

☑ 34 頻出 1940 年 5 月，ドイツは**中立状態**にあった a ・ b に対して侵略を開始し，フランスへの進路を確保した。 （京都産業大）

a・b オランダ・ベルギー（順不同）

☑ 35 頻出 1940 年 6 月，ドイツのフランス侵攻によって， ▢ が無血開城された。これにより，**フランスは降伏**した。 （駒澤大）

パリ

☑ 36 降伏後のフランスで**ドイツに協力的なヴィシー政府**が成立したことに対し，イギリスに亡命していた a が b 政府を樹立して，フランス国内の抵抗運動 c を指導した。 （成城大）

a ド=ゴール
b 自由フランス
c レジスタンス

☑ 37 **頻出** パリ陥落後，**フランス**では ☐ を首班とする，ド　　　ペタン
イツに協力的な新政府が誕生した。　　　　　　　　　（近畿大）

☑ 38 この政府は，設置された**中部フランスの町**の名から，　　　ヴィシー政府
☐ とよばれた。　　　　　　　　　　　　　　（京都大）

アジア・太平洋戦争

☑ 39 フランスがドイツに降伏したことを受け，**日本**は東南ア　　　フランス領イ
ジアの ☐ に進駐し始めた。　　　　　　　　（愛知大）　　ンドシナ連邦

☑ 40 日本・ドイツ・イタリアは 1940 年に ☐ を結成した。　　日独伊三国（軍
　　　　　　　　　　　　　　　　　　　　　　　　　　　　　事）同盟

☑ 41 **頻出** 1941 年，資源が不足したドイツは**資源確保とイタ**　　バルカン
リア支援のため， ☐ 半島の制圧へと動いた。
　　　　　　　　　　　　　　　　　　　　　　　（駒澤大）

☑ 42 1941 年，ドイツはイタリア・フィンランド・ルーマニア・　　独ソ戦
ハンガリーとともに，**ソ連領内への電撃戦**を開始した。
これにより ☐ が始まった。　　　　　　　　（慶應義塾大）

☑ 43 **頻出** 1941 年 8 月，**ファシズムの攻勢への対策**を練るた　　a 大西洋上〔米
めにローズヴェルトとチャーチルによる ☐ a ☐ が行わ　　英首脳〕会談
れ， ☐ b ☐ が定められた。　　　　　　　　（昭和女子大）　b 大西洋憲章

☑ 44 **アメリカの対日石油輸出禁止にイギリス・中国・オラン**　　ＡＢＣＤライ
ダが合流したことを，日本のマスコミは“☐”とよん　　ン〔ABCD 包
だ。　　　　　　　　　　　　　　　　　　（津田塾大）　　囲網〕

☑ 45 アメリカの最終提案を受け入れず，**日本はアメリカに**
宣戦を布告した。この際，日本軍がハワイ・オアフ島の　　a 真珠湾
☐ a ☐ を攻撃したことから，日米間で ☐ b ☐ が勃発し　　b 太平洋戦争
た。　　　　　　　　　　　　　　　　　　（新潟大）

☑ 46 日本は，自らを盟主として“☐”とよばれる**東アジ**　　大東亜共栄圏
アの経済・政治・軍事ブロックを建設し，欧米に対抗し
ようとした。　　　　　　　　　　　　　　（新潟大）

☑47 頻出 太平洋戦争勃発後，日本は当初戦況を有利に進め，1942年1月にアメリカ領だった**フィリピン**の□□□を占領した。 (専修大)

マニラ

☑48 頻出 日本軍は，**イギリスが東南アジア支配の根拠地**としていた□□□を占領した。 (日本大)

シンガポール

☑49 1942年6月の□□□では，それまで連戦連勝だった日本の海軍機動部隊が，**アメリカによって壊滅的な打撃を受けて敗北**した。 (津田塾大)

ミッドウェー海戦

☑50 1943年2月，**ソロモン諸島**の□□□をアメリカに奪われたことが，**日本が制空権を失う**原因となった。 (南山大)

ガダルカナル島

☑51 冬の到来や，1942～43年の□□□の戦いでの勝利から，**独ソ戦**の戦況はソ連に傾き始めた。 (専修大)

スターリングラード

☑52 頻出 1943年11月，**対日戦線の基本方針**を定める a が開かれ，**中華民国**の b が招かれた。 (近畿大)

a カイロ会談
b 蔣介石

☑53 1943年11～12月に開かれた□□□で，**アメリカ・イギリスが西部方面からドイツを攻撃**することと，**ソ連**が独ソ戦後に対日宣戦することが約束された。 (南山大)

テヘラン会談

☑54 アメリカ・イギリスが北アフリカと a への上陸を開始したことで**ムッソリーニが失脚**し， b が政権の座に就いて連合国に**無条件降伏**した。 (中央大)

a シチリア島
b バドリオ

☑55 1944年，アメリカ・イギリス連合軍によって北フランスの□□□への**大規模な上陸作戦**が敢行された。 (明治学院大)

ノルマンディー

☑56 頻出 1945年2月，戦後処理の会議として a が開かれ，米英ソの代表として，それぞれ b ・ c ・ d が参加した。ここでの**英ソ対立が戦後の冷戦**につながった。 (京都産業大)

a ヤルタ会談
b フランクリン＝ローズヴェルト
c チャーチル
d スターリン

☑57 頻出 1944年， a 会議で原案が作られたのち，1945年4～6月，アメリカの b で**国際連合設立の会議**が行われた。 (東洋大)

a ダンバートン＝オークス
b サンフランシスコ

☑ 58 ソ連は日本と _____ を結んでいたため，当初日本への 　日ソ中立条約
戦争に参加できなかったが，ヤルタ会談での秘密協定に
従い，**対日宣戦**を表明した。　　　　　　　　　　　(近畿大)

☑ 59 頻出 1945 年 7 〜 8 月の ☐ a ☐ では，**日本の降伏条件** 　a ポツダム会談
と戦後の管理体制が協議された。この会談には，アメリ 　b トルーマン
カの代表として ☐ b ☐ が参加した。　　　　　　　(東洋大)

■ ドイツ侵攻の流れは
　　位置関係 で覚えよう！

◎オーストリア併合から左回りに侵攻

①オーストリア併合
②ズデーテン割譲
③チェコスロヴァキア解体
④ポーランド侵攻
⑤北欧侵攻
⑥フランス侵攻
⑦バルカン侵攻

■ 大戦中の首脳会議は 力業 で覚えよう！

◎**首脳会議 "大 カ カ テ ヤ ポ"** ㊇ F・ローズヴェルト ㊇ チャーチル

⇒**大**西洋上会談 (41)　「大西洋憲章」→サンフランシスコ会議 (45, 国連憲章)

⇒**カ**サブランカ会談 (43)　対イタリア=地中海作戦

⇒**カ**イロ会談 (43)　対日本，㊥蔣介石も→カイロ宣言

⇒**テ**ヘラン会談 (43)　対ドイツ，㊝スターリンも→第 2 戦線

⇒**ヤ**ルタ会談 (45)　戦後処理，㊝スターリンも (対日参戦決定)

⇒**ポ**ツダム会談 (45)　㊇トルーマン ㊇アトリー ㊝スターリン

　　　　　　　　　　　　　　　　　　　　　→日本無条件降伏

冷戦

冷戦体制の開始

☑01 **頻出** 第二次世界大戦後から戦後に至る**アメリカとソ連の対立**は，□□□とよばれる。 (大阪大)
冷戦

☑02 1946年，イギリスの**チャーチル**が「バルト海の**シュテッティン**からアドリア海の**トリエステ**まで□□□がおろされている」という演説を行い，**共産主義を批判**した。 (同志社大)
鉄のカーテン

☑03 アメリカは，**ギリシア・トルコ**に対して□□□とよばれる経済的・軍事的な支援を表明し，**対ソ封じ込め政策**を展開した。 (西南学院大)
トルーマン=ドクトリン〔宣言〕

☑04 1947年に表明された**ヨーロッパ経済復興援助計画**は，提案したアメリカの国務長官の名から□□□とよばれた。 (東洋大)
マーシャル=プラン

☑05 **頻出** 1947年，ソ連は9カ国からなる**共産党情報局**□□□を結成した。 (近畿大)
コミンフォルム

☑06 **頻出** **ユーゴスラヴィア**の□□□首相が**マーシャル=プランの受け入れ**を発表し，**この組織から除名**された。 (日本女子大)
ティトー

☑07 東欧最大の軍需産業国**チェコスロヴァキア**が社会主義化したことに脅威を感じた西欧5カ国は，1948年□□□条約を締結した。 (成蹊大)
西ヨーロッパ連合〔ブリュッセル〕

☑08 アメリカが経済復興を理由に**ドイツで通貨改革**を行ったことに対して，ソ連は**西ベルリンへのインフラを全面的に遮断**した。これを□□□とよぶ。 (南山大)
ベルリン封鎖

☑09 **頻出** 1949年，ソ連は**マーシャル=プランに対抗**して□□□という経済同盟を設立した。 (名古屋大)
コメコン〔経済相互援助会議〕

☑10 [頻出] 1949 年，アメリカはカナダ・イタリアなどとともに □□□□という**集団安全保障機構**を結成し，共産圏に対抗した。 (日本大)

北大西洋条約機構〔NATO〕

☑11 1949 年，東アジアで □□□□という**社会主義国家**が誕生した。 (日本女子大)

中華人民共和国

☑12 [頻出] これにより蔣介石（しょうかいせき）は □□□□に逃れた。 (昭和女子大)

台湾

☑13 アメリカは，1950 年に勃発した □□□□を契機として，**対日基本方針の転換**を余儀なくされることになった。 (愛知大)

朝鮮戦争

戦後体制の動揺

☑14 これと同時に，**日米間で日本における安全を保障する**という □□□□が結ばれた。 (信州大)

日米安全保障条約

☑15 1953 年，アメリカで □a□ 政権が誕生したことと，ソ連で**スターリンが死去**したことから，**米ソ間の緊張状態は大きく緩和**された。これを"□b□"と表現する。 (近畿大)

a アイゼンハワー
b 雪どけ

☑16 NATOに対抗して結成された**東側最大の軍事同盟**を □□□□とよぶ。 (東京女子大)

ワルシャワ条約機構〔東ヨーロッパ相互援助条約〕

☑17 1955 年，**東西両陣営の 4 カ国**の首脳が戦後初めて顔を合わせ，□□□□が開かれた。 (津田塾大)

ジュネーヴ 4 巨頭会談

☑18 1955 年，**トルコとイラクの反共軍事同盟にイギリス・イラン・パキスタン**が加わって，□□□□が成立した。 (東洋大)

METO〔中東条約機構，バグダード条約機構〕

☑19 [頻出] 1954 年，インドの □a□ と中国の □b□ が会談を行い，**平和五原則**を確認した。 (近畿大)

a ネルー
b 周恩来

☑20 [頻出] 1955 年，**インドネシアの □a□ やインドのネルー，中国の周恩来**らが中心となって，**第 1 回アジア=アフリカ会議**が開催され，□b□ が確認された。 (専修大)

a スカルノ
b 平和十原則

☑ 21 [頻出] 1956 年の**ソ連共産党第 20 回大会**で，　 a 　が強烈な**スターリン批判を行った**。またこの大会では，**社会主義国と資本主義国の共存**を考える　 b 　政策が打ち出された。　　　　　　　　　　　　　　　　　　　　（駒澤大）

a フルシチョフ
b 平和共存

☑ 22 スターリン批判を受け，**ポーランド**の　　　　で**反ソ暴動**が激化した。　　　　　　　　　　　　　　　　　　（西南学院大）

ポズナニ

☑ 23 **ハンガリーの反ソ暴動**は，ソ連の介入で解決したが，ハンガリー首相　　　　は処刑された。　　　　　　　　（上智大）

ナジ゠イムレ

☑ 24 米ソが再び緊張期に入った 1961 年，**東西ドイツを遮断**する　　　　が築かれた。　　　　　　　　　　　　　　（専修大）

ベルリンの壁

☑ 25 **キューバをめぐる米ソ間の対立**から起こった　　　　により，世界は**全面核戦争の危機**に直面した。　　　（南山大）

キューバ危機

☑ 26 [頻出] この事件は，アメリカの大統領　　　　が**フルシチョフ首相**に譲歩させる形で収束した。　　　　　　（昭和女子大）

ケネディ

☑ 27 1963 年，核戦争を防ぐため，**地下実験を除く大気圏内・宇宙空間及び水中の核実験を禁止**する　　　　が調印され，**緊張緩和（デタント）**が進んだ。　　　　　　　（専修大）

部分的核実験禁止条約

☑ 28 [頻出] **ケネディ暗殺**後に就任した　 a 　大統領の時代，アメリカはアジアで　 b 　戦争を本格化させて，この国の共産化阻止を狙った。　　　　　　　　　　　　（日本大）

a ジョンソン
b ベトナム

☑ 29 [頻出] この戦争によってアメリカが経済危機に陥るのと同じ頃，ソ連も衰退の一途をたどっていた。1979 年，ソ連は　　　　での内戦に軍事介入した。　　　　　（南山大）

アフガニスタン

☑ 30 **ニクソン大統領**と**ブレジネフ書記長**は，戦略ミサイルの数量の制限によって軍縮を目指す交渉を行った。これを　　　　とよぶ。　　　　　　　　　　　　　　　（南山大）

第 1 次戦略兵器制限交渉〔SALT Ⅰ〕

☑ 31 **ブレトン゠ウッズ体制の崩壊**にともない，1973 年以降**為替相場を市場の取引に委ねる**　　　　が導入された。　　　　　　　　　　　　　　　　　　　　　　（京都大）

変動相場制

☑ 32 ソ連のアフガニスタン侵攻を受け，アメリカ議会が批准審議していた　　　　という**核弾頭数などの制限に関する取り決め**が発効せず，1985 年に断念された。（慶應義塾大）

第 2 次戦略兵器制限交渉〔SALT Ⅱ〕

☑33 [頻出] 1985 年，アメリカの [a] 大統領とソ連の [b] 書記長による首脳会談で，1979 年に始まった新冷戦は緩和へと向かった。　　　　　　　　　　　（中央大）

a レーガン
b ゴルバチョフ

☑34 このソ連の書記長は，"[　　　]"という外交政策によってアメリカとの緊張緩和を進めた。　　　　（慶應義塾大）

新思考外交

☑35 [頻出] 1989 年，この書記長がアメリカの [a] 大統領と行った [b] 会談で，**冷戦の終結が宣言された**。　　　　　　　　　　　　　　　　　　　（専修大）

a ブッシュ
b マルタ

☑36 1989 年 11 月にドイツで起こった [　　　] は，**冷戦の終結の象徴**ともいわれる。　　　　　　　　（上智大）

ベルリンの壁開放

☑37 1991 年，**ブッシュ大統領**と**ゴルバチョフ書記長**は核弾頭の数を 6000，ミサイルなどを 1600 以下に削減すると定めた。これを [　　　] とよぶ。　　　（札幌学院大）

第 1 次戦略兵器削減条約〔START Ⅰ〕

戦後のアメリカ

冷戦下のアメリカ

☑01 **トルーマン**は，共産主義に対して"[　　　]"という対外政策を推進した。　　　　　　　　　　　　（関西大）

封じ込め政策

☑02 **ボゴタ憲章**により，**米州 21 カ国**の協力組織 [　　　] が成立した。　　　　　　　　　　　　　　　（学習院大）

OAS〔米州機構〕

☑03 1951 年，太平洋諸国の反共軍事体制を確立するため，**オーストラリア・ニュージーランド・アメリカ**の 3 カ国は [　　　] を結んだ。　　　　　　　（慶應義塾大）

太平洋安全保障条約〔ANZUS〕

☑04 第二次世界大戦末期，世界で最初に [a] を保有した**アメリカ**は，1952 年には [b] の保有にも成功した。　　　　　　　　　　　　　　　　（津田塾大）

a 原子爆弾
b 水素爆弾

☑05 後者について，[a] 環礁における実験が日本漁船に放射線被害をもたらした。これを [b] 事件とよぶ。　　　　　　　　　　　　　　　　　　　（立教大）

a ビキニ
b 第五福竜丸

☑06 **頻出** 1953 年，民主党の a 政権から共和党の b 政権に交代した。 （南山大）

a トルーマン
b アイゼンハワー

☑07 この次に大統領になった a の時代，b を指導者として，**黒人への差別を撤廃**する c 運動が高まった。 （同志社大）

a ケネディ
b キング牧師
c 公民権

☑08 キューバ危機後の 1963 年，a 党のこの大統領は**国内での黒人差別撤廃**を掲げる b 案を議会に提出した。 （東京大）

a 民主
b 公民権法

☑09 ケネディは，"_____"というスローガンを掲げて経済成長・教育改革などを推進した。 （関西大）

ニューフロンティア

☑10 民主党の a 大統領は，暗殺された前大統領の遺志を受け継ぎ，**人種や民族の差別をなくす** b を制定した。 （東京大）

a ジョンソン
b 公民権法

☑11 この大統領は，1965 年 _____ を開始し，**ベトナム戦争を本格化**させた。 （昭和女子大）

北ベトナム爆撃〔北爆〕

☑12 **頻出** ベトナム戦争での戦況悪化により，**ジョンソンが事実上辞任**して，a 党の b が大統領になった。 （南山大）

a 共和
b ニクソン

☑13 この大統領の時代，**ドルと金の交換停止**が発表され，**ドルの価値が急激に低下**した。この出来事を _____ とよぶ。 （南山大）

ドル〔ニクソン〕=ショック

☑14 1975 年，**フォード**大統領は**先進国の代表者**によって初めて行われた _____ に参加した。 （東京女子大）

サミット〔先進国首脳会議〕

☑15 フォード大統領は次第に指導力の弱さを露呈していき，1976 年の大統領選挙で a 党の b に敗北した。 （慶應義塾大）

a 民主
b カーター

☑16 中東和平の解決に努めたカーター大統領は，1979 年にエジプトの**サダト**大統領とイスラエルの**ベギン**首相を招き，_____ の締結にこぎつけた。 （明治大）

エジプト=イスラエル平和条約

☑17 1979 年，アメリカは _____ を実現し，**台湾の中華民国政府と断交**した。 （関西学院大）

米中国交正常化

☑18 1979 年の**イラン革命**に対するカーター大統領の対応の
悪さもあり，次のアメリカ大統領選挙では   a   党の
  b   が当選した。 　　　　　　　　　　　　　　（成蹊大）

a 共和
b レーガン

☑19 レーガン大統領は内政として，**公職給与の削減**など
"□□□□"とよばれる政府作りを目指した。 　（学習院大）

小さな政府

☑20 レーガン時代のアメリカのような貿易不均衡による国家
間の経済対立を□□□□とよぶ。 　　　　　　　（明治大）

貿易摩擦
（まさつ）

☑21 1985 年，貿易赤字を解消するため，アメリカは各国に**ド
ル安政策の承認**を得た。これを□□□□とよぶ。 　（上智大）

プラザ合意

☑22 1987 年に米ソ間で締結された□□□□は，**事実上の冷戦
終結**を意味していた。 　　　　　　　　　　　　（京都大）

中距離核戦力
〔INF〕全廃条約

☑23 頻出 レーガンの次に大統領に就任した   a   党の
  b   は，ゴルバチョフと**マルタ会談**を行い，   c   を
終結させた。 　　　　　　　　　　　　　　　　（大阪大）

a 共和
b ブッシュ
c 冷戦

冷戦終結後のアメリカ

☑24 この大統領は対外政策として，クウェートに侵攻した**イ
ラク**に対して□□□□を開始した。 　　　　　　（南山大）

湾岸戦争

☑25 彼の次に大統領に就任した   a   党の   b   は，**カー
ターの中東和平路線を継承**する一方，コソヴォ問題に対
しては   c   空爆を行った。 　　　　　　　（青山学院大）

a 民主
b クリントン
c セルビア

☑26 1994 年，**アメリカ・カナダ**の自由貿易協定に**メキシコ**が
加わることによって，加盟国の関税の撤廃による貿易の
活性化を図る□□□□が発効した。 　　　　　　（早稲田大）

北米自由貿易
協定〔NAFTA〕

☑27 大統領選挙でクリントンの後継者ゴアを破り，新たに
  a   党の   b   が大統領となった。 　　　　　（専修大）

a 共和
b ブッシュ
〔ブッシュ（子）〕

☑ 28 ブッシュ大統領の就任直後の 2001 年 9 月，アメリカの **世界貿易センタービルにハイジャックされた旅客機が突入**する事件が起こった。同時にアメリカ国防総省ペンタゴンもテロを受けたことから，これらを ▢ とよぶ。
(札幌学院大)

(9・11) 同時多発テロ

☑ 29 このテロの首謀者とされた**ビン＝ラーディン**は，イスラーム過激派組織 ▢ を指導していた。
(近畿大)

アル＝カーイダ

☑ 30 【頻出】**同時多発テロ**の首謀者を ▢a▢ 政権が匿ったとして，2001 年に**アメリカ**は ▢b▢ への攻撃を開始した。
(南山大)

a ターリバーン
b アフガニスタン

☑ 31 【頻出】2003 年，アメリカは**核兵器や毒ガス兵器などの保有を理由**として， ▢ 戦争を開始した。
(和歌山大)

イラク

☑ 32 2008 年に起こった**金融危機**を打開するため， ▢a▢ 党の ▢b▢ が**アメリカ初の黒人大統領**となり，2009 年 ▢c▢ をプラハで行った。
(駒澤大)

a 民主
b オバマ
c 核兵器廃絶演説

☑ 33 2016 年の大統領選挙で民主党のヒラリー＝クリントンを破り共和党の ▢a▢ が大統領に就任するも，2020 年の大統領選挙で民主党の ▢b▢ に敗北した。

a トランプ
b バイデン

戦後のソ連

☑ 01 1933 年，ソ連では生活面での向上を狙って ▢ が始まり，**消費財生産の拡大**が図られたが，結局は重工業が優先された。
(南山大)

第 2 次五カ年計画

☑ 02 1936 年，**スターリン**は**史上初の社会主義国家**を謳う ▢ を定めた。
(同志社大)

スターリン憲法

☑ 03 1949 年，ソ連は世界で 2 番目に ▢ を保有した。
(北海道大)

原子爆弾

☑ 04 【頻出】冷戦下，ソ連はアメリカの"**封じ込め政策**"に対抗して ▢a▢ を，**マーシャル=プラン**に対抗して ▢b▢ を結成した。
(関西大)

a コミンフォルム
b コメコン〔経済相互援助会議〕

☑ 05 コミンフォルム情報局の本部は，当初は**ユーゴスラヴィア**の◻︎◻︎◻︎に置かれていた。 (甲南大)	ベオグラード
☑ 06 フルシチョフの◻︎◻︎◻︎を受け，東ヨーロッパで**反ソ暴動が激化**した。 (京都大)	スターリン批判
☑ 07 フルシチョフ失脚後に党第一書記となった◻︎ a ◻︎は，**チェコスロヴァキア**で起こった"◻︎ b ◻︎"とよばれる民主化運動を武力で抑えようとした。 (成城大)	a ブレジネフ b プラハの春
☑ 08 ソ連はこの民主化運動に軍事介入し，民主化運動の指導者◻︎◻︎◻︎を連行した。 (専修大)	ドプチェク
☑ 09 **中ソ対立の激化**に伴い 1960 年代に始まった◻︎◻︎◻︎では，ソ連側が核兵器の使用に言及するまでに至った。 (津田塾大)	中ソ国境紛争
☑ 10 頻出 1985 年，のちに**冷戦終結の功労者**となる◻︎ a ◻︎が**ソ連の書記長**に就任し，◻︎ b ◻︎とよばれる改革を行った。 (東京学芸大)	a ゴルバチョフ b ペレストロイカ
☑ 11 この人物は◻︎◻︎◻︎という政策を行い，**秘密主義を廃止**して大胆な**情報公開**を進めた。 (日本大)	グラスノスチ
☑ 12 ウクライナの◻︎◻︎◻︎原子力発電所で起こった**放射能汚染事故**は，ゴルバチョフがこの政策を推進させるきっかけとなった。 (南山大)	チェルノブイリ
☑ 13 1991 年，**ロシア共和国**は◻︎◻︎◻︎と改称し，**旧ソ連政府の体制を継承**した。 (東京学芸大)	ロシア連邦
☑ 14 ロシア大統領◻︎◻︎◻︎は，**1991 年の反ゴルバチョフ゠クーデタ鎮圧**を機に，徐々に大きな力を持ち始めた。 (南山大)	エリツィン
☑ 15 ゴルバチョフの辞任によって共産党の支配が終わり，1991 年 12 月に◻︎◻︎◻︎が解体された。 (福井大)	ソヴィエト社会主義共和国連邦
☑ 16 エリツィンは，**ロシア・ウクライナ・ベラルーシ**のスラヴ系 3 共和国を中心に◻︎◻︎◻︎を結成した。 (明治大)	独立国家共同体〔CIS〕
☑ 17 エリツィンの時代，北カフカスにあるチェチェン共和国で，**ロシアからの独立**をめぐる内戦が起こった。これを◻︎◻︎◻︎とよぶ。 (立教大)	チェチェン紛争

☑18 この紛争などの民族問題や経済低迷の脱却を目指し，2000年に□□□□が新しいロシア大統領に就任した。　（獨協大）　　プーチン

戦後のヨーロッパ

統合と各国の動き

☑01 **頻出** 戦後のヨーロッパ復興のため，1952年に**フランス・西ドイツ・ベネルクス3国・イタリア**の6カ国で□□□□を発足させた。　（立命館大）　　ECSC〔ヨーロッパ石炭鉄鋼共同体〕

☑02 **頻出** 1957年の**ローマ条約**調印を受け，□a□と**原子力に関する協力機関**である□b□が1958年に結成された。　（早稲田大）

a EEC〔ヨーロッパ経済共同体〕

b EURATOM〔ヨーロッパ原子力共同体〕

☑03 EECに参加していなかったイギリスは，これに**対抗する組織**として1960年に□□□□を成立させた。　（西南学院大）　　EFTA〔ヨーロッパ自由貿易連合〕

☑04 ECSC・EEC・EURATOMの3つの共同体がまとまることによって，1967年に□□□□が結成された。　（新潟大）　　EC〔ヨーロッパ共同体〕

☑05 **EC**は，フランスの**ド=ゴール大統領**退任後の□a□年に**イギリスなど**が加盟し，□b□とよばれた。　（札幌大）

a 1973

b 拡大EC

☑06 **頻出** 1992年，さらなる**政治・経済・通貨の統一**を目指した□a□条約が成立した。その発効によって，翌1993年に□b□が発足した。　（成蹊大）

a マーストリヒト

b EU〔ヨーロッパ連合〕

☑07 1999年，**単一通貨**□□□□が制定された。　（成蹊大）　　ユーロ

戦後のイギリス

☑08 **頻出** 1945年に成立した**アトリー**□a□党内閣は，植民地の独立にも寛容で，1947年には□b□と□c□の独立を承認した。　（一橋大）

a 労働

b・c インド連邦・パキスタン（順不同）

☑ 09 アイルランドの**エールがイギリス連邦から離脱**し，1949 年に□□□と改称した。 (中部大)　　アイルランド共和国

☑ 10 **1952 年** 10 月，**イギリス**はアメリカ・ソ連に次いで□□□に成功した。 (専修大)　　核実験

☑ 11 頻出 エジプト大統領ナセルの**スエズ運河国有化宣言**を受け，1956 年に**イスラエル・イギリス・フランスはエジプトに出兵**した。これを□□□戦争とよぶ。 (東洋大)　　スエズ〔第 2 次中東〕

☑ 12 1977 年，イギリスは**極度の経済危機**によって国連機関である□□□からの貸し付けに頼る状態に陥った。 (愛知大)　　IMF〔国際通貨基金〕

☑ 13 **経済の悪化**から国民は**労働党に不満**を持ち，1979 年の選挙では**保守党が圧勝**して□□□が首相となった。 (中央大)　　サッチャー

☑ 14 **ブレア首相**は，**アメリカ同時多発テロ**後の 2003 年に起きた□□□に介入したことにより，支持率を低下させた。 (南山大)　　イラク戦争

戦後のフランス

☑ 15 パリ解放後，フランスでは**第四共和政**が始まった。冷戦中は，国内に□□□の本部が置かれるなど，**西側諸国の中心的国家**となった。 (立命館大)　　NATO〔北大西洋条約機構〕

☑ 16 頻出 1954 年，フランスの植民地だった**アジア**の□□□が独立を承認された。 (京都府立大)　　ベトナム

☑ 17 1958 年，大統領に就任した□ a □によって□ b □憲法が制定され，第五共和政が始まった。 (国士舘大)　　a ド゠ゴール　b 第五共和国

■ 1960 年独立国は**ゴロ**で覚えよう！
◎ 1960 年の独立国“**ナ マ コ と カメ**”

→**ナ**⇒**ナ**イジェリア　イギリス連邦内で　　→**と**⇒**ト**ーゴ　フランスより
→**マ**⇒**マ**ダガスカル　フランスより　　　　→**カメ**⇒**カ**メルーン　フランスより
→**コ**⇒**コ**ンゴ　ベルギーより　　　　　　　　（翌年英領も併合し連邦制）

☑18 1962 年，この大統領は**アフリカ**の植民地 ☐ の独立 アルジェリア
を承認した。 (東洋大)

☑19 フランスの**ド=ゴール政権**は 1966 年に ☐ から脱退 NATO 軍事機
した。 (龍谷大) 構

■ "フランスの栄光" を **4つの政策** から確認しよう！

◎"フランスの栄光"（対米独自路線）の展開　by ド=ゴール

1960 年　**核の保有**　→米との関係悪化
1964 年　**中華人民共和国の承認**　→多極化を進める
1966 年　**NATO軍事機構脱退**
1967 年　**EC（ヨーロッパ共同体）結成**

戦後のドイツ

☑20 米英仏ソ4カ国に分割占領された**ドイツ**で，**アメリカが** 通貨改革
経済復興を理由に西側占領区での ☐ を行った。
(南山大)

☑21 ベルリン封鎖を受け，1949 年にドイツは**資本主義体制**の a ドイツ連邦
☐ a ☐（**西ドイツ**）と**社会主義体制**の ☐ b ☐（**東ドイツ**） 共和国
に二分された。 (筑波大) b ドイツ民主
共和国

☑22 **西ドイツ**では，1949 年に**キリスト教民主同盟**の ☐ アデナウアー
内閣が誕生した。 (名古屋大)

☑23 1969 年に首相に就任した社会民主党の ☐ a ☐ は，**東側** a ブラント
陣営との和解を促進する " ☐ b ☐ " を行った。 b 東方外交
(慶應義塾大)

☑24 1989 年，**東ドイツ**の ☐ 書記長が退陣し，**ベルリン** ホネカー
の壁が開放された。 (関西学院大) 〔ホーネッカー〕

☑25 頻出 ベルリンの壁開放の翌 1990 年，西ドイツの ☐ コール
内閣の下で東西ドイツが統一された。 (東洋大)

5 二度の世界大戦と
現代の世界

☑ 26 1948 年，マーシャル=プラン受け入れ問題から発生した
　　 ▢ で，この国の社会主義化が決定し，この国を"東西
　　 の架け橋"とするベネシュ大統領の夢はついえた。

チェコスロヴァ
キア=クーデタ

☑ 27 ポーランドでは，1980 年に ▢a▢ 議長によって**自主管
　　 理労働組合**"▢b▢"が結成された。　　　（明治学院大）

a ワレサ
b 連帯

☑ 28 東ヨーロッパ各国では，**1989 年**に ▢ とよばれる**民
　　 主化運動**が始まった。　　　　　　　　　　（京都大）

東欧革命

☑ 29 1989 年，**ルーマニア**で独裁者 ▢ が処刑された。
　　　　　　　　　　　　　　　　　　　　　　（獨協大）

チャウシェスク

☑ 30 ユーゴスラヴィアから 1991 年に ▢a▢ ・ ▢b▢ ・マ
　　 ケドニアが，1992 年には ▢c▢ が独立を宣言した。
　　　　　　　　　　　　　　　　　　　　　　（日本大）

a・b クロアティ
ア・スロヴェニア
（順不同）
c ボスニア=ヘ
ルツェゴヴィナ

☑ 31 1992 年，▢a▢ と**モンテネグロ**で ▢b▢ が成立した。
　　　　　　　　　　　　　　　　　　　　　　（東洋大）

a セルビア
b 新ユーゴス
ラヴィア連邦

☑ 32 連邦維持を狙うこの国と，独立を主張する国々との間に
　　 ▢ が起こった。　　　　　　　　　　　（東洋大）

ユーゴスラヴィ
ア内戦

☑ 33 **新ユーゴスラヴィアのミロシェヴィッチ**政権が，▢
　　 自治州で圧倒的多数を占める**アルバニア系住民の自治権
　　 の縮小**を行い，武力闘争を伴う民族問題が生じた。
　　　　　　　　　　　　　　　　　　　　（青山学院大）

コソヴォ

中華人民共和国

☑ 01 頻出 戦後，国共内戦に敗れた蒋介石（しょうかいせき）は ▢a▢ に逃れ，
　　 この地で ▢b▢ を樹立した。　　　　　　　（一橋大）

a 台湾
b 中華民国政府

☑ 02 頻出 1949 年に開かれた**人民政治協商会議**の結果，首都
　　 を北京（ペキン）とする ▢a▢ が成立した。この際，▢b▢ が**主席**，
　　 ▢c▢ が総理（**首相**）に選ばれた。　　　（学習院大）

a 中華人民共
和国
b 毛沢東（もうたくとう）
c 周恩来（しゅうおんらい）

□ 03　1950 年，**中国**と**ソ連**は**モスクワ**で＿＿＿＿を締結した。　　　　中ソ友好同盟
　　　　　　　　　　　　　　　　　　　　　　　　　　　　　（近畿大）　相互援助条約

□ 04　**朝鮮戦争**が勃発すると，スターリンの要請を受けた**中国**
　　　はこれに介入し，＿＿＿＿を派遣した。　　　　　　　　　（北海道大）　（人民）義勇軍

□ 05　1953 年，**ソ連の援助**を受けて**中国**で＿＿＿＿という**計画**　　第 1 次五カ年
　　　経済が開始された。　　　　　　　　　　　　　　　　　　（南山大）　計画

□ 06　頻出 1958 年，"　a　"をスローガンとする**第 2 次五カ**　　a 大躍進
　　　年計画が始まり，農村部では**生産・行政・教育などを一**　　b 人民公社
　　　体化した　b　が建設された。　　　　　　　　　　　　（東洋大）

□ 07　1959 年 3 月，チベットで**チベット仏教の代表**　a　を　　a ダライ＝ラ
　　　中心とする反中国反乱が起こった。この人物のインド亡　　マ 14 世
　　　命をきっかけに　b　が起こった。　　　　　　　　　　（南山大）　b 中印国境紛争

□ 08　1959 年，新たに国家主席に就任した＿＿＿＿は，**鄧小平**（とうしょうへい）　劉少奇
　　　らとともに**社会主義を緩める調整政策**を打ち出した。
　　　　　　　　　　　　　　　　　　　　　　　　　　　　　（南山大）

□ 09　1966 年から始まった**毛沢東の奪権闘争とそれに伴う政**　　（プロレタリア）
　　　治的・社会的動乱を＿＿＿＿とよぶ。　　　　　　　　　（京都大）　文化大革命

□ 10　この奪権闘争の際，毛沢東派は**劉少奇**（りゅうしょうき）らを資本主義へと　　a 走資派
　　　歩む　a　や，独裁を狙う　b　とよんで批判した。　　　b 実権派
　　　　　　　　　　　　　　　　　　　　　　　　　　　　（青山学院大）

□ 11　**文化大革命**では，**学生を中心**とする＿＿＿＿が反対派を　　紅衛兵
　　　激しく攻撃した。　　　　　　　　　　　　　　　　　　　（駒澤大）

□ 12　**毛沢東**の復権を利用して，彼の夫人　a　が実権の掌（こうせい）　a 江青
　　　握を狙い始めた。彼女や**張春橋**らは，「　b　」とよば　　b 四人組
　　　れた。　　　　　　　　　　　　　　　　　　　　　　　　（東洋大）

□ 13　頻出 文化大革命後，　a　によって**"四つの現代化"**が　　a 鄧小平
　　　掲げられ，1978 年には各農家ごとの**生産責任制**が実施　　b 人民公社
　　　された。これを受け，　b　が解体された。この一連の　　c 改革・開放
　　　経済改革は　c　政策とよばれる。　　　　　　　　　　　（駒澤大）

□ 14　政治的には**社会主義を追求**しながら，**経済的には市場経**　　社会主義市場
　　　済を導入する体制を＿＿＿＿とよぶ。　　　　　　　　　　経済
　　　　　　　　　　　　　　　　　　　　　　　　　　　　　（京都大）

☑ 15	1978 年 8 月, **日中間の講和**の完成形ともいえる □□□□ が締結された。 (東大)	日中平和友好条約
☑ 16	1989 年, **民主化を求める中国民衆の大規模な運動を, 保守派が軍隊を使って弾圧**した。この事件を □□□□ とよぶ。 (駒澤大)	(第 2 次) 天安門事件
☑ 17	この事件で失脚した**趙紫陽**のあとに党総書記となった □□□□ は, 1993 年からは国家主席に就いた。 (南山大)	江沢民
☑ 18	頻出 1997 年, □□□□ が**イギリスから中国に返還**された。 (東洋大)	香港
☑ 19	頻出 1999 年, □□□□ が**ポルトガルから中国に返還**された。 (千葉大)	マカオ
☑ 20	中国では, 2003 年に**温家宝**が首相に, □a□ が国家主席に就任し, 2008 年には □b□, 2010 年には □c□ を開催した。 (南山大)	a 胡錦濤 b 北京オリンピック c 上海万国博覧会

中東問題

☑ 01	1921 年にクーデタでイランのカージャール朝の実権を掌握した □a□ は, 1925 年に □b□ 朝を建てた。 (中部大)	a レザー＝ハーン b パフレヴィー
☑ 02	**イギリスの委任統治下のイラク**で 1921 年に □□□□ が成立し, 1932 年に独立が認められた。 (同志社大)	イラク王国
☑ 03	ネジド王 □a□ が 1925 年に**ヒジャーズ王国を滅ぼして**建設した国が, 1932 年に □b□ となった。 (南山大)	a イブン＝サウード b サウジアラビア王国
☑ 04	1945 年, **エジプトを中心とするアラブ諸国**は □□□□ を結成し, 民族主義的統一行動を推進した。 (神戸学院大)	アラブ (諸国) 連盟
☑ 05	1947 年 11 月, 国際連合は**パレスチナをアラブ人国家とユダヤ人国家に分ける** □□□□ を作成した。 (筑波大)	パレスチナ分割案
☑ 06	頻出 1948 年 5 月, **ユダヤ人**によって**パレスチナ**の地に □□□□ が建国された。 (南山大)	イスラエル

☑ 07 イスラエルの建設を認めなかったアラブ側は，□□□を 起こした。　(南山大) | パレスチナ〔第1次中東〕戦争

☑ 08 イスラエルの占領によって，100 万人を超える□□□が 発生した。　(京都大) | パレスチナ(人)難民

☑ 09 1952 年，**エジプトはナギブを大統領**に共和政を宣言し，□□□として植民地からの脱却を果たした。　(獨協大) | エジプト共和国

☑ 10 1954 年，**ナイル川上流**に巨大な□□□の建設が計画された。　(中央大) | アスワン＝ハイダム

☑ 11 経済支援をアメリカやイギリスが停止したことを受け，1956 年に**エジプト大統領ナセル**は□□□を宣言した。　(関東学院大) | スエズ運河国有化

☑ 12 この宣言に対して，イスラエル・イギリス・フランスがエジプトとの□□□を始めた。　(一橋大) | スエズ〔第2次中東〕戦争

☑ 13 頻出 パレスチナ戦争で発生した難民を基盤として，1964年に□ a □が結成された。1969 年には，その第 3 代議長に□ b □が就任した。　(東北福祉大) | a PLO〔パレスチナ解放機構〕 b アラファト

☑ 14 1967 年に勃発した□□□は **6 日間戦争**ともよばれ，イスラエルがアラブ側に圧勝した。　(東海大) | 第 3 次中東戦争

☑ 15 この戦争で，イスラエルは**スエズ運河以東**の地中海と紅海に挟まれた□□□を占領した。　(高崎経済大) | シナイ半島

☑ 16 **第 3 次中東戦争**で，イスラエルは**ヨルダン**から□□□地区を獲得した。　(東北福祉大) | ヨルダン川西岸

☑ 17 頻出 **第 3 次中東戦争**で，イスラエルはパレスチナ人が多く居住する**イスラエル西南部**の□□□地区を占領した。　(関西大) | ガザ

☑ 18 1973 年，エジプト・シリアがイスラエルに先制攻撃を仕掛けたことで□□□が始まったが，結局イスラエル側の勝利で終わった。　(明治大) | 第 4 次中東戦争

☑ 19 この戦争を機に，1973 年に**OAPEC**が□ a □を実施した結果，□ b □とよばれる世界的な経済混乱が発生した。　(早稲田大) | a 石油戦略 b 第 1 次石油危機

☑20 エジプトの[＿＿＿]大統領とイスラエルの**ベギン首相**は、1978年に**キャンプ=デーヴィッド合意**、翌1979年には**エジプト=イスラエル平和条約**を締結した。 （日本大）

サダト

☑21 1987年以降、パレスチナ人による**反イスラエル運動**が激化した。これを[＿＿＿]とよぶ。 （南山大）

インティファーダ

☑22 1993年、**イスラエル占領地区におけるパレスチナ人の当面の自治**を認める[＿＿＿]が調印された。 （立教大）

パレスチナ暫定自治協定〔オスロ合意〕

☑23 この協定をPLOの**アラファト議長**との間で調印したイスラエルの[＿＿＿]首相は、1995年に極右ユダヤ人に暗殺された。 （南山大）

ラビン

戦後のイラン・イラク・アフガニスタン

☑24 1951年、**イランで急進的民族主義者**である[a]が首相となり、[b]を宣言した。 （津田塾大）

a モサデグ
b 石油国有化

☑25 イラク革命後に**イラクが脱退**したことで、**METO**は本部をバグダードからトルコの**アンカラ**に移し、1959年に[＿＿＿]となった。 （慶應義塾大）

中央条約機構〔CENTO〕

☑26 頻出 [a]朝の国王の専制政治に不満を持つイランの人々は、1978年から**イスラーム教シーア派の指導者**[b]を中心として結束し、1979年[c]を起こした。 （慶應義塾大）

a パフレヴィー
b ホメイニ
c イラン革命

☑27 この革命の結果、1979年に国王が亡命し、**この人物を最高指導者**とする新政権が発足した。この国を[＿＿＿]とよぶ。 （早稲田大）

イラン＝イスラーム共和国

☑28 ホメイニは、**イスラーム的規律を重要視**する宗教色の強い政策を行い、[＿＿＿]に基づく国家建設を進めた。 （東洋大）

イスラーム原理主義〔ファンダメンタリズム〕

☑29 **イラン革命**のために起こった**石油の減産**により[＿＿＿]が発生し、世界経済が混乱した。 （成蹊大）

第2次石油危機

☑30 イラクでは、1979年に[＿＿＿]が大統領に就任し、**長期独裁体制**を構築した。 （早稲田大）

サダム＝フセイン

☑ 31 1980年に国境問題から勃発した□□□は，1988年まで続いた。　(同志社大)　イラン＝イラク戦争

☑ 32 **頻出** 1990年，イラクは石油資源を狙って隣国□□□に侵入し，その併合を宣言した。　(南山大)　クウェート

☑ 33 **頻出** これに対して，□ a □大統領ら**アメリカ中心の多国籍軍**がイラクを空爆し，1991年□ b □が始まった。　(専修大)　a ブッシュ　b 湾岸戦争

☑ 34 同時多発テロ後，イラクの核査察の受け入れ拒否を理由として，イギリスと連携した**アメリカがイラク攻撃を開始**した。これにより2003年□ a □が始まり，□ b □政権が崩壊においこまれた。　(千葉大)　a イラク戦争　b サダム＝フセイン

☑ 35 **イスラーム原理主義組織**□□□は，1996年よりアフガニスタン全土で厳格なイスラーム主義による統治を行った。　(近畿大)　ターリバーン

■ 戦後の世界の重要事項は ゴロ で覚えよう！

◎ <u>高2</u>で<u>後半</u> <u>空</u>しく<u>涙</u>ぐみ
5 2　　　5 8 67　　　73 9 3

⇒ヨーロッパの統合：19<u>52</u>年　ECSC発足
　　　　　　　　　　19<u>58</u>年　EEC発足
　　　　　　　　　　19<u>67</u>年　EC発足
　　　　　　　　　　19<u>73</u>年　拡大EC
　　　　　　　　　　19<u>93</u>年　EU発足

◎ <u>酔わされ</u>ゴロツキ <u>空</u>しく <u>難民</u>泣く
4 8　　　5 6　　67　　7 3 79

⇒中東問題：19<u>48</u>年　パレスチナ戦争〔第1次中東戦争〕
　　　　　　19<u>56</u>年　スエズ戦争〔第2次中東戦争〕
　　　　　　19<u>67</u>年　第3次中東戦争〔6日間戦争〕
　　　　　　19<u>73</u>年　第4次中東戦争（→石油危機）
　　　　　　19<u>79</u>年　エジプト＝イスラエル平和条約

◎ <u>滋賀よご覧</u>

⇒第3次中東戦争でのイスラエルの占領区
　　　　<u>シ</u>ナイ半島
　　　　<u>ガ</u>ザ地区
　　　　<u>ヨ</u>ルダン川西岸
　　　　<u>ゴラン</u>高原

現代の文化

文学

☑01 ドイツの小説家 [____] は，反ファシズムを貫いた平和主
義者で，『**魔の山**』などを著した。 （慶應義塾大）

トーマス=マン

☑02 アメリカの小説家 [____] は，**スペイン内戦**にも義勇軍と
して参加し，『**誰が為に鐘は鳴る**』を著した。 （南山大）

ヘミングウェー

音楽

☑03 第一次世界大戦後，**黒人音楽を起源**とする [____] がア
メリカで流行した。 （駒澤大）

ジャズ

哲学・学問

☑04 アメリカの教育学・哲学者 [____] は，**プラグマティズム
（実用主義）** を提唱した。 （慶應義塾大）

デューイ

☑05 オーストリアのユダヤ系の心理学者 [____] は，深層心
理の研究を行い，『**夢判断**』や『**精神分析入門**』を著した。
（東京大）

フロイト

☑06 ドイツの経済史学者 [____] は，『**プロテスタンティズムの
倫理と資本主義の精神**』を著した。 （駒澤大）

マックス＝
ヴェーバー

科学技術

☑07 世界規模の**コンピュータネットワーク**を指す [____] は，
20世紀には将来の人類のコミュニケーションと知識蓄
積の基盤として期待されていた。 （早稲田大）

インターネット

☑08 ユダヤ系ドイツ人物理学者 [____] は，**相対性理論**を確立
し，光量子の理論でノーベル物理学賞を受賞した。
（福岡大）

アインシュタ
イン

☑09 ラッセル・アインシュタイン宣言に基づき，**科学と国際
問題**について話し合う [____] 会議が1957年カナダで
開かれた。 （神奈川大）

パグウォッシュ

難関大で必ず覚える
私大上位レベル

標準の920問

1章 古代の世界

先史時代

先史時代

☑01 骨の発見により知られるようになった，猿人・原人・旧人・新人をまとめて，□□□□という。　　　　　　　　　（慶應義塾大）

化石人類〔古生_{こせい}人類〕

☑02 **現在判明している最古の人類**は約700万〜600万年前の□a□である。それまでは約440万年前の□b□が最古の人類と考えられていた。　　　　　　　　　　（立命館大）

a サヘラントロプス
b ラミダス猿人

☑03 **イタリア**の地中海沿岸の洞穴で見つかった2万5000年ほど前の新人は，□□□□とよばれ，黒人の特徴をそなえている。　　　　　　　　　　　　　　　　　　　　（早稲田大）

グリマルディ人

☑04 大陸の極地から温帯にかけて氷河に覆われた寒冷期を，□a□という。また，□a□に挟まれて氷河が後退する時期を，□b□という。現在も，1万4000年前から続く□b□のさなかである。　　　　　　（関西学院大）

a 氷期
b 間氷期

☑05 約258万年前から約1万年前までの時代を□a□という。また，約1万年前から現在までの時代を□b□という。　　　　　　　　　　　　　　　　　　（駒澤大）

a 更新世
b 完新世

☑06 **旧石器時代**から**新石器時代**への過渡期は□a□とよばれた。狩猟・採集を中心とし，□b□による野生穀物の刈り取りも行われた。　　　　　　　　　　　（南山大）

a 中石器時代
b 細石器

☑07 **農耕・牧畜**の開始による人類史上の大変革を□□□□という。

食糧生産〔新石器〕革命_{こせい}

☑08 灌漑_{かんがい}で水を供給するのではなく，**自然の雨水に頼る農法**を，□□□□という。　　　　　　　　　　　　（札幌学院大）

乾地農法

☑09 新石器時代，素焼の地に着色した□□□□が製作された。　　　　　　　　　　　　　　　　　　　　（名城大）

彩文土器

☑10 頻出 石器時代後，□□□□などが使用される**金属器時代**が到来した。　　　　　　　　　　　　　　　（東洋大）

青銅器

☑ 11 人種の分類として，白色人種・黄色人種・黒色人種に，そ
れぞれ □ a □・□ b □・□ c □という呼称が用いられて
いる。　　　　　　　　　　　　　　　　　　（獨協大）

a コーカソイド
b モンゴロイド
c ネグロイド

古代メソポタミア

メソポタミア文明の成立

☑ 01 **メソポタミアからシリア・パレスチナ**にかけての地域を，20
世紀の学者**ブレステッド**は"□□□□"とよんだ。　（学習院大）

肥沃な三日月地帯

☑ 02 頻出 **ジッグラト（聖塔）**では，□□□□のものが特に有名で
ある。　　　　　　　　　　　　　　　　　　（中央大）

ウル

☑ 03 頻出 **ウルク**の王を題材とした古代メソポタミアの伝説的叙
事詩『□□□□』は，**ノアの洪水伝説の原型**とされる。
（明治大）

ギルガメシュ叙
事詩

☑ 04 前 22 世紀末，セム語族系民族を追放した**シュメール人**は
□□□□とよばれる最後の王朝を建てたが，前 21 世紀末に
エラム人の侵入で滅亡した。　　　　　　　　（立教大）

ウル第 3 王朝

☑ 05 セム語族系アッカド人の王である**サルゴン 1 世**は，史上初
の□□□□を保有した。　　　　　　　　　　（早稲田大）

常備軍

☑ 06 **古代バビロニア**では，**星の運行や組合せ**から人や社会の運
勢とその未来を予知する□□□□が盛んになった。
（東京大）

占星術

☑ 07 **ヒッタイト**ははじめて□□□□を本格的に使用した。
（中京大）

鉄製武器

☑ 08 頻出 前 1286 年，**ヒッタイト**は□□□□の戦いで**ラメス 2 世**
率いる新王国時代のエジプトと争った。　（愛知教育大）

カデシュ

☑ 09 地中海東岸の**シリア**や**パレスチナ**にかけて，セム語族系民族
の□□□□が交易で栄えていた。　　　　　　（関西大）

カナーン人

アッシリア〜アケメネス朝

☑ 10 頻出 住民の大半が □ a □ 人だった**ミタンニ**は，前 14 世紀
にヒッタイトの攻撃を受け事実上滅亡し，さらに領内から
台頭した □ b □ により完全に消し去られた。（青山学院大）

a フルリ
b アッシリア

☑11 繁栄したアラム人も，前8世紀頃に急速に勢力を拡大した □□□ の攻撃を受け，その傘下に組み込まれた。　（名古屋大）　　アッシリア

☑12 4国分立時代，□□□ を都とする**メディア**が最も広大な版図を有していた。　　　　　　　　　　　　　　（立教大）　　エクバタナ

☑13 "**出エジプト**"を指導した預言者**モーセ**は，その途上，神から『□□□』を与えられたとされている。　　（立命館大）　　十戒

☑14 "出エジプト"を行ったイスラエル人は，**ペリシテ人**との抗争の中で強力な指導者を必要とし，王を戴いて □□□ を成立させた。　　　　　　　　　　　　　　　　（大阪大）　　イスラエル〔ヘブライ〕王国

☑15 頻出 この王国分裂後，南部に成立した □ a □ 王国は，前586年に**新バビロニアの王** □ b □ に滅ぼされた。　（関西大）　　a ユダ
b ネブカドネザル2世

☑16 パレスチナ以外の地にユダヤ人が離散したことを，ギリシア語で □□□ という。また，ユダヤ人のローマ帝国の支配に反抗する**ユダヤ戦争**も起こった。　　　　　　（中央大）　　ディアスポラ

☑17 前1世紀前後のユダヤ教・原始キリスト教を知る資料として，1947年に □□□ とよばれる『旧約聖書』の写本などの文書群が見つかった。　　　　　　　　（関西学院大）　　死海文書

☑18 頻出 **アケメネス朝ペルシア**は，□□□ によって建国され，メディアを滅ぼして自立した。　　　　　　　（法政大）　　キュロス2世

☑19 国道"**王の道**"により，行政の中心だった首都**スサ**と小アジアの □ a □ が結ばれた。また，"王の道"に面した岩壁には □ b □ が刻まれ，これを □ c □ が解読したことで，**楔型文字**が解読された。　　　　　　　　　　（立命館大）　　a サルデス
b ベヒストゥーン碑文
c ローリンソン

■ 製鉄の技術伝播の流れを整理しよう！

ヒッタイト　vs.　エジプト
　　　カデシュ　　　vs.
　　　の戦い
　　　　　　　　クシュ王国

　　　　　　　　メロエ遷都

☑20 **頻出** **アレクサンドロス大王の東方遠征**を受けたダレイオス3　　a イッソス
世は、前333年の　a　の戦いと前331年の　b　の　　　　　b アルベラ
戦いで敗れた。　　　　　　　　　　　　　　　　　（同志社大）

古代エジプト

☑01 古代エジプトでは、　　　　　とよばれる村落（小部族国家）　　ノモス
が**行政単位**だった。　　　　　　　　　　　　　　（上智大）

☑02 古王国第4王朝時代、カイロ対岸の　a　に**三大ピラミッ**　　a ギザ
ドが作られた。人頭獣身の石像である　b　は、この地に　　　b スフィンクス
あるものが特に有名である。　　　　　　　　　　（立教大）

☑03 **頻出** **テーベの守護神**　　　　　は、中王国以来最高神とされ、　アモン〔アメン〕
新王国では太陽神と結合して広く普及した。　　　（明治大）

☑04 アトン一神教を始めた**アメンホテプ4世**は、自ら"アトンに　イクナートン
愛されるもの"という意味の　　　　　に改名した。　（法政大）

☑05 衰退期を迎えた前8世紀、エジプトはヌビアの　　　　　人に　クシュ
よって支配を受けた。　　　　　　　　　　　　　（青山学院大）

☑06 神聖文字を簡略化し、主にパピルスに記された書体を　　　　神官文字〔ヒエ
　　　　　という。　　　　　　　　　　　　　（北海学園大）　　ラティック〕

■ 古代エジプトの重要都市は
地図で確認しよう！

╳カデシュの戦い
① アレクサンドリア
② メンフィス
③ テル＝エル＝アマルナ
④ テーベ

古代ギリシア

☑01 **頻出** **クレタ文明**の**クノッソス宮殿**は，イギリスの考古学者 □□□ によって発掘された。　　　　　　　　　　　　　（中央大）

エヴァンズ

☑02 線文字の中でも，とくに**クレタ文明**のものは □□□ という。　　　　　　　　　　　　　　　　　　　　　　　　（駒澤大）

線文字A

☑03 1952 年，イギリス人 □□□ が**ミケーネ文明**で用いられていた**線文字Bの解読**に成功した。　　　　　　　　　　（立教大）

ヴェントリス

☑04 **頻出** **ミケーネ文明**の王権は，周辺の集落からの □□□ によって支えられていた。　　　　　　　　　　　　（学習院大）

貢納

☑05 **頻出** **ミケーネ文明**は，前 13 世紀頃に □a□ を滅ぼして，エーゲ海と黒海における制海権を掌握したが，"□b□"の侵入や鉄器を持つ □c□ の南下を受けて急激に衰退した。　　　　　　　　　　　　　　　　　　　　　　　　（関西大）

a トロイア
b 海の民
c ドーリア人

☑06 ポリスの城壁外には，市民が**農地**として持つ私有地 □□□ が広がっていた。　　　　　　　　　　　　　　　　（立教大）

クレーロス

☑07 小アジアの**リディア**から □□□ が伝わったことにより，アテネで貨幣経済が始まった。　　　　　　　　　（首都大学東京）

金属貨幣

☑08 第 3 次ペルシア戦争では，デルフィの北に位置する □□□ の戦いで**スパルタ軍が王レオニダスとともに玉砕**し，アッティカ地方がペルシアに占領された。　　　　　　　（同志社大）

テルモピレー
〔テルモピュライ〕

☑09 **ペリクレス時代**の**アテネ**では，選挙によって選ばれる □□□ という役職が国政の中心となっていた。　（東京学芸大）

将軍〔ストラテ
ゴス〕

☑10 **アテネ民主政**の特徴として，将軍などを除いたほぼすべての公職を □a□ によって選出することや，選ばれた公職の任期が □b□ 年だったことが挙げられる。　　（新潟大）

a 抽選
b 1

☑11 **アテネの民主政**においては，奴隷以外に □a□ や □b□ にも参政権が与えられなかった。　　　　　　　　（京都府立大）

a 女性
b 在留外人〔メ
トイコイ〕
（順不同）

☑12 一般市民から抽選で選ばれた**陪審員**は □□□ で判決を下した。公職者を裁く**弾劾裁判**も実施され，法治主義の原則が支えられた。　　　　　　　　　　　　　　　　（学習院大）

民衆裁判所

☑ 13 **フェイディアス**が再建した**パルテノン神殿**は，力強さをア
ピールする ▢ 式である。　　　　　　　　（立命館大）　　　ドーリア

☑ 14 ペロポネソス戦争後，アテネでは好戦的な意識を持った**没落
市民を煽動する** ▢ が出現した。これに煽動され堕落
した政治形態を，**衆愚政治**という。　　　　　　　（学習院大）

煽動政治家〔デ
マゴーゴス〕

ギリシア・ヘレニズム文化

ギリシアの文化

☑ 01 トラキア出身の ▢ は，「**万物の根源は等質不変の原子**」
だと考えた。　　　　　　　　　　　　　　　　（学習院大）　　　デモクリトス

☑ 02 叙情詩人 ▢ は，**オリンピア競技会**の優勝者をたたえた
『**競技祝勝歌**』を残した。　　　　　　　　　　　（立教大）　　　ピンダロス

☑ 03 エフェソス出身の哲学者 ▢ は，「**万物は流転する**」と
いう言葉を残し，**火を変化の象徴**であるとした。
　　　　　　　　　　　　　　　　　　　　　　　　（中央大）　　　ヘラクレイトス

☑ 04 頻出 「**アテナ女神像**」を作った彫刻家 ▢ は，**パルテノ
ン神殿**の再建を監督した。　　　　　　　　　　　（法政大）　　　フェイディアス

☑ 05 神殿の建築様式として，**パルテノン神殿**に代表される重厚
な**ドーリア式**，優美な ▢ a ▢ ，繊細な ▢ b ▢ がある。
　　　　　　　　　　　　　　　　　　　　　　（立命館大）

a イオニア式
b コリント式

☑ 06 アテネの彫刻家として，前5世紀には**フェイディアス**が，
前4世紀には ▢ が活躍した。　　　　　　　（立命館大）　　　プラクシテレス

ヘレニズム文化

☑ 07 ギリシア出身の天文学者 ▢ は，**太陽中心説**を主張し，
地球の公転と自転を説いた。　　　　　　　　（同志社大）　　　アリスタルコス

☑ 08 **ムセイオン**の館長で天文学者 ▢ は，**地球の円周（外周）
の長さ**を計測した。　　　　　　　　　　　（首都大学東京）　　　エラトステネス

☑09 [頻出] シチリア島・シラクサ出身の［　　　］は，梃子の原理や**比重の原理**を発見した。　　　　　　　　　　（青山学院大）　　　アルキメデス

☑10 「ミロのヴィーナス」や「［　　　］」に代表される**ヘレニズム美術**は躍動的なものであった。後者はホメロスの叙事詩に題材をとっている。　　　　　　　　　　　　　　（関西学院大）　　　ラオコーン

古代ローマ

☑01 [頻出] 前 1000 年頃，イタリア半島に南下した［　a　］人によって，［　b　］河畔に**部族国家ローマ**が建設された。　　　　　　　　　　　　　　　　　　　　　　（関西大）
a ラテン
b ティベル

☑02 前 367 年の**リキニウス・セクスティウス法制定以降**，富裕な平民たちが高位官職に入り始めてパトリキとともに［　　　］を形成した。　　　　　　　　　　　　（津田塾大）　　　ノビレス〔新貴族〕

☑03 [頻出] **ハンニバル**率いるカルタゴは，［　a　］の戦いでローマ軍を撃破したが，［　b　］の戦いでローマの将軍［　c　］に敗れた。　　　　　　　　　　　　　　　　　（名古屋大）
a カンナエ〔カンネー〕
b ザマ
c スキピオ

☑04 [頻出] 属州での**徴税請負**などで私腹を肥やした者は，［　　　］という新しい階層を形成した。　　　　　　（京都大）　　　エクイテス〔騎士〕

☑05 **カエサル**は，自身のガリア遠征中にポンペイウスが元老院と手を結んだことを知ると，彼を破って，**事実上終身**の［　　　］に就任した。　　　　　　　　　　（津田塾大）　　　ディクタトル〔独裁官〕

☑06 カエサルが元老院から与えられた称号である［　　　］は，アウグストゥス以降の皇帝の世襲の称号となった。（早稲田大）　　　インペラトル〔最高軍司令官〕

帝政ローマ

☑07 2 世紀末から 3 世紀にかけての**ローマの危機的な状態**は，"［　　　］"と表現される。　　　　　　　　　（学習院大）　　　3 世紀の危機

☑08 325 年の**ニケーア公会議**で異端となったアリウス派は，その後北方の［　　　］人に広まった。　　　　　（新潟大）　　　ゲルマン

☑09 **コンスタンティヌス帝**は，332 年にコロヌスの移動を禁ずる ▢▢▢▢ を出し財政の確保を狙った。 （上智大）

コロヌス土地
緊縛令

☑10 **テオドシウス帝**が 392 年に**キリスト教を国教化**し，他のあらゆる信仰を禁止したことで，▢▢▢▢ が開催できなくなった。 （名古屋大）

オリンピアの祭典

☑11 ローマ帝国の分裂によって成立した**東ローマ（ビザンツ）帝国**は，▢▢▢▢ 年まで続いた。 （明治大）

1453

■ 帝政時代のローマの重要年代は
🤜🔲 で覚えよう！

◎庭師のディオクレティアヌス
　　28　4
⇒ **284** 年　ディオクレティアヌス帝の専制君主政

◎三つ子の三位一体
　　3　2　5
⇒ **325** 年　ニケーア公会議（三位一体説）

ローマ文化

☑01 **ポリビオス**は，ギリシアの歴史をモデルにして ▢▢▢▢ という歴史観を主張した。 （明治学院大）

政体循環史観

☑02 **ポリビオス**は『▢▢▢▢』を著し，ローマは君主政・貴族政・民主政の混合政体によって成功を収めていると分析した。 （学習院大）

ローマ史〔歴史〕

☑03 『**博物誌**』を著した ▢▢▢▢ は，ウェスウィウス火山噴火の調査・住民救済に向かい殉職した。 （関西大）

プリニウス

☑04 ラテン文学における三大詩人の一人とされるアウグストゥス時代の叙情詩人 ▢▢▢▢ は，『**叙情詩集**』を著した。 （東京女子大）

ホラティウス

☑05 ラテン文学における三大詩人の一人とされる ▢▢▢▢ は，『**愛の歌**』や『**転身譜**』などを著した。 （立命館大）

オウィディウス

☑06 ギリシア人の**ストア派哲学者** ▢▢▢▢ は，ネロ帝側近の**奴隷出身**だった。 （学習院大）

エピクテトス

☑07 **頻出** 『**天文学大全**』を著したギリシア人天文学者 ⬚ は，**天動説**を唱えて，中世までの宇宙観に決定的な影響を与えた。 *(京都大)*
プトレマイオス

☑08 ローマの代表的な**公共浴場**として，カラカラ帝が建設した ⬚ が挙げられる。 *(学習院大)*
カラカラ浴場

☑09 **頻出** ローマの都市の公共広場は，⬚ と呼ばれ，フォロ＝ロマーノという遺跡が有名である。 *(名古屋大)*
フォルム

パルティア王国とササン朝ペルシア

パルティア王国

☑01 帝政ローマの軍人たちや，パルティアの人々の間では，**牡牛を生贄**（いけにえ）とする ⬚ が流行した。 *(学習院大)*
ミトラ〔ミトラス〕教

ササン朝ペルシア

☑02 最大版図を形成したホスロー2世は，**ビザンツ帝国**との関係を悪化させ，ビザンツ皇帝 ⬚ に敗れた。 *(近畿大)*
ヘラクレイオス1世

☑03 **頻出** 642年の ⬚ の戦いで**イスラーム軍に大敗**したことが，ササン朝の事実上の滅亡につながった。 *(筑波大)*
ニハーヴァンド

☑04 **頻出** マニ教は，11～13世紀に西ヨーロッパで広まった**キリスト教の異端 a** 派に影響を与え，南フランスでは **b** 派とよばれた。 *(法政大)*
a カタリ
b アルビジョワ

☑05 **頻出** **ネストリウス派キリスト教**は，ササン朝から中国へと伝わった。唐での布教を許されたイラン人**阿羅本**（あらほん）が各地に建立した寺は，745年に ⬚ 寺と改称された。 *(関西大)*
大秦（だいしん）

■ ササン朝の王は**勿薬**（ゴロ）で覚えよう！

◎ササン朝の王 "アル シャー ホ ヤ"

→**アルダシール**1世（3C）：ゾロアスター教の国教化
→**シャープール**1世（3C）VS.ローマ（ウァレリアヌス帝）
→**ホスロー**1世（6C）VS.東ローマ（ユスティニアヌス帝）
→**ヤズダギルド**〔ヤズデギルド〕3世（7C）：ニハーヴァンドの戦い

古代のインド

☑01 インド西部のグジャラートでは □□□□□ という**インダス文明**
の大都市遺跡が近年見つかった。 （関西学院大）
ドーラヴィーラー

☑02 中央アジアに住んでいた**アーリヤ人**の一派は，□□□□□峠を
越えて数回にわたりインドに侵入した。 （駒澤大）
カイバル

☑03 頻出 アーリヤ人はさまざまな自然現象を崇拝していた。彼
らの**儀式の手順や神への賛歌を収めたもの**を □□□□□ とよ
ぶ。 （中央大）
ヴェーダ

☑04 インドでは前 800 年頃，アーリヤ人によって □□□□□ の使
用が始まり，生産力が高まった。 （立教大）
鉄器

☑05 **ウパニシャッド哲学**では，**宇宙の根本原理**を" a "，**自
我の根本原理**を" b "とよぶ。 （同志社大）
a ブラフマン〔梵〕
b アートマン〔我〕

☑06 前 4 世紀頃，**マガダ国**は □□□□□ 朝の下で**ガンジス川流域の
統一**を達成した。 （龍谷大）
ナンダ

☑07 **クシャーナ朝**には中央アジアのイラン系遊牧民である**サカ
族**も服属した。最盛期の**カニシカ王**は □□□□□ に都を定めた。
（青山学院大）
プルシャプラ

☑08 **サータヴァーハナ朝**時代の仏教学者 □□□□□ は，『**中論**』を
著して**大乗仏教を確立**した。 （中央大）
ナーガールジュ
ナ〔竜樹〕

☑09 釈迦の遺骨を納めた □□□□□ は，**仏塔**とも訳され，後の寺院
のもとになったとされる。その中でも，**アショーカ王**が建
設した**サーンチー**にある仏塔は有名である。 （専修大）
ストゥーパ

☑10 4 世紀，□□□□□ によってパータリプトラを都とする**グプタ
朝**が創始された。 （関西大）
チャンドラグプ
タ 1 世

☑11 **東晋**時代の山西出身の a がグプタ朝を訪問した。彼が
著した『**仏国記**』の中で， b は"超日王"と記されてい
る。 （明治大）
a 法顕
b チャンドラグ
プタ 2 世

■ **古代インドの地域は** 力業 **で覚えよう！**
◎**古代のインド（北西地域）** "**バクト大ク**"
→①**バク**トリア →②**ト**ハラ →③**大**月氏
→④**ク**シャーナ（大月氏より自立，イラン系）：北西インドへ

☑ 12 **サータヴァーハナ朝**が繁栄した背景には，**帝政期のローマ**や東南アジアと［　　　］を行ったことがあった。　(龍谷大)

季節風〔モンスーン〕貿易

☑ 13 **スリランカ**では前 5 世紀頃，北インドのアーリヤ系である［　　　］人が［　　　］王国を建設した。　(明治大)

シンハラ

☑ 14 インド中部において，ガンダーラより古い時代から仏像が製作された，ヤムナー河畔にある都市を［　　　］という。　(慶應義塾大)

マトゥラー〔マトゥーラ〕

☑ 15 **サータヴァーハナ朝衰退**に乗じて，3 世紀後半にカーンチーを都とする［　　　］朝がインド南東岸を支配した。　(慶應義塾大)

パッラヴァ

☑ 16 [頻出] この王朝では，**ジャイナ教や仏教への批判**から成立した［　　　］信仰が普及，**ヒンドゥー教の大衆化**に寄与した。　(大阪大)

バクティ

☑ 17 6 世紀半ばデカン地方に建国された［　　　］朝は，北インドの**ハルシャ＝ヴァルダナ**の進軍を阻止したことでも知られる。　(近畿大)

チャールキヤ

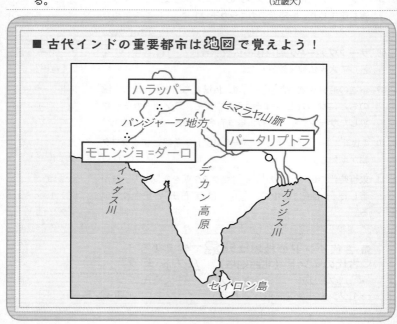

■ 古代インドの重要都市は地図で覚えよう！

■ **グプタ朝の文化は功業で覚えよう！**

◎ **グプタ朝の文化"ナマグサヒ"**

→**ナ**ーランダー僧院：大乗仏教の深化
→**マ**ヌ法典：生活規範（ヴァルナに立脚）
→**グ**プタ様式：アジャンター・エローラの石窟寺院
→**サ**ンスクリット文学：カーリダーサ（戯曲『シャクンタラー』）
→**ヒ**ンドゥー教：民間信仰の総称（シヴァ神・ヴィシュヌ神）

古代中国

☑01 前 5000 年頃に発生した**中国最古の文明**といわれる
　　　￣￣￣を担った**原シナ人**は，磨製石器と彩文土器を使用
　　　した。　　　　　　　　　　　　　　　　　　　（上智大）
黄河文明

☑02 **彩陶文化の代表的遺跡**として，陝西省（せんせい）の￣￣￣遺跡や，
　　　姜寨遺跡（きょうさい）が挙げられる。　　　　　　　　　　（近畿大）
半坡（はんば）

☑03 竜山文化（りゅうざん）（ロンシャン）の遺跡からは，日用品として広く使用された
　　　￣a￣など**粗雑な土器**が見つかり，￣b￣・￣c￣とよ
　　　ばれる三足土器が多い。　　　　　　　　　　　（京都府立大）
a 灰陶
b・c 鬲（れき）・鼎（てい）（順
不同）

☑04 **頻出** 長江下流域には，前 5000 年頃の￣￣￣遺跡や，前
　　　3300 年頃の**良渚遺跡**（りょうしょ）などがある。　　　　　　（立教大）
河姆渡（かぼと）

☑05 前 2000 年以降の遺跡に，**四川省**の￣￣￣遺跡がある。
　　　　　　　　　　　　　　　　　　　　　　　　　（早稲田大）
三星堆（さんせいたい）

☑06 **頻出** ￣a￣を別称とする**殷**（いん）では，王が**占いを絶対的な神
　　　意**とする￣b￣を行っていた。　　　　　　　　（名古屋大）
a 商
b 神権政治

☑07 **犬戎**（けんじゅう）の侵入以後の周を分類上￣a￣，以前の周を分類上
　　　￣b￣とよぶ。　　　　　　　　　　　　　　　（早稲田大）
a 東周
b 西周

☑08 **頻出** 王朝交代の形式で平和的なものを￣a￣，武力によ
　　　るものを￣b￣という。　　　　　　　　　　　（立命館大）
a 禅譲（ぜんじょう）
b 放伐（ほうばつ）

☑09 春秋時代，周王に代わって**会盟（諸侯同盟）を指導**した有
　　　力諸侯を￣a￣とよぶ。彼らは"￣b￣"というスローガ
　　　ンを掲げた。　　　　　　　　　　　　　　　　（法政大）
a 覇者
b 尊王攘夷（そんのうじょうい）

☑10 **斉**（せい）の￣a￣や，**晋**（しん）の￣b￣などを総称して**"春秋の五覇"**
　　　という。　　　　　　　　　　　　　　　　　　（立命館大）
a 桓公（かんこう）
b 文公

☑11 周辺の民族を野蛮な**夷狄**とよび，自国の優位性を誇った思想を，□□□という。　(北海道大)　　　華夷思想〔中華思想〕

☑12 **楚**では，**貝貨を模した**とされる□□□が使用された。(法政大)　　　蟻鼻銭

☑13 **"戦国時代"**という名称は，前漢の学者**劉向**が編纂した『□□□』に由来するといわれている。　(法政大)　　　戦国策

諸子百家

☑14 **孔子**は，□a□で行われていた□b□を理想的な政治の仕組みとしていた。　(成蹊大)　　　a 周　b 封建制度

☑15 諸子百家として，農業技術を普及させた**農家**や，論理学派である**名家**が登場した。名家では□□□が代表的人物として知られる。　(法政大)　　　公孫竜

☑16 **陰陽家**の□a□は，自然と社会の現象を陰と陽の二原理の盛衰から考える説と，万物の変化を五要素の循環から考える説を結びつけ，□b□を大成した。　(学習院大)　　　a 鄒衍　b 陰陽五行説

秦・漢帝国

秦

☑01 頻出 **始皇帝**の下，法家の□□□が**丞相**として仕え，中央集権化を進めた。　(愛知大)　　　李斯

☑02 頻出 **始皇帝**は，現在の**広東省からベトナム北部**にあたる□□□地方を征服した。　(立教大)　　　南越

■ **後漢の皇帝を整理しよう！**

光武帝 ┌①東匈奴の南北分裂
　　　　└②倭の奴国へ金印

明帝 ┐┌①北匈奴へ攻撃
和帝 ┘└②班超は甘英を大秦国へ（和帝代）

桓帝→党錮の禁（166）→官僚 vs. 宦官（勝）

☑ 03 **汗血馬を獲得**する目的で，武帝はイラン系民族の住む中央
アジアの　 a 　に将軍**李広利**を派遣した。また， b
を退けイリ地方に国を建てた遊牧民の　 c 　は，漢の西
域経営に協力した。　　　　　　　　　　　　　（立命館大）

a 大宛〔フェル
ガナ〕
b 大月氏
c 烏孫

☑ 04 武帝が設置した**河西 4 郡**のうち，最も西には　　　　が置
かれた。　　　　　　　　　　　　　　　　　　（学習院大）

敦煌郡

☑ 05 南越の滅亡後に設置された**南越 9 郡**のうち, 現在のフエ〔ユ
エ〕には　　　　が置かれた。　　　　　　　　（早稲田大）

日南郡

☑ 06 南越の滅亡後に設置された**南越 9 郡**のうち, 現在の**広東省**
には　 a 　, 現在の**ハノイ**には　 b 　が置かれた。
　　　　　　　　　　　　　　　　　　　　　　　（札幌大）

a 南海郡
b 交趾郡

☑ 07 武帝による**儒学の官学化**を受け，　　　　という官職が設
置された。　　　　　　　　　　　　　　　　　　（専修大）

五経博士

☑ 08 頻出 武帝の時代，各地の**特産物を税**として強制的に貢納さ
せ，不足している地域に転売するという　　　　法が施行
された。　　　　　　　　　　　　　　　　　　　（名城大）

均輸

☑ 09 武帝の時代，物価が安いうちに政府が**余剰物資を購入**し，
物価が上がった際にそれを売却するという　　　　法が施
行された。　　　　　　　　　　　　　　　　　　（成城大）

平準

☑ 10 頻出 武帝は，半両銭を小型化して　　　　とよばれる**銅銭**
を鋳造させた。　　　　　　　　　　　　　　（関西学院大）

五銖銭

☑ 11 前 7 年，**前漢**の**哀帝**は　　　　を発布して**大土地所有を制
限**しようとした。　　　　　　　　　　　　　　（早稲田大）

限田策

☑ 12 西域都護の**班超**は，部下の　　　　を大秦国（ローマ帝国）
へ派遣した。　　　　　　　　　　　　　　　　　（明治大）

甘英

☑ 13 2 世紀半ば，**張陵**が四川で　　　　という宗教結社を組織し
た。　　　　　　　　　　　　　　　　　　　　　（福井大）

五斗米道

☑ 14 **ベトナムの交趾郡**で起こった　　　　の反乱は，後漢の将軍
馬援によって鎮圧された。　　　　　　　　　（関西学院大）

徴姉妹

秦・漢帝国の文化

☑01 後漢の宦官 a によって，**製紙法が改良された**とい　　a 蔡倫
　　われる。ただし，もっぱら当時の文書は字画を整理した　　b 隷書
　　 b で木簡・竹簡・帛（絹布）に書かれた。　　（京都大）

☑02 5世紀に南朝**宋の范曄**が編纂した後漢一代の正史　　a 後漢書
　　『 a 』には，光武帝による b への**金印**授与が記さ　　b 倭の奴国
　　れている。　　（愛知学院大）

☑03 後漢の学者である ＿＿＿＿ は，天球儀や地震感知器を発明　　張衡
　　したことで知られる。　　（専修大）

東南アジアの諸文明

ベトナム

☑01 **ドンソン文化**は，独特な ＿＿＿＿ ・鉄器文化を特色とした。　　青銅器
　　　　（獨協大）

☑02 前111年，南越は**漢の武帝**に滅ぼされ，**ベトナム北部**には　　交趾郡
　　＿＿＿＿ が設置された。　　（札幌大）

☑03 2世紀にチャム人が建国した**チャンパー**は， ＿＿＿＿ で17　　中継貿易
　　世紀まで栄えた。　　（早稲田大）

☑04 **チャンパー**は，中国での呼び名に変遷があり，**2～8世紀**　　林邑
　　には ＿＿＿＿ とよばれていた。　　（中央大）

☑05 チャンパーは，**9～15世紀**の中国では ＿＿＿＿ とよばれて　　占城
　　いた。　　（青山学院大）

☑06 **李朝**は，大穀倉地帯である**ソンコイ川**デルタ地帯を一手に　　昇竜
　　押さえる ＿＿＿＿ （現**ハノイ**）を都とした。　　（明治大）　　〔しょうりゅう〕

☑07 1225年，李朝の王女の婿**陳煚**が王位を譲り受けたことに　　陳朝
　　よって， ＿＿＿＿ が成立した。　　（大阪大）

☑08 この王朝では，**漢字をベース**とした独自の文字 ＿＿＿＿ が　　字喃〔チュノム〕
　　作られた。　　（同志社大）

☑ 09 清朝と提携していた**黎朝**(レ)は，中部ベトナム出身の 3 兄弟が
建国した □□□ により，1789 年に滅ぼされた。この乱で
は，北部の鄭氏や南部の広南王国も滅ぼされた。（津田塾大）

西山朝
(タイソン)

☑ 10 **阮朝越南国**(げん)は，□□□ を都とした。　（法政大）

フエ〔ユエ〕

カンボジア

☑ 11 **扶南**(ふなん)は，メコン゠デルタの開発に伴う豊かな □□□ で栄え
た。　（立教大）

稲作

☑ 12 インドや中国との海上貿易によって栄えた**扶南の外港**
□□□ の遺跡からはインドの仏像や漢の鏡，ローマの金貨
などが出土している。　（明治大）

オケオ

☑ 13 頻出 8 世紀，**真臘**(しんろう)は国力を疲弊させてしまい，一時**スマト
ラ島を拠点**とする □□□ 王国の勢力下にその一部が組み
込まれた。　（法政大）

シュリーヴィ
ジャヤ

☑ 14 頻出 **アンコール゠ワット**は，もともと □a□ 寺院だったが，
建設者である**スールヤヴァルマン 2 世**の死後，14 世紀に侵
入してきた**タイ人**によって □b□ 寺院として改修された。
（北海道大）

a ヒンドゥー教
b 仏教

☑ 15 インドシナ半島内陸山岳の国家である □□□ は，14 世紀の
ラーンサーン王国に始まる。　（法政大）

ラオス

☑ 16 頻出 15 世紀，**チャオプラヤ川**流域から勢力を拡大したタイ
の □□□ 朝によって，アンコール朝は滅ぼされた。
（明治大）

アユタヤ

タイ

☑ 17 **タイ人の南下以前**からチャオプラヤ川下流域に居住してい
た □a□ 人は，7 世紀に □b□ 朝を建国した。　（立教大）

a モン
b ドヴァーラ
ヴァティー

☑ 18 頻出 タイ人は，カンボジアの衰退から自立して，13 世紀に
チャオプラヤ川中流域で □□□ 朝を建国した。　（関西大）

スコータイ

☑ 19 **スコータイ朝**の王は，□a□ 文字を制定し，□b□ 仏教
を取り入れた。　（同志社大）

a タイ
b 上座部

ビルマ（ミャンマー）

☐20 ビルマ人がパガン朝を建設する以前、イラワディ川下流域で
は ___ 人が勢力を誇っていた。　　　　　　　（九州大）
モン

☐21 この民族はパガン朝滅亡後、イラワディ川流域南部に
___ 朝を建国した。　　　　　　　　　　（立教大）
ペグー

インドネシア

☐22 ジャワ島中部には**古マタラム王国**時代の ___ という**ヒン
ドゥー教**寺院群があり、中でもロロジョングラン寺院が有
名である。　　　　　　　　　　　　　　　（関西学院大）
プランバナン

☐23 スマトラ島東南部の ___ が、**シュリーヴィジャヤ王国の
中心地**として栄えた。この地は、のち**三仏斉**という連合国
家の中心地にもなっている。　　　　　　　（京都府立大）
パレンバン

☐24 13世紀、**クディリ朝を滅ぼして**ジャワ島東部に ___ 朝
が建国された。　　　　　　　　　　　　　（法政大）
シンガサリ

☐25 頻出 16世紀後半、**ジャワ島中部**から東部にかけて**イスラー
ム国家**である ___ 王国が成立した。　　（明治大）
マタラム

☐26 頻出 この王国と同時代、**ジャワ島西部**には1526頃～
1813年にイスラーム国家 ___ 王国が存在した。
　　　　　　　　　　　　　　　　　　　　（学習院大）
バンテン

☐27 ポルトガルがマラッカを占領後、逃れたマレー人の王によ
りマレー半島南部に ___ というイスラーム港市国家が
建設された。　　　　　　　　　　　　　　（関西学院大）
ジョホール

■ **東南アジアの王朝を整理しよう！**

〈タイ〉　　　　　　　　〈ベトナム〉
┌**ス**コータイ朝（13C）　北部：大越国　　　　　　中部：チャンパー
│**ア**ユタヤ朝（14C）　　┌**李**朝（11C）　　　　　　┌**林**邑
│**ツ**　　　　　　　　　　陳朝（13C）　　　　　　　│**環**王（唐代の呼称）
└**チ**ャクリ朝（18C）　　胡朝（15C）　　　　　　　└**占**城（宋・元代の
　〔ラタナコーシン朝〕　　**黎**朝→明軍を撃退　　　　　　　　呼称）
　　　　　　　　　　　　└**西**山朝→阮朝越南国

■ 東南アジアの重要都市は
地図で確認しよう！

① ハノイ〔昇竜〕
② フエ〔ユエ〕
③ オケオ遺跡
④ スコータイ
⑤ アユタヤ
⑥ バンコク
⑦ パレンバン

ラテンアメリカ・アフリカの諸文明

ラテンアメリカ

☑01 **頻出** 前 1000 年頃から，**ペルー北部**では蛇やジャガーを神格化する ____ 文化が形成された。 (明治大) / チャビン

☑02 **テオティワカン文明**では，太陽信仰に基づいて ____ が建設された。 (南山大) / 太陽と月のピラミッド型神殿

☑03 10 世紀頃，**テオティワカン文明**を継承し，**メキシコ高原**では ____ 文明が興った。 (同志社大) / トルテカ

☑04 10 世紀以降 ____ 人のメキシコ北部への南下が激しくなった。 (近畿大) / チチメカ

☑05 ____ 人は**インカ帝国**を建設した民族の末裔とされている。 (近畿大) / ケチュア

☑06 チャビン・ティワナク・ナスカ・チムー・インカなどの文明 を，□ a □と総称する。段々畑や灌漑技術の発達が特徴で， インカ帝国の離宮遺跡である□ b □は特に有名である。

a アンデス文明
b マチュ=ピチュ

(同志社大)

アフリカ

☑07 頻出 **クシュ王国**は，都を□□□に遷して以降，□□□王 国とよばれる。 (青山学院大)

メロエ

☑08 8世紀頃チャド湖周辺に建国された□□□□は，イスラーム 化や遷都を経ながらも16世紀に最盛期を迎えた。 (同志社大)

カ ネ ム = ボル ヌー王国

☑09 アラビア語で"日の没する地"を意味し，**エジプト以西の北 アフリカ**一帯を指す"□□□□"という地域には，**ベルベル人** が先住民として住んでいた。 (法政大)

マグリブ

☑10 **ムワッヒド朝**は，支配地域をチュニジアからイベリア半島に まで広げた際，スペインの□□□□に副都を置いた。 (明治学院大)

セビリア

☑11 頻出 現ソマリアの都市**モガディシュ**のように，10世紀以降， **ムスリム商人の貿易の拠点**となったアフリカ東岸の代表的 な海港都市を4つ挙げよ。 (中央大)

マリンディ・モ ン バ サ・ザ ン ジ バル・キルワ（順 不同）

■ **古代の中南米は**地図**で確認しよう！**

①**オルメカ**（**中米最古の都市文明→宗教的**）
　↳②**メキシコ高原**や④**ユカタン半島**（**マヤ**）へ影響
②**テオティワカン**（太陽と月のピラミッド型神殿）
②**アステカ**（都**テノチティトラン→メキシコシティ**）
　↳滅（1521 モンテスマ２世×）by **コルテス**（**カル ロス１世**）
④**マヤ→正確な太陽暦＝二十進法→**滅by **スペイン**

魏晋南北朝時代

三国時代

☑01 208年，**蜀の劉備**と同盟した**呉の孫権**は，□□□の戦いで
魏の曹操を破った。　　　　　　　　　　　　　　（立命館大）

赤壁

☑02 **魏晋南北朝時代**，**九品中正**によって**豪族が上級官僚を独占**
した状況は，「□□□」という言葉で批判された。
　　　　　　　　　　　　　　　　　　　　　　　　（明治大）

上品に寒門なく、
下品に勢族なし

☑03 **頻出** **蜀の都**は □a□ であり，**呉の都**は □b□ であった。
　　　　　　　　　　　　　　　　　　　　　　　　（立命館大）

a 成都
b 建業

☑04 "**天下三分の計**"を立てた□□□は，**蜀の建国**に貢献した。
　　　　　　　　　　　　　　　　　　　　　　　　（立命館大）

諸葛亮

☑05 **晋（西晋）の武帝**は，自作農に土地を確保させる □a□ を
発布して生産の回復を狙い，また，家ごとに生産物で税を
とる □b□ を施行した。　　　　　　　　　　　　（筑波大）

a 占田・課田法
b 戸調

五胡十六国〜南北朝時代

☑06 **頻出** **匈奴**が中心となって起こった□□□により，**西晋は
滅亡**した。　　　　　　　　　　　　　　　　　　（立教大）

永嘉の乱

☑07 **頻出** 486年，**北魏の孝文帝**は□□□を導入して，**均田制**
実施のための戸籍調査を行い，**税徴収の確実化と治安維持**
も狙った。　　　　　　　　　　　　　　　　　　（立教大）

三長制

■ 五胡は **カ業** で覚えよう！

◎五胡（胡＝周辺民族）"<u>今日 決 戦 帝 京</u>"

→<u>今日</u>⇒匈奴 ⎤
→<u>決</u>⇒羯　　⎟ 北方系
→<u>戦</u>⇒鮮卑 ⎦
→<u>帝</u>⇒氐　　⎤ チベット系
→<u>京</u>⇒羌　　⎦

☑ 08 頻出 **東晋の武将**だった □□□□ は，実権を握ったのち，**土断法**を実施した。そして，東晋の恭帝から禅譲され，**南朝宋の初代皇帝**（武帝）となった。 　　　（法政大）

劉裕

魏晋南北朝の文化

☑ 01 西晋の歴史家である □□□□ は，『三国志』を著した。
　　　（西南学院大）

陳寿

☑ 02 三国時代の**呉**から**東晋・南朝**まで，建業・建康を都とした江南の王朝において，□□□□ とよばれる**貴族的な文化**が栄えた。 　　　（成蹊大）

六朝文化

☑ 03 4世紀半ばに王羲之が書いた「□□□□」は，行書の手本とされるほどの書跡作品である。 　　　（上智大）

蘭亭序

☑ 04 頻出 南朝・宋の田園詩人 □□□□ は「**山居賦**」などを残した。
　　　（名古屋大）

謝霊運

☑ 05 頻出 **北魏の酈道元**は，地理書『□□□□』を著した。
　　　（法政大）

水経注

☑ 06 **北魏の賈思勰**が著した『□□□□』が，現存**最古の農業書**とされる。 　　　（明治大）

斉民要術

古代からの朝鮮

☑ 01 遼東を支配していた公孫氏は，**楽浪郡**を手中に収め，その南部に □□□□ を分置した。しかし313年，この南部の郡は**韓族**などに滅ぼされた。 　　　（中央大）

帯方郡

☑ 02 朝鮮半島南部に分立していた**三韓の一つ** □□□□ には，**日本が進出**したともいわれる。 　　　（法政大）

弁韓

☑ 03 4世紀半ば，**半島南西部**にあった三韓の一つ □a□ は**百済**，**半島南東部**にあった三韓の一つ □b□ は**新羅**にまとめられた。 　　　（学習院大）

a 馬韓
b 辰韓

☑ 04 頻出 **高句麗**によって建てられた □□□□ に残る碑文には，4世紀末〜5世紀初めの日本と朝鮮半島との国際関係が記されている。 　　　（慶應義塾大）

広開土王〔好太王〕碑

唐帝国

唐

☑01 唐の**太宗（李世民）の治世**は，後世に高く評価され，"_____"とよばれるようになった。　（青山学院大）

貞観の治

☑02 唐の**均田制**において，丁男・中男に対して 80 畝支給され，**返還を義務付けられた田地**を ___a___，丁男・中男に対して 20 畝支給され，**世襲を認められた田地**を___b___とよぶ。　（昭和女子大）

a 口分田
b 永業田

☑03 唐の第 3 代皇帝**高宗**は，西方の遊牧民族_____を服属させた。　（駒澤大）

西突厥

☑04 高宗の没後，その皇后だった**則天武后**が，即位していた実子の ___a___ ・ ___b___ を廃し，周を建国した。　（南山大）

a・b 中宗・睿宗（順不同）

☑05 則天武后晩年に復位した中宗は，后の_____によって毒殺された。　（立命館大）

韋后

☑06 **則天武后**や**韋后**によって生じた政治の混乱を，後世儒教的立場から"_____"とよんだ。　（神戸学院大）

武韋の禍

☑07 8 世紀前半の**玄宗の治世**は，当時の元号から"___a___"とよばれる。___b___という**貿易管理官庁**が設置された。　（南山大）

a 開元の治
b 市舶司

☑08 [頻出] 楊貴妃の一族である**楊国忠**が宰相として実権を掌握すると，対立するソグド系武将_____が反乱を起こした。　（関西大）

安禄山

☑09 [頻出] **安史の乱の鎮圧**に際して，モンゴル高原を支配していた**トルコ系騎馬遊牧民族**_____が唐を援助した。（北海道大）

ウイグル

☑10 **両税法**の施行に関しては，宰相_____による建言があった。　（立命館大）

楊炎

☑11 塩の密売人_____が最初に挙兵したことが，**黄巣**の乱につながった。　（学習院大）

王仙芝

☑12 唐では，**官位に応じて高級官僚に_____と呼ばれる田地が与えられ**，世襲・売買が認められた。　（早稲田大）

官人永業田

☑13 [頻出] **ベトナムのハノイ**には，_____都護府が置かれた。　（京都府立大）

安南

隋・唐の文化

☑ 01 　頻出　7世紀後半，往復とも海路でインドに赴いた**義浄**は，　　南海寄帰内法伝
帰途**シュリーヴィジャヤ**で旅行記『　　　　』を記述した。
（学習院大）

☑ 02 盛唐の詩人　　　　は，「詩中に画あり，画中に詩あり」と　　王維
評され，“**南画の祖**”ともよばれた。　　　　　　　（早稲田大）

☑ 03 **初唐の画家**　　　　は，**人物画**に秀でた。　　　（法政大）　　閻立本

☑ 04 隋にも仕えた**初唐三大書家**の　　　　は，**楷書**に秀でた。　　欧陽詢
（東洋大）

☑ 05 **太宗・高宗**に仕えた**初唐三大書家**の一人　　　　は，楷書　　褚遂良
に秀でた。　　　　　　　　　　　　　　　　　　（関西学院大）

中国北方民族

☑ 01 　頻出　**匈奴**では，“　　　　”という君主の称号が用いられた。　　単于
（明治大）

☑ 02 **東匈奴**が後48年に分裂した際，後漢に服属した　a　は　　a 南匈奴
長城以南の地に居住することを認められた。一方，**後漢へ**　　b 北匈奴
の服属を拒んだ　b　は，**明帝・和帝**によって攻撃を受け
た。　　　　　　　　　　　　　　　　　　　　　　（京都大）

☑ 03 5世紀後半，**柔然**で内紛が発生し，その支配下から**トルコ**　　高車
系の　　　　が独立した。　　　　　　　　　　　（上智大）

■ **中国北方民族は分業で覚えよう！**

◎中国北方民族 “今日 先 住 と 回 る”

→**今日**⇒匈奴（前4C～）（トルコ系orモンゴル系）

→**先**⇒鮮卑（2C～）（トルコ系有力）

→**住**⇒柔然（4C～）（モンゴル系）

→**と**⇒突厥（6C～）（トルコ系）

→**回る**⇒回紇（ウイグル）（8C～）（トルコ系）

五代十国から宋と征服王朝

☑01 [頻出] **節度使**は，軍事力を背景として各地で独裁的な □□□□ を行った。 (中央大)

武断政治

☑02 [頻出] 907 年に唐を倒した節度使の**朱全忠**は，自らの拠点であった □□□□ を都として**後梁**を建国した。 (学習院大)

汴州〔開封〕

宋代の社会

☑03 地主たちは，潤沢な経済力を活かして子弟に高度な教育を施し，科挙官僚を多く輩出した。こうした**官僚を出した家**を □□□□ とよぶ。 (早稲田大)

官戸

☑04 江南地域の低湿地帯には，**圩田**と呼ばれる**堤防で囲まれた干拓地**が造成された。このような干拓地は □□□□ ともいい，湖を干拓したものは**湖田**とよばれる。 (北海道大)

囲田

☑05 宋代，海港都市に □□□□ とよばれる**外国人居留地**が設置された。 (立命館大)

蕃坊

宋の文化

☑01 [頻出] **四書**を 4 つすべて挙げよ。 (学習院大)

論語　大学
中庸　孟子

☑02 **南宋の儒学者** □□□□ は，禅宗の影響を受けて「**心即理**」の唯心論を唱え，後の**陽明学の源流**をなした。 (立命館大)

陸九淵〔陸象山〕

☑03 宋代，**官僚から庶民**の間で仏教の □□□□ が広まった。 (南山大)

浄土宗

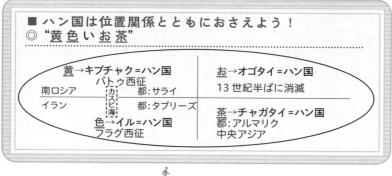

■ ハン国は位置関係とともにおさえよう！
◎ "黄色いお茶"

黄→キプチャク＝ハン国 バトゥ西征	お→オゴタイ＝ハン国
南ロシア　　カ　都：サライ	13 世紀半ばに消滅
イラン　ス　都：タブリーズ　ピ海	茶→チャガタイ＝ハン国
色→イル＝ハン国 フラグ西征	都：アルマリク 中央アジア

モンゴル帝国と元

元

☐01 **頻出** 東南アジアでフビライの遠征により滅ぼされたのは，**ビルマ**の ☐ 朝だけだった。　　　（名古屋大）
パガン

☐02 15世紀になると，キプチャク=ハン国の領内から**イヴァン3世**率いる ☐ が独立を達成した。　　　（新潟大）
モスクワ大公国

☐03 南詔滅亡後の**雲南地方**に成立した ☐ は，13世紀半ばモンケ=ハンのとき**フビライ**によって滅ぼされた。　（中央大）
大理国

☐04 **頻出** ☐ a ☐ 信仰を唱える指導者**韓山童**の子韓林児を ☐ b ☐ 徒が擁して紅巾の乱が起こった。　　（立命館大）
a 弥勒下生
b 白蓮教

☐05 **キプチャク=ハン国**は，☐ を都とした。　　（立教大）
サライ

元の文化

☐01 元代を代表する陶磁器として，**白色の素地に顔料のコバルトで絵付けした** ☐ が挙げられる。　（昭和女子大）
染付

☐02 **馬致遠**の『☐』は，漢の宮女である**王昭君の悲劇**を題材としている。　　　（京都府立大）
漢宮秋

イスラーム教の成立と拡大

イスラーム教の成立

☐01 **頻出** 正統カリフ第2代の ☐ の時代，**半島外への征服活動**が本格化し，ヘラクレイオス1世治世の**ビザンツ帝国からシリア・パレスチナ・エジプト**などを奪った。　（学習院大）
ウマル

☐02 聖書などの啓典を持つ**ユダヤ教徒**や**キリスト教徒**は"☐"とよばれた。　　　（九州大）
啓典の民

☑03 第2代カリフのウマルは，ニハーヴァンドの戦いの際に**東方遠征の基地**として，ペルシア湾に◻︎◻︎◻︎港を建設した。 (立命館大)

バスラ

☑04 この都市や**クーファ**など，イスラーム世界における**軍営都市**を◻︎◻︎◻︎とよぶ。 (立教大)

ミスル

☑05 頻出 **シーア派**において，**最高指導者**を◻︎◻︎◻︎とよぶ。 (青山学院大)

イマーム

ウマイヤ朝

☑06 第6代**ワリード1世**は，711年の**ヘレスの戦い**に勝利して◻︎◻︎◻︎を滅ぼした。 (学習院大)

西ゴート王国

☑07 頻出 ウマイヤ朝時代，特にイラン人に多かった**非アラブ人のイスラーム教改宗者**は◻︎◻︎◻︎とよばれた。 (同志社大)

マワーリー

☑08 **庇護民**を意味する◻︎◻︎◻︎は，イスラーム勢力による征服後も改宗しなかった者を指す。 (同志社大)

ズィンミー

☑09 アラブ人による支配が続いた**正統カリフ時代とウマイヤ朝**を"◻︎◻︎◻︎"と表現する。 (成蹊大)

アラブ帝国

アッバース朝

☑10 アッバース朝**第2代**カリフの◻︎◻︎◻︎は，イラクに都**バグダード**を建設し，中央集権体制を確立した。 (中央大)

マンスール

☑11 9世紀，**バグダード**に"◻︎◻︎◻︎"とよばれる**翻訳機関・学問研究所**が建設された。 (佛教大)

知恵の館〔バイト＝アルヒクマ〕

☑12 イスラーム世界では，**裁判官**を◻︎◻︎◻︎とよぶ。 (慶應義塾大)

カーディー

☑13 マンジケルトの戦いで勝利したことを受けて，**小アジア**にセルジューク朝の分派となる◻︎◻︎◻︎朝が成立した。 (早稲田大)

ルーム＝セルジューク

☑14 セルジューク朝の黄金期を現出したスルタン，**マリク＝シャー**は，イラン系の名宰相◻︎◻︎◻︎によって支えられた。 (千葉大)

ニザーム＝アルムルク

☑15 代表的なマドラサとして，**ファーティマ朝**の◻︎a◻︎やセルジューク朝の◻︎b◻︎が挙げられる。 (中央大)

a アズハル学院
b ニザーミーヤ学院

☑16 頻出 ファーティマ朝は，**シーア派の中でも過激派**の◻︎◻︎◻︎派を採用した。 (千葉大)

イスマーイール

イベリア半島のイスラーム王朝

☑17 10世紀，**後ウマイヤ朝**の□□□は，自ら**カリフ**を称し，コ
ルドバに大学を建設した。 (法政大)

アブド゠アッラ
フマーン3世

☑18 モロッコで成立した**ムラービト朝**と**ムワッヒド朝**は，とも
に□□□を都として，イベリア半島に進出した。 (明治大)

マラケシュ

エジプトのイスラーム王朝

☑19 第□a□回十字軍を撃退した**サラディン**は，イギリス王
□b□と講和を行った。 (九州大)

a 3
b リチャード1世

☑20 **マムルーク朝**は，第5代スルタン□□□の下で事実上の国
家として確立した。 (京都大)

バイバルス

☑21 頻出 このスルタンは，□□□率いる**モンゴル軍**を撃退した。
(京都府立大)

フラグ

☑22 頻出 **マムルーク朝**は□a□と□b□の**保護権**を獲得した
ことで，イスラーム世界の盟主的存在となった。 (九州大)

a・b メッカ・
メディナ（順不
同）

☑23 頻出 □□□とよばれるムスリム商人が，**マムルーク朝の経
済基盤**だった。 (明治大)

カーリミー商人

イスラーム文化

☑01 アッバース朝期のイラン系数学者・天文学者□□□は，**ア
ラビア数学**を確立し，**代数学**を発展させた。 (関西学院大)

フワーリズミー

☑02 イラン出身の□□□は9〜10世紀に**バグダード**で活躍し，
『預言者と諸王の歴史』を著して**アラブ歴史学**を確立した。
(青山学院大)

タバリー

☑03 イスラームの医学書としては，**イブン゠シーナー**の
『□□□』や**イブン゠ルシュド**の『医学大全』が知られる。
(摂南大)

医学典範

☑04 イスラーム世界では，**卑金属を貴金属に変えようとする**
□□□が研究された。 (早稲田大)

錬金術

ゲルマン大移動とフランク王国の盛衰

☑01 **頻出** 大移動前の古ゲルマンでは，_____ とよばれる**戦士の集会**で物事が取り決められていた。 　(大阪大)
民会

☑02 **古ゲルマン**では，有力者から従士が馬・衣食などの支給や**保護を受ける代わりに**，有事の際に**軍役奉仕**するという _____ 制が発達した。 　(学習院大)
従士

☑03 この制度は，土地を与えてくれる有力者に対して奉仕する _____ 制という**古代ローマ末期**の制度と結び付き，**封建制度**となった。 　(青山学院大)
恩貸地

☑04 西ローマ・西ゴート・フランクの連合軍は，451年の _____ の戦いでガリアに侵入した**フン人の王アッティラ**を破った。 　(法政大)
カタラウヌム

☑05 **頻出** 教皇承認の下，メロヴィング朝を廃して**カロリング朝**を開いた ____a____ は，異端のアリウス派を信奉し教皇を圧迫していた ____b____ 王国を攻撃し後の ____c____ のルーツとなるラヴェンナ地方を寄進した。 　(九州大)
a ピピン〔小ピピン，ピピン3世〕
b ランゴバルド
c 教皇領

☑06 **アングロ＝サクソン人**は，ブリタニア南部に _____ とよばれる**小王国群**を建てた。 　(立命館大)
七王国〔ヘプターキー〕

☑07 9世紀前半，_____ がこの小王国群を統一し，最初のイングランド王国を建設した。 　(日本女子大)
エグバート

☑08 **頻出** ゲルマン人で一番遅く南下した ____a____ 族は，ユスティニアヌス帝の死後**イタリア**に至って王国を建国し，現在の北イタリアの地名 ____b____ の由来となった。 　(同志社大)
a ランゴバルド
b ロンバルディア

☑09 分裂後の東フランク王国では，ドイツ王をめぐる諸侯間の対立が激化したことから，_____ 王政となった。 　(名古屋大)
選挙

☑10 955年，オットー1世は _____ の戦いで**マジャール人**に勝利した。 　(学習院大)
レヒフェルト

キリスト教の成立と発展

キリスト教の成立

☐ 01 **律法の遵守**や選民思想を重視する**形式主義的なユダヤ教**の
一派を ☐☐☐ とよぶ。　　　　　　　　　　　（九州大）
パリサイ派

☐ 02 頻出 イェルサレムに教会を建てた**ペテロ**は，ローマに行っ
た際 ☐☐☐ 帝による迫害を受けて殉教した。　　　（明治大）
ネロ

☐ 03 ペテロが葬られた墓の上には，現在 ☐☐☐ が建っていると
される。　　　　　　　　　　　　　　　　　　　（同志社大）
サン＝ピエトロ
大聖堂

☐ 04 頻出 パウロの「人は信仰によってのみ義とされる」という
教えは，4〜5世紀に活躍した北アフリカの司教で**ローマ
末期最大の教父**の ☐☐☐ に影響を与えた。　　　（大阪大）
アウグスティヌス

☐ 05 『新約聖書』において，**イエスの言行**をまとめたものを
「☐☐☐」とよぶ。　　　　　　　　　　　　　　（立命館大）
福音書

☐ 06 教父**アウグスティヌス**は，カトリックの教義確立に大きく貢
献した。マニ教徒だった彼は，著書『☐☐☐』で，キリスト
教に回心するまでを綴った。　　　　　　　　　　（北海道大）
告白録

☐ 07 **コンスタンティヌス**帝時代，司教・教父の ☐☐☐ がキリス
ト教最初の『**教会史**』を著した。　　　　　　　（上智大）
エウセビオス

☐ 08 頻出 キリスト教では，**ローマ・コンスタンティノープル・イェ
ルサレム・ a ・ b** の5つが**五本山**とよばれている。
　　　　　　　　　　　　　　　　　　　　　　　（学習院大）
a・b アンティオ
キア・アレクサン
ドリア（順不同）

☐ 09 **単性論派**を代表する教会を3つ挙げよ。　　　　（明治大）
コプト教会, シリ
ア教会, アルメニ
ア教会（順不同）

中世のキリスト教〜十字軍

☐ 10 ローマ貴族出身だった教皇 ☐☐☐ は，ベネディクト派修道
会に学び，**ゲルマン人への布教**を強化した。　（大阪学院大）
グレゴリウス1世

☐ 11 この教皇は，**ブリタニア**に修道士を派遣して ☐☐☐ 人への
布教を行った。　　　　　　　　　　　　　　　　（関西大）
アングロ＝サク
ソン

☑ 12 クリュニー修道院は，**イベリア半島**での国土回復運動や □□□□□への巡礼を奨励した。 (関西大)

サンチャゴ=デ =コンポステラ

☑ 13 神聖ローマ皇帝 **a** ・フランス王 **b** とともに**第 3 回 十字軍**の中心となったイギリス王 **c** は，**サラディンと 講和**を行った。 (広島経済大)

a フリードリヒ 1 世
b フィリップ 2 世
c リチャード 1 世

☑ 14 **教皇インノケンティウス 3 世**によって，このフランス王やイ ギリス王 □□□□□ が破門された。 (青山学院大)

ジョン

ビザンツ帝国

☑ 01 ユスティニアヌス帝は，□□□□□ らに共和政時代からの歴代 ローマ法を『**ローマ法大全**』としてまとめるよう命じた。 (学習院大)

トリボニアヌス

☑ 02 頻出 **a** の即位によりギリシア系王朝が始まった 7 世 紀頃から，ビザンツ帝国の公用語は **b** になった。 (北海道大)

a ヘラクレイオ ス 1 世
b ギリシア語

☑ 03 **軍管区制**の下，兵士や農民に土地を与える代わりに兵役義 務を課し，主にその地区の守備をさせる □□□□□ 制が採用 された。 (北海道大)

屯田兵

☑ 04 頻出 ビザンツ皇帝は，□□□□□ 朝に領土を奪われたことを きっかけとして，ローマ教皇に**十字軍派遣を要請**した。 (九州大)

セルジューク

☑ 05 **インノケンティウス 3 世**が提唱した第 □□□□□ 回十字軍によ り，1204 年にビザンツ帝国の首都**コンスタンティノープル** が攻略された。 (早稲田大)

4

☑ 06 頻出 1261 年，□□□□□ と提携したビザンツ帝国は，第 4 回 十字軍に奪われた**首都を奪回**した。 (法政大)

ジェノヴァ

中世ヨーロッパ

ノルマン人

☑ 01 **頻出** 1066 年，**ノルマンディー公ウィリアム**が □□□ の戦いでイングランド軍を破り，**ノルマン朝**を創始した。 （法政大）
ヘースティングズ

☑ 02 1130 年，□□□ により**ノルマン人**国家である**両シチリア王国**が建国された。 （獨協大）
ルッジェーロ 2 世

中世のイギリス・フランス

☑ 03 **頻出** 1189 年に**ヘンリ 2 世**のあとを継いだ**プランタジネット朝**の □□□ は，**アイユーブ朝**の**サラディン**と交戦して"獅子心王"の名を得た。 （九州大）
リチャード 1 世

☑ 04 **ジョン王**の死後 1216 年に即位した □□□ は，先王が失った大陸領の奪還を狙ってフランスに遠征し，戦費捻出のために重税を課した。 （早稲田大）
ヘンリ 3 世

☑ 05 **頻出** カペー朝最盛期の**フィリップ 4 世**は，王権強化のために □□□ 騎士団を解散させ，莫大な財産を没収した。 （京都大）
テンプル

☑ 06 1341 年，大貴族と高位聖職者からなる**貴族院**と騎士や市民の代表からなる**庶民院**，これら 2 つからなる □□□ がイギリスで確立された。 （法政大）
二院制

百年戦争

☑ 07 **ヴァロワ朝**を創始した**フィリップ 6 世**は，イングランドとスコットランドが抗争中だったことを利用して，**ぶどう酒の産地**として重要な □□□ 地方を没収した。 （松山大）
ギュイエンヌ〔ギエンヌ〕

☑ 08 イギリス王の長子である □ a □ は，**クレシーの戦い**でフランス軍に大勝したが □ b □ の活躍も大きかった。 （学習院大）
a エドワード黒太子
b 長弓兵

☑ 09 **頻出** 1356 年，このイギリス王の長子が率いるイギリス軍は □□□ の戦いで**フランス軍に勝利**した。 （法政大）
ポワティエ

☑ 10 **頻出** イギリスでは，百年戦争後， □ a □ 家と □ b □ 家の間で王位継承をめぐる**バラ戦争**が起こった。 （京都府立大）
a・b ランカスター・ヨーク（順不同）

☑ 11 [頻出] ◻︎ とよばれる**イギリスの地方地主**は，バラ戦争による影響をほとんど受けなかった。　（学習院大）　　ジェントリ〔郷紳〕

☑ 12 テューダー朝の祖**ヘンリ8世**は，宮殿の星の間に設置された ◻︎ とよばれる国王直属の**特別裁判所**を整備した。　（関西学院大）　　星室庁裁判所

中世のドイツ

☑ 13 12世紀の**フリードリヒ1世治世を最盛期**とする神聖ローマ帝国 ◻︎ 朝は，13世紀半ばに断絶した。　（名古屋大）　　シュタウフェン

☑ 14 金印勅書は，ベーメン王 [a] 兼神聖ローマ皇帝 [b] によって出された。　（早稲田大）　　a カレル1世　b カール4世

中世都市の発展

☑ 15 11～12世紀にかけて起こった**中世ヨーロッパ経済の一大転機**を ◻︎ とよぶ。　（早稲田大）　　商業ルネサンス〔商業の復活〕

☑ 16 **自治権を獲得した都市**は，一般的に ◻︎ とよばれる。　（法政大）　　自治都市

☑ 17 **商人ギルド**と**同職ギルド**は，市政参加をめぐって ◻︎ とよばれる争いを繰り広げた。　（青山学院大）　　ツンフト闘争

☑ 18 中世ドイツの諺"◻︎"は，農奴が都市に逃れてそこに住み続けると，**農奴身分から自由になれる**ことを示した。　（法政大）　　都市の空気は（人を）自由にする

■ **イギリスの憲法・議会，中世の神聖ローマ帝国は力業で覚えよう！**

◎イギリスの憲法・議会
"**大 シ モ ニ**"

→**大**⇒**大**憲章（1215，マグナ=カルタ）byジョン
　☆英国最古の憲法
→**シ**⇒**シ**モン=ド=モンフォール議会
　☆英国議会の起源
→**モ**⇒**模**範議会（1295 byエドワード1世）
→**ニ**⇒**二**院制（1341 byエドワード3世）

◎中世の神聖ローマ帝国
"**ザー ザー ほえ る 大空位**"

→**ザー**⇒**ザ**クセン朝（10C～）
→**ザー**⇒**ザ**リエル（フランケン）朝（11C～）
→**ほえる**⇒（**ホーエン**）**シュタウ**フェン朝（12C～）
→**大空位**⇒**大空位**時代（1256～73）

中世のヨーロッパ文化

学問・神学

☑ 01 **スコラ哲学の実在論と唯名論の争いを** [_____] **とよぶ。** 普遍論争
(関西学院大)

☑ 02 頻出 **"スコラ哲学の父"と称される北イタリア出身の** アンセルムス
[_____] **は，カンタベリ大司教にも就任した。** (同志社大)

☑ 03 **この哲学者が唱えた** [_____] **は，神や普遍という観念は事** 実在論
物に先行して存在すると考え，信仰の優越を主張した。
(関西大)

☑ 04 **神や普遍という観念は抽象にすぎず，実在するものは個々** 唯名論
の事物だけとするスコラ哲学の理論を [_____] **という。**
(上智大)

☑ 05 **フランスの学者** [_a_] **によって主張された唯名論は，その** a アベラール
後，イングランド出身の [_b_] **によって体系化された。** b ウィリアム＝
(関西大) オブ＝オッカム

☑ 06 **ナポリ南東に建設された** [_____] **大学は，医学で知られる。** サレルノ
(法政大)

☑ 07 **オックスフォード大学から分離して設立された** [_____] **大** ケンブリッジ
学は，ニュートンが学んだことでも知られる。
(関西学院大)

建築

☑ 08 頻出 **ドイツにおけるロマネスク様式の代表建築として，12** ヴォルムス
～13世紀初頭に建てられた [_____] **大聖堂が挙げられる。**
(学習院大)

☑ 09 頻出 **代表的なゴシック建築として，13世紀に北フランスで** アミアン
建立された [_____] **大聖堂や，12～15世紀にかけてロンド**
ン南東部で建立されたカンタベリ大聖堂が挙げられる。
(明治大)

明・清帝国

明

☑01 **洪武帝**は，即位後すぐに □□□□ という**法典**を作成した。
（大妻女子大）

明律・明令

☑02 洪武帝は，モンゴルと対峙する地域の王に対して大きな軍事勢力を持たせていた。その一人である洪武帝の第4子 □□□□ が，後に**永楽帝**として即位した。（佛教大）

燕王朱棣

☑03 永楽帝は，即位してすぐ □□□□ を設置して**皇帝の補佐役**とした。（同志社大）

内閣大学士

☑04 1407年，**北平**（北京）で □□□□ の建設が始められた。
（愛知教育大）

紫禁城

☑05 16世紀後半の第14代神宗 □□□□ は，後期**倭寇に対する取り締まり**を強化した。（同志社女子大）

万暦帝

☑06 万暦帝の倭寇取り締まりと同時期，日本でも**天下統一を成し遂げた** □□□□ が，貿易利権の掌握と自らの権威向上のため，厳重な後期倭寇取り締まりを行った。（一橋大）

豊臣秀吉

☑07 万暦帝に仕えた張居正に対抗する □□□□ が，**増税反対の中心人物**となった。（立教大）

顧憲成

☑08 頻出 **明朝最後の皇帝** □ a □ は，財政立て直しのために学者の □ b □ を内閣大学士として登用した。（明治大）

a 崇禎帝
b 徐光啓

☑09 小作料として収穫の5割以上を地主に搾取されていた農民たちは，□□□□ 運動を起こして反発した。（愛知大）

抗租

☑10 明朝では，銅銭と □□□□ と呼ばれる**紙幣**が利用された。
（西南学院大）

宝鈔

■ **明代の周辺諸国を整理しよう！**

15 C	オイラト	エセン
16 C	韃靼	アルタン＝ハン → 明弱体化 → 大越 → チャンパー×
17 C	女真	ヌルハチ ↗ 黎朝で自立 (by黎利)

☑11 **ホンタイジ**は，**内モンゴル**に位置していた◻◻◻◻部を 1635年に平定した。
(愛知教育大)
チャハル

☑12 ホンタイジの死後，その第9子◻◻◻◻が若くして即位したため，太祖ヌルハチの第14子で**ホンタイジの弟**の**ドルゴン**が摂政に就いた。
(立教大)
順治帝 (じゅん ち てい)

☑13 **鄭氏台湾を枯渇させるため，康熙帝**は1661年に◻◻◻◻を発令した。
(中央大)
遷界令 (せんかいれい)

☑14 17世紀後半，◻◻◻◻率いる**ジュンガル部**が外モンゴルに勢力を拡大しようとしたが，康熙帝がそれを破った。
(上智大)
ガルダン=ハン

☑15 頻出 **康熙帝**は，1697年に◻a◻，1720年には◻b◻を平定した。
(関西大)
a 外モンゴル〔ハルハ部〕
b チベット〔西蔵〕

☑16 頻出 **東シベリア方面**で直接領土が接するようになった清朝とロシアは，1727年に◻◻◻◻条約を締結して国境線を画定させた。
(青山学院大)
キャフタ

☑17 乾隆帝期 (けんりゅうてい) の国家の腐敗から，◻◻◻◻と呼ばれる**自作農の租税拒否闘争**などが激化した。
(愛知大)
抗糧 (こうりょう)

☑18 頻出 産業革命で台頭した**イギリスの産業資本家**は，嗜好品・高級品として中国から◻a◻・◻b◻・◻c◻などを大量に輸入するようになった。
(同志社大)
a・b・c 茶・陶磁器・絹織物 (順不同)

☑19 **嘉慶帝** (かけいてい) に対して，◻◻◻◻が貿易の自由化や拡大を求めて交渉したが，失敗した。
(立教大)
アマースト

☑20 1820年に即位した◻◻◻◻は，内政改革に努め，回部の反乱を鎮圧するなどといった活躍を見せたが，**アヘン戦争に敗北**した。
(慶應義塾大)
道光帝 (どうこうてい)

☑21 1843年，開港した5港に関する◻◻◻◻が取り決められ，清がイギリスの**領事裁判権**を認めた。
(上智大)
五港〔五口〕通 (ごこう) 商章程 (しょうしょうてい)

☑22 頻出 **南京条約** (ナンキン) によって開港された5つの港を挙げよ。
(学習院大)
広州・福州・厦門 (アモイ)・寧波 (ニンポー)・上海 (シャンハイ)

☑ 23 清朝は，アヘン戦争後 a と呼ばれる**主権の及ばない地域**を国内に認めることになった。1845 年，イギリスは b に最初の a を設けた。　　　　（法政大）

a 租界
b 上海

☑ 24 **フランス**は，_____ 事件を**アロー戦争**介入の口実とした。　　　　（愛知教育大）

宣教師殺害

明・清の文化

明の文化

☑ 01 **陽明学が到達した最終的な原理**を _____ という。　（龍谷大）

致良知

☑ 02 明末の**陽明学左派**を代表する思想家 _____ は，卓吾という号を持つ。　　　　（明治大）

李贄

☑ 03 **永楽帝**の命で，**宋学を集大成**した『_____』が編纂された。　　　　（同志社大）

性理大全

☑ 04 明代に成立した『**水滸伝**』『**三国志演義**』『**西遊記**』『**金瓶梅**』をあわせて _____ と総称する。　　　　（上智大）

四大奇書

☑ 05 南宋画（文人画）の画法・理論は，**明代の画家** _____ によって大成された。　　　　（早稲田大）

董其昌

☑ 06 明代，**藍色の絵模様**が描かれた a や，赤・緑・黄・黒・青などで彩色した b という**陶磁器**が作られた。　　　　（東京大）

a 染付
b 赤絵

☑ 07 明末清初の学者 _____ は，清に仕えず著述に専念し，**華夷思想**を主張して史論を残した。　　　　（上智大）

王夫之

☑ 08 **考証学の先駆者**である明末清初の学者 _____ は，明の滅亡後，『**明夷待訪録**』を著すなどして復明を図ったが失敗した。　　　　（関西学院大）

黄宗羲

☑ 09 チベット仏教では，ダライ＝ラマが遺言で指定した地方に 1 年以内に誕生した幼児の中から神意ある者を選んで，**ダライ＝ラマの転生者**とする。これを _____ という。　（中央大）

活仏

清の文化

☑ 10 『**春秋**』の「**公羊伝**」を正統とみなす儒学の一学派 _____ は，**実践的な経世実用**を主張した。　　　　（福井大）

公羊学

☑11 蒲松齢（ほ しょうれい）が著した短編怪異小説集『￣￣￣』は，民間の説話 聊斎志異（りょうさい し い）
をベースにした妖怪（ようかい）の物語などからなる。　　　　（立命館大）

☑12 洪昇（こうしょう）の戯曲『￣￣￣』は，白居易の『長恨歌（ちょうごん か）』と同じく玄（げん）長生殿伝奇（ちょうせいでんでん き）
宗（そう）と楊貴妃（よう き ひ）の悲恋を描いた。　　　　　　　　　（上智大）

ティムール朝とサファヴィー朝

☑01 **頻出** ティムール朝第 3 代シャー＝ルフの時代，ティムール ヘラート
帝国の都は**サマルカンド**から￣￣￣に遷された。（学習院大）

☑02 **シャー＝ルフの子**である￣￣￣は，優れた文化人でもあり， ウルグ＝ベク
天文学の発達にも貢献した。　　　　　　　　　　（立教大）

オスマン帝国の盛衰

☑01 **頻出** トルコ語で**エディルネ**とよばれるバルカン半島南東部 アドリアノープル
の都市￣￣￣は，1366 ～ 1453 年の間**オスマン帝国の首
都**だった。　　　　　　　　　　　　　　　　　（中央大）

☑02 オスマン帝国では，バルカン半島の**キリスト教徒の子弟を デヴシルメ
イスラーム教に改宗**させ，教育・訓練を施して徴用する
￣￣￣制が採用された。　　　　　　　　（首都大学東京）

☑03 1389 年，**ムラト 1 世**はドナウ川近くの￣￣￣の戦いでセ コソヴォ
ルビア国・ボスニア国など**ヨーロッパ連合軍を破った**。
　　　　　　　　　　　　　　　　　　　　　（青山学院大）

☑04 15 世紀末，オスマン帝国は**クリミア半島**の￣￣￣を属国と クリム＝ハン国
した。　　　　　　　　　　　　　　　　　　　（早稲田大）

☑05 首都となった**イスタンブル**には，**スルタンの居城**として トプカプ宮殿
￣￣￣が建設された。　　　　　　　　　　　　（上智大）

☑06 **マムルーク朝攻略**後に成立したとされてきた￣￣￣制の スルタン＝カリフ
概念は，最近の研究では，18 世紀後半から使われるように
なったものだともいわれる。　　　　　　　　　（早稲田大）

☑ 07 **セリム1世**は，1514年の ▭ の戦いで**サファヴィー朝**を撃破した。　（中央大）

チャルディラーン〔チャルドラン〕

☑ 08 <u>頻出</u> **スレイマン1世**は，1526年の ▭ の戦いに勝利して**ハンガリーを獲得**した。　（学習院大）

モハーチ

☑ 09 スレイマン1世の死後， ▭ が即位した。　（日本大）

セリム2世

☑ 10 17世紀以降のオスマン帝国で普及した，官僚や軍人が契約を落札し，地方有力者（ a ）に請け負わせる徴税制度を， b という。

a アーヤーン
b 徴税請負制

☑ 11 <u>頻出</u> 非イスラーム教徒の**宗教別共同体** ▭ が作られ，その中での大幅な自治が許された。　（京都大）

ミッレト

☑ 12 18世紀前半の**アフメト3世**治世は，西洋から輸入され熱狂的に愛された花の名から ▭ 時代とよばれ，宮廷を中心に**西欧趣味**が流行した。　（立教大）

チューリップ

☑ 13 **第2次ロシア=トルコ（露土）戦争**に敗れたスルタン ▭ は，1792年にヤッシー条約を締結し，ロシアによるクリミア半島領有を認めた。　（慶應義塾大）

セリム3世

☑ 14 マフムト2世は，かつてセリム3世が失敗した**ヨーロッパ式の傭兵集団** a の編成を行った。また，1831年には b を廃止することを決定した。　（立命館大）

a 新軍〔ニザーム＝ジェディード〕
b ティマール制

☑ 15 タンジマートにより**西欧の近代的な思想を得た官僚や知識人層**は，" ▭ "とよばれた。　（青山学院大）

新オスマン人

☑ 16 1919年，**ギリシア軍**が**小アジア西岸**の ▭ に侵攻してきた。　（法政大）

イズミル

☑ 17 1924年に公布された ▭ には，**イスラーム教の国教化**が謳われていたが，**1928年にその条項は削除された**。　（中央大）

トルコ共和国憲法

☑ 18 <u>頻出</u> 1934年，トルコで ▭ の**参政権**が認められた。　（立教大）

女性

インドのイスラーム化とムガル帝国

インドのイスラーム化

☑ 01 トルコ系のジャラール=アッディーンは，奴隷王朝を倒し　　　　ハルジー
てデリー=スルタン朝2番目の□□□□朝を建てた。
(慶應義塾大)

☑ 02 頻出 デリー=スルタン朝3番目のトルコ系□□□□朝は，14　　　トゥグルク
世紀末にティムール軍の侵入を受けた。　　　(関西学院大)

☑ 03 1414〜51年に栄えたデリー=スルタン朝4番目のトルコ　　　　サイイド
系□□□□朝は，デリー周辺のみを支配領域とした。
(愛知教育大)

☑ 04 アフガン系部族によって，デリー=スルタン朝最後の□□□□　　　ロディー
朝が建てられた。　　　　　　　　　　　　　　(関西大)

☑ 05 頻出 15世紀前半に現れた□□□□は，ヒンドゥー教のバク　　　カビール
ティ信仰とイスラーム教のスーフィズムとの調和を目指し
た。　　　　　　　　　　　　　　　　　　　(専修大)

■ オスマン帝国の皇帝は <ins>力業</ins> で覚えよう！

◎オスマン帝国の皇帝 "オ ムラ バ メ セ ス"

→**オ**スマン1世：小アジアに建国　　　→**メ**フメト2世
　　　　　　　　　　　　　　　　　　　　ビザンツ帝国を滅ぼす(1453年)
→**ムラ**ト1世
　　エディルネ遷都，デヴシルメ制　　　→**セ**リム1世
　　　　　　　　　　　　　　　　　　　　マムルーク朝を滅ぼす
→**バ**ヤジット1世 [ニコポリスの戦い　　→**ス**レイマン1世 vs. ハプスブルク
　　　　　　　　　　アンカラの戦い

ムガル帝国

☑06 1526年, **バーブル**が [____] の戦いで**ロディー朝を破った**ことが, ムガル帝国創始のきっかけとなった。 (中央大)
パーニーパット

☑07 **ムガル帝国**では, [____] とよばれる**宮廷絵画**が盛んになった。 (新潟大)
ムガル絵画

☑08 頻出 16～19世紀前半, 西北インドではヴィシュヌ信仰や**庶民的な題材**を扱った [____] 絵画が栄えた。 (学習院大)
ラージプート

☑09 17世紀以降, シク教徒はムガル帝国の弾圧を受けた。19世紀初頭, 彼らは**パンジャーブ・カシミール地方**で [____] を建国した。 (国士舘大)
シク王国

ルネサンス

イタリア＝ルネサンス

☑01 **ペトラルカの代表作**として, 『アフリカ』と並んで『[____]』が挙げられる。 (明治大)
叙情詩集

☑02 **ダ＝ヴィンチ**は, 「[____]」とよばれる作品で, 一点遠近法を用いた。 (同志社大)
最後の晩餐

☑03 頻出 **ミケランジェロ**は, **システィナ礼拝堂**の天井に『旧約聖書』創世記の物語から構成される大壁画「[__a__]」を, 礼拝堂正面には大祭壇画「[__b__]」を描いた。 (同志社大)
a 天地創造
b 最後の審判

☑04 [____] は, **サン＝ピエトロ大聖堂**改築時の設計者として活躍した。 (法政大)
ブラマンテ

☑05 1436年フィレンツェにて完成した [____] 大聖堂は, **ブルネレスキ**が手掛けた八角形の大円蓋が有名である。
サンタ＝マリア

☑06 彫刻家 [____] は, 「ガッタメラータ騎馬像」などを彫り, **ルネサンス様式**を確立した。 (学習院大)
ドナテルロ

■ **カール5世をとりまく世界を整理しよう！**

メディチ家 → フランソワ1世（仏） VS. カルロス1世（カール5世） VS. ルター（ザクセン）
支援　同盟　　　　　　　支援　↑　　　　　　VS.
スレイマン1世（土） VS. フッガー家　　レオ10世（教皇）

☑07 **頻出** **エラスムス**が執筆した『**愚神礼賛**』は，**トマス=モア**に　　ルター
ささげたものとされ，□□□に影響を与えた。　（中央大）

☑08 百年戦争でフランス軍の捕虜となったイギリスの　a　は，　　a チョーサー
『　b　』を代表作とする。　（関西大）　　　　　　　　　　　b カンタベリ物語

☑09 **シェークスピア**は，父親を殺されたデンマーク王子の復讐を　　ハムレット
描いた悲劇『□□□』や，**ユダヤ人高利貸しと商人の争い**
を描いた喜劇『**ヴェニスの商人**』などを残した。　（学習院大）

近代技術の発展

☑10 **ピサ**出身の□□□は，ロマネスク式の斜塔で物体落下の法　　（ガリレオ＝）ガ
則を証明し，**地動説**を主張した。　（同志社大）　　　　　　　リレイ

☑11 **地動説**を唱えたナポリ出身の□□□は，**ヴェネツィア**政府　　ジョルダーノ＝
により処刑された。　（東京大）　　　　　　　　　　　　　　ブルーノ

☑12 南ドイツ出身の□□□は，火星観測による**惑星運行の法則**　　ケプラー
を唱えた。　（関西学院大）

宗教改革

☑01 **教皇庁の搾取の対象**となっていたドイツは"□□□"とよ　　ローマの牝牛
ばれた。　（青山学院大）

☑02 **頻出** 1521 年，ルターは神聖ローマ皇帝カール 5 世により　　ヴォルムス
□□□帝国議会に召喚された。　（学習院大）

■ ルターとカルヴァンについて整理しよう！

ルター	カルヴァン …	カルヴァン派のよばれ方
会衆制（信徒は平等）	長老制（信徒代表選出）	英→ピューリタン 仏→ユグノー 蘭→ゴイセン
↓	↓	
独帝，教皇と対立して諸侯・領主へ	予定説，職業召命観を唱えて商工業者へ	

☑03 1546年，**カール5世とルター派諸侯**たちの間で〔 a 〕が
始まった。この戦争やユグノー戦争など，**新旧両派の対立**
を背景に起こった武力抗争は〔 b 〕とよばれる。　　（中央大）

a シュマルカル
デン戦争

b 宗教戦争

☑04 **カルヴァン派**を信仰する人々を，スコットランドでは
〔 a 〕，オランダでは〔 b 〕とよぶ。　　（関西大）

a プレスビテリ
アン

b ゴイセン

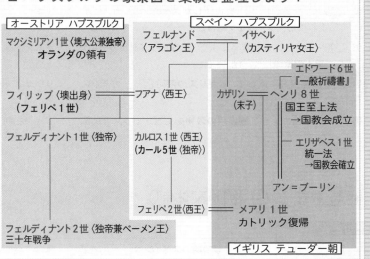

■ ハプスブルクの家系図と業績を整理しよう！

オーストリア ハプスブルク

スペイン ハプスブルク

マクシミリアン1世〈墺大公兼独帝〉
オランダの領有

フェルナンド
〈アラゴン王〉　　イサベル
〈カスティリヤ女王〉

エドワード6世
『一般祈禱書』

フィリップ〈墺出身〉═══フアナ〈西王〉
（フェリペ1世）

カザリン ═══ ヘンリ8世
（末子）

国王至上法
→国教会成立

フェルディナント1世〈独帝〉

カルロス1世〈西王〉
（カール5世〈独帝〉）

エリザベス1世
統一法
→国教会確立

アン゠ブーリン

フェリペ2世〈西王〉 ═══ メアリ1世
カトリック復帰

フェルディナント2世〈独帝兼ベーメン王〉
三十年戦争

イギリス テューダー朝

■ ユグノー戦争とその連動を整理しよう！

(オラニエ公) 蘭→(エリザベス1世) 英→新 vs. 旧 (カトリーヌ゠ド゠メディシス) ←西 (フェリペ2世)
シャルル9世・アンリ3世の母

オランダ独立戦争（1568 ～ 1609）

アルマダ戦争（1588，ドレーク活躍）

☑ 05 16 〜 17 世紀のヨーロッパでは，悪魔と契約して社会に災 　魔女狩り
　　　いをもたらすとされた人間を排除しようとする □□□ と
　　　いう動きがあった。　　　　　　　　　　　　　　(学習院大)

大航海時代

☑ 01 1493 年，**スペインとポルトガルの分界線**として，ヴェルデ 　植民地分界線
　　　岬やアゾレス諸島の西方に □□□ が引かれた。　(京都府立大) 　〔教皇子午線〕

☑ 02 頻出 ルソン島の □□□ を占領したスペインのレガスピが， 　マニラ
　　　1571 年に**初代フィリピン総督**となった。　　　　　(同志社大)

☑ 03 頻出 イギリスの奴隷貿易により，現在のナイジェリアあた 　ベニン王国
　　　りで**黒人国家**の □□□ が栄えた。　　　　　　　　(中央大)

☑ 04 頻出 **奴隷貿易**によって，**イギリスの港町** □□□ が繁栄し 　リヴァプール
　　　た。　　　　　　　　　　　　　　　　　　　　　(学習院大)

☑ 05 農奴の賦役によって**輸出用の穀物を生産**するシステムを， 　農場領主制
　　　ドイツでは □□□ とよぶ。　　　　　　　　　　　(一橋大) 　〔グーツヘルシャ
　　　　　　　　　　　　　　　　　　　　　　　　　　　　　フト〕

絶対主義 I (主権国家体制)

絶対主義

☑ 01 重商主義の中でも，絶対主義初期の**スペイン**は □□□ を採 　重金主義
　　　用していた。　　　　　　　　　　　　　　　　　(立命館大)

☑ 02 重商主義の中でも，貿易において輸出量を増やして輸入 　貿易差額主義
　　　量を減らすことにより相対的な国力アップを狙う方法を
　　　□□□ とよぶ。　　　　　　　　　　　　　　(慶應義塾大)

☑ 03 スペインの**フェリペ 2 世**は，イギリスの**エリザベス 1 世**と 　アルマダ戦争
　　　宗教問題や新大陸での領土問題から対立し，1588 年の 　〔アルマダ海戦〕
　　　□□□ で敗れた。　　　　　　　　　　　　　　　(明治大)

☑ 04 **エリザベス 1 世**は，スペインの銀船隊を襲う □□□ 船を奨 　私掠〔私拿捕〕
　　　励したとされる。　　　　　　　　　　　　　　　(明治大)

フランスの絶対主義

☑05 16 世紀後半，幼くして国王に即位した□□□□の治世に**ユ
グノー戦争**が勃発した。　　　　　　　　　　（関西学院大）

シャルル 9 世

☑06 **メディチ家出身**の□□□□は，この国王の母として政治に
介入し，フランスを大混乱に陥れた。　　　　　　　（一橋大）

カトリーヌ＝ド
＝メディシス

☑07 **リシュリュー**が設立した□□□□は，正確な**フランス語を確
定**させるための機関だった。　　　　　　　　　（立命館大）

フランス学士院
〔アカデミー＝
フランセーズ〕

☑08 王の勅令を審査する権限を持つ□□□□が，**フロンドの乱**に
おける貴族たちの拠点となった。　　　　　　　　（中央大）

高等法院

☑09 **ルイ 14 世**は，1667 ～ 68 年の□□□□を皮切りとして，4
度の侵略戦争を起こした。　　　　　　　　　　（早稲田大）

南ネーデルラン
ト継承戦争

☑10 頻出 1672 ～ 78 年，ルイ 14 世は最初の侵略戦争の際に敵
対した□□□□に対しても侵略戦争を起こした。　（関西大）

オランダ

☑11 1689 ～ 97 年，ルイ 14 世はドイツ内の**選帝侯領の継承権**
を主張して□□□□を起こした。　　　　　　　　（一橋大）

ファルツ〔アウクス
ブルク同盟〕戦争

☑12 **ユトレヒト条約**で，イギリスはスペインから a と
b を獲得した。　　　　　　　　　（首都大学東京）

a・b　ジブラル
タル・ミノルカ
島（順不同）

☑13 ユトレヒト条約で，イギリスはフランスから北米の a ・
b ・アカディアを獲得した。　　　　　（早稲田大）

a・b　ハドソン
湾地方・ニュー
ファンドランド
（順不同）

☑14 **スペイン＝ハプスブルク家断絶後**に勃発したスペイン継承戦
争の結果，**ルイ 14 世の孫**□□□□がスペイン王として即位
した。　　　　　　　　　　　　　　　　　　　（学習院大）

フェリペ 5 世

☑15 スペイン継承戦争後，オーストリアはフランスと□□□□条
約を結んでスペイン領ネーデルラント・ミラノなどを得た。
　　　　　　　　　　　　　　　　　　　　　（青山学院大）

ラシュタット

☑16 金融業者や**商人が道具・原料を前貸し**してその生産物を買
い占める□□□□が発達した。　　　　　　　　（神戸学院大）

問屋制家内工業

イギリス革命

☑01 **頻出** ジェームズ1世は，**国教会主義**に基づく □□□□ を唱 えて専制政治を行った。 (同志社大)
王権神授説

☑02 戦費調達のためチャールズ1世が1640年に招集した 議会は，王に反対して**3週間で解散**させられたことから， □□□□ とよばれる。 (早稲田大)
短期議会

☑03 反乱軍に敗れた王が賠償金を支払うため，1640年の秋に 招集した議会は，1653年まで続いたことから □□□□ とよ ばれる。 (早稲田大)
長期議会

☑04 **頻出** 議会派内の □□□□ 派は，**主に貴族・大商人が中心で** あり，□□□□ 制度と立憲君主制を主張した。 (立命館大)
長老

☑05 議会派内の □□□□ 派は，**主に地主や富裕市民**が中心であ り，共和政を主張した。 (京都大)
独立

☑06 **頻出** 1649年，**クロムウェルは**王党派の殲滅(せんめつ)を口実に □ a □，50年には □ b □ を征服した。 (関西学院大)
a アイルランド
b スコットランド

☑07 1702年に即位した □□□□ が，**ステュアート朝最後の王**と なった。 (一橋大)
アン女王

☑08 現在のイギリス王朝は □□□□ 朝であるが，これは，第一次世 界大戦期当時のハノーヴァー朝が敵国ドイツの貴族の名称 が由来だったことから改称されたものである。 (慶應義塾大)
ウィンザー

■ **ルイ14世の4大戦争を整理しよう！**

◎ "**皆 オ ラ も フ ス**"

①**皆**→南ネーデルラント継承戦争（16<u>67</u>）ムリな**戦**い→フランドル（毛織 物）を狙う

②**オ**ランダ（侵略）戦争（16<u>72</u>）何くわない顔で→オランダへの復讐戦

③**フ**ァルツ（継承）戦争（16<u>89</u>）やっぱ苦しい→選帝侯を狙う
(北米→**ウィリアム王戦争**)

④**ス**ペイン継承戦争（17<u>01</u>）ルイ14世←スペイン＝ハプスブルク×
(北米→**アン女王戦争**)

絶対主義Ⅱ（ドイツ以東）

宗教対立の深まるドイツ

☐01 **頻出** 1648 年のウェストファリア条約で，フランスは神聖
ローマ帝国から ___a___ と ___b___ の一部を獲得した。
（立命館大）

a アルザス
b ロレーヌ

☐02 ウェストファリア条約で，スウェーデンはバルト海沿岸（ド
イツ東北部）の _____ を神聖ローマ帝国から獲得した。
（法政大）

西ポンメルン

プロイセン

☐03 15 世紀前半，_____ 家が**ブランデンブルク選帝侯**の地位を
世襲するようになった。 （学習院大）

ホーエンツォレ
ルン

☐04 ドイツの _____ 公らは，マリア＝テレジアの即位に反対し
て帝位継承権を主張し，オーストリア継承戦争を起こした。
（関西学院大）

バイエルン

オーストリア

☐05 マリア＝テレジアの末娘は，フランスのルイ 16 世に嫁いだ
_____ である。 （明治学院大）

マリ＝アントワ
ネット

☐06 オーストリア継承戦争中，**マリア＝テレジア**は神聖ローマ皇
帝位を夫の _____ に継承させた。 （法政大）

フランツ 1 世

☐07 オーストリアは，支配層であるドイツ系民族より**非支配層
となるさまざまな民族**の方が多い _____ 国家だった。
（法政大）

複合民族

■ 絶 対 主 義 時 代 の 思 想 を 整 理 し よ う！

王権神授説（対市民・教会）
　英　フィルマー（ステュアート朝初期）→『家父長権論』
　仏　ボシュエ（ルイ 14 世時代）
社会契約説（絶対主義は是か否か）
　是　ホッブズ→『リヴァイアサン』→国王の統治は必要
　否　J.ロック→『統治二論』→"圧政に対する抵抗権"
　　　　　　　名誉革命支持（→アメリカ独立革命へ）

☑08 イヴァン4世は，それまで大きな力を持っていた貴族を弾　　　雷帝
　　　圧して**専制政治を強化**したことから" _____ "と称された。
　　　　　　　　　　　　　　　　　　　　　　　　　　（成蹊大）

☑09 頻出 **イヴァン4世**に東方遠征を命じられたコサックの首長　　イェルマーク
　　　_____ は，ウラル地方にあった**シビル=ハン国**を征服した。
　　　　　　　　　　　　　　　　　　　　　　　　　　（中央大）

☑10 頻出 **ピョートル1世**は，デンマーク出身の _____ に**シベリ**　ベーリング
　　　ア東海岸の探検を命じた。　　　　　　　（青山学院大）

☑11 頻出 1792年，日本に漂流民を送還するのと同時に通商を　　　ラクスマン
　　　求めるため，ロシアの軍人 _____ が**根室**に派遣された。
　　　　　　　　　　　　　　　　　　　　　　　　　　（立教大）

17 〜 18 世紀のヨーロッパ文化

哲学・思想

☑01 17世紀頃からフランスの都市に _____ が出現し，**世論形**　カフェ
　　　成の場となった。　　　　　　　　　　　（学習院大）

☑02 イギリスの _____ は，ルソーら啓蒙思想家と交友し，『**人間**　ヒューム
　　　本性論』を残した。　　　　　　　　　　　（明治大）

☑03 『**国家論**』の著者 _____ は，ユグノー戦争の渦中に宗教的　ボーダン
　　　寛容と王権擁護を説いた。　　　　　　　　（青山学院大）

経済学・文学

☑ 04 **ケネー**は著書『□□□□』で，**富の源泉は農業生産**にあると
した。 (成城大)

経済表

☑ 05 『**ル=シッド**』を代表作とする悲劇小説家□□□□は，**フラン
ス古典主義文学**を創始した。 (関西学院大)

コルネイユ

☑ 06 イギリスの□□□□は，寓意（ぐうい）物語『**天路歴程**』を著した。 (国士舘大)

バンヤン

美術・音楽

☑ 07 **フランドル派**の□□□□は，ルーベンスのアトリエで活躍し，
チャールズ１世の肖像画などを描いた。 (津田塾大)

ファン=ダイク

☑ 08 セビリア出身のスペイン画家□□□□は，ベラスケスの弟子
で，代表的な対抗宗教改革運動画家だった。 (青山学院大)

ムリリョ

☑ 09 オランダの市民生活や静物画などを描いた□□□□は，「牛
乳を注ぐ女」を代表作とするが，極めて寡作で知られる。
(青山学院大)

フェルメール

☑ 10 「ポンパドゥール侯爵夫人」を残した□□□□は，ヴェルサイ
ユ宮殿・王妃の間の壁面装飾で一躍人気になった。
(上智大)

ブーシェ

科学技術

☑ 11 フランスの科学者□□□□は，**質量保存の法則**を打ち立て，
"化学の父"と称されたが，徴税請負人の前歴があったため
フランス革命さなかの1794年に処刑された。 (同志社大)

ラヴォワジェ

☑ 12 17世紀前半，イギリスの生理学者□□□□が**血液の循環**を
立証した。 (成城大)

ハーヴェー

☑ 13 頻出 18世紀，スウェーデンの学者□□□□が**植物の分類学**
を確立した。 (大阪大)

リンネ

☑ 14 フランスの天文学・数学者□□□□は，**宇宙進化論**を説いた。
(西南学院大)

ラプラース

■ イギリス古典派経済学は **力囊** で覚えよう！

◎"<u>ア</u><u>マ</u><u>リ</u><u>国</u><u>人</u><u>経</u>"

→<u>ア</u>ダム＝スミス：『<u>国</u>富論〔諸国民の富〕』

→<u>マ</u>ルサス：『<u>人</u>口論』

→<u>リ</u>カード：『<u>経</u>済学および課税の原理』

■ 絶対主義時代の文学は **力囊** で覚えよう！

◎"<u>見</u><u>ると晩</u><u>こる</u><u>らし</u><u>一森</u><u>です</u>"

→<u>ミ</u>ルトン：『失楽園』⎤
→<u>バ</u>ンヤン：『天路歴程』⎦ ⇒ ピューリタン文学（17 世紀・英）

→<u>コ</u>ルネイユ：『ル＝シッド』⎤
→<u>ラ</u>シーヌ：『アンドロマク』⎥ ⇒ 古典主義文学（17 ～ 18 世紀・仏）
→<u>モ</u>リエール：『タルチュフ』⎦

→<u>デ</u>フォー：『ロビンソン＝クルーソー』⎤ ⇒ 市民文学（18 世紀・英）
→<u>ス</u>ウィフト：『ガリヴァー旅行記』⎦

■ 啓蒙思想家は **力囊** で覚えよう！

◎啓蒙思想家 "<u>モン</u> <u>ヴォ</u><u>ル</u> <u>ディ</u>"

→<u>モン</u>テスキュー：『法の精神』（英の政治が理想→三権分立）

→<u>ヴォ</u>ルテール：『哲学書簡』（カトリックは偽善）→フリードリヒ 2 せら
　　　　　　　　　　　　　　　　　　　　　　　　　　　　に影響

→<u>ル</u>ソー：『社会契約論』（人民主権→共和政）→フランス革命に影響

→<u>ディ</u>ドロ・ダランベール：『百科全書』派（啓蒙思想の集大成）

　　　　　　　　　　　　　　　　　　　　　　　→英の産業革命に影響

4章 帝国主義時代の世界

産業革命

☑01 **産業資本家**は，労働者をそれぞれの向き不向きに合わせて
いくつかのグループに分け，それぞれの**工程を複数の人間
で処理する** ___ という生産形態で経営した。　（北海道大）

マニュファクチュア〔工場制手工業〕

☑02 イギリスの伝統産業である毛織物業は，**インド**からの
___ の輸入により大打撃を受けた。　（名古屋大）

綿織物〔キャラコ〕

☑03 18世紀，イギリスでは大麦→**クローヴァー**→小麦→**かぶ**を
4年周期で耕作する ___ 農法など**農業革命**が行われた。
（学習院大）

ノーフォーク

☑04 1793年， ___ が綿の繊維を種子から分別する**綿繰り機**
を発明した。　（首都大学東京）

ホイットニー

☑05 1712年，発明家 ___ が**蒸気機関を炭坑の排水用ポンプ**
の動力として実用化した。　（同志社大）

ニューコメン

☑06 1709年， ___ 父子の父が**コークス製鉄法**を発明し，子
がさらにそれを発展させた。　（学習院大）

ダービー

☑07 1825年，**スティーヴンソン**は客車と貨車を引いた**蒸気機関
車**を実用化し， ___a___ — ___b___ 間で初の試験運転に成功
した。　（法政大）

a・b ストックトン・ダーリントン（順不同）

☑08 頻出 1840年頃から，**ドイツ**の ___ 地方で産業革命が見
られるようになった。　（立命館大）

ラインラント

☑09 頻出 18世紀に**奴隷貿易で発展**したイギリスの海港都市
___ は，産業革命以後，綿花の輸入と製品の輸出で繁栄
した。　（青山学院大）

リヴァプール

■ 産業革命（道具から機械へ）の流れをおさえよう！

| 問屋制家内工業 = 商業資本 | 道具・材料を農民へ | ※量・質バラバラ |

| 工業制手工業（マニュファクチュア）= 産業資本 | 分業と協業 | ※大量生産に限界 |

| 工場制機械工業 = 産業革命 | 綿工業から，鉄・動力・交通革命へ |

アメリカの独立

植民地時代のアメリカ

☑01 テューダー朝のヘンリ7世時代，イギリスは北米に**ジェノ
ヴァ出身**の□□□□父子を送った。　　　　　　（立教大）

カボット

☑02 ピューリタン急進派の**クウェーカー教徒**によって，**フィラ
デルフィア**を中心都市とする□□□□が建設された。
　　　　　　　　　　　　　　　　　　　　　（早稲田大）

ペンシルヴァニア

☑03 **最後**に建設された□□□□は，13植民地の中で**最も南**に位
置し，スペイン領フロリダと隣接していた。　　（上智大）

ジョージア

☑04 アメリカ独立戦争の際に植民地の人々は，領主や**本国派遣
の官僚・国教会の聖職者**などを中心とする□ a □と，**独
立を支持する**□ b □に分かれた。　　　　　（法政大）

a 忠誠派〔国王
派, ロイヤリスト〕
b 愛国派〔パト
リオット〕

☑05 頻出 1783年の**ヴェルサイユ条約**で，**スペイン**はイギリスか
ら□ a □と□ b □を獲得した。　　　　（青山学院大）

a・b　フロリ
ダ・ミノルカ
島（順不同）

アメリカ独立戦争

☑06 **ポーランドの愛国者・軍人**の□□□□は，義勇兵として独立
戦争に参加した。　　　　　　　　　　　　　（関西大）

コシューシコ

☑07 1781年に発効した□□□□は，**各州の大幅な主権**と自由を
認める合衆国**最初の憲法**となった。　　　　（早稲田大）

アメリカ連合規約

☑08 頻出 **中央政府の権限強化**を主張し，合衆国憲法の草案を支
持した人々を□□□□派とよぶ。　　　　　　（大阪大）

連邦

☑09 **州権の尊重**を主張し，合衆国憲法の草案に反対した**トマス
=ジェファソン**らを□□□□派とよぶ。　　（日本女子大）

反連邦

☑10 連邦派の中心となった□□□□は，ワシントン大統領の下で
財務長官を務めた。　　　　　　　　　　　（同志社大）

ハミルトン

☑11 頻出 ワシントン大統領の下，反連邦派□□□□が**国務長官**に
就任した。　　　　　　　　　　　　　　　　（中央大）

トマス＝ジェ
ファソン

フランス革命とナポレオン

☑01 **頻出** **球戯場の誓い**の後，国民議会は正式名称を ＿a＿ と
し，＿b＿ や**ラ＝ファイエット**を中心に**憲法の起草**を始め
た。 (学習院大)

a 憲法制定（国
民）議会
b ミラボー

☑02 **急進共和派**である ＿＿＿＿ は，小市民や労働者・農民を代
弁して台頭した。 (上智大)

ジャコバン派
〔山岳派〕

☑03 1791年，**神聖ローマ皇帝がプロイセン王と共同**で ＿＿＿＿
を発し，革命への干渉を各国君主へよびかけた。 (専修大)

ピルニッツ宣言

☑04 立法議会内で次第に勢いを増していった**ジロンド派**は，政
権獲得後，革命に干渉的な**オーストリアに宣戦**した。これ
を ＿＿＿＿ とよぶ。 (専修大)

革命戦争

☑05 この戦争において，パリに入ったマルセイユ義勇軍が歌っ
たことに由来する革命歌『＿＿＿＿』は，後に**フランス国歌**
となった。

ラ ＝ マルセイ
エーズ

☑06 **頻出** **ジャコバン派〔山岳派〕**のリーダーだった革命政治家
＿＿＿＿ は，**下層市民**に人気があった。 (関西学院大)

マラー

☑07 1792年8月，**ジャコバン派〔山岳派〕がサン＝キュロット
と義勇軍**により掛けて，パリ市内の ＿a＿ 宮殿を襲撃し
た。これを ＿b＿ 事件とよぶ。 (東海大)

a テュイルリー
b 八月十日

☑08 フランスの義勇軍は，**1792年**の ＿＿＿＿ の戦いで**オースト
リア・プロイセン連合軍**に初めて勝利した。 (同志社大)

ヴァルミー

☑09 1793年，**反革命的動きを封殺する**必要から ＿＿＿＿ が設置
された。 (中央大)

革命裁判所

☑10 **第1回対仏大同盟**に対抗するため，国民公会は ＿＿＿＿ を
決定し，実施した。 (中央大)

徴兵制

☑11 この政策に反発して，貧しい農村地帯である**フランス西部**
の ＿＿＿＿ 県で**反革命農民反乱**が起こった。 (西南学院大)

ヴァンデー

☑12 **ジャコバン（山岳）派右派**の指導者 ＿＿＿＿ は，ロベスピエー
ルの恐怖政治強化に反対して処刑された。 (上智大)

ダントン

☑ 13 八月十日事件以降, **ジャコバン派〔山岳派〕の極左派**を指導 　エベール
した □□□□ は, 1794 年に処刑された。　　　（慶應義塾大）

☑ 14 この人物が中心となって, □□□□ という**宗教的祭典**を始 　理性の崇拝
めた。　　　　　　　　　　　　　　　　　　（九州大）

☑ 15 **1800 年, 国家の財政**を担うためにナポレオンは □□□□ を 　フランス銀行
設立した。　　　　　　　　　　　　　　　　（立教大）

■ **フランス革命の世界を整理しよう！**

啓蒙思想

〈**イギリス**〉
農業革命（四輪作法）
ノーフォーク農法（休耕×）

↓

人口増加→労働力
第 2 次囲い込み
農業の資本主義化

→ 産業革命
（18C 後半）

〈**アメリカ**〉
アメリカ独立戦争
ロックの革命権

↓

中南米の独立戦争

人口
流出

影響

啓蒙思想

〈**フランス**〉
人口増加→食糧難
インフレ（背景：戦争）

↓

フランス革命

・シュトゥルム＝ウント＝ドランク（疾風怒濤）
ゲーテ→『若きウェルテルの悩み』・シラー
・ロココ美術
宮殿：サン＝スーシ（フリードリヒ 2 世）
絵画：ワトー, ブーシェ
・中華趣味
シノワズリ
・古典主義音楽
ハイドン（交響曲）→モーツァルト・ベートーヴェン→ロマン主義

☑16 ティルジット条約によって，**旧プロイセン領ポーランド**にフランスの**傀儡国家**である □□□ が建国された。　（明治大）
ワルシャワ大公国

☑17 復位したナポレオンとの**ワーテルローの戦い**では，イギリス軍司令官 □□□ が勝利に貢献した。　（立教大）
ウェリントン

ウィーン体制と自由主義

☑01 【頻出】 a を除くヨーロッパ諸国が参加した**ウィーン会議**は，「 b ，されど進まず」といわれるように，**大国の利害が衝突**して一向に進まなかった。　（北海道大）
a オスマン帝国
b 会議は踊る

☑02 ウィーン会議で，**ロシア**は北欧の a を獲得した。また，**ロシア皇帝**が b の国王を兼任することとなった。　（法政大）
a フィンランド
b ポーランド
立憲王国

☑03 【頻出】オーストリアは，南ネーデルラント（ベルギー）を手放す代わりに**北イタリア**の a と b を獲得した。　（中央大）
a・b ロンバルディア・ヴェネツィア（順不同）

☑04 **四国同盟**に参加した国を4つ全て挙げよ。　（青山学院大）
イギリス・オーストリア・ロシア・プロイセン（順不同）

☑05 フランス革命とナポレオン戦争によって，□□□（**自由主義**）の精神がヨーロッパに広がっていた。　（成蹊大）
リベラリズム

☑06 七月革命によって即位した**ルイ＝フィリップ**により，**選挙権の拡大**が行われた。しかし結局は，人口の約 □□□ パーセント未満にしか選挙権が与えられなかった。
1

東方問題とイスラームの革新的動き

☑01 18世紀，□□□ がイスラーム教が発生して以来の全ての革新を否定し，**原始イスラームに戻る**ことを説く新宗派を開いた。
イブン＝アブドゥル＝ワッハーブ

☑02 **ギリシア独立戦争**でも大きく活躍した**ムハンマド＝アリー**は，その後オスマン帝国に a と b を要求し，エジプト＝トルコ戦争を開始した。　（同志社大）
a・b エジプト総督の世襲権・シリアの領有権（順不同）

☑ 03 **ムハンマド＝アリー**の権利要求に対し，**オスマン帝国**のスル　　マフムト 2 世
タン □□□□ は，彼がギリシア独立戦争中に獲得した地域の
領有のみを認めて，残りの要求を却下した。　　（法政大）

☑ 04 **頻出** 1840 年のロンドン会議で，□ a □ と □ b □ が**アリー**　　a・b エジプト・
朝として独立することになった。　　（青山学院大）　　スーダン（順不同）

☑ 05 1850 年，**ルイ＝ナポレオン**がオスマン帝国に □□□□ を要求　　イェルサレムの
したことが，**クリミア戦争勃発**につながった。　（神戸学院大）　　聖地管理権

☑ 06 クリミア戦争には，**イタリア屈指の工業先進国である**　　サルデーニャ
□□□□ が参戦した。　　（京都府立大）　　王国

☑ 07 **頻出** **アラブ独立運動の指導者**だったハーシム家の □□□□　　フセイン
は，第一次世界大戦中の 1915 年にイギリスと秘密協定を
結んだ。　　（中央大）

☑ 08 1916 年，この人物によってアラビア半島西部に □□□□ 王　　ヒジャーズ
国が建国された。　　（同志社大）

☑ 09 この王国をイブン＝サウードが滅ぼしたことによって成立　　ヒジャーズ＝ネ
した □□□□ 王国は，**1932 年にサウジアラビア王国と改称**　　ジド
した。

☑ 10 アラビア半島の大半を領有したこの王国は，**首都を** □□□□　　リヤド
に置いた。　　（明治大）

☑ 11 アフガーニーの影響を最も受けた人物の一人である**エジプ**　　a ムハンマド＝
トの改革思想家 □ a □ は，□ b □ に参加したことで国外　　アブドゥフ
に追放された。　　（東海大）　　b ウラービー〔オ
　　ラービー〕運動

☑ 12 この運動はエジプトにおける民族運動の原点となり，　　ムスタファ＝
□□□□ の率いる**国民党（ワタン党）**に引き継がれることに　　カーミル
なった。　　（東洋大）

アメリカの発展と南北戦争

☑ 01 頻出 1819 年，**第 5 代大統領** a は スペイン から b を買収した。　　　　　　　　　　　（学習院大）

a モンロー
b フロリダ

☑ 02 1846 年，米英間でカナダとの国境を**北緯 49 度線**と決定し，それ以南の 　　　　 がアメリカ領となった。　（立教大）

オレゴン

☑ 03 **1854 年**に制定された 　　　　 法により，新たにアメリカに加入する 2 つの準州が奴隷州になるか自由州になるかを，**住民の意思によって決定**すると定められた。

カンザス = ネ
ブラスカ

☑ 04 1867 年，アメリカは**ロシア**から 　　　　 を買収した。　　　　　　　　　　　　　　　　　　（立命館大）

アラスカ

☑ 05 頻出 農業の盛んな南部では，**黒人奴隷**を利用した a が経営され，米や嗜好品の b ， c や藍などの工業原料が作られた。　　　　　　　　　　（中央大）

a プランテーショ
ン〔大農園, 大農
場制度〕
b タバコ
c 綿花

☑ 06 頻出 **中央集権的な政府**を必要とした北部は， 　　　　 主義を主張した。　　　　　　　　　　　　　　（同志社大）

連邦

☑ 07 各州が経済的に自立していた南部は，**連邦政府の権限を小さくする** 　　　　 主義の立場をとった。　（愛知教育大）

州権

☑ 08 1861 年，南部諸州は a を首都とする**アメリカ連合国**を建国し， b を大統領に選出した。　　（立教大）

a リッチモンド
b ジェファソン
= デヴィス

☑ 09 **南北戦争開戦直後**は， 　　　　 将軍率いる**南軍**が優勢だった。

リー

☑ 10 開戦当初は劣勢だった**北軍**だが， 　　　　 が将軍に就くと形成を逆転させ，1865 年に**南軍を降伏**させた。　（中央大）

グラント

☑11 1886 年，**サミュエル = ゴンパーズ**は熟練労働者の組織とし
　　て □□□□ を創設した。　　　　　　　　　　　（立教大）

アメリカ労働総
同盟〔AFL〕

☑12 1901 年，アメリカは**キューバを事実上の保護国とする**
　　□□□□ を突きつけた。　　　　　　　　　　　（法政大）

プラット条項

イタリア・ドイツの統一

イタリアの統一

☑01 頻出 **サルデーニャ王国**は，1853 ～ 56 年の**クリミア戦争**に
　　おいて，□□□□ を支援した。　　　　　　　（北海道大）

オスマン帝国

☑02 1858 年，**カヴール**はオーストリアへの警戒心から，**ナポレ
　　オン 3 世**と □□□□ 密約を交わした。　　　　（中央大）

プロンビエール

ドイツの統一

☑03 ビスマルクは，鉄鋼・製鉄・兵器などの巨大コンツェルンを
　　形成していた**軍需企業**の □□□□ 社を重用した。　（立教大）

クルップ

☑04 頻出 1866 年の**プロイセン = オーストリア戦争**によって，
　　シュレスヴィヒ・ホルシュタインは □□□□ の領土となった。
　　　　　　　　　　　　　　　　　　　　　　　（明治大）

プロイセン

☑05 プロイセン = オーストリア戦争で敗北したオーストリアは，
　　分裂を避けるために**ハンガリーのマジャール人との妥協**を
　　成立させた。これを □□□□ という。　　　　（青山学院大）

アウスグライヒ

☑06 この際，オーストリア皇帝 □ a □ が**ハンガリー国王を兼
　　任**することになった。この**同君連合**は □ b □ とよばれる。
　　　　　　　　　　　　　　　　　　　　　　（青山学院大）

a フランツ =
ヨーゼフ 1 世
b 二重体制国家

☑07 プロイセン = フランス〔普仏〕戦争は 1870 年，**ナポレオン 3
　　世**が □□□□ 要塞で捕虜となり，プロイセンの勝利が決定的
　　となった。　　　　　　　　　　　　　　　　　（関西大）

スダン〔セダン〕

☑ 08 君主権の強い**ドイツ帝国憲法**は，□□□□における憲法制定 に大きな影響を与えた。 — 日本

☑ 09 マルクス主義をとる**ベーベル**や□□□□らを中心とする社会 民主労働党は，**アイゼナハ派**とよばれた。 (中部大) — （ヴィルヘルム＝）リープクネヒト

☑ 10 ビスマルクに妥協的な**全ドイツ労働者協会**は，□□□□派と よばれた。 (慶應義塾大) — ラサール

☑ 11 ビスマルクは，**社会主義者を徹底的に弾圧する**一方で，労 働者に対して災害保険や養老保険など**社会福祉政策を実施** した。これを"□□□□"の政策とよぶ。 (学習院大) — アメとムチ

19 世紀のヨーロッパ諸国

19 世紀のイギリス

4 帝国主義時代の世界

☑ 01 [頻出] 審査法が廃止された後も，□□□□教徒は公職から除 外されていた。 (中央大) — カトリック

☑ 02 1801 年，**イギリスがアイルランドを併合して**□□□□が成立 した。 — 大ブリテン＝アイルランド連合王国

☑ 03 □a□を指導者とする**カトリック協会**の功績により， □b□年に**審査法が廃止**された。 (同志社大) — a オコネル b 1828

☑ 04 19 世紀の半ば，**圧倒的な工業力を持っていたイギリス**は "□a□"とよばれ，1851 年に世界で最初の万国博覧会が □b□で開催された。 (九州大) — a 世界の工場 b ロンドン

☑ 05 **グラッドストン**が行った代表的な国内政策を，第 3 回選挙 法改正以外で 3 つ挙げよ。 (愛知教育大) — 教育法・労働組合法・アイルランド自治法案

19 世紀のフランス

☑ 06 [頻出] 1855 年，□□□□で**第 3 回万国博覧会**が行われた。 (青山学院大) — パリ

☑ 07 **頻出** アメリカで**南北戦争**が始まると，**ナポレオン3世**はイ　　　　メキシコ
ギリス・スペインとともに市場拡大を狙って◯◯◯◯遠征を
行った。　　　　　　　　　　　　　　　　　　　　（関西大）

☑ 08 **頻出** メキシコの共和政府を打倒した**ナポレオン3世**は，新　　　マクシミリアン
たにハプスブルク家の◯◯◯◯を**メキシコ皇帝**とした。
　　　　　　　　　　　　　　　　　　　　　　　　　　（法政大）

☑ 09 **頻出** プロイセン＝フランス戦争で**ナポレオン3世**が**捕虜**にさ　　ティエール
れた後，◯◯◯◯を首班とする**臨時政府**が成立した。　（法政大）

☑ 10 第三共和政下，**議会中心主義を否定**して直接的な社会革命　　サンディカリズム
を狙う動きが活発化した。**生産手段の共有化を目的とする**
この動きを◯◯◯◯とよぶ。　　　　　　　　　　　　（札幌大）

☑ 11 **ドレフュス事件**での軍部の対応に対し，自然主義作家の**ゾ**　　私は弾劾する
ラは「◯◯◯◯」との公開状を著した。　　　　　　　（明治大）

☑ 12 **シオニズム運動**の代表的な人物として，オーストリアのユダ　　ヘルツル
ヤ系ジャーナリスト◯◯◯◯が挙げられる。　　　　　（筑波大）

☑ 13 **第2インターナショナル**のアムステルダム大会で行われた**一**　　フランス統一
国一社会党決議に基づき，**1905年**に**フランス**では◯◯◯◯　　社会党〔フラン
が結成された。　　　　　　　　　　　　　　　　　　　　　　　　　ス社会党〕

19世紀のドイツ

☑ 14 **ヴィルヘルム1世**と**ビスマルク**は，オーストリアの | a |　　a フランツ＝
とロシアの | b | を誘い，**三帝同盟**を結成した。　（法政大）　　ヨーゼフ1世
　　　　　　　　　　　　　　　　　　　　　　　　　　　　　　　　b アレクサン
　　　　　　　　　　　　　　　　　　　　　　　　　　　　　　　　ドル2世

☑ 15 **ヴィルヘルム2世**は，英仏に不満を持つ**オスマン帝国**に接　　バグダード鉄道
近して◯◯◯◯の敷設権を獲得した。　　　　　　　（立命館大）

```
┌─────────────────────────────────────────────┐
│ ■ 第二帝政(ナポレオン3世)の外征は 勿業 で覚えよう！ │
│ ◎第二帝政の外征 "クリ アロ インド イタ メキ"       │
│ ─────────────────────────────────────────── │
│ →クリミア戦争→ロシアの南下阻止   →イタリア統一戦争→サヴォイア，ニー │
│ →アロー戦争→英と中国市場へ        ス得る              │
│ →インドシナ出兵→仏越戦争          →メキシコ出兵→マクシミリアン擁立 │
└─────────────────────────────────────────────┘
```

19 世紀の欧米文化

哲学

☑ 01 頻出 イギリスの哲学者 _____ は，**第 2 回選挙法改正の実現**に努力し，功利主義を発展させて**社会改良主義**を説いた。
（中央大）
（ジョン＝スチュアート＝）ミル

☑ 02 イギリスの哲学者 _____ は，功利主義と進化論を統合し，**社会進化論**を提唱した。
（同志社大）
スペンサー

☑ 03 **実存主義哲学の先駆者**とされるデンマークの _____ は，ヘーゲル哲学の方法を量的弁証法と批判した。
（明治大）
キェルケゴール

文学

☑ 04 頻出 _____ 主義とよばれる文芸思想では，**調和と形式的な美しさが重視**された。
（立命館大）
古典

☑ 05 ドイツでは，『**ファウスト**』などを著した文豪 a や，『**群盗**』などの作品を残した詩人・劇作家 b が先頭に立って，疾風怒濤運動が行われた。
（関西大）
a ゲーテ
b シラー

☑ 06 ロマン派初期のドイツの詩人 _____ は，長編小説『**青い花**』を書いた。
（駒澤大）
ノヴァーリス

☑ 07 **イギリス＝ロマン主義の先駆者** _____ は，フランス革命を目撃し共感したが，恐怖政治に失望した。
（立教大）
ワーズワース

☑ 08 ロマン派詩人・作家の _____ は，ロシア国民文学の祖であり，『**オネーギン**』などの作品で知られる。
（京都産業大）
プーシキン

☑ 09 詩集『**草の葉**』で知られるアメリカのロマン派詩人 _____ は，庶民の生活・感情や自由と民主主義をたたえた。
（早稲田大）
ホイットマン

☑ 10 フランス写実主義文学の確立者とされる _____ は，『**ボヴァリー夫人**』を書いた。
（成城大）
フロベール

■ ヨーロッパの経済思想の流れをおさえよう！　①

重商主義 統制経済	VS.	重農主義 自由放任主義	VS.	イギリス古典派経済学 自由放任主義
重金主義→貿易差額主義		富の源泉は土地（地主側）		富の源泉は労働（産業資本家側）

☑11 イギリスの写実主義作家 _____ は，『**二都物語**』などヒューマニズムにあふれた傑作を残した。　(法政大)　ディケンズ

☑12 ロシアの作家 _____ は，『**猟人日記**』や『**父と子**』で農奴制の矛盾とインテリゲンツィアの姿を描いた。　(同志社大)　トゥルゲーネフ

☑13 イギリスの _____ は，『**虚栄の市**』を代表作とする。　(立教大)　サッカレー

☑14 戯曲『**父**』などで知られる**スウェーデンの自然主義作家** _____ は，結婚生活の破綻から女性不信の作品を残した。　(同志社大)　ストリンドベリ

☑15 自然主義に対する反動から，**善悪の倫理観を無視して美を追求**する _____ 主義という文芸思想が生まれた。　(中央大)　耽美

美術・音楽

☑16 **頻出** スペイン王カルロス 4 世の宮廷画家 _____ は，フランス軍の侵入を題材にして「**1808 年 5 月 3 日の処刑**」を描いた。　(明治大)　ゴヤ

☑17 **頻出** "印象派の父"と称される _____ は，「**草上の昼食**」などの作品で知られる。　(学習院大)　マネ

☑18 19 世紀末，印象派から発展して，**視覚だけでなく自己の感覚で構想**しようとした _____ 絵画が生まれた。　(同志社大)　後期印象派

☑19 フランス後期印象派の _____ は，晩年は**タヒチ**に一人で暮らし，未開社会を描くことで文明社会を批判した。　(同志社大)　ゴーガン

☑20 画家 _____ は，七月王政を政治漫画で風刺した。　(法政大)　ドーミエ

☑21 ロシア国民音楽派とドイツ=ロマン派の"折衷派"といわれる _____ は，バレエ音楽「**白鳥の湖**」を残した。　(駒澤大)　チャイコフスキー

経済学

☑22 19 世紀の**ドイツ**を中心に，**経済発展を歴史的に考察**しようとする _____ 経済学が発展した。　(一橋大)　歴史学派

歴史学

☑23 ドイツの法学者 _____ は，歴史法学の創始者であり，『**中世ローマ法史**』などを残した。　(成城大)　サヴィニー

社会主義

☑ 24 **エンゲルス**は，自分たちの社会主義を**科学的社会主義**と述べた一方，彼ら以前の社会主義者の考えを□□□と称した。 (京都府立大)

空想的社会主義

☑ 25 ドイツの科学的社会主義者□□□は，ライプツィヒで**全ドイツ労働者協会**を結成した。 (慶應義塾大)

ラサール

☑ 26 ドイツの科学的社会主義者□□□は，アイゼナハで**社会民主労働党**を結成した。 (慶應義塾大)

ベーベル

☑ 27 **ドイツ社会民主党右派**の□ a □は，**議会闘争**や社会政策によって社会主義の実現を目指す□ b □を唱えた。 (首都大学東京)

a ベルンシュタイン
b 修正主義

科学技術

☑ 28 ドイツの□□□は，分子構造を発見し，**有機化学の基礎を確立**した。 (駒澤大)

リービヒ

☑ 29 **オーストリア**の□□□は，エンドウ豆の交配実験から**遺伝の法則**を発見したとされている。 (立教大)

メンデル

☑ 30 頻出 イタリアの□□□は，**大西洋間での無線電信の交信**に成功した。 (青山学院大)

マルコーニ

☑ 31 頻出 ドイツの□□□は，**ガソリン機関**を発明して1886年に**ガソリン自動車**を製作した。 (法政大)

ダイムラー

☑ 32 ドイツの□□□が，空気を圧縮・高温化して軽油を爆発燃焼させる機関（**内燃機関**）を開発した。 (京都産業大)

ディーゼル

☑ 33 スウェーデンの探検家□□□は，**楼蘭遺跡**を発見した。 (明治大)

ヘディン

■ ヨーロッパの経済思想の流れをおさえよう！ ②

歴史学派経済学
統制経済
リスト：保護貿易
➡ドイツ関税同盟

ケインズ経済学
統制経済
修正資本主義＝経済への国家介入
公共事業→完全雇用

ニューディール
F・ローズベルト
（1933～）

☑ 34 スコットランド出身の探検家 ◻◻◻ は，アフリカで**ヴィク　　リヴィングストン
トリア瀑布**を発見した。
　　　　　　　　　　　　　　　　　　　　（関西学院大）

☑ 35 頻出 1871 年に，行方不明だったこの探検家を発見したイ　　スタンリー
ギリス生まれのアメリカ人探検家 ◻◻◻ は，**ベルギー国王
レオポルド 2 世**の命によって**コンゴ地方の探検**を行った。
　　　　　　　　　　　　　　　　　　　　（明治大）

☑ 36 **オランダの航海者** ◻◻◻ は，**ニュージーランド**やフィジー　　タスマン
島などを発見した。　　　　　　　　　　　（立教大）

☑ 37 頻出 **アムンゼン**に 1 カ月遅れて，**イギリスの探検家** ◻◻◻　　スコット
が**南極点**に到達した。　　　　　　　　　（九州大）

近現代のインド

インドの植民地化

☑ 01 **インド南東部地方の支配権**をめぐり，1744 年から 3 回に　　a カーナティック
わたって発生した**英仏間**の ◻a◻ 戦争では，フランスのイ　　b デュプレクス
ンド総督 ◻b◻ が活躍した。　　　　　　（立教大）

☑ 02 頻出 フランス勢力の駆逐後，インドには 1758 年に ◻a◻　　a ベンガル知事
が設置され，◻b◻ が**初代知事**に就任した。　（中央大）　　b クライヴ

☑ 03 1845 年からインド北西部で二度行われた**シク戦争**で，イギ　　パンジャーブ
リスは ◻◻◻ 地方を併合した。　　　　　（関西大）

☑ 04 **セイロン島の先住民**は ◻a◻ 人といい，◻b◻ 徒である。　　a シンハラ
　　　　　　　　　　　　　　　　　　　　（明治大）　　　　b 仏教

☑ 05 主に**ヒンドゥー教徒**である**ドラヴィダ系**の ◻◻◻ 人は，南　　タミル
インドに多く住んでいる。　　　　　　　　（立教大）

☑ 06 イギリスが，**この民族をセイロン島に大量に投入**したこと　　スリランカ内戦
を原因として，シンハラ人との対立が発生し，20 世紀末に
◻◻◻ が発生した。　　　　　　　　　　　（早稲田大）

☑ 07 資本家たちの攻撃を受け，**1813 年**には**イギリス東インド会**　　インド貿易の
社の ◻◻◻ の廃止が決められた。　　　（法政大）　　　独占権

☐ 08 **頻出** **1833 年, イギリス東インド会社**のインドでの ▭ 商業活動
の停止が取り決められた。　　　　　　　　　　（新潟大）

☐ 09 ヒンドゥー教には, **残された妻が夫の火葬の火の中に飛び** サティー〔寡婦
込んで殉死する ▭ という習慣があった。　（立教大） 殉死〕

☐ 10 ▭ は, この風習の廃止を訴えたり, **ヒンドゥー教の偶** ラーム = モー
像崇拝を批判したりした。　　　　　　　　　（早稲田大） ハン = ローイ

☐ 11 **インド思想と近代ヨーロッパ思想を融合させた小説・詩**な a タゴール
どをベンガル語で創作した ▭a▭ は, 1913 年にアジア人 b ノーベル
初の ▭b▭ を受賞した。　　　　　　　　　（慶應義塾大） 文学賞

インドの独立運動

☐ 12 後発国や植民地では, **外国の資本に反抗**して土着の 民族資本
▭ が生まれた。19 世紀後半, インドでもその成長が見
られた。　　　　　　　　　　　　　　　　　　（上智大）

☐ 13 1885 年, インド西部の ▭ で**インド国民会議が創設**さ ボンベイ
れた。　　　　　　　　　　　　　　　　　　　（中央大）

☐ 14 **頻出** 1911 年, **インド皇帝ジョージ 5 世**によって ▭ が ベンガル分割令
廃止された。　　　　　　　　　　　　　　　　（関西大） 〔カーゾン法〕

☐ 15 **ローラット法**の発布に対して, **パンジャーブ地方で抗議** アムリットサール
集会が行われたが, イギリスによって弾圧された。これを
▭ 事件という。　　　　　　　　　　　　　　（上智大）

☐ 16 インド政庁の官僚だった ▭ は, 1921 年にガンディー チャンドラ =
のよびかけで反英独立運動に参加した。　　（立命館大） ボース

☐ 17 1925 年, 北インドのカーンプルで ▭ が結成された。 インド共産党
　　　　　　　　　　　　　　　　　　　　　　（上智大）

☐ 18 1929 年, **パンジャーブ地方**の中心都市 ▭ で**国民会議** ラホール
派の大会が開かれた。　　　　　　　　　　（京都府立大）

インドとパキスタンの分離独立

☑19 1947 年に制定された 〔　　〕が, **インド連邦**が成立する
きっかけとなった。　　　　　　　　　　　　（札幌学院大）

インド独立法

☑20 第 1 次インド＝パキスタン戦争後の 1950 年, **インドではイ
ギリス王室への忠誠を否定する** 〔　　〕が建国された。
　　　　　　　　　　　　　　　　　　　　　　（早稲田大）

インド共和国

☑21 **ネルーの死後**, 1966 年に彼の娘である 〔　　〕がインド首
相となったが, 1984 年シク教徒により暗殺された。
　　　　　　　　　　　　　　　　　　　　　　（南山大）

インディラ＝
ガンディー

☑22 1971 年, **パキスタンの内戦にインドが介入**したことによっ
て 〔　　〕が勃発し, バングラデシュが独立した。

第 3 次インド＝
パキスタン戦争

☑23 **ヒンドゥー至上主義**をかかげる 〔　　〕が 1998 年に政権
を掌握した。　　　　　　　　　　　　　　　（上智大）

インド人民党

近現代の東南アジア

ベトナム

☑01 第二帝政下のフランスは, **インドシナ植民地獲得**のために起
こした a で勝利し, 1862 年に阮朝と b を締結
した。　　　　　　　　　　　　　　　　　　（関西学院大）

a 仏越〔フランス
＝ベトナム〕戦争
b サイゴン条約

☑02 この条約で, **阮朝はフランス**に 〔　　〕の自由を認めた。
　　　　　　　　　　　　　　　　　　　　　　（関西学院大）

キリスト教布教

☑03 ベトナムと黒旗軍の抵抗を軍事的に制圧したフランスは, **阮
朝の首都**を占領して 1883 年 〔　　〕を締結した。　（大阪大）

フエ条約〔ユエ
条約〕

☑04 1887 年**フランス領インドシナ連邦**の成立に際し, 〔　　〕
に**総督府**が置かれた。　　　　　　　　　　　（上智大）

ハノイ

☑05 後に**清朝から租借**する 〔　　〕も, インドシナ総督の管轄下
に入った。　　　　　　　　　　　　　　　　　（福井大）

広州湾

☑06 頻出 1941 年 5 月, **ホー＝チ＝ミンは共産主義者と民族主義
者による抗日組織**である 〔　　〕を結成した。　（中央大）

ベトナム独立同
盟会〔ベトミン〕

☑07 1954 年, **インドシナ戦争の休戦**と朝鮮戦争の講和を実現す
るため, 〔　　〕が開催された。　　　　　　　（青山学院大）

ジュネーヴ会議

☑08 1964 年，アメリカ海軍が北ベトナム哨戒艇に攻撃されたと　　トンキン湾
した 　　　 事件が起こり，**ベトナム戦争の本格化**につな
がった。 　　　　　　　　　　　　　　　　　　（慶應義塾大）

☑09 1968 年，南・北ベトナム両政府，アメリカ，南ベトナム解放　　ベトナム〔パリ〕
民族戦線による 　　　 が始まった。 　　　（東洋大） 　　和平会談

インドネシア

☑10 ナポレオン戦争での混乱に乗じて，1811 年に**イギリス東イ**　　ラッフルズ
ンド会社の 　　　 が**ジャワ島を占領**したが，ウィーン会
議後オランダに返還された。 　　　　　　　　　　（立教大）

☑11 頻出 オランダは，**強制栽培制度**によって｜ a ｜・｜ b ｜　　a・b コーヒー
・インディゴ（藍）・タバコなどを栽培させた。　（北海道大）　　豆・サトウキビ
　　　　　　　　　　　　　　　　　　　　　　　　　　　　　　（順不同）

☑12 1870 年代に入って**スマトラ島西部**の支配を確立させよ　　アチェ戦争
うとしたオランダは，1873 年より 　　　 を起こした。
　　　　　　　　　　　　　　　　　　　　　　　（学習院大）

☑13 1904 年，**オランダ**はバタヴィアの植民地政庁を中心とする　　オランダ領東
　　　 の成立を宣言した。 　　　　　　　（関西学院大）　　インド

☑14 1908 年，**都市の知識人層**を中心として，"**最高の英知**"を　　ブディ゠ウトモ
意味する 　　　 という民族運動団体が結成された。
　　　　　　　　　　　　　　　　　　　　　　　　（法政大）

フィリピン

☑15 頻出 16 世紀，スペイン支配下のフィリピンでは，**メキシコ**　　アカプルコ貿易
とマニラを結ぶ 　　　 が行われた。 　　　（立教大）

☑16 1892 年，**フィリピン**では武装闘争を主張する 　　　 が結　　カティプーナン
成された。 　　　　　　　　　　　　　　　　　（津田塾大）

☑17 1965 年に就任した第 6 代フィリピン共和国大統領 　　　 　　マルコス
は，親米路線に反対する諸勢力に対して厳しい弾圧を行っ
た。 　　　　　　　　　　　　　　　　　　　　（法政大）

☑18 アメリカ資本と結び腐敗を横行させたこの大統領が革命で　　コラソン゠アキノ
亡命すると，1986 年に 　　　 が大統領に就任した。
　　　　　　　　　　　　　　　　　　　　　　　　（新潟大）

ビルマ（ミャンマー）・マレー

☑19 1940 年まで**ビルマ独立運動**の指導者［＿＿＿］が，独立を目
指す**タキン党**の書記長を務めた。　　　　　　（慶應義塾大）

アウン＝サン

☑20 1962 年，［＿＿＿］が軍部クーデタを起こして，**ビルマの社
会主義化**を宣言した。　　　　　　　　　　　　（関西学院大）

ネ＝ウィン

☑21 1989 年，**民主化運動の中心**である［＿＿＿］全国民主連盟書
記長が，軍事政権によって自宅軟禁された。　　　（立教大）

スー＝チー

☑22 1989 年，この人物を軟禁した軍事政権によって国名が
［＿＿＿］に変更された。　　　　　　　　　　　　（立教大）

ミャンマー

☑23 1965 年，**シンガポール**がマレーシアから分離・独立し，
［＿＿＿］が**初代首相**となった。　　　　　　　　（関西学院大）

リー＝クアンユー

☑24 頻出 1981 年に**マレーシア首相**に就任した［＿ a ＿］は，日本
の経済発展を参考にした「［＿ b ＿］」政策を展開した。
　　　　　　　　　　　　　　　　　　　　　　　（学習院大）

a マハティール
b ルック・イー
スト

タイ（シャム）

☑25 1851 年に即位した**ラタナコーシン朝**の国王［＿＿＿］は，**鎖
国状態からの開国**に踏み切った。　　　　　　　（関西学院大）

ラーマ4世〔モ
ンクット王〕

☑26 この国王によって，**タイ・イギリス間**で［＿＿＿］が結ばれた。
　　　　　　　　　　　　　　　　　　　　　　　（学習院大）

ボーリング〔バ
ウリング，タイ
＝イギリス友好
通商〕条約

☑27 **ラーマ5世**（チュラロンコン大王）の行った一連の**近代化
政策**は，［＿＿＿］とよばれた。　　　　　　　　（中央大）

チャクリ改革

カンボジア

☑28 第二次世界大戦末期の 1945 年，日本は［＿＿＿］を国王と
する**カンボジアの独立**を承認した。　　　　　　（法政大）

シハヌーク

☑29 頻出 ロン＝ノル親米政権が**ポル＝ポト**の攻撃で崩壊した後，
新憲法の発布により，［＿＿＿］が成立した。　　（立命館大）

民主カンプチア
〔民主カンボジア〕

☑30 ソ連の支援を受けた**ベトナム**がカンボジアに出兵し，1979
年に［＿＿＿］政権を樹立した。　　　　　　　　（関西学院大）

ヘン＝サムリン

☑ 31 この人物の政権獲得によって新たに _____ が成立したこ
とで，**カンボジア内戦**へとつながった。　　　（関西学院大）

カンボジア人民
共和国

☑ 32 1991 年，**国連の介入**によって _____ が結ばれた。
　　　　　　　　　　　　　　　　　　　　　　　（南山大）

カンボジア和平
協定

清の滅亡

清朝の衰退

☑ 01 中国では，移民の集団を**"よそ者"**という意味の _____ と
よんだ。　　　　　　　　　　　　　　　　　　　（中央大）

客家 _{ハッカ}

☑ 02 頻出 たいへいてんごく 太平天国の指導者**洪秀全**が掲げる**上帝**とは， _____
を指した。　　　　　　　　　　　　　　　　　　（法政大）

ヤハウェ

☑ 03 清朝側は，べんぱつ 辮髪をやめた**太平天国軍**を _____ とよんでい
た。　　　　　　　　　　　　　　　　　　　（関西学院大）

長髪賊

☑ 04 太平天国の乱の頃，長江以北で _____ という塩の密売を
行う武装集団による反乱軍が組織された。　　　（龍谷大）

捻軍

☑ 05 **李鴻章**は，中国初の本格的**海軍**の建設に力を注ぎ， _____
を創設した。　　　　　　　　　　　　　　　　　（中央大）

北洋艦隊

☑ 06 1861 年，かんぽうてい せいたいこう **咸豊帝と西太后の子**である _____ が皇帝となっ
た。　　　　　　　　　　　　　　　　　　　　　（立教大）

同治帝

☑ 07 へんぽう こうゆうい **変法運動**では， _____ 派の**康有為**が中心となった。
　　　　　　　　　　　　　　　　　　　　　　　　（福井大）

公羊学

列強の中国分割

☑ 08 日清戦争後の三国干渉で，**遼東半島**にも勢力を拡大した**ロ
シア**は， ____a____ ・ ____b____ を租借地とした。　（大阪大）

a・b 旅順・大連（順不同）

☑ 09 頻出 **義和団事件**での連合 **8 カ国の共同出兵**には，当時
_____ 戦争で苦戦していた**イギリス**は本国から大軍を派
遣しなかった。　　　　　　　　　　　　　　　（学習院大）

南アフリカ
〔ブール〕

☑ 10 頻出 1911 年，**清朝の最高機関**だった ____a____ と ____b____ が
廃止され，新たに責任内閣制が導入された。　　（法政大）

a・b 軍機処・内閣（順不同）

清朝の滅亡

☑11 革命結社**華興会**は，黄興や◻によって組織された。　宋教仁
(明治学院大)

☑12 1911年の**四川暴動**に対して，清朝は◻を派遣したが，　湖北新軍
その一部が武装蜂起して辛亥革命につながった。
(関西学院大)

☑13 [頻出] 1912年に**中華民国**で発布された，憲法制定までの暫　臨時約法
定基本法を◻とよぶ。　　(明治大)

☑14 **袁世凱**は，清朝最大の軍である◻を背景に圧力をか　北洋(新)軍
け，**宣統帝**を退位させた。　(千葉大)

☑15 [頻出] 1913年10月，**袁世凱**は正式に◻に就任した。　大総統
(中央大)

☑16 **袁世凱**は正式に大総統に就任すると，国民党を解散し大総　新約法
統の権限を大幅に強化するため，◻を制定した。
(成蹊大)

☑17 [頻出] 1915年12月，**袁世凱**は翌年からの元号を**"洪憲"**とし，　帝位
自ら◻に就くことを宣言した。　(大阪大)

☑18 **袁世凱の帝位復活宣言**に対し，国内各地で反袁蜂起が勃発　第三革命
したことを◻とよぶ。　(千葉大)

☑19 袁世凱の死後に割拠した**軍閥**の中で，**北京を中心**とした一　a 直隷派
派を◻a◻，その南に位置した一派を◻b◻という。　b 安徽派
(福井大)

☑20 袁世凱の死後，北京を中心とする直隷派やその南に位置す　奉天派〔奉天軍閥〕
る安徽派，**東北地方を拠点**とする◻などの**軍閥**が割
拠した。　(上智大)

19世紀後半からの極東

李朝朝鮮末期

☑01 1811年，没落両班であった◻が**農民を指導して挙兵**　洪景来
したが，乱は半年で鎮圧された。　(同志社大)　(ホンギョンネ)

☑02 **金玉均**ら◻とよばれるグループは，日本と手を結ん　開化派〔独立党〕
(キムオッキュン)　で**朝鮮の独立と近代化**を図ろうとした。　(青山学院大)

☑03 開化派は，政策を親日から転換し清朝との関係を深めた
閔氏政権を ☐ とよんだ。　　　　　　（早稲田大）

事大党

☑04 **頻出** **甲申政変**の処理に関して，ⓐ を全権とする日本
と ⓑ を全権とする清朝は 1885 年に ⓒ を結んだ。
（東京大）

a 伊藤博文
b 李鴻章
c 天津条約

日清・日露戦争

☑05 **頻出** **三国干渉**後，清朝から中国東北地方での ☐ の敷
設権を獲得したロシアは，朝鮮への影響力を強めた。
（大阪大）

東清鉄道

☑06 **三国干渉**後，日本公使が朝鮮において ☐ 事件を起こ
した。　　　　　　　　　　　　　　　（関西学院大）

閔妃殺害
（ミンビ）

☑07 1905 年の ☐ が，**日露戦争における最後の陸上決戦**と
なった。　　　　　　　　　　　　　　（学習院大）

奉天会戦

☑08 **ポーツマス条約**で，日本は ☐ の租借権を得た。
（新潟大）

関東州〔遼東半
島南部〕

日本の朝鮮支配

☑09 1904 年，韓国の財政と外交に関して**日本人の顧問を受け
入れさせる**という内容の ☐ が締結された。
（関西学院大）

第 1 次日韓協約

☑10 **第 2 次日韓協約**で韓国の**外交権を掌握**した日本は，内政ま
でも監督しようと ⓐ を設置し，**初代統監**に ⓑ が
就任した。　　　　　　　　　　　　　（東京学芸大）

a 韓国統監府
b 伊藤博文

☑11 **頻出** 1906 年 1 月，この機関は ☐ で正式に開庁した。
（同志社大）

漢城

☑12 日本の支配に対して，韓国では民族意識の高揚と**朝鮮の独
立を目指した** ☐ 運動が展開された。　（一橋大）

愛国啓蒙

☑13 1907 年の ⓐ によって，**韓国政府の全てが日本の統監
の指導を受ける**ことになり，同時に ⓑ の解散が決定
された。　　　　　　　　　　　　　　（関西学院大）

a 第 3 次日韓協約
b 韓国軍

近現代のラテンアメリカ

大航海時代以降のラテンアメリカ

☑ 01 大航海時代以降，スペイン国王が征服者に対して，**カトリック布教を条件**として，征服地における**先住民の統治を任せる**□□□制がとられた。　　　　　　　　（立教大）

エンコミエンダ

☑ 02 17世紀以降，スペイン植民地では□□□制という先住民や黒人奴隷を使用した**大土地所有制度**が発展した。　（同志社大）

アシエンダ

中南米諸国の独立闘争

☑ 03 ボリバルによって建設された**大コロンビア共和国**は，もともと現在の□a□と□b□から成り立っていたが，1822年から□c□が加わった。　　　　　　　　（北海道大）

a・b コロンビア・ベネズエラ（順不同）

c エクアドル

☑ 04 頻出 **サン゠マルティン**の尽力によって，アルゼンチン以外にも□a□や□b□が独立を達成した。　　（京都大）

a・b チリ・ペルー（順不同）

☑ 05 フランス革命の影響を受けた□□□は，"**メキシコ独立運動の父**"と称された。　　　　　　　　　　（法政大）

イダルゴ

☑ 06 頻出 独立後，1822年に**帝政**となったメキシコは，1824年から□□□に移行した。　　　　　　　　　　（千葉大）

共和政

☑ 07 頻出 ナポレオンの進出を受けて亡命してきた□□□王室の王子**ドン゠ペドロ**によって**ブラジル**は独立した。　（大阪大）

ポルトガル

☑ 08 独立後の**ブラジル**では，皇帝による専制政治に対して**革命**が勃発し，1889年から□□□に移行した。　（北海道大）

共和政

☑ 09 1930年，**ブラジル**では□□□大統領による独裁体制が構築され始めた。　　　　　　　　　　　（関西学院大）

ヴァルガス

☑ 10 1955年，**アルゼンチン**でクーデタが起こり，□□□大統領が追放された。　　　　　　　　　　　（同志社大）

ペロン

> ■ **米西戦争のパリ条約で米が得た地域は「増えるフグ」で覚えよう！**
>
> パリ条約（1898）　　①キューバの独立　　　プエルトリコ
> 仏の仲介　　　　　 ②米が得る領土　　　　フィリピン
> 　　　　　　　　　　　　　　　　　　　　グアム

アメリカの進出

☑11 頻出 アメリカ＝スペイン（米西）戦争で勝利したアメリカは，パリ条約で ▢a▢ の独立をスペインに認めさせた後，1901年に**キューバ憲法**に ▢b▢ をつけ加えて**事実上保護国化**した。 （学習院大）

a キューバ
b プラット条項

☑12 **ハワイ**では，18世紀末から19世紀初めに ▢a▢ によって ▢b▢ 王朝が成立し，1810年にハワイ諸島が統一された。 （明治学院大）

a カメハメハ1世
b カメハメハ

☑13 1947年，アメリカ主導によって ▢▢▢▢ とよばれる**南北アメリカの集団防衛条約**が結ばれた。 （中央大）

リオ協定

メキシコの混乱

☑14 ナポレオン3世のメキシコ出兵時，**インディオ出身**の ▢▢▢▢ がメキシコ大統領だった。 （法政大）

フアレス

☑15 頻出 ナポレオン3世によって，ハプスブルク家の ▢▢▢▢ が**メキシコ皇帝**として擁立された。 （明治大）

マクシミリアン

☑16 **資本家や中産階級・地主を支持基盤**とする ▢▢▢▢ 派が，メキシコ革命時の内戦で勝利を収めた。 （南山大）

カランサ

☑17 メキシコ革命でのカランサ派の勝利の結果，1917年，**メキシコ革命**の集大成ともいえる ▢▢▢▢ が発布され，カランサが大統領になった。 （上智大）

メキシコ憲法

☑18 メキシコの ▢▢▢▢ 大統領は，1930年代に**農地改革**を進めた。 （同志社大）

カルデナス

キューバ革命後のラテンアメリカ

☑19 1960年代後半，**貧困など政治的問題の改革**に携わるカトリック教会の**聖職者**が出現した。彼らは"▢▢▢▢"を唱えて，貧民の救済を行おうとした。 （慶應義塾大）

解放の神学

☑20 頻出 チリの大統領選における**アジェンデ**の勝利は，**史上初の選挙**による ▢▢▢▢ 政権の樹立だった。 （立命館大）

社会主義

☑ 21 **頻出** 1973 年，アメリカに支援された軍人〔　　　〕が，**チリ**　　ピノチェト
で軍事クーデタを起こしアジェンデを打倒した。（学習院大）

☑ 22 1974 年，**カリブ海**の小国〔　　　〕が**イギリス**から独立し，　　グレナダ
ニカラグア革命の影響を受けて 1979 年に人民革命（左翼）
政府を樹立した。（東京大）

☑ 23 **頻出** 1982 年，**アルゼンチン**と**イギリス**は〔　　　〕諸島の領　　フォークランド
有権を争って戦争を起こした。（明治大）　　　　　　　　　〔マルビナス〕

☑ 24 1995 年，ブラジルやアルゼンチンなどは〔　　　〕という共同　　南米南部共同市
市場を発足させた。（慶應義塾大）　　　　　　　　　　　　　場〔MERCOSUR〕

近現代のアフリカ

☑ 01 アフリカに関心を持つベルギー王〔 a 〕は，**スタンリーの**　　a レオポルド 2 世
コンゴ川流域探検を援助し，この地に〔 b 〕を建設した。　　b コンゴ自由国
（北海道大）

フランスのアフリカ横断政策

☑ 02 **頻出** 1830 年，フランス国王**シャルル 10 世**は，市場を拡大　　アルジェリア
して国民の不満をそらそうと，〔　　　〕に出兵した。
（関西大）

☑ 03 フランスの侵略に対して，**ギニア**では 19 世紀後半，民族運　　a サモリ＝トゥ
動家〔 a 〕が抵抗し，〔 b 〕を建国した。（関西学院大）　　ーレ
　　　　　　　　　　　　　　　　　　　　　　　　　　　　　　b サモリ帝国

☑ 04 1905 年，**フランスのモロッコ進出に反発**したドイツにより，　　a 第 1 次モロッコ
〔 a 〕事件が発生した。これは，現場となった場所の名か　　b タンジール
ら〔 b 〕事件ともよばれる。（上智大）

☑ 05 1911 年，独仏両軍がモロッコに兵を派遣したことにより，　　a 第 2 次モロッコ
〔 a 〕事件が起こった。これは，現場となった場所の名か　　b アガディール
ら〔 b 〕事件ともよばれる。（早稲田大）

イタリアのアフリカ進出

☑ 06 1885 年，**イタリア**は**エチオピアの北**に位置し，紅海に面す　　エリトリア
る〔　　　〕を占領した。（中央大）

☑07 **頻出** **エチオピア**に侵入した**イタリア軍**は，1896年の □□□□□の戦いで完敗した。　　　　　　　（青山学院大）

アドワ

☑08 1912年にオスマン帝国と**ローザンヌ条約**を結んだイタリア は，□ a □と□ b □を獲得した。　　　　　（早稲田大）

a・b　トリポリ・ キレナイカ（順不同）

☑09 **ムッソリーニ**の侵略を受け，エチオピア皇帝□□□□□は 1936年イギリスに亡命した。　　　　　　（慶應義塾大）

ハイレ＝セラ シエ

イギリスのアフリカ縦断政策

☑10 1881年，イギリスのスーダン進出に対して□□□□□が反英 闘争である**マフディーの乱**を起こした。　　　　（成蹊大）

ムハンマド＝ア フマド

第二次世界大戦後のアフリカ

☑11 **頻出** 1949年の国連総会で□□□□□の独立が承認され， 1951年に連合王国として正式に独立を果たした。 　　　　　　　　　　　　　　　　　　　（関西学院大）

リビア

☑12 1954年，**アルジェリア**で□□□□□とよばれる政党が結成さ れ，**独立運動**を展開した。　　　　　　　　　（北海道大）

民族解放戦線 〔FLN〕

☑13 1956年，**イギリス・エジプトの共同統治**から□□□□□が独 立した。　　　　　　　　　　　　　　　　　（中央大）

スーダン

☑14 1958年，**セク＝トゥーレ**を指導者とする□□□□□が**フラン ス**から独立した。　　　　　　　　　　　　　（学習院大）

ギニア

☑15 1960年，**ベルギー**から**コンゴ**が独立し，□□□□□が首相と なった。　　　　　　　　　　　　　　　　　（成蹊大）

ルムンバ

☑16 1960年に**イギリス**から独立した□□□□□は，1967年から 内戦に突入した。　　　　　　　　　　　　（関西学院大）

ナイジェリア

☑17 南アフリカ共和国の□□□□□大統領は，**アパルトヘイトの解 決**に努め，1991年法的撤廃を決断した。　　　　（上智大）

デクラーク

☑18 **頻出** 2002年，アフリカにおいて**EU（ヨーロッパ連合）**を **モデル**とする□□□□□が発足した。　　　　　（明治大）

AU〔アフリカ 連合〕

☑19 アフリカ系としての自覚を持ち，**アフリカの復権**と独立・ 統一を目指す発想を□□□□□という。　　　　（早稲田大）

パン＝アフリカ ニズム

5章 二度の世界大戦と現代の世界

第一次世界大戦

☑01 1906 年に**スペイン**で開催された◻︎◻︎◻︎会議の結果，ドイツは**第 1 次モロッコ事件**で譲歩することになった。
(同志社大)

アルヘシラス
(国際)

☑02 ◻︎◻︎◻︎年に**英露協商**を締結したことで，三国協商が成立した。
(九州大)

1907

☑03 頻出 第一次世界大戦では，ドイツとともに◻︎ a ◻︎・◻︎ b ◻︎・◻︎ c ◻︎が**同盟国側**で参戦し，英仏露を中心とする連合国 (協商国) と戦った。
(青山学院大)

a・b・c オーストリア (＝ハンガリー帝国)・ブルガリア・トルコ〔オスマン帝国〕(順不同)

☑04 1915 年，連合国側は**"未回収のイタリア"の割譲**を約束する◻︎◻︎◻︎によって，中立を宣言していた**イタリア**に参戦を求めた。
(明治大)

ロンドン秘密条約〔ロンドン密約〕

☑05 この条約に従って連合国側で参戦した**イタリア**は，◻︎◻︎◻︎を脱退した。
(京都府立大)

三国同盟

☑06 ドイツの潜水艦によって，イギリスの客船◻︎◻︎◻︎号が撃沈された。
(南山大)

ルシタニア

☑07 頻出 フランスがドイツとの国境地帯に建設していた堅固な◻︎◻︎◻︎要塞で，1916 年**西部戦線最大の激戦**が行われた。
(学習院大)

ヴェルダン

☑08 イギリス軍は，◻︎◻︎◻︎の戦いで初めて**戦車 (タンク)** を使用した。
(立命館大)

ソンム

☑09 **タンネンベルクの戦い**で活躍した◻︎◻︎◻︎将軍は，のちにドイツの第 2 代大統領となった。
(学習院大)

ヒンデンブルク

ロシア革命

19世紀後半のロシア

☑01 19世紀の**ロシア**は，**革命運動**や**自由主義運動を抑圧**していたことから，欧米諸国から"_____"とよばれていた。
(西南学院大)
ヨーロッパの憲兵

☑02 デカブリストの乱後の進歩的貴族や農奴解放以降の新興市民の子弟は，**西欧的教養を身につけ体制批判の中心として活動**した。このような人々を_____とよぶ。(同志社大)
インテリゲンツィア

☑03 フランス資本の投下後，_____を中心人物として，**ロシアの近代工業の発展が本格化**した。(学習院大)
ウィッテ

☑04 レーニンのボリシェヴィキに対し，**メンシェヴィキ**は_____や**マルトフ**を指導者とした。(新潟大)
プレハーノフ

第1次ロシア革命

☑05 ┌ a ┐年，┌ b ┐率いるデモ隊が弾圧された**"血の日曜日事件"**から，**第1次ロシア革命**が勃発した。(中央大)
a 1905
b ガポン

二月革命と十月革命

☑06 1917年の二月革命後，_____を中心とする**臨時政府**が作られたが，社会革命党の**ケレンスキー**も入閣した。(法政大)
立憲民主党〔カデット〕

☑07 二月革命後，**臨時政府**がありながら，**ソヴィエト**がもう一つの政治権力として並存する_____状態がロシアで続いた。(津田塾大)
二重権力

☑08 臨時政府とソヴィエトによるこの状態を，スイスから帰国したレーニンは「┌ a ┐」という言葉で有名な，┌ b ┐で強く批判した。(津田塾大)
a すべての権力をソヴィエトへ
b 四月テーゼ

■ **19C以降のロマノフ朝は「アレク ニコライ アレ アレ ニコライ」で覚えよう！**
アレクサンドル1世：ウィーン体制(神聖同盟) **アレクサンドル3世**：反動→露仏同盟
ニコライ1世：南下(ギリシア介入・クリミア戦争) **ニコライ2世**──①日露戦争→第1次ロシア革命
アレクサンドル2世：農奴解放令 └②第一次大戦→二月(三月)革命

☑ 09	**"平和に関する布告"** でレーニンが掲げた 3 つの原則を挙げよ。 (明治大)	無併合・無賠償〔無償金〕・民族自決
☑ 10	十月革命直後の普通選挙により，_____ が**第 1 党**となった。 (法政大)	社会革命党〔エス゠エル〕
☑ 11	ロシアで**反革命・サボタージュ**を取り締まる非常委員会の略称を_____ という。 (同志社大)	チェカ
☑ 12	_____ 年，ソヴィエト政権はドイツおよび同盟国と**ブレスト゠リトフスク条約**を締結した。 (津田塾大)	1918
☑ 13	1919 年，_____ で**コミンテルン（第 3 インターナショナル）** が結成された。 (学習院大)	モスクワ
☑ 14	1921 年，_____ と**ソヴィエト政権**が結んだ**通商協定**によって，対ソ経済封鎖が解除された。 (東京外国語大)	イギリス
☑ 15	1922 年，ソ連は_____ と**ラパロ条約**を結んで，両国の関係を回復させた。 (大阪大)	ドイツ
☑ 16	**スターリンの"大粛清"**により，ソ連共産党の中心人物だった_____ が処刑された。 (法政大)	ブハーリン

第一次世界大戦後のヨーロッパ

ヴェルサイユ体制

☑ 01	**ヴェルサイユ条約**によって，アルザス・ロレーヌがフランスに，_____ が**ポーランド**に割譲された。 (同志社大)	ポーランド回廊
☑ 02	_____ 地方は，**15 年後の住民投票**によってどこの国に帰属するか決定されることになった。 (南山大)	ザール
☑ 03	ポーランドの_____ は，国際連盟の管理下で**自由市**となった。 (立命館大)	ダンツィヒ
☑ 04	頻出 **オーストリア**と連合国の間で締結されたサン゠ジェルマン条約により，_____ a ・ _____ b ・セルブ゠クロアート゠スロヴェーン王国（のちの_____ c 王国）の独立が承認された。 (法政大)	a・b ハンガリー・チェコスロヴァキア（順不同） c ユ ー ゴ ス ラ ヴィア
☑ 05	1919 年の_____ によって東欧でソヴィエト政権が成立したが，周辺諸国の干渉などで失敗に終わった。 (関西学院大)	ハンガリー革命

☑06 第一次世界大戦後の東欧では　a　体制の国が各地で発生した。農業に依存し不安定な経済状況から，　b　的権力が容認されたことも要因の一つだった。　（関西学院大）

a 権威主義
b 独裁

☑07 **オスマン帝国と連合国**の間では　a　条約が締結されたが，その不平等性に対し，**ムスタファ＝ケマル**を中心とする　b　が条約の批准を拒否した。　（立教大）

a セーヴル
b トルコ大国民議会

☑08 **ヌイイ条約**により，**ブルガリア**の領土は　a　や　b　に割譲された。　（学習院大）

a・b ギリシア・セルブ＝クロアート＝スロヴェーン王国〔ユーゴスラヴィア王国〕（順不同）

☑09 1920 年，**ハンガリーは王政**に移行し，　　　　が摂政となった。　（慶應義塾大）

ホルティ

☑10 **国際連盟**成立当初，**常任理事国**となった国を 4 つ挙げよ。　（南山大）

イギリス・フランス・日本・イタリア

☑11 **"国際法の父"**とよばれた　　　　ゆかりの地であるオランダのハーグに**国際司法裁判所**が設置された。　（中央大）

グロティウス

☑12 **労働問題**の調整機関である　　　　は，本部を**ジュネーヴ**に置いた。　（福岡大）

国際労働機関〔ILO〕

☑13 1917 年 12 月，**ロシア**から北方の　　　　が独立して共和国になった。　（関西学院大）

フィンランド

☑14 1920 年，**ソヴィエト政権から独立**を承認された**バルト 3 国**とよばれる国をすべて挙げよ。　（学習院大）

エストニア・ラトヴィア・リトアニア

☑15 **ポーランド**では，独立運動家　　　　が独立を宣言し，自ら国家元首となった。　（法政大）

ピウスツキ

☑16 1921 ～ 22 年，アメリカ大統領　　　　の提唱で**ワシントン会議**が開催された。　（明治大）

ハーディング

☑17 **九カ国条約**により，1917 年に日米間で成立した　　　　協定が失効した。　（関西学院大）

石井・ランシング

☑18 1927 年, **補助艦保有比率**をテーマとする [____] 会議が開催されたが, イタリア・フランスの不参加もあり, 失敗に終わった。 (甲南大)

ジュネーヴ軍縮

☑19 頻出 世界恐慌が深刻化する 1930 年, **アメリカの** [a] **大統領とイギリスの** [b] **首相**が, 共同で**ロンドン（軍縮）会議**を提唱した。 (関西大)

a フーヴァー
b マクドナルド

☑20 頻出 1932 年の [____] 協定によって, ドイツの賠償金は **30 億金マルク**にまで引き下げられた。 (同志社大)

ローザンヌ（賠償）

第一次世界大戦後のドイツ

☑21 ロシア革命の影響を受けて, ドイツでも**兵士と労働者を中心とした評議会**である [____] が成立した。 (青山学院大)

レーテ〔評議会〕

☑22 **ロシア革命**の影響を受けて結成された [____] は, のちに**ドイツ共産党**となった。 (南山大)

スパルタクス団

☑23 この組織の中心人物である [____] と**ローザ＝ルクセンブルク**は, **武装蜂起**を展開したのち, 虐殺された。 (早稲田大)

カール＝リープク
ネヒト

☑24 1922 年, ドイツとソ連は [____] 条約を締結して国交を結んだ。 (法政大)

ラパロ

☑25 **ルール占領**などの混乱に乗じて, **ナチス**の [a] が展開した [b] など, 軍事独裁政権樹立を狙う活動が活発化した。 (立命館大)

a ヒトラー
b ミュンヘン一
揆

☑26 この活動を主導した人物は獄中で『[____]』を口述筆記させた。 (早稲田大)

わが闘争

第一次世界大戦後のイギリス

☑27 大戦後半, [a] 挙国一致内閣は民衆の支持を得るために [b] を行い, **21 歳以上の男性と 30 歳以上の女性に参政権**を与えた。 (学習院大)

a ロイド＝ジョージ
b 第 4 回選挙法
改正

☑28 シン＝フェイン党は, **1916 年 4 月の復活祭**で [____] を起こした。 (早稲田大)

イースター蜂起

☑29 アメリカ生まれのアイルランド人 [____] を指導者とする独立運動の結果, **アイルランド自由国**が自治領として承認された。 (立教大)

デ＝ヴァレラ

☑30 1924 年に成立した**ボールドウィン**保守党内閣では，1928 年に**第 5 回選挙法改正**が行われ，□□□□ に選挙権が与えられた。　　　　　　　　　　　　　　　　　　　　（関西学院大）

21 歳以上の男女

☑31 1931 年，**第 2 次マクドナルド内閣**は，野党だった**保守党と自由党の連立**により □□□□ 内閣となった。　　　　（津田塾大）

挙国一致

第一次世界大戦後のフランス

☑32 フランスの □□□□ 内閣は，対ドイツ政策として強硬策をとり，**ルール占領**などを行った。　　　　　　　　　　　（立命館大）

ポアンカレ

第一次世界大戦後のイタリア

☑33 イタリアは戦勝国となったが，大戦前まで □□□□ によってドイツが行っていた多額の投資が撤退したことなどにより，厳しい戦後不況に見舞われた。　　　　　　　　　（京都府立大）

三国同盟

☑34 一党独裁体制を確立させた**ムッソリーニ**は，党の機関である □□□□ を**国家の最高機関**とした。　　　　（関西学院大）

ファシズム大評議会

☑35 個人の人権や自由を無視し，**国家または民族を至高のものとする**考え方を □□□□ とよぶ。　　　　　　　　（学習院大）

全体主義

5 二度の世界大戦と現代の世界

大戦間のアメリカと世界恐慌

第一次世界大戦後のアメリカ

☑01 1923 年にハーディングが急死した後，副大統領だった □□□□ が大統領に就任した。　　　　　　　　　　　（日本女子大）

クーリッジ

☑02 頻出 この人物の後に大統領となった**共和党の □a□** は，就任当初に行った演説で，アメリカ経済の将来を楽観視する" □b□ "という言葉を用いた。　　　　　　　　（中央大）

a フーヴァー
b 永遠の繁栄

☑03 **ハーディング**以降 3 代続いた □a□ 党政権の下，1920 年代のアメリカは繁栄を極めた。この状況は" □b□ "という言葉で表現される。　　　　　　　　　　　（立命館大）

a 共和
b 黄金の 20 年代

☑04 1920 年代，□□□□ とよばれる**反黒人秘密組織**が復活した。　　　　　　　　　　　　　　　　　　　　（関西学院大）

KKK〔クー＝クラックス＝クラン〕

☑05 ローズヴェルト大統領の考え方は，**イギリスの経済学者** ケインズ
　　　 ▢ の影響を受けている。　　　　　　　　（慶應義塾大）

☑06 ローズヴェルトは，**緊急銀行救済法によって** ▢ を停止 金本位制
　　　 した。　　　　　　　　　　　　　　　　　　　（津田塾大）

☑07 1935 年，アメリカ労働総同盟（AFL）内に，**未熟練労働者** 産業別組織会議
　　　 を中心とする ▢ が発足した。　　　　（慶應義塾大） 〔CIO〕

☑08 頻出 ▢a▢ により事実上**アメリカの保護国**となっていた a プラット条項
　　　 ▢b▢ は，1934 年に独立を認められた。　　（学習院大） b キューバ

☑09 ローズヴェルトは，▢ によって**失業保険・退職金・老** 社会保障法
　　　 齢年金などの支給を保障した。　　　　　（慶應義塾大）

☑10 南米諸国とアメリカの間で**関税の引き下げ**が行われ， ドル゠ブロック
　　　 ▢ とよばれる経済圏が構築された。　　　（慶應義塾大）

☑11 ヨーロッパでドイツやイタリアが侵略を行っていたとき， 中立法
　　　 アメリカは孤立主義を守るために ▢ を制定した。
　　　　　　　　　　　　　　　　　　　　　　　　　（早稲田大）

国共合作と日本の中国進出

☑01 袁世凱の死後，北京政府を事実上動かしていた ▢ 政 段祺瑞
　　　 権は，連合国側で**第一次世界大戦に参戦**した。　（関西学院大）

☑02 **1917 年に日米が交わした** ▢ で，中国での日本の特殊 石井・ランシン
　　　 権益が承認された。　　　　　　　　　　　（関西学院大） グ協定

☑03 ロシア革命の影響を受けた李大釗は，中国における革命理 マルクス主義
　　　 論として ▢ を提唱し，**中国共産党**の前身となる組織
　　　 を結成した。　　　　　　　　　　　　　　（関西学院大）

■ 第2次国共合作を地図で整理しよう！

30 →国共内戦本格化

(コミンテルン＝スターリン➡紅軍 vs.蔣介石 (国民革命軍))

31 →中華ソヴィエト共和国臨時政府② (主席毛沢東)

→対日宣戦 (32) ⟷満州国 (32)←柳条湖事件① (満州事変)

34 →長征③ (瑞金×，抗日北上・対蔣介石) →延安へ

↳ 農村を中心に解放区を拡大→毛沢東はのち「新民主主義論」をアピール

35 →遵義会議④

(毛沢東→ (1) 抗日北上 (2) 解放区は農村
→周恩来の支持で毛沢東の主導権確立)

↳ 八・一宣言⑤ ((1) 内戦停止 (2) 抗日集中)

vs.冀東防共
自治政府⑥

36 →西安事件⑦┌ 背景　二・二六事件 (日本のファシズム化)
　　　　　　　└ 結果　蔣介石拉致 by 張学良・楊虎城

→周恩来の説得 (蔣は国共合作約す)

37 →盧溝橋事件⑧ (北京近く→日中戦争本格化) vs.第2次国共合作 (抗日民族統一戦線)
日本は南京事件⑨
(蔣介石＝国民党の本部)

↳ 国民政府は武漢⑩から重慶⑪へ
(抗日首都)

☑ 04 **頻出** 中国との友好関係を築いていこうとした**ソヴィエト政権**は，1919 年に**外務人民委員代理**による ____ 宣言を発した。 (学習院大) ／ カラハン

☑ 05 1927 年 1 月に**国民党左派と共産党員**が成立させた **a** は上海（シャンハイ）クーデタ後に分裂し，同年 9 月に **b** が南京（ナンキン）の蔣介石（しょうかいせき）政権に合流した。 (法政大) ／ a 武漢（国民）政府 b 汪兆銘（おうちょうめい）

☑ 06 1928 年の第 2 次山東出兵の際，**日本軍と北伐軍**（ほくばつ）との衝突事件である ____ が起こった。 (法政大) ／ 済南事件（さいなん）

☑ 07 遼寧（りょうねい）・吉林（きつりん）・黒竜江（こくりゅうこう）の東三省（とうさんしょう）に拠点を置いた ____ 軍閥は，日本軍に支援された。 (立命館大) ／ 奉天（ほうてん）

☑ 08 国家元首の地位を世襲にするため，1934 年に日本は**溥儀**（ふぎ）を満州国の ____ とした。 (慶應義塾大) ／ 皇帝

☑ 09 1935 年，河北省に日本の**傀儡政権**（かいらい）である ____ が成立し，日本の華北進出が確定した。 (中部大) ／ 冀東防共自治政府

☑ 10 1936 年 2 月，日本国内で ____ が発生し，**陸軍の急進派が決起して軍部政権の樹立**を目指した。 (成蹊大) ／ 二・二六事件

第二次世界大戦

ファシズムの台頭

☑ 01 ヒンデンブルクは，**ヴァイマル憲法 48 条**に基づき，議会が機能しない場合，**大統領が独裁権を行使できる**という ____ を濫発（らんぱつ）した。 (学習院大) ／ 大統領緊急命令権〔大統領非常大権〕

☑ 02 **ナチス支配下のドイツ**は，神聖ローマ帝国・ドイツ帝国に次ぐ ____ とよばれた。 (神奈川大) ／ 第三帝国

■ ヒトラー内閣成立以降の流れは**カコ覚**で覚えよう！
◎ヒトラー内閣成立以降 "**国 賓 総統 サル 再 ライン**"

→**国**⇒国会議事堂放火事件
　　　　全権委任法（独裁）
→**賓**⇒ヒンデンブルク没（34）
　　　　大統領制廃止
→**総統**⇒フューラーへ
→**サル**⇒ザール併合（35）　住民投票

→**再**⇒再軍備宣言（35）
　　vs. ⑭仏ソ相互援助条約
　　vs. ⑭英独海軍協定（宥和政策）
→**ライン**⇒ラインラント進駐（36）
　　vs. ⑭硬化 vs. ⑭動かず

☑03 ヒトラーは公営住宅や飛行場などの建設にも着手し、ゲーリングを責任者とする□□□という**軍事最優先の経済政策**を推進した。　　　　　　　　　　　　（早稲田大）

四カ年計画

☑04 ナチスが強制収容所などで行った**ユダヤ人大量虐殺**を□□□とよぶ。　　　　　　　　　　　　　　　　　（立教大）

ホロコースト

☑05 **ナチスの直接行動部隊である**□□□は、反対派を暴力で打倒することを任ぜられていた。　　　　　　　（西南学院大）

突撃隊〔SA〕

☑06 1936年、ベルリンで**日本とドイツ**は反ソ・反共の□□□を結んだ。　　　　　　　　　　　　　　　　　（慶應義塾大）

日独防共協定

☑07 1938年、ナチスは**ユダヤ人商店を打ち壊し**たり、虐殺を行ったりした。この事件を「□□□」とよぶ。　（法政大）

水晶の夜〔クリスタル＝ナハト〕

☑08 頻出 インドに起源を持つ□□□は、**ジプシー**という蔑称でよばれ、ユダヤ人と同様に迫害の対象となった。　（学習院大）

ロマ

☑09 **反ユダヤ主義**は、1880年頃から□□□という別称でよばれていた。　　　　　　　　　　　　　　　　　（法政大）

反セム主義

☑10 1935年、ソ連は□a□大会をモスクワで開き、各国の社会党や社会民主党など共産党以外の政党と初めて協力して、**反ファシズム**□b□の形式をよびかけた。　（上智大）

a コミンテルン第7回
b 人民戦線

☑11 頻出 スペインでは、長く□a□朝による封建的な状態が維持されていたが、1931年に□b□が勃発して**共和政に移行**した。　　　　　　　　　　　　　　　　（立命館大）

a ブルボン
b スペイン革命

☑12 □a□を首班とする**人民戦線内閣**は、スペイン内戦でソ連やメキシコによって支援され、フランスの□b□やイギリスの□c□ら文化人も義勇兵として加わった。　（専修大）

a アサーニャ
b マルロー
c ジョージ＝オーウェル

☑13 **スペイン内戦**では、ヒトラーやムッソリーニとともに**ポルトガル**の独裁者□□□がフランコ側を支援した。　（南山大）

サラザール

☑14 1939年に**人民戦線側の首都**□□□が陥落し、スペイン内戦はフランコ側の勝利で終わった。　　　　　　（千葉大）

マドリード

☑15 **ミュンヘン会談**には、イギリス首相**ネヴィル＝チェンバレン**やフランス首相□□□が出席した。　　　　（明治大）

ダラディエ

☑16 頻出 ヒトラーの**チェコスロヴァキア解体**により，東の
　　　　 a 　が保護国となり，西の　 b 　と　 c 　が事実上併
合された。　　　　　　　　　　　　　　　　　（青山学院大）

a スロヴァキア
b・c ベーメン〔ボ
ヘミア〕・メーレ
ン〔モラヴィア〕
（順不同）

第二次世界大戦の開戦

☑17 ドイツに解体されたユーゴスラヴィアでは，**共産主義者**
　　　　 a 　を中心として**ドイツ占領軍に対する抵抗**　 b 　
（非正規武力戦術）を展開した。　　　　　　　　（関西学院大）

a ティトー
b パルチザン

☑18 アメリカとの関係が悪化する中，日本の　　　　　内閣が
1941年に**日米交渉**を行った。　　　　　　　　（西南学院大）

この え ふみまろ
近衛文麿

☑19 この内閣が辞職した後，陸軍大将　　　　　が首相になった。
　　　　　　　　　　　　　　　　　　　　　　　　（神奈川大）

とうじょうひでき
東条英機

☑20 この内閣に対し，**アメリカ**は"　　　　"とよばれる**最後通牒**
を突きつけた。　　　　　　　　　　　　　　　　（昭和女子大）

ハル＝ノート

☑21 **日本軍**は，石油資源確保のためにオランダ領だった　 a 　
・　 b 　を占領することに成功した。　　　　　　（同志社大）

a・b ジャワ・
スマトラ(順不同)

☑22 1944年7月に　　　　　が陥落したことで，**日本はアメリカ
軍の爆撃圏内**に入った。　　　　　　　　　　　（大妻女子大）

サイパン島

☑23 1944年，**アメリカ**の　　　　　を総司令官とするアメリカ・
イギリス連合軍が，**ノルマンディー上陸作戦**を実行した。
　　　　　　　　　　　　　　　　　　　　　　　（青山学院大）

アイゼンハワー

☑24 戦後のドイツでは，　　　　　裁判などによって**戦争犯罪人を
裁いた**。　　　　　　　　　　　　　　　　　　　（立教大）

ニュルンベルク

☑25 ポツダム宣言に基づき，戦後の日本には　　　　　を最高司令
官とする**連合国軍最高司令官総司令部〔GHQ〕**が設けられ
た。　　　　　　　　　　　　　　　　　　　　　（早稲田大）

マッカーサー

☑26 **日本の中心的な戦争指導者を裁くため**，連合国によって
　　　　　裁判が開かれた。　　　　　　　　　　　（関西大）

東京〔極東国際
軍事〕

冷戦

☐ 01 **頻出** 1947 年，アメリカの**トルーマン**大統領が，内戦により　　a ギリシア
共産化しそうな　**a**　と，ソ連から圧力をかけられてい　　b トルコ
た　**b**　に対する援助を表明した。これを**トルーマン＝ド
クトリン**という。　　　　　　　　　　　　　　　　　　　（学習院大）

☐ 02 1948 年，　　　　　　大統領の治めるチェコスロヴァキアでクー　　ベネシュ
デタが起き，**共産党が政権を奪取**した。　　　　　　（関西学院大）

☐ 03 アメリカ・ソ連に続き，1952 年に　**a**　が世界で 3 番目，　　a イギリス
1960 年に　**b**　が 4 番目，1964 年に　**c**　が 5 番目　　b フランス
に核を保有した。　　　　　　　　　　　　　　　　　　　　（上智大）　　c 中国

☐ 04 **頻出** 1954 年，**アメリカを中心に**イギリス・フランス・オー　　S E A T O〔東
ストラリア・ニュージーランド・フィリピン・タイ・パキス　　南 ア ジ ア 条 約
タンが**反共軍事同盟**である　　　　　　を結成した。　（立命館大）　　機構〕

☐ 05 1950 年代，**アジアやアフリカ**で　　　　　　とよばれる**東側・**　　第三世界
西側のどちらにも属さない国々が台頭してきた。　　（明治大）

☐ 06 **スターリン批判**を受け，**ハンガリー**の　　　　　　で**反ソ暴動**が　　ブダペスト
激化した。　　　　　　　　　　　　　　　　　　　　　　（早稲田大）

☐ 07 スターリン批判後にポーランドで起きた**ポズナニ暴動**では，　　ゴムウカ〔ゴム
　　　　　　が事態を収拾してソ連の介入を防いだ。　（立命館大）　　ルカ〕

☐ 08 1957 年，ソ連は**初の人工衛星**　　　　　　の打ち上げに成功　　スプートニク 1 号
した。アメリカに対する優位性を確立した**フルシチョフ**は，
1959 年に**訪米**した。

☐ 09 **キューバ危機**がフルシチョフの譲歩により回避されたのち，　　ホットライン
米ソ首脳の対話による関係の安定化のために　　　　　　とよ
ばれる直通電話が設置された。　　　　　　　　　　　（松山大）

■ 国際通貨制度が変わる流れをおさえよう！

ブレトン＝ウッズ体制(1944 〜) → ドイツ： → アメリカ： → 金ドルの交換⽌
金本位制，基軸通貨＝ドル　　奇跡の経済復興　　公共事業・福祉　　→ドル＝ショック
(固定相場→＄1 ＝¥360)　　日本：　　　　　　ベトナム戦争　　　➡変動相場制へ
　　　　　　　　　　　　　高度経済成長
　　　　　　　　　➡アメリカ：貿易赤字　　➡アメリカ：財政赤字

☑ 10 ベトナム戦争によってアメリカが**ドルや金を大量に使用し**たことから，戦後の世界経済を安定させてきた＿＿＿体制が崩壊した。　　　　　　　　　　　　　　　(関西学院大)

ブレトン＝ウッズ

戦後のアメリカ

☑ 01 上院議員＿a＿が国務省内の共産分子を攻撃したことで，**"赤狩り"** が始まった。これを＿b＿とよんだ。　(関西大)

a マッカーシー
b マッカーシズ
　ム

☑ 02 アイゼンハワー大統領が任命した**ダレス国務長官**は，"＿＿＿"という反共的な政策を推進した。　　　　(明治大)

巻き返し政策

☑ 03 1961年にキューバが社会主義を宣言すると，**ケネディ**大統領は"＿＿＿"を唱え，**南米諸国との反共同盟**結成を図った。　　　　　　　　　　　　　　　　　　　(上智大)

進歩のための同盟

☑ 04 **ケネディ**大統領は宇宙開発にも力を入れ，**月面に人類を立たせる**＿＿＿という計画を宣言した。　　　(関西学院大)

アポロ

☑ 05 **ジョンソン**大統領は，**ベトナムへの本格的な介入**のために＿＿＿事件をでっち上げた。　　　　　　(慶應義塾大)

トンキン湾

☑ 06 **ジョンソン**は，アメリカ国内の**差別と貧困をなくそうとする** "＿＿＿" 計画を打ち上げた。　　　　　(中央大)

偉大なる社会

☑ 07 深刻なドル危機の中，**ニクソン大統領は過剰な海外への介入を控える方針**を打ち出した。これを"＿＿＿"とよぶ。

ニクソン＝ドクトリン

☑ 08 頻出 1973年に発覚した＿＿＿事件によって，**ニクソン大統領の辞任**が決定的となった。　　　　　　　(明治大)

ウォーターゲート

☑ 09 **ニクソン大統領の辞任**を受け，＿a＿党の＿b＿が大統領に就任した。　　　　　　　　　　　　　　(法政大)

a 共和
b フォード

☑ 10 カーター大統領は"＿＿＿"というスローガンを掲げ，**アパルトヘイト撤廃や中東問題**に積極的に関わった。　(明治大)

人権外交

☑ 11 **レーガン**大統領は，"＿＿＿"というスローガンを掲げ，**軍備拡大**を行った。　　　　　　　　　　　　(立命館大)

強いアメリカ

☑ 12 軍備拡大の結果，**アメリカでは財政赤字**が膨らむ一方，輸入拡大から**貿易赤字**もかさんだ。こうした状態は，当時"＿＿＿"と表現された。　　　　　　　　　(早稲田大)

双子の赤字

☑ 13 **レーガン**大統領の時代，1985 年と 1986 年にソ連の**ゴルバチョフ**書記長との◯◯◯◯が実現した。　　(学習院大)

米ソ首脳会談

☑ 14 [頻出] 1993 年，**ブッシュ**大統領はロシアのモスクワで◯ a ◯大統領と◯ b ◯に調印した。　　(学習院大)

a エリツィン
b START II〔第2次戦略兵器削減条約〕

☑ 15 イスラーム過激派の指導者◯ a ◯が，同時多発テロの首謀者とされ，◯ b ◯政権が 2011 年に殺害した。　　(成城大)

a ビン＝ラーディン
b オバマ

戦後のソ連

☑ 01 ブレジネフ書記長は，"**プラハの春**"への軍事介入を正当化するため，"◯◯◯◯"と呼ばれる外交政策を唱えた。
　　(上智大)

制限主権論〔ブレジネフ＝ドクトリン〕

☑ 02 [頻出] **ゴルバチョフ**書記長は，"**新思考外交**"に基づいて**アメリカ大統領**◯◯◯◯との関係改善に努めた。　　(中央大)

レーガン

☑ 03 ゴルバチョフは 1988 年の◯◯◯◯で**制限主権論**を否定した。
　　(慶應義塾大)

新ベオグラード宣言

戦後のヨーロッパ

戦後のイギリス

☑ 01 [頻出] アトリーのあと，1951 年に◯ a ◯党の◯ b ◯が再び首相に就任した。　　(明治大)

a 保守
b チャーチル

☑ 02 **この首相の引退後**，同じ党の◯◯◯◯が首相を引き継いだ。
　　(関西学院大)

イーデン

☑ 03 1964 年，イギリスでは 13 年ぶりの**労働党内閣**が誕生し，◯◯◯◯が首相に就任した。　　(関西学院大)

ハロルド＝ウィルソン

☑ 04 この首相は，**インフレが深刻化**したイギリスにおいて◯◯◯◯を行った。

ポンド切り下げ

☑ 05 イギリスの**アルスター地方**では，プロテスタント系住民とカトリック系住民との間で◯◯◯◯が発生した。　　(中央大)

北アイルランド紛争

☑06 **イギリス経済の停滞状態**は，"[＿＿＿＿]"と表現された。　　　イギリス病
　　　　　　　　　　　　　　　　　　　　　　　　　　　（関西学院大）

☑07 頻出 1982 年，**サッチャー政権**と**アルゼンチン**は，マルビナ　　フォークランド
　　ス諸島をめぐる[＿＿＿＿]紛争を起こした。　　　　　（東京大）

☑08 **サッチャー首相**や**レーガン大統領**，**中曽根首相**などが進め　　新自由主義
　　た"小さな政府"による**自由主義の強化**を[＿＿＿＿]という。
　　　　　　　　　　　　　　　　　　　　　　　　　　　（上智大）

☑09 頻出 **メージャー政権**の指導力不足などを理由として，　　　　a 労働
　　1997 年に[　a　]党の[　b　]が新たな首相となった。　　　　b ブレア
　　　　　　　　　　　　　　　　　　　　　　　　　　　（一橋大）

戦後のフランス・スペイン

☑10 1968 年，**学生や労働者**たちが[＿＿＿＿]とよばれる大規模な　　五月危機〔五月
　　反ド゠ゴール運動を展開した。　　　　　　　　　（慶應義塾大）　革命〕

☑11 1981 年に当選した**社会党**の[＿＿＿＿]**大統領**は，**基幹産業の**　　ミッテラン
　　国有化を図った。　　　　　　　　　　　　　　　　（早稲田大）

☑12 頻出 **スペイン**では，1975 年に**フランコが死去**すると，　　　a ブルボン
　　[　a　]朝が復活し，国王[　b　]の下で民主化が進められ　　b フアン゠カル
　　た。　　　　　　　　　　　　　　　　　　　　　　　（北海道大）　ロス 1 世

戦後のドイツ

☑13 西ドイツは，1970 年に**ポーランドとの国交**を正常化させ，　　　オーデル゠ナイセ
　　[＿＿＿＿]線で**国境**を画定した。　　　　　　　　　（法政大）

☑14 地球環境が悪化する中，1980 年に西ドイツで[＿＿＿＿]が結　　緑の党
　　成された。　　　　　　　　　　　　　　　　　　　　（南山大）

戦後の東ヨーロッパ

☑15 アルバニアは 1961 年に[　a　]と断交した。その背景には　　a ソ連
　　[　b　]の激化があげられる。　　　　　　　　　　（早稲田大）　b 中ソ対立

☑16 ルーマニアでは，1974 年に大統領制を導入し，[　a　]が　　a チャウシェス
　　初代大統領となったが，独裁を展開し，1989 年の[　b　]　　ク
　　で処刑された。　　　　　　　　　　　　　　　　　（立命館大）　b 東欧革命

☑17 **パン=ヨーロッパ主義**を掲げ，**欧州連合構想の先駆者**となったオーストリアの◻◻は，日本人の母を持つ。

(法政大)

クーデンホーフ＝カレルギー

☑18 1950年に掲げられた**西欧諸国の経済協力機構創設案**は，提唱した**フランス外相**の名前から◻◻とよばれる。

(成蹊大)

シューマン＝プラン

☑19 **EEC**と**EURATOM**結成のため，◻◻が調印された。

(法政大)

ローマ条約

☑20 マーストリヒト条約の採択に伴い，**通貨統合**のための◻◻銀行を設置することが決定された。

(京都大)

ヨーロッパ中央

☑21 [頻出]1991年6月に**スロヴェニア**と◻a◻が独立を宣言したことから，◻b◻が始まり，1992年には◻c◻の独立宣言につながった。

(青山学院大)

a クロアティア
b ユ ー ゴ ス ラ ヴィア内戦〔紛争・解体〕
c ボスニア＝ヘルツェゴヴィナ

☑22 1997年，**新ユーゴスラヴィア**で◻◻が大統領に就任した。

(青山学院大)

ミロシェヴィッチ

■ フランス第五共和政の大統領は勿襷で覚えよう！

◎"ド**ポン**と**ジミ**に**シラ**ける猿"

→**ド**=ゴール：「フランスの栄光」(独自路線)

→**ポン**ピドゥー：イギリスのEC入り推進

→**ジ**スカールデスタン：サミット提唱

→**ミ**ッテラン：基幹産業の国有化

→**シラ**ク：核実験再開(ド=ゴール路線復活)

→**サル**コジ：ユーロ危機などでドイツ(メルケル首相)と連携

中華人民共和国

☑01 1945年10月，**中国国民党**と**中国共産党**は国内和平・**内戦回避**などに合意して ☐ を結んだ。　　（慶應義塾大）
双十協定

☑02 この協定の成立を受け，多くの政党や団体の代表が重慶に集まって1946年に ☐ を開いた。　　（福井大）
政治協商会議

☑03 1949年9月，共産党は蔣介石派を除く諸政党や国民各層の代表によびかけて，**北京**で ☐ a ☐ を開いた。この会議は，1954年の ☐ b ☐ 成立まで**中華人民共和国の最高機関**として機能した。　　（慶應義塾大）
a 人民政治協商会議
b 全国人民代表大会

☑04 文化大革命中，一時は**毛沢東の後継者**に指名された ☐ が，のちに毛沢東暗殺に失敗し，亡命途上で墜落死したといわれている。　　（関西大）
林彪

☑05 アメリカ大統領補佐官 ☐ は，**ニクソン大統領の中国訪問**を実現させるなど**米中の関係の改善**に尽力した。　　（京都府立大）
キッシンジャー

☑06 1972年9月の ☐ によって，**日中国交正常化**が実現した。　　（早稲田大）
日中共同声明

☑07 この声明を行った日本の首相は ☐ である。　　（学習院大）
田中角栄

☑08 1976年， ☐ は周恩来の死後に首相，毛沢東の死後には党主席となって，**四人組を逮捕**した。　　（慶應義塾大）
華国鋒

☑09 1980年代，**人民公社が解体**されたことによって新たに ☐ 制が導入された。　　（立命館大）
生産責任〔生産請負〕

☑10 改革・開放政策を進めた ☐ 党総書記は，**第2次天安門事件発生**の責任を追及されて失脚した。　　（南山大）
趙紫陽

☑11 香港，マカオは中国への返還後も資本主義制度を維持する ☐ がとられた。　　（関西大）
一国二制度

中東問題

☑01 **頻出** **フセインの子ファイサル**は，軍を率いて**シリア**へ進軍し，1918年に ☐ a ☐ に入城した。彼はのち ☐ b ☐ を建設した。　　（立教大）
a ダマスクス
b イラク王国

☑ 02 頻出 1952 年，イギリスと協力関係を結ぶエジプト国王**ファルーク1世**に対し，　a　と　b　を中心とする**自由将校団**がクーデタを起こし，王を追放した。この一連の流れを　c　とよぶ。 (新潟大)

a・b ナギブ・ナセル (順不同)
c エジプト革命

☑ 03 頻出 1955 年，アメリカを後ろ盾に，**イギリスが中心**となって，イラン・イラク・パキスタン・トルコと　　　とよばれる**反共軍事体制**を結成した。 (津田塾大)

METO〔中東条約機構，バグダード条約機構〕

☑ 04 頻出 ナセルが国有化した**スエズ運河**は，**フランス外交官**　a　が 1869 年に完成させたものだった。1875 年には　b　がエジプト保有分の株を買収した。 (中央大)

a レセップス
b イギリス

☑ 05 第二次世界大戦後のイラクとシリアでは，**社会主義に基づく単一アラブ国家の建設**を目指す　　　という政党がうまれ，その他の中東地域などへと拡大した。 (早稲田大)

バース党

☑ 06 1958 年，**イラク**では　a　を中心とする**自由将校団**によって親英王政が打倒され，親ソ的な共和政が始まった。この一連の流れを　b　とよぶ。 (中央大)

a カセム
b イラク革命

☑ 07 1960 年，米英系の**国際石油資本に対抗する**主要産油国が　　　を結成した。 (中央大)

石油輸出国機構〔OPEC〕

☑ 08 頻出 1968 年，サウジアラビアやクウェートなど**アラブ系産油国**が　　　を結成した。 (中央大)

アラブ石油輸出国機構〔OAPEC〕

☑ 09 **第 3 次中東戦争**で，イスラエルは**シリア西部の**　　　を占領した。 (明治大)

ゴラン高原

☑ 10 1978 年に**アメリカの**　a　大統領の仲介で成立した　b　により，**エジプトとイスラエルの国交正常化が約束**され，エジプトへのシナイ半島返還が決められた。 (学習院大)

a カーター
b 中東和平〔キャンプ=デーヴィッド〕合意

☑ 11 1991 年，米ソの主導によりスペインの　a　で　b　が開かれ，**イスラエルと周辺アラブ諸国や PLO** が一堂に会した。 (千葉大)

a マドリード
b 中東和平会議

☑ 12 この会議の後　　　の仲介で**イスラエルと PLO** が秘密交渉を開始した。 (学習院大)

ノルウェー

☑13 1993 年に締結された**パレスチナ暫定自治協定**によって，パ a ガザ
レスチナ人に ☐a☐ 地区とヨルダン川西岸の ☐b☐ での b イェリコ
自治が認められた。　　　　　　　　　　　（同志社大）

戦後のイラン・イラク・アフガニスタン

☑14 頻出 **イラン**では，国王 ☐a☐ によって 1963 年より a パフレヴィー
「 ☐b☐ 」とよばれる**西欧化政策**が独裁的に行われた。 2 世
　　　　　　　　　　　　　　　　　　　（津田塾大） b 白色革命

☑15 イラクでは，**カセム失脚**後の 1968 年から ☐a☐ 党が政権 a バース
を掌握し，1979 年より ☐b☐ が大統領となった。 b サダム＝フセ
　　　　　　　　　　　　　　　　　　　（早稲田大） イン

☑16 頻出 1991 年の**湾岸戦争**で，イラク領内で弾圧された クルド
☐　　　☐難民が，トルコなど周辺諸国へ流入した。　（立教大）

■ 現代の中東の国々は**地図**で確認しよう！

☑17 ☐a☐ によって 1970 年代以降急速な経済成長をとげた a 開発独裁
韓国，台湾，シンガポールなどの国々を ☐b☐ とよぶ。 b NIES〔新興工
　　　　　　　　　　　　　　　　　　　（関西大） 業経済地域〕

☑18 21 世紀初頭以降高い経済成長を続ける 5 カ国をアメリカ BRICS〔ブリッ
の金融機関が ☐　　　☐ とよびはじめた。　　（近畿大） クス〕

現代の文化

文学

☑ 01 『**ジャン=クリストフ**』などでノーベル文学賞を受賞したフ　　ロマン=ロラン
ランスの小説家 [　　　] は, 平和主義者として反戦・反ファ
シズムの姿勢を貫いた。　　　　　　　　　（同志社大）

☑ 02 フランスの行動主義作家 [　　　] は, **スペイン内戦**に義勇兵　　マルロー
として参戦し,『**希望**』を著した。　　　　　（関西大）

☑ 03 イギリス人作家 [　　　] は, **スペイン内戦**に参加し,『**カタロ**　　(ジョージ=)オー
ニア讃歌』を書いた。　　　　　　　　　　　　　　ウェル

☑ 04 **フェビアン協会**の協会員でもあるアイルランド出身の　　バーナード=ショー
[　　　] は, 1925 年にノーベル文学賞を受賞した。
　　　　　　　　　　　　　　　　　　（慶應義塾大）

美術・音楽

☑ 05 **印象派に反発**して出来た [　　　] は, 単純化されたフォル　　野獣派〔フォー
ムと色彩中心による**感覚主義を特徴**とする。　（早稲田大）　　ヴィズム〕

☑ 06 この流派のフランス人画家 [　　　] は, ピカソやルオーらと　　マティス
も親交を持ち,「**コリウールの窓**」を描いた。　（駒澤大）

☑ 07 **20 世紀初頭のフランス**を中心に生まれた [　　　] は写実主　　立体派〔キュビ
義と決別し, 色彩を無視して形体だけを立体的に再構成し　　ズム〕
ようとした。　　　　　　　　　　　　　　（津田塾大）

☑ 08 [頻出] 第一次世界大戦後, **フロイトの精神分析の影響**を受け,　　シュールレアリ
先入観を拒否し内部意識を描く [　　　] が生まれた。　　　　スム〔超現実主
　　　　　　　　　　　　　　　　　　（早稲田大）　　義〕

☑ 09 この流派を代表する画家 [　　　] は, ピカソとは対照的にフ　　ダリ
ランコ軍を支持し,「**内乱の予感**」でスペイン内戦の人々の
苦しみを描いた。　　　　　　　　　　　　　（法政大）

☑ 10 **オーストリアのユダヤ系**音楽家 [　　　] は,「**グレの歌**」など　　シェーンベルク
を作曲し, **十二音技法を創始**した。　　　　（中央大）

哲学・学問

☑ 11 頻出 ドイツの思想家 ⬚ は,『**西洋の没落**』を主著とする。
(関西大)

シュペングラー

☑ 12 フランスの無神論的実存主義者 ⬚ は,『**存在と無**』を
著した。 (立命館大)

サルトル

☑ 13 ポーランド生まれのユダヤ系社会主義者 ⬚ は,ベルン
シュタインの修正主義に強く反発し,**カール=リープクネヒ
ト**とともに**スパルタクス団**を結成した。 (慶應義塾大)

ローザ=ルクセン
ブルク

☑ 14 フランスの文化人類学者 ⬚ は,**構造主義**を導入した
『**悲しき熱帯**』や『**野生の思考**』を著した。 (早稲田大)

レヴィ=ストロー
ス

科学技術・環境

☑ 15 イギリスの ⬚ は,青カビから抗生物質である**ペニシリ
ン**を発見した。 (明治大)

フレミング

☑ 16 1955 年,科学者たちは ⬚ 宣言を発し,**核兵器の廃絶
を訴えた**。 (東京外国語大)

ラッセル・アイ
ンシュタイン

☑ 17 1962 年,海洋生物学者の**レイチェル=カーソン**は,
『⬚』を出版し,自然環境の保護意識を覚醒させた。
(学習院大)

沈黙の春

☑ 18 1972 年,スウェーデンのストックホルムで ⬚ が開催
され,「**人間環境宣言**」が採択された。この会議を受け,**国
連環境計画（UNEP）**というプログラムが設立された。
(明治大)

国連人間環境会
議

■ 現代絵画は**勿業**で覚えよう！

◎"**野獣**待ってる**立体**ブラピ"

- **野獣派**（フォーヴィズム）：感覚を重視した表現
  →待って⇒**マティス**
  →**ルオー**
- **立体派**（キュビズム）：いろいろな角度から見て形を構成
  →**ブラック**
  →**ピカソ**

難関大で差がつく
難関大レベル

応用の910問

1章 古代の世界

古代メソポタミア

☑01 死海の北側，ヨルダン川西岸にある ___a___ ，メソポタミア北東部
の ___b___ 。両者は，**世界最古の農耕遺跡**とよばれる。　（立教大）

a イェリコ
b ジャルモ

☑02 前 2500 年頃を，**シュメール人都市国家群の盟主**とされる国の
名から ____ 時代とよぶ。　（駒澤大）

ウル第 1 王朝

☑03 メソポタミア統一を達成した**アッカドの王**は ____ を自称する
ようになった。　（青山学院大）

四界の王

☑04 アッカド人の国家は都市国家ではなく，メソポタミアという**一定
の広い地域を支配する** ____ だった。　（東京大）

領域国家

☑05 **ウル第 3 王朝**では，**現存最古**の ____ 法典が作られた。　（法政大）

ウルナンム

☑06 **ウル第 3 王朝**は，前 21 世紀末 ____ 人によって滅ぼされた。
（法政大）

エラム

☑07 バビロンの都市神だった ____ は，後にバビロニアの天地創造
の最高神とされた。　（法政大）

マルドゥク

☑08 前 17 世紀頃，____ （現ボアズキョイ）を都として**ヒッタイト
王国**が建国された。　（早稲田大）

ハットゥシャ

☑09 **アラム人**は，エジプト・メソポタミア・小アジアを結ぶ地の利を
生かして ____ を行った。　（九州大）

内陸交易〔隊商交易〕

☑10 **エジプトの象形文字から発達した** ____ は，セム語族の表音文
字で，**フェニキア文字のもと**になったとされる。　（中央大）

シナイ文字

☑11 前 13 世紀，"**海の民**"の一派とされる ____ 人とヘブライ人と
の抗争が長く続いた。　（同志社大）

ペリシテ

☑12 イスラエル（ヘブライ）王国第 3 代**ソロモン王**の時代，**イェルサレ
ム**に ____ が建設された。　（同志社大）

ヤハウェの神殿

☑13 **アッシリア**の王 ____ は，バビロニアからシリアにかけて帝国
を拡大させ，**ダマスクスをも征服**して内陸交易を一手に掌握し
た。　（上智大）

ティグラトピレセ
ル 3 世

☑14 **アッシリア王** ____ は，即位した前 722 年に**イスラエル王国を
征服**し，前 709 年にはバビロンも占領して大帝国の基礎を築い
た。　（関西大）

サルゴン 2 世

☑15 **アケメネス朝の第 2 代** ____ は，エジプトを征服して**全オリエ
ントを統一**した。　（関西学院大）

カンビュセス 2 世

☑16 ダレイオス1世の子で第4代の王 [_____] は，**第3次ペルシア戦争**でカルタゴと同盟を結んで親征したが敗れた。　（早稲田大）　クセルクセス1世

☑17 **アケメネス朝**では，楔形文字を採用して徹底的に簡略化した [_____] が用いられ，後に表音文字化した。　（上智大）　ペルシア文字

古代エジプト

☑01 前3000年頃，上エジプトの王 [_____] が下エジプトを征服し，**史上初のエジプト統一**が達成された。　（京都大）　メネス

☑02 ヒクソスの支配から脱却して間もない頃，**新王国の** [_____] 女王によって，**内政の充実**が図られたとされる。　（中部大）　ハトシェプスト

☑03 新王国時代のファラオ [_____] は，**シリアやヌビア**（現スーダン）を征服するなど，**"エジプトのナポレオン"**と称されるほどの外征を展開し，**最大版図**を現出させた。　（上智大）　トトメス3世

☑04 第19王朝の**ラメス2世**は，**カデシュの戦い**で [_____] 率いる**ヒッタイト**と激突した。　（学習院大）　ムワタリ2世

☑05 ラメス2世は，**カデシュの戦い**での勝利を記念して，壮麗な [_____] を建設した。　（上智大）　アブシンベル神殿

☑06 **4国分立時代**のエジプトは，ナイル河口のデルタ地帯に置かれた都の名にちなんで [_____] 朝とよばれた。　（立教大）　サイス

古代ギリシア

☑01 **エヴァンズ**は，ギリシア神話に登場するクレタ王国の王の名前から**クレタ文明**を [_____] とよんだ。　（札幌大）　ミノス文明

☑02 19世紀，『[_____]』を著したドイツの考古学者**シュリーマン**が**ミケーネ文明**の遺跡を発見した。　（中央大）　古代への情熱

☑03 アテネでは，任期1年の**執政官** [_____] が貴族の中から選ばれた。　（専修大）　アルコン

☑04 代表的なギリシア人植民市として，**シチリア島では** [_____] が挙げられる。　（早稲田大）　シラクサ

☑05 **スパルタ**の支配者である**完全市民**を [_____] とよぶ。　（明治大）　スパルティアタイ

☑06 **貴族**は戦争が起こるとその経済力を生かし，**馬と甲冑**をそろえた [_____] として戦った。　（早稲田大）　重装騎兵

☑07 第2次ペルシア戦争の**マラトンの戦い**では，**アテネの将軍** [_____] が活躍した。　（早稲田大）　ミルティアデス

☑08 前449年, **アテネ**は**ペルシア**と_____を結んだ。　　（上智大）　　カリアスの和約

☑09 **ペロポネソス戦争後**に起こったコリントス戦争の仲介として, 前386（387）年, **スパルタとペルシア**は_____を結んだ。　（関西大）　　大王の和約〔アンタルキダス条約〕

☑10 スパルタは, **レウクトラの戦い**で_____将軍が指揮する**テーベ**に敗れた。　　　　　　　　　　　　　　　　　（青山学院大）　　エパミノンダス〔エパメイノンダス〕

☑11 **親マケドニア**のアテネの弁論家_____は, ポリスの統一とペルシア征討を主張した。　　　　　　　　　　（慶應義塾大）　　イソクラテス

☑12 アテネの_____は, 『**反フィリッポス演説**』など**反マケドニア運動**を指導したが, カイロネイアの戦いで大敗した。　　（学習院大）　　デモステネス

☑13 前301年に小アジアの西部_____で行われた戦いによって, **アレクサンドロスの大帝国の分裂**は決定的なものとなった。　　（法政大）　　イプソス

☑14 前241年, 小アジアでは**アッタロス1世**が_____王国を建設し, **セレウコス朝**より自立した。　　　　　　　　（上智大）　　ペルガモン

ギリシア・ヘレニズム文化

☑01 **オリンポス12神**は, _____を主神とする。　　（名古屋大）　　ゼウス

☑02 オリンポス12神には, **海と大地の神** a や, **太陽神** b がいる。　　　　　　　　　　　　　　　　　　　（関西学院大）　　a ポセイドン　b アポロン

☑03 オリンポス12神には, **知恵の女神** a や, **美の女神** b がいる。　　　　　　　　　　　　　　　　　　　　　（上智大）　　a アテナ　b アフロディテ

☑04 叙情詩人_____は, アテネの僭主ヒッパルコスの庇護の下, 軽快な酒と愛の歌を綴った。　　　　　　　　　　（駒澤大）　　アナクレオン

☑05 **タレスの弟子**でミレトス出身の哲学者_____は, 「**万物の根源は特定できない無限なるもの**」だと考えた。　　　　（駒澤大）　　アナクシマンドロス

☑06 この人物の弟子_____は, 「**万物の根源は空気**」だと考えた。　　　　　　　　　　　　　　　　　　　（関西学院大）　　アナクシメネス

☑07 イオニア地方出身の哲学者_____は, 「**万物は混在状態の種子が知性により起動・形成されるもの**」だと考えた。　（関西大）　　アナクサゴラス

☑08 **プラトン**はアテネ郊外に_____という学園を建設した。　　　　　　　　　　　　　　　　　　　　　　（上智大）　　アカデメイア

☑09 哲学者_____は, 師パルメニデスの説（運動・変化の否定）を補強し, 運動（"アキレスと亀""飛矢静止"）のパラドクスを唱えた。　　　　　　　　　　　　　　　　　　　　（北海道大）　　（エレア派の）ゼノン

☑10 シチリア出身の哲学者 □□□□ は，エレア派の論理の影響を受け，**「万物の根源は地水火風の四元素」**と考えた。 （立正大）　エンペドクレス

☑11 ソクラテスの晩年の弟子 □□□□ は，**『ソクラテスの思い出』**や，『アナバシス』などを著した。 （大妻女子大）　クセノフォン

☑12 **ヘレニズム文化**は，エジプトのアレクサンドリア，小アジアのロードス島・□□□□ を中心に栄えた。 （明治大）　ペルガモン

☑13 彫刻「□□□□」は，**ガリア人に対する戦勝記念像群**の一つとして知られる。 （早稲田大）　瀕死のガリア人

古代ローマ

☑01 □□□□ 年，ローマでは**エトルリア人の王が追放**され，**貴族共和政**が始まった。 （名古屋大）　前509

☑02 前4世紀，古代イタリアの一民族である □□□□ 人は，**中部山岳民族**だったが，ローマに屈服して併合された。 （早稲田大）　サムニウム

☑03 ローマは，□ a □ と呼ばれるイタリア半島南部の**ギリシア人植民市群**を攻略して，□ b □ 年に半島を統一した。 （学習院大）　a マグナ=グラエキア　b 前272

☑04 ポエニ戦争と同時期の前168年，ローマは □□□□ を滅ぼした。 （京都産業大）　アンティゴノス朝マケドニア

☑05 護民官となった**グラックス兄弟**は，**リキニウス・セクスティウス法**の復活を提唱して □□□□ を狙った。 （早稲田大）　重装歩兵制の再建〔中小農民層の復活〕

☑06 ポエニ戦争によるローマの国力低下を受け，**北アフリカのヌミディア**で □□□□ 戦争が勃発した。 （早稲田大）　ユグルタ

☑07 前44年，**カエサル**は独裁を懸念する共和主義者の □ a □ や □ b □ らに暗殺された。 （明治大）　a・b ブルートゥス・カッシウス（順不同）

☑08 **アウグストゥス**治世の後9年，ローマ軍は，□□□□ の戦いで**ゲルマン人に敗れた。** （日本女子大）　トイトブルク（森）

☑09 アウグストゥスの時代にローマ領となったドナウ川流域には，**軍営都市** □ a □ が作られ，現在の □ b □ となった。 （関西大）　a ウィンドボナ　b ウィーン

☑10 周辺部を基盤とする軍人の中から，193年にアフリカ出身の □□□□ が皇帝に選ばれ，**軍人皇帝の先駆**となった。 （青山学院大）　セプティミウス=セウェルス

☑11 軍人皇帝時代，**ウァレリアヌス帝**が**サ**サン朝の**シャープール1世**との □□□□ の戦いに敗れて捕虜となった。 （東京大）　エデッサ

☑12 **ディオクレティアヌス帝**は**四帝分治制**をはじめ，自らは □□□□ に都を構えた。 （上智大）　ニコメディア

☑ 13 ゲルマン人の大移動を阻止しようとした □□□□ 帝は，378 年の **ハドリアノポリスの戦い**で戦死した。 （早稲田大） ウァレンス

☑ 14 **最後の皇帝** □□□□ の時代，西ローマ帝国は**オドアケル**によって 滅ぼされた。 （明治大） ロムルス＝アウグ ストゥルス

ローマ文化

☑ 01 **エピクロス派**の哲学的詩人 □□□□ は，『**物体の本性**』などを著した。 （学習院大） ルクレティウス

☑ 02 アウグストゥスの幕僚・将軍だった □□□□ は，**ガール水道橋**を 建設したことでも知られる。 （青山学院大） アグリッパ

☑ 03 **マルクス＝アウレリウス＝アントニヌス帝**の侍医を務めたギリシア人 □□□□ は，解剖学や生理学での著作を残した。 （立教大） ガレノス

☑ 04 エジプト出身のギリシア人哲学者 □□□□ は，**新プラトン主義**を 創始した。 （神奈川大） プロティノス

パルティア王国とササン朝ペルシア

☑ 01 前 248 年頃，アルサケスはカスピ海東南部の □□□□ を都として **パルティア王国**を建国した。 （早稲田大） ヘカトンピュロス

☑ 02 前 2 世紀の**パルティア王** □□□□ は，セレウコス朝シリアとバクト リアの衰退に乗じて領土を東西に大きく拡大させた。 （上智大） ミトラダテス 1 世

☑ 03 前 241 年，□□□□ が**ペルガモン王国**を建国した。 （上智大） アッタロス 1 世

☑ 04 パルティアの**ミトラダテス 1 世**は，**セレウコス朝の東の都** □□□□ を陥落させ，その対岸に**クテシフォン**を建設した。 （関西学院大） セレウキア

☑ 05 ササン朝の王シャープール 1 世はアケメネス朝に倣って "□□□□" を称した。 （関西学院大） （イラン人および非 イラン人の）諸王の 王

古代のインド

☑ 01 アーリヤ人は，部族国家を形成し，主に牧畜を営んでいた。こう した**部族国家の長を** □□□□ とよぶ。 （上智大） ラージャン

☑ 02 **ガンジス川流域**に進出したアーリヤ人は，そこで □□□□ を開始 した。 （東京大） 定着農耕

☑03 『**リグ=ヴェーダ**』に続いて，**詠法**を集めた『 a 』，祭詞を
　　　集めた『 b 』，呪法を集めた『 c 』という **3 つのヴェー**
　　　ダが成立した。これらの時代を**ヴェーダ時代**とよぶ。（慶應義塾大）

a サーマ=ヴェーダ
b ヤジュル=ヴェーダ
c アタルヴァ=ヴェーダ

☑04 ウパニシャッド哲学の中心思想は，**梵**（ブラフマン）と**我**（アー
　　　トマン）の **2 つの一体化**を意味する □□□□ によって，**解脱**の境
　　　地に達することにある。　　　　　　　　　　　　　　（関西学院大）

梵我一如

☑05 マウリヤ朝のチャンドラグプタは，□□□□ と講和してインダス
　　　川流域の支配権を確立した。　　　　　　　　　　　　（京都産業大）

セレウコス朝シリア

☑06 マウリヤ朝の**アショーカ王**は，**インド東岸部**の □□□□ 国を征服
　　　するために大量虐殺を行った。　　　　　　　　　　　　（立教大）

カリンガ

☑07 **アショーカ王**は，仏教布教のために王子の a を**スリランカ**
　　　に派遣した。その後，この地は b 仏教の根拠地となった。
　　　　　　　　　　　　　　　　　　　　　　　　　　　　（明治大）

a マヒンダ
b 上座部

☑08 **クシャーナ朝**は，イラン系の □□□□ によって建国された。
　　　　　　　　　　　　　　　　　　　　　　　　　　　（青山学院大）

クジュラ=カド
フィセス

☑09 **クシャーナ朝**は，3 世紀に □□□□ の攻撃を受けて衰退した。
　　　　　　　　　　　　　　　　　　　　　　　　　　　　（九州大）

ササン朝ペルシア

☑10 詩人**カーリダーサ**は，戯曲『**シャクンタラー**』のほか，**叙情詩**
　　　『 □□□□ 』を代表作とする。　　　　　　　　　　　　（早稲田大）

メーガドゥータ
〔雲の使者〕

☑11 **大乗仏教**は，中央アジアから中国の西域へと伝わり，**中国・朝鮮・**
　　　日本へと伝わった。これにより，□□□□ とよばれるようになっ
　　　た。　　　　　　　　　　　　　　　　　　　　　　　　（松山大）

北伝仏教

☑12 **上座部仏教**は，**セイロン島**から東南アジアに広まったことから
　　　□□□□ とよばれるようになった。　　　　　　　　　　（法政大）

南伝仏教

☑13 **グプタ朝**時代，ヒンドゥー教の台頭を受け，**大乗仏教**が a
　　　と b の兄弟によって深められた。　　　　　　　　（早稲田大）

a・b 無著〔アサン
ガ〕・世親〔ヴァス
バンドゥ〕（順不同）

☑14 **ヴァルダナ朝**は，都を □□□□ （現カナウジ）に置いた。

カーニャクブジャ

☑15 **ラージプート**とは，"□□□□"を意味する。　　　　　　（京都大）

王の子

☑16 800 年頃，**カーニャクブジャ**を都とするヒンドゥー教の □□□□
　　　王国が，北インド西部から中部にかけてを支配した。　　（明治大）

プラティーハーラ

☑17 10 世紀末，インド北西部でヒンドゥー教の □□□□ 王国が成立
　　　した。　　　　　　　　　　　　　　　　　　　　　　　（上智大）

チャーハマーナ

古代中国

☑01 前 5000 ～ 前 4000 年頃に，黄河中・下流域の黄土地帯に　　　　原シナ
　　　□□□□人が現れ，新石器文化を形成した。

☑02 1920 年頃に北京郊外の**周口店**で　a　を発掘したスウェーデ　a 北京原人
　　　ン人の　b　が，1921 年に**彩陶文化**を発見した。　（立教大）　b アンダーソン

☑03 伝承では，殷の湯王が**夏の暴君**□□□□を滅ぼして王朝を建て　桀王
　　　たとされている。　（上智大）

☑04 **甲骨文字は，清末の考証学者**□□□□・劉鶚・羅振玉によって　王国維
　　　解読された。　（早稲田大）

☑05 **殷代の青銅器**に施された銘文は□□□□とよばれる。　（名古屋大）　金文

☑06 **殷の暴君**　a　は，前 1027 年の　b　の戦いで**周の武王**に　a 紂王
　　　敗れた。　（上智大）　b 牧野

☑07 『**孟子**』によると，**周**では□□□□という**土地制度**が実施されて　井田制
　　　いたといわれる。　（立教大）

☑08 **戦国時代**，農耕生産量の飛躍的な高まりから商工業が発展し，　a 臨淄
　　　斉の　a　や**秦**の　b　などの**大都市**が成長した。　（新潟大）　b 咸陽

☑09 力ではなく**人徳の高さで国を治めるべき**であるという思想を　徳治主義
　　　□□□□とよぶ。　（早稲田大）

☑10 この思想に基づいた王道政治とは対照的に，**力で支配する政治**　覇道政治
　　　を□□□□とよぶ。　（関西学院大）

秦・漢帝国

☑01 □□□□の 3 種の文献は，始皇帝の**焚書**を免れた。　（京都産業大）　医業・占い・農業

☑02 **匈奴**による**オルドス地方**への侵入が激しくなってきたことから，　蒙恬
　　　始皇帝は□□□□に遠征を行わせた。　（専修大）

☑03 秦の南海郡尉だった□□□□が，**中国南部からベトナム北部**にか　趙佗
　　　けて**南越**を建国した。　（学習院大）

☑04 前 202 年，**劉邦**は□□□□の戦いで**項羽**を破り，漢を創始した。　垓下
　　　（上智大）

☑05 前 200 年，**漢の高祖**は□□□□の戦いで匈奴の**王冒頓単于に敗**　白登山
　　　北した。　（上智大）

☑06 第 7 代武帝は，**匈奴討伐**に挑み，　a　や　b　などの武将　a・b 衛青・霍去
　　　を用いた。　（新潟大）　病（順不同）

☑07 **武帝**は, **オルドス**に □□□□ を設置した。 (中央大) 朔方郡

☑08 **武帝の時代**, 中国において元号が創始され, **最初の元号は** □□□□ とされた。 (立教大) 建元

☑09 武帝の発した □□□□ によって, **諸侯は均分相続を強制**された。 (立命館大) 推恩の令

☑10 武帝の時代, 洛陽出身の商人 □□□□ が均輸法・平準法, 専売制 を実施し**財政再建**を行った。 (早稲田大) 桑弘羊

☑11 **北匈奴攻撃**に打って出た後漢の第 2 代 a の命で, b が遠征軍を率いた。 (西南学院大)
a 明帝
b 竇固

☑12 後漢の第 4 代 a の時代, b が**北匈奴を攻撃**した。 (学習院大)
a 和帝
b 竇憲

☑13 **甘英**は**大秦国**へは行けなかったものの, a を通って b までは行ったとされている。 (筑波大)
a 安息国〔パルティア〕
b 条支国〔シリア〕

秦・漢帝国の文化

☑01 **五経**を 5 つすべて挙げよ。 (東京大) 『詩経』『書経』『易経』『春秋』『礼記』(順不同)

☑02 後漢の学者 □□□□ は, **五経の注釈**を行い, 『**春秋三伝異同説**』を著し, **訓詁学**の基礎を形づくった。 (早稲田大) 馬融

☑03 後漢期に流行した, 墓室の壁面に様々な画像を彫り付けたもの を, □□□□ という。 (学習院大) 画像石

東南アジアの諸文明

ベトナム

☑01 **チャンパー**は 8 ～ 9 世紀の中国では □□□□ とよばれた。 (早稲田大) 環王

☑02 11 世紀に a が建国した**李朝**は, b の治世に正式に国号を**大越国**とした。 (上智大)
a 李公蘊
b 聖宗

☑03 1225 年に成立した陳朝は, 13 世紀後半に □□□□ の活躍によって**元軍の 3 度の侵入**を撃退した。
チャン＝フン＝ダオ〔陳興道〕

☑04 **陳朝**では, 自国の歴史書『□□□□』が編纂された。 (明治大) 大越史記

☑05 1400 年, 陳朝は a 氏に王位を簒奪されて滅亡し, b が成立したが, 明により征服された。 (京都府立大)
a 胡
b 胡朝

☑06 **陳朝の部将**だった ☐ は，明の支配に抵抗してその軍隊を 退却させることに成功した。　　　　　　　　　　　（上智大）

黎利 (レロイ) (れいり)

☑07 現在の**ハノイ**にあたる ☐a☐ を都として 15 世紀に成立し た**黎朝** (れい) では，**中国文化の影響を大きく受けていた**ことから， ☐b☐ が盛んだった。　　　　　　　　　　　　　（一橋大）

a 東京 (トンキン)
b 朱子学 (しゅしがく)

☑08 **黎朝最盛期**の王 ☐ は，内政を明に倣って整備した。 （立命館大）

聖宗 (せいそう)

カンボジア

☑09 9 世紀初頭，☐ がカンボジアの再統一に成功し，**アンコー ル朝**を創始した。　　　　　　　　　　　　　　（早稲田大）

ジャヤヴァルマン 2 世

☑10 **アンコール＝ワット**は，12 世紀前半の王 ☐ によって建設さ れた。　　　　　　　　　　　　　　　　　　　（上智大）

スールヤヴァルマ ン 2 世

☑11 **アンコール＝トム**は，12 世紀後半から 13 世紀にかけての王 ☐ の下で大々的に拡張された。　　　　　　　（早稲田大）

ジャヤヴァルマン 7 世

ビルマ（ミャンマー）・タイ

☑12 1044 年，☐a☐ 王によって**パガン朝**が建国され，☐b☐ を 利用した支配がおこなわれた。　　　　　　　　　（明治大）

a アノーヤター
b 上座部仏教

☑13 18 世紀ビルマの**コンバウン朝**を撃退した ☐a☐ は，**バンコク近辺 の町を首都**として即位し，☐b☐ 朝を成立させた。　（早稲田大）

a タークシン
b トンブリー

☑14 13 世紀後半から 14 世紀にかけて，第 3 代 ☐ 王の時代に **スコータイ朝は全盛期**を迎えた。　　　　　　　（法政大）

ラームカムヘーン

☑15 **ラタナコーシン朝**を建設した**チャオプラヤー＝チャクリ**は，王位 に就いた後 ☐ と名乗った。　　　　　　　　　（東海大）

ラーマ 1 世

インドネシア

☑16 1025 年にインドの ☐ 朝に侵攻されたことが，**シュリー ヴィジャヤ王国衰退の契機**となった。　　　　　　（立教大）

チョーラ

☑17 **マラッカ王国**は，1511 年に ☐ 率いるポルトガル艦隊によっ て占領された。　　　　　　　　　　　　　　　（明治大）

アルブケルケ

☑18 16 世紀後半に成立した**マタラム王国**は，8 ～ 10 世紀に存在した 同名のヒンドゥー教王国と区別するため，☐ 王国ともい われる。　　　　　　　　　　　　　　　　　（慶應義塾大）

マタラム＝イス ラーム

ラテンアメリカ・アフリカの諸文明

ラテンアメリカ

☑01 **オルメカ文明**の代表的な遺跡として ⬚ が挙げられる。　　ラ＝ヴェンタ

☑02 アステカ文明は，**最後の王** ⬚ の時代に滅亡した。 （明治大）　　モンテスマ2世

☑03 チャビン文明の滅亡後，中央アンデスでは ⬚ 文明が広まった。 （慶應義塾大）　　ワリ

☑04 紀元後に入ると，ペルー南部では**巨大な地上絵と繊細な彩文土器**で有名な ⬚ 文明が栄えた。 （獨協大）　　ナスカ

☑05 **ボリビアの高原地帯**で栄えた ⬚ 文明は，多数の宗教的な建造物を残した。 （同志社大）　　ティアワナコ

☑06 最後の皇帝 ⬚ の時代，**インカ帝国**はスペインのピサロによって滅ぼされた。 （法政大）　　アタワルパ

アフリカ

☑07 **メロエ王国の宮廷で使用**された ⬚ 文字は，未だに解読されていない。 （青山学院大）　　メロエ

☑08 4世紀，**アクスム王国**では ⬚ 王の治世にキリスト教が受容された。　　エザナ

☑09 **アクスム王国**では ⬚ 派のキリスト教が受容された。 （立教大）　　単性論

■ **アフリカの地理関係と西サハラの王国は**
　地図で確認しよう！

西サハラ：（金・塩の隊商交易）

<u>が</u>→ガーナ王国
　　　→滅byムラービト朝（11C）

<u>ま</u>→マリ王国
　{ ①マンサ＝ムーサ王がメッカへ
　{ ②イブン＝バットゥータ来訪（14C）

<u>ん</u>→ソンガイ王国
　{ 政治の中心：ガオ
　{ 経済の中心：トンブクトゥ（大学建設）
　　→マリ王国より繁栄

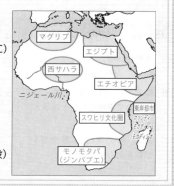

マグリブ
エジプト
西サハラ
エチオピア
ニジェール川
東岸都市
スワヒリ文化圏
モノモタパ
（ジンバブエ）

2章 前近代のアジアと中世ヨーロッパ

魏晋南北朝時代

☑01 **洛陽遷都後**の北魏では，鮮卑の風俗である ▢ が禁止され，服装や言葉を中国風にする**漢化政策**が採られた。　（早稲田大）

胡服・胡語

☑02 漢代の**屯田制**が辺境防衛を主な狙いとすることから ▢ a ▢ と呼ばれるが，魏の屯田制は軍屯の他に**農民や流民が耕作する** ▢ b ▢ が置かれた。　（早稲田大）

a 軍屯
b 民屯

☑03 **諸葛亮**は，**魏**との ▢ の戦いの陣中で没した。　（関西学院大）

五丈原

☑04 **司馬炎**は， ▢ という政策で**一族を各地の王に封じ**，軍事権などの権力を持たせて中央の守りにしようとした。

封王の制

☑05 **東晋**では，流民を豪族の勢力下に入れず，**公民として編成させる** ▢ が制定された。　（早稲田大）

土断法

☑06 **永嘉の乱**において，山西にいた**匈奴**の ▢ が 311 年に晋の都だった**洛陽**を占領した。　（明治学院大）

劉聡

☑07 4 世紀後半に台頭した**氐**の ▢ a ▢ は，**長安**を都として ▢ b ▢ を建国した。　（上智大）

a 苻健
b 前秦

☑08 この国の第 3 代**苻堅**率いる大軍は，383 年の ▢ a ▢ の戦いで**東晋の謝玄**に敗れ，中国の ▢ b ▢ が固定化した。　（上智大）

a 淝水
b 南北分断

☑09 **西魏**は，鮮卑族の名家出身で**北魏の将軍**だった ▢ が文帝を擁立して建国した。　（関西学院大）

宇文泰

☑10 **東魏**は， ▢ を都として建国された。　（北海学園大）

鄴

魏晋南北朝の文化

☑01 **西晋の陳寿**によって書かれた歴史書『 ▢ a ▢ 』は，魏志にのみ ▢ b ▢ が設置されている。　（立教大）

a 三国志
b 本紀

☑02 **陶淵明**は，自らの思い描く理想郷を詠んだ「 ▢ a ▢ 」や，**官僚**を辞めて帰郷したことを詠んだ「 ▢ b ▢ 」で知られる。　（法政大）

a 桃花源記
b 帰去来辞

☑03 **南朝・斉の沈約**は，歴史書『 ▢ a ▢ 』を著し ▢ b ▢ に日本の記述がある。　（関西大）

a 宋書
b 倭国伝

☑ 04 4世紀末の**東晋の僧** _____ は，念仏修行の結社である白蓮社 　　慧遠
を結成し，**浄土宗の始祖**となった。　　　　　　　　（慶應義塾大）

☑ 05 **禅宗の開祖**とされる**インド**の _____ は，海路で中国へ渡り，梁 　　達磨
の武帝の保護を受けた。　　　　　　　　　　　　　　（関西学院大）

古代からの朝鮮

☑ 01 **漢人**によって，_____ とよばれる古代朝鮮半島の王朝が成立 　　古朝鮮
した。　　　　　　　　　　　　　　　　　　　　　　（学習院大）

☑ 02 漢の高祖（劉邦）への反乱に失敗した**衛満**は，朝鮮半島に亡命し 　　箕子朝鮮
て _____ を滅ぼした。　　　　　　　　　　　　（早稲田大）

☑ 03 **武帝**は，楽浪郡・ a ・ b ・ c という朝鮮4郡 　　a・b・c 真番
を設置した。　　　　　　　　　　　　　　　　　　（関西学院大）　　郡・臨屯郡・玄菟
　　　　　　　　　　　　　　　　　　　　　　　　　　　　　　　郡（順不同）

☑ 04 高句麗を形成した**高句麗人**は， a 系 b 族の一派と考 　　a ツングース
えられている。　　　　　　　　　　　　　　　　　（北海道大）　　b 貊

☑ 05 4世紀末の**広開土王**を継いだ _____ は，都を**平壌**に遷し，**高句** 　　長寿王
麗の最盛期を現出した。　　　　　　　　　　　　（学習院大）

☑ 06 **高麗**では，1170年に武官の反乱が勃発し，1196年には武人に 　　崔氏
よる _____ 政権が成立した。　　　　　　　　　（関西学院大）

☑ 07 _____ とよばれる**崔氏政権の軍隊**は，モンゴル支配下の高麗で 　　三別抄
反乱を起こした。　　　　　　　　　　　　　　　　（上智大）

☑ 08 **朝鮮国**を建国した**李成桂**は，高麗時代の王侯・貴族の土地を没 　　科田法
収し，官位に応じて官僚や武人に支給する _____ を実施した。
　　　　　　　　　　　　　　　　　　　　　　　　（慶應義塾大）

隋・唐帝国

☑ 01 隋の**楊堅**は，584年に**大興城と黄河を直接結ぶ** a ，587 　　a 広通渠
年には**淮水と長江を連絡する** b という運河を建設した。　　b 邗溝〔山陽瀆〕
　　　　　　　　　　　　　　　　　　　　　　　　　（京都大）

☑ 02 **煬帝**は605年に**黄河と淮水を結ぶ** a ，608年に**黄河と北** 　　a 通済渠
方の防衛拠点である涿郡を結ぶ b ，610年には**長江と餘** 　　b 永済渠
杭を結ぶ c という運河を完成させた。　　　　（高崎経済大）　　c 江南河

☑ 03 科挙によらず，**家柄の官位によって任官**出来るという事実上の
世襲制度を　　　　とよぶ。　　　　　　　　　（名古屋大）
蔭位の制

☑ 04 **門下省**にいた貴族は，自分たちに**都合の悪い詔勅を変形させたり
差し戻したり**した。こうした権限を　　　　とよぶ。　（立命館大）
封駁

☑ 05 唐の**太宗**には，北方遊牧民族の長たちから"　　　　"という称
号が贈られた。　　　　　　　　　　　　　　　（早稲田大）
天可汗

☑ 06 **高句麗を滅ぼした**際，唐は**平壌**に　　　　都護府を設置して朝
鮮支配を行おうとした。　　　　　　　　　　　（学習院大）
安東

☑ 07 この都護府は，**新羅**によって，　　　　まで後退させられた。
（早稲田大）
遼東

☑ 08 唐代，**外モンゴル**には　a　都護府，**内モンゴル**には　b
都護府が置かれた。　　　　　　　　　　　　　（京都大）
a 安北
b 単于

☑ 09 **西域のクチャ**には　a　都護府，**天山山脈北麓**には　b　都
護府が置かれた。　　　　　　　　　　　　（関西学院大）
a 安西
b 北庭

☑ 10 唐の中宗や睿宗のようにいったん退いた君主が**再び君主の座に
戻る**ことを　　　　という。　　　　　　　　（慶應義塾大）
重祚
（じゅうそ）

☑ 11 **中宗**が韋后に毒殺されたことによって，弟の　　　　が即位し
た。　　　　　　　　　　　　　　　　　　　（西南学院大）
睿宗

☑ 12 後に**玄宗**として即位する　　　　は，クーデタによって韋后を
倒し，混乱を収拾した。　　　　　　　　　　　（国士舘大）
李隆基

☑ 13 **府兵制**を採用した唐は，軍営の　　　　を各地に設け，**府兵の
徴集・訓練・動員**の任にあたった。　　　　　　（早稲田大）
折衝府

☑ 14 **均田制**で与えられた土地を手放し，小作料は高くても徴兵の心
配がない**荘園に逃げ込んだ農民**を　　　　とよぶ。　（早稲田大）
逃戸

☑ 15 唐代，**長安の警備**にあたる兵士を　a　，**辺境の防備**にあた
る兵士を　b　とよんだ。　　　　　　　　　　（上智大）
a 衛士
b 防人

☑ 16 751 年，唐は将軍　　　　を**アッバース朝とのタラス河畔の戦
い**に派遣した。　　　　　　　　　　　　　　（学習院大）
高仙芝

☑ 17 **洛陽・長安を陥落**させて華北の大半を支配下に入れた**安禄山**は，
　　　　という**国号**を用い，皇帝として即位した。　（早稲田大）
大燕

隋・唐の文化

☑ 01 『　　　　』には，**太宗の時代の政治**がまとめられている。
貞観政要

☑ 02 **玄宗に仕えた盛唐の画家**　　　　は，**山水画**に秀でた。（神奈川大）
李思訓

中国北方民族

☑01 前3世紀頃，匈奴の指導者 □□□□ は**部族の統一**を完成させた
が，子の**冒頓単于**に殺害された。 　　　　　　　　（早稲田大）

頭曼単于

☑02 **匈奴の王族の代表的な遺跡**として，ウランバートルとキャフタの
中間にある □□□□ 遺跡が挙げられる。 　　　　　　（早稲田大）

ノイン＝ウラ

五代十国から宋と征服王朝

☑01 **後唐**は，朱全忠と争った**李克用の子** □□□□ によって建国され
た。 　　　　　　　　　　　　　　　　　　　　　　　　（早稲田大）

李存勗

☑02 **後晋**を建国した □□□□ は，契丹族に**燕雲十六州を割譲**した。
　　　　　　　　　　　　　　　　　　　　　　　　　　（早稲田大）

石敬瑭

☑03 **後漢**の節度使 □□□□ によって，**後周**が建国された。　（法政大）

郭威

☑04 **後周**の第2代 □□□□ は，**遼**と果敢に戦って**燕雲十六州の一部
を奪回**し，五代一の名君と称された。 　　　　　　　　（千葉大）

世宗

☑05 宋では，中央に**軍事部門の最高機関**として □□□□ が設置され
た。 　　　　　　　　　　　　　　　　　　　　　　　　（法政大）

枢密院

☑06 本来"**皇帝の衛兵**"を指す □□□□ が，宋では**正規の国軍**を意味
した。 　　　　　　　　　　　　　　　　　　　　（首都大学東京）

禁軍

☑07 宋の**科挙**は，□ a □ とよばれる**地方試験**，**尚書省の礼部**で行
われる □ b □，皇帝自らが行う**殿試**の三段階に分けられた。
　　　　　　　　　　　　　　　　　　　　　　　　　（聖心女子大）

a 州試
b 省試

☑08 宋中期，詩賦の才能が問われた進士科に秀才科・明経科があわ
さって一本化された。これにより，**科挙の合格者**は □□□□ と
よばれるようになった。 　　　　　　　　　　　　（青山学院大）

進士

☑09 1044年，**宋**は**西夏**と □□□□ の和約を結んだ。　　（大阪大）

慶暦

☑10 1120～21年の □□□□ とよばれる**農民反乱**は，江南全域にま
で拡大し，**宋の衰退**の一因になった。 　　　　　　　（早稲田大）

方臘の乱

☑11 1142年の □□□□ の和約では，**南宋が金に対して臣下の礼**をと
り，**銀と絹などの歳貢**を贈ることが取り決められた。
　　　　　　　　　　　　　　　　　　　　　　　　　　（学習院大）

紹興

☑12 この和約によって，**金と南宋との国境**が □ a □ と □ b □ を結
ぶ線と決められた。 　　　　　　　　　　　　　　　　（駒澤大）

a・b 大散関・淮
水（順不同）

☑13 **宋代**，城内の一等地に □□□□ とよばれる**繁華街**が出来た。
　　　　　　　　　　　　　　　　　　　　　　　　　　（法政大）

瓦市

☑14 この繁華街では，　a　や　b　などの**飲食店**が開かれた。
(立命館大)

a・b 茶館・酒楼
(順不同)

☑15 20世紀の社会学者　　　　は，北方民族が自らの社会体制を維持しつつ建設した遼・金・元・清を**征服王朝**とよんだ。
(立命館大)

ウィットフォーゲル

☑16 五代の**後晋の建国**を助けたとして，遼の第2代　　　　は**燕雲十六州**を獲得した。
(西南学院大)

耶律徳光〔太宗〕

☑17 **西遼**は，都　　　　を中心として東西トルキスタンを支配した。
(早稲田大)

ベラサグン〔フス＝オルダ〕

☑18 金の第4代　a　は，上京会寧府から　b　に**遷都**し，この国の**最盛期**を現出したとされる。
(早稲田大)

a 海陵王
b 燕京

宋の文化

☑01 **北宋の畢昇**により，　　　　という活字が制作されたとされている。
(立命館大)

膠泥活字

☑02 **北宋の儒学者**　a　・　b　の兄弟が，**宋学の基礎**を作り，発展させた。
(早稲田大)

a・b 程顥・程頤
(順不同)

☑03 道教において，**道士の居所（寺院）**を　　　　という。
(獨協大)

道観

☑04 **南宋の院体画**の代表とされる　　　　は，山水画に秀でており，**詩的情趣**を表現した。
(早稲田大)

夏珪

☑05 **南宋の院体画家**の代表とされる　　　　は，緊密な構図・簡潔な手法・輪郭線の強調を**特色とする山水画**を描いた。
(法政大)

馬遠

☑06 書の大家としても知られる**北宋の文人画家**　　　　は，「**五馬図**」などの傑作を残した。
(上智大)

李公麟

モンゴル帝国と元

☑01 駅伝制では，　　　　とよばれる一種の**旅券**が発行され，それを所有する公用のある人物に対して，道中の安全が保障された。
(南山大)

牌符〔牌子〕

☑02 遼の王族出身の　　　　は，**オゴタイ＝ハン**が中央政府の機構を整備した際の政策で活躍した。
(法政大)

耶律楚材

☑03 フビライの即位を受け，**モンケ＝ハンの末弟**☐☐☐が反抗した。 アリクブケ
(京都府立大)

☑04 **イル＝ハン国**は，☐☐☐を都とした。 (慶應義塾大) タブリーズ

☑05 1279 年，**フビライ**は☐☐☐の戦いで**南宋を完全に滅ぼした**。 崖山(がいざん)
(上智大)

☑06 **地方行政**に関して，元では**中書省に直属**する☐☐☐が設置され，各州が統治された。 (法政大) 行中書省(こうちゅうしょしょう)

☑07 **元代**，地方にはこの省と路が設けられ，路以下にはモンゴル人の☐☐☐が任命されて派遣された。 ダルガチ

☑08 元末，☐☐☐が**弥勒下生説**をとなえた。 (早稲田大) 韓山童(かんざんどう)

☑09 彼の子☐☐☐は，**白蓮教徒を統率**して 1351 年に**紅巾の乱**(こうきんのらん)を起こした。 (西南学院大) 韓林児(かんりんじ)

元の文化

☑01 元に仕えた☐☐☐は，書では**王羲之**(おうぎし)の伝統を継ぐ正統派の第一人者とされ，画でも文人画を復興して**元末四大家**に大きな影響を与えたとされる。 (上智大) 趙孟頫(ちょうもうふ)〔趙子昂(ちょうすごう)〕

☑02 山水画に秀でた**元末四大家**の☐☐☐は，**全真教**に傾倒したことでも知られる。 (慶應義塾大) 黄公望(こうこうぼう)

☑03 **元末四大家**の☐☐☐は，**墨竹・山水画**に秀でた。 (明治大) 呉鎮(ごちん)

☑04 **元末四大家**の☐☐☐は，**南宗画の大成者**とされる。(慶應義塾大) 王蒙(おうもう)

イスラーム教の成立と拡大

☑01 第 3 代カリフ・☐☐☐の時代，『**コーラン**』が**完成**した。 (上智大) ウスマーン

☑02 第 4 代カリフ・**アリー**は，**ウンマの拠点**をメディナからユーフラテス川西岸の☐☐☐に遷した。 (法政大) クーファ

☑03 イスラーム世界を再統一した**ウマイヤ朝の第 5 代**☐a☐は，ムハンマド昇天の地**イェルサレム**に☐b☐を建設した。 (法政大) a アブド＝アルマリク／b 岩のドーム

☑04 711 年に**西ゴート王国を滅ぼした**第 6 代☐☐☐の時代，ウマイヤ朝はイベリア半島を支配した。 (慶應義塾大) ワリード 1 世

☑05 ウマイヤ朝では，支配層のアラブ人には**ジズヤ・ハラージュが課せられず，代わり**に救貧税的な☐☐☐が義務づけられていた。 (法政大) ザカート

☑06 ウマイヤ朝では**貨幣経済**が発展し，[____]金貨が使用された。　　　　ディーナール
　　　　　　　　　　　　　　　　　　　　　　　　　　　（早稲田大）

☑07 **セルジューク朝**の第2代スルタン[a]は，1071年に　　　　　a アルプ=アルス
　　[b]の戦いで**ビザンツ帝国に勝利**した。　　　　（法政大）　　ラーン
　　　　　　　　　　　　　　　　　　　　　　　　　　　　　　　　　b マンジケルト

☑08 909年，ムハンマドの娘ファーティマの子孫を称するウバイド=　　　　アグラブ
　　アッラーフは，シチリア島を征服していた**チュニジアの**[____]
　　朝を滅ぼし，**ファーティマ朝**を建設した。　　（青山学院大）

☑09 **マムルーク朝**は，アイユーブ朝スルタンの寡婦でマムルーク出身　　a シャジャル=
　　の[a]と夫[b]が，**マムルーク軍団**によってスルタンに　　アッ=ドゥッル
　　推薦され，**アイユーブ朝を倒して**始まった。　　（立命館大）　　b アイバク

☑10 1509年，**マムルーク朝**はポルトガルによる**インド航路を阻止**す　　ディウ沖の海戦
　　べく[____]に臨んだが，大敗した。　　　　　　　（防衛大）

イスラーム文化

☑01 **モロッコ出身**のアラブ地理学者[____]は12世紀に『**ルッ**　　（アル=）イドリーシー
　　ジェーロの書』を著した。　　　　　　　　　　（専修大）

☑02 **近世イラン最大の叙情詩人**の一人とされる[____]は，バグダー　　サーディー
　　ドのニザーミーヤ学院で学んだ。　　　　　　（関西学院大）

☑03 この人物は，『**果樹園**』や『[____]』を代表作とする。（上智大）　　薔薇園（ばらえん）

ゲルマン大移動とフランク王国の衰退

☑01 **西ゴート王国**は，[____]年の**ヘレスの戦い**で**ウマイヤ朝**に敗北　　711
　　し，滅亡した。　　　　　　　　　　　　　　　　（北海道大）

☑02 ドイツでは，**ザクセン公ハインリヒ1世**が侵入してくるマジャー　　マルク〔辺境伯領〕
　　ル人やスラヴ人に対抗するため，[____]を設置した。（東京大）

☑03 オーストリアには，10世紀後半に神聖ローマ皇帝によって　　　　オストマルク
　　[____]が設置された。　　　　　　　　　　　　（一橋大）

☑04 **直営地と保有地**が存在し，農奴が領主に貢納と賦役の義務を負　　古典荘園
　　う荘園を[____]とよぶ。　　　　　　　　　　　（早稲田大）

☑05 11世紀，三圃制の普及など[____]とよばれる農業技術の大発　　中世農業革命
　　展が起こった。　　　　　　　　　　　　　　（関西学院大）

☑06 **古典荘園に代わって**，13 世紀頃から ___a___ が一般化した。領主 ___b___ が消滅した。　　　　　　　　　　　　　　（明治大）

a 純粋荘園
b 直営地

キリスト教の成立と発展

☑01 **イエス**はバプテスマの ___ によって洗礼を受けた。　（京都大）

ヨハネ

☑02 後 30 年頃，イエスは**ローマ総督** ___ に磔刑にされた。　　　　　　　　　　　　　　（立教大）

ポンティウス=ピラトゥス〔ポンテオ=ピラト〕

☑03 東方各地で**ユダヤ人以外への伝道**を積極的に行った**パウロ**は，" ___ "とよばれた。　　　　　　　　　（関西学院大）

異邦人の使徒

☑04 エウセビオスが唱えた ___ は，絶対主義時代の**王権神授説の ルーツ**となった。　　　　　　　　　　　　　　（成蹊大）

神寵帝理念

☑05 11 世紀以降，クリュニー修道院は**聖職売買や聖職者の妻帯の禁止**などを図って ___ を展開し始めた。　　　　　（成蹊大）

教会刷新運動

☑06 4 〜 5 世紀に活躍した ___ は，**聖書をラテン語に訳した。**　　　　　　　　　　　　　　（明治大）

ヒエロニムス

☑07 **聖職叙任権**は，諸侯を含む**神聖ローマ帝国全体の支配**のために必要なものだった。これを ___ 政策とよぶ。　　（早稲田大）

帝国教会

☑08 ボルドー大司教から教皇に擁立された ___ は，1309 年に教皇庁を**アヴィニョン**へと移した。これにより，"**教皇のバビロン捕囚**"が始まった。　　　　　　　　　　　　　（学習院大）

クレメンス 5 世

ビザンツ帝国

☑01 **ユスティニアヌス帝**の即位後，**重税への反発**から市民が ___ の乱を起こした。　　　　　　　　　　　　　　（千葉大）

ニカ

☑02 ビザンツ帝国の将軍 ___ が，**ヴァンダル王国を滅ぼした。**　　　　　　　　　　　　　　（早稲田大）

ベリサリウス

☑03 身分の低い軍人から台頭して皇帝ミカエル 3 世を暗殺した ___ により，**マケドニア朝**が創始された。　　　（関西学院大）

バシレイオス 1 世

☑04 ビザンツ皇帝 ___ は，ノルマン人国家と友好関係を構築し，妹のアンナをキエフ公国の**ウラディミル 1 世**と結婚させた。　　　　　　　　　　　　　　（関西学院大）

バシレイオス 2 世

☑05 1018 年，**バシレイオス 2 世**は帝国の北に位置する□□□□を滅 ぼした。　　　　　　　　　　　　　　　　　　　　（法政大）

第 1 次 ブルガリ ア帝国〔王国〕

☑06 11 世紀，□□□□は**コムネノス朝**を創始した。　　（慶應義塾大）

アレクシオス 1 世

☑07 第 4 回十字軍に奪われた首都奪還後，皇帝□a□によって**ビ ザンツ帝国最後の王朝**となる□b□が始まった。　（國學院大）

a ミカエル 8 世 b パレオロゴス朝

☑08 皇帝□□□□治世の 1453 年，**ビザンツ帝国は滅亡**した。 　　　　　　　　　　　　　　　　　　　　　　　　（早稲田大）

コンスタンティノ ス 11 世

☑09 ビザンツ帝国で発行された□□□□金貨は，ヨーロッパでも流通 した。　　　　　　　　　　　　　　　　　　　　　（早稲田大）

ノミスマ〔ソリドゥス〕

中世ヨーロッパ

☑01 **ウラル語族系**の□□□□人が居住するバルト海北東部は，13 世 紀末**スウェーデンに統合**された。　　　　　　　　　（京都大）

フィン

☑02 ノルマン朝の**ウィリアム 1 世**は，1086 年に**土地管理を徹底**する ための□□□□を作成し始め，王権の強化を狙った。 　　　　　　　　　　　　　　　　　　　　　　　（青山学院大）

検地帳〔ドゥーム ズデーブック〕

☑03 **ヘンリ 2 世**がイングランド王に即位したことで形成された，**英仏 にまたがる大帝国**を通称“□□□□”とよぶ。　　（青山学院大）

アンジュー帝国

☑04 イギリス王ジョンから領土を奪った**フィリップ 2 世**は，1214 年 の□□□□の戦いで**イギリス軍を撃破**した。　　　　（立教大）

ブーヴィーヌ

☑05 百年戦争期のシャルル 6 世時代，フランス国内の貴族は**イギリス 寄り**の□a□と**フランス寄り**の□b□に分かれた。　（上智大）

a ブルゴーニュ派 b アルマニャック派

☑06 百年戦争に勝利したフランス王**シャルル 7 世**は，**財政再建**のた めに大商人□□□□を財務官として登用した。　　（慶應義塾大）

ジャック゠クール

☑07 百年戦争終結後の 15 世紀後半に即位したフランス王□□□□は， イタリア戦争を開始した。　　　　　　　　　　　　（同志社大）

シャルル 8 世

☑08 1256 年に始まった**大空位時代**は，1273 年にハプスブルク家の □□□□が即位したことで終わった。　　　　　　　（早稲田大）

ルドルフ 1 世

☑09 **七選帝侯**には，ライン川沿いの工業都市□a□，ラインラント の宗教・産業都市□b□，大聖堂のある**ケルンの三大司教**が選 ばれた。　　　　　　　　　　　　　　　　　　　　（南山大）

a マインツ b トリール 〔トリアー〕

☑10 **七選帝侯**の一人である□□□□王は，国王自身が選挙によって 皇帝に選出された。　　　　　　　　　　　　　　　　（大阪大）

ベーメン

☑11 **七選帝侯**の一人である□□□□公は，1697 年〜 1763 年まで ポーランド王を兼任した。　　　　　　　　　　　　　（成蹊大）

ザクセン

☑12 **七選帝侯**の一人である 　　　 辺境伯は，1618 年より**プロイセン公国と同君連合**を組んだとされる。 　　　　　　（立命館大）　　ブランデンブルク

☑13 1438 年，**ハプスブルク家**の 　　　 が**神聖ローマ皇帝に選出**され，同家による皇帝の世襲が始まった。　　　　　　アルブレヒト 2 世

☑14 1378 年，**フィレンツェ**で 　　　 とよばれる**中・下層市民の一揆**が起きた。　　　　　　　　　　　　　　　　（立正大）　　チオンピの乱

☑15 **ミラノ**は，13 世紀頃 　　　 家が市政を牛耳り，14 世紀末には公国を称するほどの発展を遂げた。　　　　　　　（上智大）　　ヴィスコンティ

☑16 15 世紀頃，**ミラノ**の実権は新興の 　　　 家に移った。　（法政大）　　スフォルツァ

☑17 8 世紀，**ウマイヤ朝に対抗するキリスト教勢力**が，**イベリア半島北部**に 　　　 王国を建設した。　　　　　　　（早稲田大）　　アストゥリアス

☑18 9 ～ 10 世紀，この王国は後ウマイヤ朝と戦いながら版図を南に広げ，**都をレオン**に置いた。これを 　　　 王国とよぶ。　　　　　　　　　　　　　　　　　　　　　　（専修大）　　アストゥリアス＝レオン

中世のヨーロッパ文化

☑01 学問を究めようとする**学生らの組合**を 　　　 とよび，大学のルーツとなった。　　　　　　　　　　　　　　　（南山大）　　ウニヴェルシタス

☑02 **カール 4 世**は 　　　 大学を設立した。　　　　（名古屋大）　　プラハ

☑03 南イタリアの 　　　 大学は，**神聖ローマ皇帝フリードリヒ 2 世**によって設立された。　　　　　　　　　　　　　（大阪大）　　ナポリ

☑04 **ポーランド王カジミェシュ 3 世**は 　　　 大学を設立した。　　　　　　　　　　　　　　　　　　　　　　（関西大）　　クラクフ〔ヤゲウォ〕

☑05 『**カール大帝伝**』を著した 　　　 は，アルクインの後を受けて文化復興運動（**カロリング＝ルネサンス**）で活躍した。　（明治大）　　アインハルト

☑06 **スコットランド**出身の 　　　 は，**トマス＝アクィナスを批判**した。　　　　　　　　　　　　　　　　　（上智大）　　ドゥンス＝スコトゥス

☑07 **ゲルマン最古の英雄叙事詩**『 　　　 』は，古アングロ＝サクソン語によって書かれた。　　　　　　　　　　　（駒澤大）　　ベオウルフ

☑08 古代**北欧**及びドイツの**神話・英雄伝**を題材にした作品を『 　　　 』とよぶ。　　　　　　　　　　　　　　（神奈川大）　　エッダ

☑09 19 世紀前半，カレリア各地の伝承歌謡を修復・再現して，**フィンランドの民族叙情詩**『 　　　 』が成立した。　（神奈川大）　　カレワラ

☑10 フランスにある 　　　 修道院は，**最初のゴシック建築**とされる。　　　　　　　　　　　　　　　　　　　（上智大）　　サン＝ドニ

3章 アジア諸地域の繁栄と近代ヨーロッパの成立

明・清帝国

☑01 **洪武帝**の時代，**皇帝の政治顧問として** [ ] **が設置された。**
(早稲田大)
殿閣大学士

☑02 **洪武帝**の時代，地方には行政機関の [a]，徴兵機関の**都指揮使司**，監察機関の [b] という三権が置かれた。(国士舘大)
a 布政使司
b 按察使司

☑03 洪武帝は**軍事を統括**するため， [ ] を設置した。(学習院大)
五軍都督府

☑04 伝統的な御史台が廃止され，皇帝直属の**監察機関**として [ ] が設置された。
(同志社大)
都察院

☑05 **衛所制**では， [ ] という地方に置かれた軍事機関によって**徴兵**が行われた。
(立命館大)
都指揮使司

☑06 **勘合を用いた貿易**は，最初に [ ] 朝との間で始められた。
(早稲田大)
アユタヤ

☑07 **室町幕府**の [ ] によって，日本も 1404 年に勘合貿易を始めた。
(摂南大)
足利義満

☑08 **永楽帝**が設置した**内閣**には， [ ] とよばれる**宮廷の知識人集団**の中から数名の大学士が選ばれて入った。(法政大)
翰林院

☑09 **内閣大学士の首席**を [ ] とよぶ。(聖心女子大)
首輔

☑10 **永楽帝**は，1420 年に官吏の不正や謀反を内偵する**宦官**による [ ] を設置した。
(専修大)
東廠

☑11 **正統帝**の時代，福建省で [ ] とよばれる**最大の抗租運動**が起こった。
(早稲田大)
鄧茂七の乱

☑12 **土木の変**を受け，明朝は捕虜となった**正統帝の弟**を [ ] として即位させた。
景泰帝〔景帝〕

☑13 1457 年，**明に返還**された**正統帝**は [a] を起こして復位し， [b] と名乗った。(早稲田大)
a 奪門の変
b 天順帝

☑14 [a] の下で勢力を伸ばした**韃靼**は，彼の孫アルタン＝ハン時代の 1550 年に**北京を包囲**する [b] を起こした。(上智大)
a ダヤン＝ハン
b 庚戌の変

☑15 **一条鞭法**において，**土地税**を [a]，**人頭税**を [b] とよぶ。
(関西学院大)
a 田賦
b 丁税

☑16 寧夏で**モンゴル人の将軍**が起こした ____a____ の乱, 1597 年に**貴州省**で起きた ____b____ の乱, **秀吉の朝鮮出兵**の 3 つに対して行われた遠征を**万暦の三大征**という。　　　　　　　　（関西大）

a ボハイ
b 楊応龍

☑17 **万暦帝の死後**, 彼に重用されていた _____ が大きな力を持つようになった。　　　　　　　　　　　　　　　　　　（法政大）

魏忠賢

☑18 スペインの**アカプルコ貿易**に, _____ 商人が絹織物や陶磁器を持ちこんで加わり, 新大陸の銀と交換をした。　　　（関西学院大）

福建

☑19 貨幣の代わりとして, _____ とよばれる**銀塊**が流通するようになった。　　　　　　　　　　　　　　　　　　　　　　（龍谷大）

馬蹄銀

☑20 商工業の発達で富を得た商人の中には, 財で土地を得て地主となり, **農村に住まずに都市に住む** _____ が現れた。　（法政大）

城居地主

☑21 江南地方で発達した家内工業は, より大きな生産力を求めて一部で _____ へと変化していった。　　　　　　　　　（札幌大）

マニュファクチュア〔工場制手工業〕

☑22 **蘇州・杭州**の ____a____ や**景徳鎮**の陶磁器など地方の特産品は, ____b____ によって中国各地に運ばれた。　　　　　　　（大阪大）

a 絹織物
b 客商〔遠隔地商人〕

☑23 1603 年, **ヌルハチ**は _____ に女真族の拠点を建設した。　　　　　　　　　　　　　　　　　　　　　　　　　　　　　（立命館大）

ホトアラ〔ヘトアラ, 興京老城〕

☑24 **後金**は 1619 年の _____ の戦いで敵対する**明を破った**。　　　　　　　　　　　　　　　　　　　　　　　　　　　　　　（学習院大）

サルホ〔サルフ〕

☑25 この戦いで明を破り**遼東**に南下出来るようになった**後金**は, 都を **1621 年**に ____a____ , **1625 年**には ____b____ に遷した。　　　　　　　　　　　　　　　　　　　　　　　　　　　　（法政大）

a 遼陽
b 瀋陽〔盛京〕

☑26 1637 年にモンゴル諸部族を平定した**ホンタイジ**は, **モンゴル系民族を間接統治する**ために _____ を設けた。　（東京大）

蒙古衙門

☑27 清が北京に遷都すると, 明の遺臣らは**万暦帝の孫**にあたる _____ を即位させ, **南京**を都とした。清への抵抗勢力を総称して, 南明という。　　　　　　　　　　　　　　　　　（立命館大）

福王

☑28 **清朝の支配体制**として, 満州ならではの _____ という役職が**六部を統括**した。　　　　　　　　　　　　　　　　　（立命館大）

議政王大臣

☑29 清朝では, **中央から派遣された** _____ が 1 省から**数省を統括**した。　　　　　　　　　　　　　　　　　　　　　　　（北海道大）

総督

☑30 康熙帝の下, 国内の直轄地は省に分けられ, その**地方長官として** ____a____ , **行政の長として** ____b____ , **司法の長として** ____c____ が置かれた。　　　　　　　　　　　　　　　（中央大）

a 巡撫
b 布政使
c 按察使

☑ 31 **康熙帝**は，1711 年の成人の数を基準として，それ以降に増加した人口を [   ] とよび，**人頭税の課税対象から外した。**
(千葉大)
盛世滋生人丁

☑ 32 **雍正帝がキリスト教の布教を禁止したことで，**国家にとって利益をもたらす宣教師以外は [   ] に追放された。
(千葉大)
マカオ

☑ 33 **乾隆帝**が治世の後半に重用した [   ] は，1776 年より軍機大臣となり，**政治を腐敗させた。**
(立命館大)
和珅

☑ 34 1795 年，康熙帝の治世年数を越えることをはばかった**乾隆帝**は急遽引退を表明し，第 15 子の [   ] に譲位した。
(早稲田大)
嘉慶帝

☑ 35 清朝が貿易港を広州 1 港に限定していた状況下，**一方的に商品代金である銀が中国に流れていく** [   ] という貿易形態がとられた。
(同志社大)
片貿易

☑ 36 **乾隆帝**に謁見したイギリス国使**マカートニー**は，[   ] の礼を要求されたが拒否した。
(早稲田大)
三跪九叩頭

☑ 37 清代，皇帝から特定の任務における全権を委譲された [   ] という官職が臨時に設置された。
(立命館大)
欽差大臣

☑ 38 乾隆帝の死後，1813 年からは [   ] という宗教結社の大規模な反乱が始まった。
(慶應義塾大)
天理教徒の乱

☑ 39 1832 年に広州で設立された [   ] 商会によって，**アヘンの密輸**が大々的に行われ始めた。
(立教大)
ジャーディン = マセソン

☑ 40 **アヘン戦争中，**広州郊外の三元里の農民によって [   ] とよばれる**反英組織**が編制された。
(明治大)
平英団

☑ 41 **アロー戦争後の講和会議では，**咸豊帝に代わって弟の [   ] が列強と渡り合った。
(法政大)
恭親王

明・清の文化

☑ 01 **造園技術の解説書**『[   ]』が計成によって著された。
(学習院大)
園冶

☑ 02 **孔尚任**の戯曲『[   ]』は，明末の文人と名妓との悲恋を描いた。
(関西大)
桃花扇伝奇

☑ 03 **湯顕祖の長編戯曲**『[   ]』は，夢に見た青年に恋い焦がれた末に死んだ娘が，生き返ってその青年と結ばれるという伝奇的内容である。
(立命館大)
牡丹亭還魂記

☑ 04 **明代，文人画が様式化されて** [   ] という絵画様式が確立した。
(法政大)
南宗画〔南画〕

☑ 05 **職業画家が描く院体画**を ▢ という。 (学習院大) 北宗画〔北画〕

☑ 06 この様式の代表的な画家として，**明代の** ▢ が挙げられる。 仇英
(上智大)

☑ 07 **雍正帝**の命で，**清朝の正統性**を示すために『▢』が編纂された。 (関西学院大) 大義覚迷録

☑ 08 「**皇輿全覧図**」の作成には，康熙帝に仕えた**フランス出身**の宣教師 ▢（中国名：**雷孝思**）も協力した。 (東京学芸大) レジス

☑ 09 **清代考証学の大家** ▢ は，『**孟子字義疏証**』を著した。 戴震
(学習院大)

☑ 10 **清代考証学の大家** ▢ は，『**説文解字注**』を著した。 段玉裁
(上智大)

ティムール朝とサファヴィー朝

☑ 01 ティムールの没後，**第 3 代君主** ▢ が**中央アジア一帯の再統一**に成功した。 (立命館大) シャー＝ルフ

☑ 02 **サファヴィー朝の第 2 代君主** ▢ の時代，内紛によって国力が極めて低下した。 (近畿大) タフマースブ 1 世

☑ 03 1736 年，サファヴィー朝は ▢ 人によって滅ぼされた。 アフガン
(京都大)

☑ 04 サファヴィー朝が滅亡した 18 世紀前半，イランには**トルコ系**の ▢ 朝が建てられた。 (国士舘大) アフシャール

オスマン帝国の盛衰

☑ 01 オスマン＝ベイを継いで，▢ が**オスマン帝国の第 2 代君主**となった。 (上智大) オルハン＝ベイ

☑ 02 この君主は，**アナトリア北西部**の ▢ を攻略して首都とした。 ブルサ
(早稲田大)

☑ 03 **オスマン帝国**は，**第 3 代** ▢ の時代，**バルカン半島に進出**するなどヨーロッパにその勢力を拡大した。 (上智大) ムラト 1 世

☑ 04 ハンガリー王（後の神聖ローマ皇帝）▢ は，**ニコポリスの戦い**で**バヤジット 1 世**に敗れた。 (早稲田大) ジギスムント

☑ 05 **メフメト 2 世**は，1459 年に ▢ を征服した。 (東京大) セルビア

☑06 **プレヴェザの海戦**によって、オスマン帝国は | a | と | b | を除く**東地中海の制海権**を手にした。 (早稲田大)
　　　a・b　マルタ島・クレタ島 (順不同)

☑07 **スレイマン1世**は、内政面においては"| |"と称されていた。 (関西学院大)
　　　立法者〔カヌーニー〕

☑08 1683年、スルタン | | は**第2次ウィーン包囲**を行った。
　　　メフメト4世

☑09 18世紀前半の | | の治世は、**チューリップ時代**とよばれる。 (慶應義塾大)
　　　アフメト3世

☑10 1699年のカルロヴィッツ条約に続き、1718年に | | 条約が締結されて、**オーストリアに全ハンガリーが割譲**された。 (上智大)
　　　パッサロヴィッツ

☑11 オスマン帝国は、1768年に始まった | | 戦争に敗北した。 (東京大)
　　　第1次ロシア=トルコ〔露土〕

☑12 1774年、**アブデュルハミト1世**は | | を締結し、**黒海北岸と黒海の自由航行権**をロシアに譲渡した。 (中央大)
　　　キュチュク=カイナルジャ条約

☑13 セリム3世は、"| |"という一連の改革を行って、**スルタンの権威の回復と内政の一新**を図った。 (千葉大)
　　　新秩序〔新体制〕

☑14 この改革の一環として、| | 制とよばれる**徴税請負制度が廃止**された。
　　　イルティザーム

☑15 ヨーロッパ各国から大規模な侵略を受けていた19世紀以降のオスマン帝国は、"| |"とよばれていた。 (西南学院大)
　　　瀕死の病人

☑16 **サロニカ**で青年将校の支持を得た**"青年トルコ人"**は、1908年に指導者 | | の下で**青年トルコ革命**に成功した。 (上智大)
　　　エンヴェル=パシャ

☑17 第1次バルカン戦争後の**ロンドン条約**によって、オスマン帝国は | a | を除く全ヨーロッパ領と | b | を失った。 (慶應義塾大)
　　　a イスタンブル
　　　b クレタ島

☑18 1921年、ムスタファ=ケマルは | | の戦いで**ギリシア軍を破**り、イズミルの奪回に成功した。
　　　サカリア川

☑19 ムスタファ=ケマルは、太陰暦をベースとした**ヒジュラ暦を廃止**して、| | を採用した。 (慶應義塾大)
　　　西洋暦〔グレゴリウス暦〕

インドのイスラーム化とムガル帝国

☑01 14世紀半ば、トゥグルク朝の部将ハサンは**デカン高原**にイスラーム教を奉じる | | 朝を建国した。 (関西学院大)
　　　バフマニー

☑02 **アクバル**大帝は、宗教的坩堝と化していたインドをまとめ上げるため、主な宗教を一つにして | | を創始した。 (明治学院大)
　　　神聖宗教〔ディーネ=イラーヒー〕

☑ 03 **シャー=ジャハーン**は，版図拡大に伴う宮廷収入の増加を背景として，妃￣￣￣￣の霊廟**タージ=マハル**を建設した。　（上智大）　　ムムターズ=マハル

ルネサンス

☑ 01 近代的写実を開始した￣￣￣￣は，「**楽園追放**」を描いた。
（南山大）　　マザッチオ

☑ 02 彫刻家￣￣￣￣は，**サンタ=マリア大聖堂**の洗礼堂門扉に青銅製の浮き彫りを施した。　　（関西学院大）　　ギベルティ

☑ 03 **フィレンツェのドミニコ会修道士**￣￣￣￣は，聖俗界の腐敗を攻撃した。　　（法政大）　　サヴォナローラ

☑ 04 ヴェネツィア派の￣￣￣￣は，皇帝カール5世の委嘱で「**カール5世騎馬像**」などを描いた。　　（明治大）　　ティツィアーノ

☑ 05 ドイツの￣￣￣￣は，古典研究をヘブライ語分野にまで拡張し，『**ヘブライ語入門**』を著した。　　（上智大）　　ロイヒリン

☑ 06 フランスの￣￣￣￣は，ヘブライ語研究から聖書の原典研究に至り，『**新約聖書**』の**フランス語訳**を行った。　（上智大）　　ルフェーヴル=デタープル

☑ 07 エリザベス1世時代の詩人￣￣￣￣は，未完の大作『**妖精女王**』を書いた。　　（同志社大）　　（エドマンド=）スペンサー

☑ 08 ザクセン選帝侯に招かれてヴィッテンベルクで宮廷画家となった￣￣￣￣は，「**ルター像**」などの代表作を残した。　（上智大）　　クラナハ

☑ 09 ルネサンスから**バロックへの過渡期**に出現した美術様式を￣￣￣￣という。　　（国士舘大）　　マニエリスム

☑ 10 教皇￣￣￣￣が**サン=ピエトロ大聖堂の大改築を始める**など，教皇が芸術家たちのパトロンとなっていった。　（慶應義塾大）　　ユリウス2世

宗教改革

☑ 01 1414年に神聖ローマ皇帝￣￣￣￣の提唱で開かれた**コンスタンツ公会議**で，ウィクリフとフスが異端とされた。　（早稲田大）　　ジギスムント

☑ 02 1519年に**ルター**は，彼と反対の立場をとる神学者￣a￣と￣b￣で討論した。　　（京都府立大）　　a ヨハン=エック　b ライプツィヒ

☑ 03 この討論会では，『**神学綱要**』で有名な￣￣￣￣がルターを援護した。　　（上智大）　　メランヒトン

☐ 04 1520 年，**ルター**は『**九十五カ条の論題**』をベースとする論文 『□□□□』を発表した。　　　　　　　　　　　　(愛知教育大) ／ キリスト者の 自由

☐ 05 1522 年，ライン地方の**ジッキンゲン**や**フッテン**らが中心となっ て□□□□を起こした。　　　　　　　　　　　　(京都産業大) ／ 騎士戦争

☐ 06 シュヴァーベン地方の農民たちは，**農奴制の廃止や地代の軽減** を求める□□□□を掲げた。　　　　　　　　　　(早稲田大) ／ 十二カ条要求

☐ 07 **皇帝カール 5 世**はオスマン帝国の侵入に対処するため，1526 年 □□□□帝国議会を開き，ルター派諸侯に対して**信仰の自由**を 認めた。　　　　　　　　　　　　　　　　　　(早稲田大) ／ シュパイアー〔シュ パイエル〕

☐ 08 **予定説**を唱えたカルヴァンは，職業を神から与えられたこの世 での使命とする□□□□も掲げた。　　　　　　　(早稲田大) ／ 職業召命観

☐ 09 **ヘンリ 8 世**は，**教皇レオ 10 世**から"□□□□"という称号を与え られていた。　　　　　　　　　　　　　　　　(早稲田大) ／ 信仰擁護者

☐ 10 **エドワード 6 世**の時代に□□□□が制定され，イギリス国教会の 教義に**予定説が導入**された。　　　　　　　　　(早稲田大) ／ 一般祈禱書

☐ 11 皇帝カール 5 世と教皇□□□□は，宗教改革に対抗して**トリエ ント公会議**を開いた。　　　　　　　　　　　　(上智大) ／ パウルス 3 世

大航海時代

☐ 01 喜望峰を経由した**ヴァスコ＝ダ＝ガマ**は，アフリカ東岸のマリン ディで□□□□を水先案内人として雇った。　　　(専修大) ／ イブン＝マージド

☐ 02 1493 年，新大陸の領有権を主張するスペインとポルトガルに対 し，教皇□□□□が**分界線 (教皇子午線)** を設定した。　(上智大) ／ アレクサンデル 6 世

☐ 03 イギリスは，アフリカ西岸で"□□□□"とよばれる**黒人奴隷**たち を売買する奴隷貿易を展開した。 ／ 黒い積み荷

絶対主義 I (主権国家体制)

☐ 01 15 世紀末，**神聖ローマ皇帝**□□□□の子フィリップがスペイン 王室のファナと結婚し，スペイン王フェリペ 1 世となった。 　　　　　　　　　　　　　　　　　　　　　　(法政大) ／ マクシミリアン 1 世

☐ 02 「**悪貨は良貨を駆逐する**」という言葉を残した□□□□は，貨幣 の改良をエリザベス 1 世に進言した。　　　　　　(法政大) ／ グレシャム

☐ 03 **失業者の増加**を受け，1601 年に制定された□□□□は，16 世紀 の囲い込み運動の頃から何度か発布されていた。　(学習院大) ／ 救貧法

☑ 04 **フランス**は，カトリック教国であるにもかかわらず**教皇の支配を受けないという** ☐ を主張した。　　　　　（早稲田大）

ガリカニスム

☑ 05 ルイ 14 世時代，陸相 ☐ が**欧州最大の常備軍**を作った。

ルーヴォア

☑ 06 ルイ 14 世は侵略戦争を起こす口実の一つとして，**自然条件による国境の制定**を求める ☐ を唱えた。　（京都府立大）

自然国境説

イギリス革命

☑ 01 1603 年のテューダー朝断絶後，**スコットランド王** ☐ が**イングランド王ジェームズ 1 世**として迎えられた。　（中央大）

ジェームズ 6 世

☑ 02 1641 年，長期議会は国王**チャールズ 1 世の悪政を批判**し，その反省を促す ☐ への署名を求めた。　（関西学院大）

大諌奏

☑ 03 ピューリタン革命勃発後の 1645 年， ☐ の戦いで**議会派の新型軍が王党派軍を破り**，戦局を決定した。　（明治大）

ネーズビー

☑ 04 **チャールズ 2 世**は「 ☐ 」を発して，父を処刑に導いた**革命派への寛容**を示し，信仰の自由を認めた。　（早稲田大）

ブレダ宣言

☑ 05 1670 年，**チャールズ 2 世**はフランスの**ルイ 14 世**と ☐ の密約を結び，**イギリスの旧教復活**を図った。　（青山学院大）

ドーヴァー

絶対主義 II（ドイツ以東）

☑ 01 神聖ローマ皇帝 ☐ の時代，**三十年戦争が勃発**した。　（中央大）

フェルディナント 2 世

☑ 02 ドイツに侵入した**スウェーデン王グスタフ=アドルフ**は，1632 年の ☐ の戦いでヴァレンシュタインを破った。　（早稲田大）

リュッツェン

☑ 03 1644 年から， ☐ a ☐ と ☐ b ☐ で**三十年戦争の講和会議**が開催された。　　　（関西学院大）

a・b　オスナブリュック・ミュンスター（順不同）

☑ 04 1683 年，皇帝 ☐ がオスマン帝国の**第 2 次ウィーン包囲を阻止**した。　　　（西南学院大）

レオポルト 1 世

☑ 05 皇帝 ☐ は，オスマン帝国と**パッサロヴィッツ条約**を結んで**全ハンガリーを獲得**した。　　　（立教大）

カール 6 世

☑ 06 マリア=テレジアの父であるこの皇帝は，国家の分裂を阻止するため，1713 年の ☐ で**領土の不分割と長子相続**を定め，長子であれば女子にも相続権を認めた。　（明治大）

国事詔書〔プラグマティッシェ=ザンクツィオン，王位継承法〕

☑ 07 **プロイセン公フリードリヒ3世**は，王号獲得によってプロイセン王□□□□となった。　（法政大）　フリードリヒ1世

☑ 08 七年戦争の結果，1763年に□□□□条約が締結され，**プロイセンのシュレジエン領有**などが認められた。　（慶應義塾大）　フベルトゥスブルク

☑ 09 14世紀，□□□□がキプチャク=ハン国からモスクワ大公の位を獲得し，**モスクワ大公国の基盤**を作り上げた。　（立教大）　イヴァン1世

☑ 10 **北方戦争**において，スウェーデン王カール12世に苦戦を強いられたピョートル1世は，1709年の□□□□の戦いに勝利してこれを覆した。　（早稲田大）　ポルタヴァ

☑ 11 **北方戦争**の講和条約として，1721年に□ a □条約が締結され，ロシアは**バルト海東岸**の□ b □を獲得した。　（近畿大）　a ニスタット　b エストニア

17〜18世紀のヨーロッパ文化

哲学・思想

☑ 01 **フランシス=ベーコン**は著書『□□□□』で，スコラ的演繹法(えんえきほう)に対して，実験と観察を重視した**帰納法**を説いた。　（早稲田大）　新オルガヌム

☑ 02 『**人間悟性論**』を著した□□□□は，チャールズ2世に睨まれていたが，名誉革命時に亡命地のオランダから帰国した。　（京都府立大）　ロック

☑ 03 ヒュームは，**経験論の一つの終着点**□□□□に至った。　（上智大）　懐疑論

☑ 04 王権神授説を支持する『□ a □』を著したイギリスの□ b □は，**チャールズ1世**からナイトに叙任されたため，ピューリタン革命で迫害された。　（専修大）　a 家父長権論　b フィルマー

科学技術

☑ 05 **振り子時計**を発明したオランダの□□□□は，望遠鏡を自作して**土星の環**などを発見した。　（青山学院大）　ホイヘンス

☑ 06 **百科全書派**だった□□□□は，ニュートンの著書を翻訳し，また，『**博物誌**』を著した。　（関西学院大）　ビュフォン

☑ 07 フランスの□□□□は，独自の進化論を展開し，『**獲得形質の遺伝**』を著した。　（駒澤大）　ラマルク

☑ 08 フランスの□□□□は，**比較解剖学・動物分類学**を提唱した。　（専修大）　キュヴィエ

☑ 09 **避雷針**は，アメリカ人□□□□によって発明された。　（北海道大）　フランクリン

4章 帝国主義時代の世界

産業革命

☑01 ＿＿＿＿は**反射炉**を使って製鉄するパドル法を発明した。　　　ヘンリ＝コート
　　　　　　　　　　　　　　　　　　　　　　　　　（慶應義塾大）

☑02 1804 年，イギリス人＿＿＿＿が最初の**軌道式蒸気機関車**を発明　トレヴィシック
　　　したが，実用化はしなかった。　　　　　　　　　　　（南山大）

アメリカの独立

☑01 1584 年，＿＿＿＿が**ヴァージニア植民**を行った。　（関西学院大）　ローリ

☑02 ＿＿＿＿を中心都市とする**マサチューセッツ**は，マサチューセッ　ボストン
　　　ツ湾会社の総裁ジョン＝ウィンスロップによって建設された。
　　　　　　　　　　　　　　　　　　　　　　　　　　（京都府立大）

☑03 **ニューイングランド**では，＿＿＿＿とよばれる**直接民主政**が行わ　タウン＝ミーティ
　　　れた。　　　　　　　　　　　　　　　　　　　　　　　　　　　ング

☑04 **ペンシルヴァニア**は，＿＿＿＿を中心とする**クウェーカー教徒**に　ウィリアム＝ペン
　　　よって建設された。　　　　　　　　　　　　　　　　（早稲田大）

☑05 1764 年，**重商主義強化**を狙った＿＿＿＿が施行された。　　　　砂糖法
　　　　　　　　　　　　　　　　　　　　　　　　　　　（上智大）

☑06 独立戦争開戦直後，＿＿＿＿がヴァージニア植民地議会で「**自由**　パトリック＝ヘンリ
　　　か死か」という演説を行い，抗戦を強く主張した。　（学習院大）

☑07 **独立宣言**では，「平等・自由・＿＿＿＿」という言葉がキーワー　幸福の追求
　　　ドとなっている。　　　　　　　　　　　　　　　　　（早稲田大）

☑08 植民地軍は，1777 年の＿＿＿＿の戦いで本国の正規軍に対する　サラトガ
　　　苦戦の連続から脱した。　　　　　　　　　　　　　　（早稲田大）

☑09 **反連邦派**は，フランス革命において**共和主義者を支持**したこと　リパブリカン
　　　から，＿＿＿＿党とよばれるようになった。　　　　（早稲田大）

☑10 1800 年の選挙によって，反連邦派の**トマス＝ジェファソン**が第　1800 年の革命
　　　3 代大統領に当選し，政権交代が起こったことを，"＿＿＿＿"と
　　　よぶ。　　　　　　　　　　　　　　　　　　　　　　（法政大）

フランス革命とナポレオン

☑01 テュルゴーとネッケルに続き1783年に財務総監となった ［＿＿＿］は，**名士会を開催**して特権身分への課税を図ったが，失敗した。 　　　　　　　　　　　　　　　　　　　　　　　（青山学院大）

カロンヌ

☑02 **国民議会**時代，**タレーラン**によって［＿＿＿］が発行され，財政難の解決が図られたが，失敗に終わった。　　　　　（早稲田大）

アッシニア公債〔紙幣〕

☑03 国民議会は，**ギルドを廃止**して商工業の復興を図る一方，**労働者の団結を禁止**する［＿＿＿］法を定めた。　　　（慶應義塾大）

ル＝シャプリエ

☑04 1792年，**国民公会内の警察的機関**である［＿＿＿］が設置された。　　　　　　　　　　　　　　　　　　　　　　　　（関西学院大）

保安委員会

☑05 1806年，ナポレオン軍はドイツ中部における［＿＿＿］の戦いで**プロイセン軍に勝利**した。　　　　　　　　　　（青山学院大）

イエナ

☑06 **ティルジット条約**でプロイセンの領土は半減し，エルベ左岸にナポレオンの傀儡国家［＿＿＿］王国が成立した。　（早稲田大）

ウェストファリア〔ヴェストファーレン〕

☑07 ナポレオンの兄［ a ］は**ナポリ王・スペイン王**，弟［ b ］は**オランダ王**に即位した。　　　　　　　　　　　　　　　（大阪大）

a ジョゼフ
b ルイ

☑08 1812年にナポレオンが行った**ロシア遠征**は，［＿＿＿］将軍率いるロシア軍の大勝で終わった。　　　　　　　　　（早稲田大）

クトゥーゾフ

ウィーン体制と自由主義

☑01 **ウィーン会議**には**イギリス**代表の［＿＿＿］が参加した。　　　　　　　　　　　　　　　　　　　　　　　　　（慶應義塾大）

カッスルレー

☑02 **イギリス**は，セイロン島とケープ植民地を得る代わりとして，ナポレオン戦争中に占領した［＿＿＿］島を**オランダ**に返還した。　　　　　　　　　　　　　　　　　　　　　　　　　（千葉大）

ジャワ

☑03 ドイツ連邦の4つの自由市を答えよ。

リューベック・ブレーメン・ハンブルク・フランクフルト（順不同）

☑04 各地で高まった**自由主義運動**を抑えるため，列国は1818年に［＿＿＿］を四国同盟に加盟させ，**五国同盟**とした。　（北海道大）

フランス

☑05 1820年，［＿＿＿］を中心人物として，ブルボン朝の専制支配に対しカディス憲法復活を求める**スペイン立憲革命**が起こった。　　　　　　　　　　　　　　　　　　　　　　　　（早稲田大）

リエゴ

☑06 ナポレオン失脚後にブルボン朝が復活したフランスでは，**ルイ 18 世**により絶対主義を謳う ☐ が定められた。 1814 年憲章

☑07 **シャルル 10 世**の反動政治は，☐ 首相によって推進された。 ポリニャック
（法政大）

☑08 **七月王政**，「☐」とよばれる集会が全国的に行われ，**選挙権拡大などを主張**した。 改革宴会
（東京女子大）

☑09 **1848 年**，☐ 内閣がパリで行われた「改革宴会」を厳しく弾圧したことから，**二月革命**が起こった。 ギゾー
（立教大）

☑10 **二月革命**によって樹立した臨時政府には，**労働者の立場改善のための機関**として ☐ が設置された。 リュクサンブール委員会
（関西大）

東方問題とイスラームの革新的動き

☑01 オーストリア支配下の**ベーメン**では，☐ を中心とするチェック人が**スラヴ民族会議**を開催した。 パラツキー
（関西学院大）

☑02 1821 年，アルバニアの反乱をきっかけに**ギリシアの独立**を掲げる秘密結社 ☐ が武装闘争を開始した。 ヘタイリア＝フィリケ〔フィリキ＝エテリア〕
（早稲田大）

☑03 ヘタイリア＝フィリケは，☐ を指導者としていた。 イプシランディス
（早稲田大）

☑04 ギリシア独立戦争には，☐ という**ギリシア愛護主義**を掲げた文化人が多数参戦した。 フィル＝ヘレニズム

☑05 **英仏露 3 カ国による艦隊**は，1827 年の ☐ の海戦でオスマン帝国に勝利した。 ナヴァリノ
（同志社大）

☑06 ムハンマド＝アリーは，ギリシア独立戦争中に獲得した ☐a☐ と ☐b☐ の領有を**マフムト 2 世**に認められた。 a・b クレタ島・キプロス島（順不同）
（同志社大）

☑07 エジプトは，**第 1 次エジプト＝トルコ戦争中**にオスマン帝国と結んだ ☐ により独立を認められ，シリアを獲得した。 キュタヒヤ条約

☑08 ロシアは，第 1 次エジプト＝トルコ戦争支援の代償に ☐ という**ロシア・トルコ間の相互援助条約**を締結させた。 ウンキャル＝スケレッシ条約
（関西大）

☑09 第 2 次エジプト＝トルコ戦争において，**イギリスの外相** ☐ が巧みな外交政策を行った。 パーマストン
（慶應義塾大）

☑10 1841 年，英・仏・露・普・墺は**ウンキャル＝スケレッシ条約**を破棄して ☐ を締結し，**ボスフォラス・ダーダネルス両海峡の軍艦の通行を禁止**した。 五国海峡協定
（早稲田大）

☑ 11 **ビスマルク**は "☐☐☐☐" を自称して**ベルリン会議**を開催したが，終始イギリスの主張を支持した。 (早稲田大)

公正な〔誠実な〕仲介人

☑ 12 ベルリン会議で独露関係が悪化したことを受け，1879 年に**対ロシア軍事同盟**として☐☐☐☐が締結された。 (上智大)

独墺同盟

☑ 13 **ワッハーブ派の教え**は，オスマン帝国の支配に対抗するアラブ人の間に受け入れられることで☐☐☐☐の芽生えへとつながった。 (中央大)

アラブ＝ナショナリズム〔アラブ民族主義〕

☑ 14 **サウジアラビア（ヒジャーズ＝ネジド）王国**は，1927 年の☐☐☐☐条約によってイギリスに独立を承認された。 (上智大)

ジェッダ〔ジッダ〕

アメリカの発展と南北戦争

☑ 01 ☐☐☐☐年，第 2 次独立戦争ともいわれる**アメリカ＝イギリス（米英）戦争**が勃発した。 (上智大)

1812

☑ 02 **ミズーリ協定**によって，北緯☐☐☐☐以北の**奴隷は解放する**と定められた。 (中央大)

36 度 30 分

☑ 03 大統領が変わる際に，その**支持者に官職が付与される**ことを☐☐☐☐とよぶ。 (早稲田大)

スポイルズ＝システム〔猟官制度〕

☑ 04 インディアンの☐☐☐☐族は，1838 年に **"涙の旅路"** とよばれる強制移住を余儀なくされた。 (慶應義塾大)

チェロキー

☑ 05 **インディアンの強制移住**に抵抗した☐☐☐☐族は，ゲリラ戦を展開してアメリカ軍を悩ませた。 (明治大)

セミノール

☑ 06 ジャクソンの政策に反発した**国民共和党**は，**保守に対抗する**という意味で☐☐☐☐と名乗るようになった。 (同志社大)

ホイッグ党

☑ 07 南部で起こった☐☐☐☐攻撃事件が，**南北戦争**が始まるきっかけとなった。 (早稲田大)

サムター要塞

☑ 08 1870 年，**ロックフェラー**によって☐a☐が設立され，☐b☐の代表となった。 (関西学院大)

a スタンダード石油会社
b トラスト

☑ 09 ☐☐☐☐商会は，アメリカ鉄鋼業界を牛耳ったカーネギーの会社を買収して，**US スティール**を設立した。 (法政大)

モルガン

☑ 10 1890 年，**資本の独占を打破**するために第 23 代☐a☐大統領は☐b☐法を制定した。 (早稲田大)

a ハリソン
b シャーマン反トラスト

☑ 11 1914 年，**ウィルソン**大統領は独占資本を抑えるために☐☐☐☐法を制定した。 (明治大)

クレイトン反トラスト

イタリア・ドイツの統一

イタリアの統一

☑01 1821 年, イタリアのトリノを中心とする _____ 地方で**反ウィーン体制・反オーストリア**の運動が起こった。 (同志社大)　ピエモンテ

☑02 マッツィーニは, 亡命先フランスの _____ で**"青年イタリア"**を結成した。 (早稲田大)　マルセイユ

☑03 1831 年に即位したサルデーニャ王 _____ は, **イタリア統一の先駆的存在**だった。 (早稲田大)　カルロ＝アルベルト

☑04 フランスで起きた _____ に影響を受け, この国王は自由主義的な憲法を制定した。 (九州大)　二月革命

☑05 イタリア統一戦争でフランスの支援を受けた**サルデーニャ王国**は, ___a___ の戦いと ___b___ の戦いでオーストリアに連勝した。 (上智大)　a マジェンタ　b ソルフェリーノ

☑06 **イタリア統一戦争**でのサルデーニャ王国の連勝を受け, イタリアの大国化を警戒したフランスは, オーストリアと _____ 和約を結んで講和した。 (中央大)　ヴィラフランカ

☑07 この講和によりイタリア統一戦争の継続が難しくなったサルデーニャ王国は, オーストリア・フランスと _____ 和約を結んだ。 (上智大)　チューリヒ

☑08 1861 年の**イタリア王国**成立時には _____ に首都が置かれていたが, その後**フィレンツェ, ローマ**へと遷っていった。 (青山学院大)　トリノ

☑09 **教皇領が併合**された際, 教皇 ___a___ は**"___b___"**と自称し, イタリア王国との関係を断絶した。 (関西学院大)　a ピウス 9 世　b ヴァチカンの囚人

ドイツの統一

☑10 1834 年, 歴史派経済学者 _____ の提唱を受け, **ドイツ関税同盟**が結成された。 (早稲田大)　リスト

☑11 **プロイセン王** _____ の推戴拒否により, フランクフルト国民議会主導のドイツ統一は失敗に終わった。 (関西学院大)　フリードリヒ＝ヴィルヘルム 4 世

☑12 **クルップ社**の 2 代目アルフレート＝クルップは, **"_____"**とよばれていた。　大砲王

☑ 13 **プロイセン＝オーストリア（普墺）戦争**は，短期間に決着がついた　七週間戦争
ことから□□□□ともよばれている。　（東京女子大）

☑ 14 **プロイセン＝オーストリア戦争**後，両国は□□□□で講和を行っ　プラハ
た。　（早稲田大）

☑ 15 **プロイセン＝オーストリア戦争**での敗北を受け，□□□□人がオー　スラヴ
ストリアから独立しようとした。　（早稲田大）

☑ 16 1868年の**スペイン9月革命**後，スペイン王位後継者にプロイセ　レオポルト
ン王室の□□□□が予定された。　（専修大）

☑ 17 プロイセン＝フランス戦争は，□ a □事件とよばれる**ビスマルク**　a　エムス電報
の策略によって□ b □年に開戦した。　（東京学芸大）　b　1870

☑ 18 1871年，フランスで成立した**臨時政府**とプロイセンは，正式に　フランクフルト
□□□□講和条約を締結した。　（早稲田大）

☑ 19 **ドイツの帝国議会**の議員は，□□□□選挙で選出された。　男性普通
　（法政大）

☑ 20 ビスマルク引退後，□□□□年に**社会主義者鎮圧法**が撤廃された。　1890
　（上智大）

19世紀のヨーロッパ諸国

☑ 01 大規模な反乱を起こしたアイルランドは，1800年に制定された　アイルランド合同法
□□□□によって**イギリスに併合**されることが決まった。（千葉大）

☑ 02 1842年，**アイルランド民族独立を目的とした急進的な組織**　青年アイルランド党
□□□□が結成された。　（専修大）

☑ 03 **審査法の廃止**により，ピューリタンや□□□□など国教徒以外　クウェーカー教徒
にも公職が解放された。　（早稲田大）

☑ 04 第1回選挙法改正後，□ a □や□ b □を中心とする労働者が，　a・b　オコンナー・
選挙権獲得を目指してチャーティスト運動を行った。　ラヴェット（順不同）
　（明治学院大）

☑ 05 フランスでの**二月革命**を受けて，イギリスでも**選挙法改正を求め**　ロンドン大集会
る□□□□が起こったが，弾圧された。

☑ 06 **穀物法**は，1846年□□□□内閣の時代に廃止された。　ピール
　（青山学院大）

☑ 07 自由貿易の足かせとなっていた**航海法が廃止**された1849年，　ラッセル
イギリスは□□□□内閣だった。　（東京外国語大）

☑ 08 1858年，**スエズ運河の掘削**をするための莫大な資金を調達する　国際スエズ運河
目的で□□□□が設立された。　（上智大）　会社

☑09 **ディズレーリ**は，エジプト総督＿＿＿＿から**スエズ運河会社株を買収**した。 （早稲田大）

イスマーイール＝パシャ

☑10 **第2回選挙法改正**は，＿a＿党の＿b＿内閣の下で行われた。 （早稲田大）

a 保守
b ダービー

☑11 **第3回選挙法改正**により，事実上の＿＿＿＿が実現した。 （法政大）

男性普通選挙

☑12 **ディズレーリの死後**，保守党では＿＿＿＿が後継者となった。 （法政大）

ソールズベリ

☑13 労働者・農民・ブルジョワジーの利害対立を利用した**ナポレオン3世**の支配体制を＿＿＿＿とよぶ。 （東京女子大）

ボナパルティズム

☑14 外征の勝利によって**皇帝独裁体制**を維持する**ナポレオン3世**の初期の帝政を＿＿＿＿とよぶ。 （中央大）

権威帝政

☑15 イタリア統一戦争の撤退後，ナポレオン3世は国内で高まる**自由主義運動**に譲歩し，＿＿＿＿とよばれる帝政を始めた。 （中央大）

自由帝政

☑16 メキシコ出兵の失敗後，ナポレオン3世は新憲法を発布し，**議会によって帝政維持**を目指す＿＿＿＿を始めた。

議会帝政

☑17 ナポレオン3世は，セーヌ県知事＿＿＿＿に**パリの都市改造**を命じた。 （北海道大）

オスマン

☑18 **ティエール**は，＿＿＿＿で**プロイセン＝フランス戦争の仮の講和条約**を結んだ。 （南山大）

ヴェルサイユ

☑19 **パリ＝コミューン**は，はじめて＿＿＿＿階級が成立させた自治政府だった。 （京都府立大）

労働者

☑20 1875年，＿＿＿＿大統領時代のフランスで**第三共和政憲法**が制定された。 （早稲田大）

マクマオン

☑21 **1889年の万国博覧会**で建てられた＿＿＿＿は，現在もパリに聳（そび）え立っている。 （同志社大）

エッフェル塔

☑22 ビスマルク体制下，外交上孤立したフランスは**アジア・アフリカ進出**を積極的に行い，"＿＿＿＿**帝国主義**"とよばれた。 （松山大）

高利貸的

☑23 **第2インターナショナル**の＿＿＿＿大会で**一国一社会党**決議が採択された。 （京都大）

アムステルダム

☑24 **独露再保障条約**の消滅後，＿＿＿＿年に**露仏同盟**が結ばれ，94年に正式調印された。 （高崎経済大）

1891

☑25 フランスでは，＿＿＿＿によって**統一社会党**が結成された。 （立正大）

ジャン＝ジョレス

☑ 26 フランス最大の労働組合連合である[____]が**サンディカリズム**を推進した。　　　　　　　　　　　　　（慶應義塾大）　　労働総同盟〔CGT〕

☑ 27 南下政策を続けることが困難になったロシアは，[____]年に再び**三帝同盟**を結んだ。　　　　　　　　（津田塾大）　　1881

☑ 28 1891年，**ドイツ社会民主党**は[____]を採択して**マルクス主義**をとるようになった。　　　　　　　　（関西学院大）　　エルフルト綱領

☑ 29 **ヴィルヘルム2世**が演説で用いた言葉から，積極的な対外政策を"[____]"とよぶ。　　　　　　　　　（愛知大）　　世界政策〔新航路政策〕

☑ 30 **ヴィルヘルム2世**は軍隊の中で[____]の強化に力を入れた。　　　　　　　　　　　　　　　　　　　（九州大）　　海軍

19 世紀の欧米文化

哲学・文学・思想

☑ 01 **ロマン派哲学**を代表する[____]は，**精神と自然の合一**を主張した。　　　　　　　　　　　　　　　（南山大）　　シェリング

☑ 02 **ヘーゲル哲学左派**から出発した[____]は，キリスト教批判や**唯物論**を説いた。　　　　　　　　　　（西南学院大）　　フォイエルバッハ

☑ 03 厭世哲学を形成したドイツの[____]は，**インド古典研究に没頭**し，またカントの正統な後継者を自任した。　（早稲田大）　　ショーペンハウアー

☑ 04 [____]はネッケルの娘で，ゲーテやシラーと接して**ドイツ＝ロマン主義**をフランスに紹介した。　　　　（早稲田大）　　スタール夫人

☑ 05 **フランス＝ロマン主義の先駆者**とされる[____]は，『アタラ』や『ルネ』などで一躍有名になった。　　　（青山学院大）　　シャトーブリアン

☑ 06 『**湖上の美人**』などの作品を残したイギリスの[____]は，近代小説と歴史的ロマンスを結合し，フランス人作家にも多大な影響を与えた。　　　　　　　　　　　　　　　　（九州大）　　スコット

☑ 07 『**自然論**』を残したアメリカの[____]は，直観と本能を重視する個人主義を貫いた。　　　　　　　（上智大）　　エマソン

☑ 08 アメリカの[____]は，寓意的心理小説『**緋文字**』を著した。　　　　　　　　　　　　　　　　　　（早稲田大）　　ホーソーン

☑ 09 "**童話の父**"と称される**デンマークの小説家**[____]は，『**即興詩人**』を代表作とする。　　　　　（青山学院大）　　アンデルセン

☑ 10 戯曲『**検察官**』を残したロシアの[____]は，批判的写実主義文学を確立した。　　　　　　　　　　（成蹊大）　　ゴーゴリ

☑11 ロシアの［　　　］は，戯曲『**桜の園**』など写実主義の伝統をふま　　チェーホフ
えた作品を多く残した。　　　　　　　　　　　　　　　　（法政大）

☑12 **ボードレール**に傾倒した［　　　］は，長編『**半獣神の午後**』を書　　マラルメ
いたことで知られる。　　　　　　　　　　　　　　　　　（法政大）

☑13 『瞑想詩集』などの作品を残した［　　　］は，フランスの**二月革**　　ラマルティーヌ
命で活躍し，臨時政府の外相に就任した。　　　　　　　（法政大）

☑14 詩集『**言葉なき恋歌**』を残した［　　　］は，**パリ＝コミューンに**　　ヴェルレーヌ
同情的で，詩人**ランボー**と一緒に暮らした。　　　　　（法政大）

☑15 『**地獄の季節**』を書いた［　　　］は，"早熟の天才"とよばれ，**パ**　　ランボー
リ＝コミューンにも参加したとされる。　　　　　　　　（立教大）

☑16 耽美主義は，『**サロメ**』で有名なアイルランド出身の作家［　　　］　　ワイルド
らによって創始された。　　　　　　　　　　　　　　　　（法政大）

☑17 フランスの歴史家［　　　］は，イギリスのギボンの著書『**ローマ**　　ギゾー
帝国衰亡史』を翻訳したり，『**ヨーロッパ文明史**』を書いたりし
た。　　　　　　　　　　　　　　　　　　　　　　　　　（法政大）

☑18 フランクフルト国民議会の議員だった［　　　］は，『**ヘレニズム史**』　　ドロイゼン
を著したことで知られる。　　　　　　　　　　　　　　　（上智大）

☑19 **ベルギーの歴史家**［　　　］は，遺著『**マホメットとシャルルマー**　　ピレンヌ
ニュ』を残した。　　　　　　　　　　　　　　　　　　（早稲田大）

☑20 ドイツの［　　　］は，『**金融資本論**』を著して帝国主義戦争の不　　ヒルファーディング
可避を予言した。　　　　　　　　　　　　　　　　　　　（慶應義塾大）

美術・音楽

☑21 「**グランド＝オダリスク**」を代表作とするフランスの画家［　　　］　　アングル
は，ロマン主義の**ドラクロワ**と激しく対立した。　　　　（立教大）

☑22 急進的な民主主義思想家だった画家［　　　］は，「**逮捕されるナ**　　レーピン
ロードニキ」などを代表作とする。　　　　　　　　　　（神奈川大）

☑23 「**真珠の女**」などを代表作とするフランスの画家［　　　］は，ミ　　コロー
レーらと"**バルビゾン派**"を形成した。　　　　　　　　　（上智大）

☑24 「**舞台の踊り子**」を代表作とする［　　　］は，踊り子・競馬など　　ドガ
を題材に動的瞬間を描写した。　　　　　　　　　　　　　（青山学院大）

☑25 **ロダン**の「［　　　］」は，百年戦争中，イギリスに占領されたカレー　　カレーの市民
市民代表の英雄的行為を表現している。　　　　　　　　　（関西大）

☑ 26 ドイツ出身の[____]は，ピアニストの道を断念したが，**ロマン派音楽**の理論を確立し，実践・指導を行った。　　　　（京都大）　　　シューマン

☑ 27 "**近代管弦楽の父**"と称されるフランスの[____]は，代表作「**幻想交響曲**」を残した。　　　　（法政大）　　　ベルリオーズ

☑ 28 ハンガリー出身の[____]は，「**ハンガリー狂詩曲**」を作曲した。　　　　（一橋大）　　　リスト

科学技術・探検

☑ 29 **進化論を人間社会に応用**した[____]論は，能力ある人間（白人）が能力のない人間（有色人）を支配すると考えた。　　　　（早稲田大）　　　社会進化

☑ 30 ドイツの[____]は，ベルリン市に初めて**電気鉄道**を敷いた。　　　　（法政大）　　　ジーメンス

☑ 31 ベルリン大学の教授だった探検家[____]は，"**絹の道（シルクロード）**"という言葉を初めて用いた。　　　　（早稲田大）　　　リヒトホーフェン

近現代のインド

☑ 01 イギリスは，1764 年の[____]の戦いでムガル帝国やベンガル太守の勢力を破った。　　　　（慶應義塾大）　　　ブクサール〔パクサル〕

☑ 02 1773 年，インドでさまざまな規制法が制定されたことを受け，カルカッタの**ベンガル知事**は[____]へと格上げされた。　　　　（中央大）　　　ベンガル総督

☑ 03 **初代ベンガル総督**には，[____]が就任した。　　　　（慶應義塾大）　　　ヘースティングズ

☑ 04 **ボンベイ管区**と**マドラス管区**に挟まれる内陸部は，[____]が支配していた。　　　　（日本女子大）　　　ハイデラバード王国

☑ 05 1814 ～ 16 年，**イギリスとネパールの民族**との間で[____]が起こった。　　　　（早稲田大）　　　グルカ戦争

☑ 06 東インド会社特許法を受け，ベンガル総督は**インド総督**と改称した。初代総督に[　a　]が就任し，総督府は[　b　]に設置された。　　　　（京都府立大）　　　a ベンティンク　b カルカッタ

☑ 07 1858 年の[____]で，インドを，東インド会社を通しての間接統治から，イギリス国王による直接統治に改めた。　　　　（上智大）　　　インド統治法

☑ 08 インド総督はインド全土の藩王に対して，**直系の男子後継者を残さずに死亡した場合，その相続を認めない**[____]を強いた。　　　　失権の原則〔原理〕

☑09 インド大反乱時デリーを占領した反乱軍は，**最後のムガル皇帝**
[_____]を最高指導者として擁立した。 (学習院大) バハードゥル=
シャー2世

☑10 **インド大反乱を民族独立運動の原点**とする観点から，"[_____]"
とよぶ場合もある。 (東京女子大) 1857年インド独
立戦争

☑11 1853年，**アジア初の**[_____]がインドで開通した。 (京都大) 鉄道

☑12 1858年に成立した[_____]制度により，**インド人も政府の高官
に就ける**ようになった。 (上智大) インド高等行政官

☑13 [_____]はインドの宗教対立を批判し，**全ての宗教は同一真理
に向かっている**と説いた。 ラーマクリシュナ

☑14 **インドの民族資本**の代表として，[_____]財閥がある。 (中央大) タタ

☑15 思想家[_____]は，インドの貧困や飢餓の原因は富の流出にあ
るとして，**イギリス支配からの解放**を唱えた。 (早稲田大) ナオロジー

☑16 **バネルジー**を中心に，1883年に[_____]が結成された。
(早稲田大) 全インド国民協議会

☑17 1905年，インド総督[_____]によって**ベンガル分割法**が発布さ
れた。 (関西大) カーゾン

☑18 イギリスは，**1909年のインド統治法で**[_____]を導入した。 宗教別選挙制度

☑19 第一次世界大戦勃発後，全インド=ムスリム連盟は**オスマン帝国
のカリフを擁護する**[_____]運動を展開した。 (近畿大) キラーファト
〔ヒラーファト〕

☑20 1916年の[_____]協定で，インド国民会議派と全インド=ムスリ
ム同盟が協調することが約束された。 (青山学院大) ラクナウ

☑21 イギリスは，1917年の[_____]でインドに対する**戦後の自治**を
約束した。 (関西学院大) モンタギュー宣言

☑22 1919年のインド統治法では，**事実上インド総督の独裁体制**が堅
持された。これは[_____]改革ともいわれる。 モンタギュー=チェ
ムスフォド

☑23 **ガンディー**は，インドで**綿織物**を作る際に伝統的に使用する
[_____]を闘争のシンボルとして掲げた。 (上智大) チャルカ〔チャルカー，
糸紡ぎ車〕

☑24 1927年，イギリスは**インドの民族運動の懐柔**を狙って，
[_____]とよばれる**実態調査団**を派遣した。 (慶應義塾大) サイモン委員会

☑25 1935年の新インド統治法制定後，インドではイギリスの**直轄11
州と藩王国からなる**[_____]制がとられた。 (東京大) 連邦

☑26 インドとパキスタンの宗教的対立から，1947年に[_____]が勃
発した。 第1次インド=パキ
スタン〔印パ〕戦争

☑27 **1965年**，インドとパキスタンは**カシミール帰属問題**から[_____]
を起こした。 (青山学院大) 第2次インド=パキ
スタン〔印パ〕戦争

☑28 1970 年のパキスタン総選挙で，**東パキスタンの自治を求める** | アワミ連盟
　　　　　□□□□ が過半数を獲得した。　　　　　　　　（青山学院大）

近現代の東南アジア

ベトナム

☑01 1874 年，フランスはベトナムと**第 2 次サイゴン条約**を締結し， | ソンコイ川〔紅河〕
　　　北ベトナムの □□□□ の自由航行権を獲得した。　（上智大）

☑02 フランス全権の名をとって □□□□ ともよばれる**第 1 次ユエ条** | アルマン（仮）条約
　　　約の締結後も，北部ベトナムは抵抗を続けた。　（慶應義塾大）

☑03 1884 年にフランスが突きつけた**第 2 次ユエ条約**は，フランス外 | パトノートル条約
　　　交官の名前をとって □□□□ ともよばれる。

☑04 1907 年，ベトナムで**ファン=チュー=チン**らが啓蒙的な運動を | 東京義塾
ドンキン
　　　展開し，国民教育を狙った □□□□ が設立された。（慶應義塾大）

☑05 **南ベトナム解放民族戦線**は，ゴ=ディン=ジエム政権に対抗して | 民族民主連合
　　　□□□□ 政府を樹立した。

☑06 アメリカが**ベトナム戦争**で行った大量虐殺や枯葉剤の散布など | ベトナム反戦運動
　　　が世界各地で報道されたことで，□□□□ が高揚した。
　　　　　　　　　　　　　　　　　　　　　　　　　　（東京大）

☑07 1968 年に起こった**北ベトナム軍とベトコン軍の大攻勢**を，ベト | テト攻勢
　　　ナムの旧正月の呼称から □□□□ とよぶ。　　　（学習院大）

☑08 アメリカの**ニクソン大統領**は，ベトナムからのアメリカ軍撤退と， | ベトナム化
　　　ベトナム人同士による戦争の解決を進める "□□□□" 政策を唱
　　　えた。　　　　　　　　　　　　　　　　　　（慶應義塾大）

インドネシア

☑09 1825 年に勃発した**ジャワ戦争**では，王族の □□□□ が中心と | ディポネゴロ
　　　なってオランダに抵抗した。　　　　　　　　　（学習院大）

☑10 1830 年，□□□□ がオランダの東インド総督に就任して，**強制** | ファン=デン=ボス
　　　栽培制度を実施した。　　　　　　　　　　　　（南山大）

☑11 本国からの批判もあって**強制栽培制度が廃止**された 1860 年代 | プランテーション
　　　以降，ジャワ島を中心として □□□□ の経営が行われた。
　　　　　　　　　　　　　　　　　　　　　　　　　（同志社大）

☑12 1949 年の □□□□ でオランダは**インドネシアの独立**を認めた。 | ハーグ協定
　　　　　　　　　　　　　　　　　　　　　　　　（慶應義塾大）

☑ 13 この協定で，オランダは [a] という国名での独立を承認し，翌年 [b] に国名が改称された。 （南山大）

a インドネシア連邦共和国
b インドネシア共和国

☑ 14 軍部と共産党の勢力均衡の上に権力基盤を作ろうと考えた**スカルノ**は，[   ] とよばれる統一戦線を構築した。 （法政大）

ナサコム〔NASAKOM〕

☑ 15 1958 年，**スカルノ**大統領はオランダなど資本主義国の支配下にあった [   ] 産業の**国有化を宣言**した。 （千葉大）

石油

☑ 16 **インドネシア**の**中国**への接近は，[   ] とよばれた。

北京＝ジャカルタ枢軸

☑ 17 **スハルト**は，1998 年の大統領選挙で 7 選を果たしたが辞任し，代わりに副大統領の [   ] が大統領に昇格した。 （南山大）

ハビビ

☑ 18 20 世紀末，**スマトラ島北部**の [   ] の分離独立問題も浮上した。 （慶應義塾大）

アチェ特別州

フィリピン・ビルマ（ミャンマー）

☑ 19 1892 年，**ホセ＝リサール**が [   ] 同盟を結成した。 （関西学院大）

フィリピン民族

☑ 20 太平洋戦争中，ルソン島中部で共産系の**抗日義勇軍** [   ] が結成された。 （法政大）

フクバラハップ〔フク団〕

☑ 21 1946 年 7 月，**フィリピン**は共和国として独立を達成し，リベラル党の [   ] が初代大統領に就任した。 （立教大）

ロハス

☑ 22 1930 年代初頭，ビルマで [   ] という民族主義的な政治結社が結成され，通称"**タキン党**"とよばれた。 （学習院大）

われらビルマ人協会

☑ 23 インドとビルマの独立運動を分断するため，1937 年に [   ] が制定された。 （東京女子大）

ビルマ統治法

☑ 24 タキン党のアウン＝サンを中心として 1944 年に [   ] が結成され，**対日武装全面戦争**に突入した。 （上智大）

反ファシスト人民自由連盟

マレー

☑ 25 イギリス東インド会社の**ラッフルズ**は，[   ] 王から**シンガポール**を買収した。 （慶應義塾大）

ジョホール

☑ 26 1888 年，イギリスは [   ] と**ボルネオ島**の境界線を決定し，その北側を領土とした。 （東京大）

オランダ

☑ 27 **マラヤ連邦**の初代首相に [   ] が就任した。 （上智大）

ラーマン

☑ 28 マハティール首相は，経済発展のために**日本**の勤労倫理を学ぶ"[   ]"という政策を行った。 （中央大）

ルックイースト

タイ（シャム）・カンボジア

☑29 1932 年の**タイ立憲革命**は [___] 党により指導された。　　　　　人民
　　　　　　　　　　　　　　　　　　　　　　　　　　　（千葉大）

☑30 この革命では，武官 [___] を代表とする**人民党**が台頭した。　　ピブン
　　　　　　　　　　　　　　　　　　　　　　　　　　（立命館大）

☑31 **カンボジア**独立後に国家元首となった**シハヌーク**は，[___] 主　　王政社会
　　義を訴えた。　　　　　　　　　　　　　　　　　　　（東洋大）

☑32 ベトナム戦争中の 1970 年，外遊中の**シハヌークが追放**されて，　a ロン=ノル
　　[__a__] を首班とする [__b__] がカンボジアに樹立された。　　b クメール共和国
　　　　　　　　　　　　　　　　　　　　　　　　　（関西学院大）

☑33 **ポル=ポト**は，**シハヌーク**と連携して [___] を結成した。　　カンプチア民族統
　　　　　　　　　　　　　　　　　　　　　　　　　　　　　　　一戦線

☑34 **ヘン=サムリン政権**に対抗し，**ポル=ポト**や**シハヌーク**などは　民主カンボジア三
　　[___] 政府を成立させ内戦を展開した。　　　　　（上智大）　派連合

☑35 カンボジア和平協定によって，[__a__] とよばれる**暫定的な行政**　a UNTAC〔国連
　　機構が成立し，その代表に**日本**の [__b__] が選ばれた。　　　カンボジア暫定統
　　　　　　　　　　　　　　　　　　　　　　　　　　（専修大）　治機構〕
　　　　　　　　　　　　　　　　　　　　　　　　　　　　　　　b 明石康

清の滅亡

清朝の衰退

☑01 乾隆帝から嘉慶帝の時代にかけて，各地で**“反清復明”**を唱える　会党
　　[___] という政治的秘密結社の活動が活発化した。
　　　　　　　　　　　　　　　　　　　　　　　　　（東京女子大）

☑02 この政治的秘密結社の中で，代表的なものを 2 つ挙げよ。　　　　天地会・哥老会
　　　　　　　　　　　　　　　　　　　　　　　　　　（国士舘大）

☑03 1850 年，道光帝の第 4 子である [___] が帝位に就いたが，**太**　咸豊帝
　　平天国の乱・アロー戦争に苦しんだ。　　　　　（上智大）

☑04 1851 年，客家出身の**洪秀全**が [___] で挙兵した。（早稲田大）　広西省金田村

☑05 太平天国の乱の鎮圧費用を捻出するため，[___] とよばれる　　釐金
　　国内関税が導入された。　　　　　　　　　　（関西学院大）

☑06 **左宗棠**は，福州に造船所を建設して**洋務運動の先駆**をなし，　福建艦隊
　　[___] を創設した。　　　　　　　　　　　　　（一橋大）

☑07 **張之洞**は，京漢鉄道を敷設する一方，[a] という**製鉄所**や [b] という**鉄山**などを興した。

a 漢陽鉄廠
b 大冶鉄山

☑08 洋務運動によって，**外国企業との仲介を請け負う** [ ] とよばれる中国商人が現れた。　　　　　　　　　　（明治大）

買弁

☑09 **洋務運動を推進した漢人官僚**たちは，各々個人で統率できる巨大な軍隊を組織した。これが [ ] の起源となった。（一橋大）

軍閥

☑10 **康有為**は，孔子の教えを実際の政治に活かすべきなどとする「[ ]」という論文を書いた。　　　　　　　　（神奈川大）

孔子改制考

☑11 **梁啓超**は，啓蒙雑誌『[ ]』を発行した。　　（立命館大）

時務報

☑12 康有為が優秀な人材の確保を狙って設立した [ ] は，**北京大学の前身**となった。　　　　　　　　　　　　　　　（福井大）

京師大学堂

☑13 **戊戌の変法**は，3カ月余りの改革にとどまってしまったことから「[ ]」ともよばれる。　　　　　　　　　（神戸学院大）

百日維新

☑14 **光緒新政**で始められた**責任内閣制**では，閣僚の大半を満州人の皇族や貴族が占める [ ] が形成された。　　　（高崎経済大）

親貴内閣

☑15 **義和団**は，当初"[ ]"というスローガンを掲げていたが，最終的には**"扶清滅洋"**を掲げた。　　　　　　　　　（筑波大）

除教安民

清朝の滅亡

☑16 孫文の興中会結成に続き，1903年には**黄興・宋教仁**らの [a]，1904年には**章炳麟・蔡元培**らの [b] という革命結社が組織された。　　　　　　　　　　　　　　　　（法政大）

a 華興会
b 光復会

☑17 1905年に結成された**中国同盟会**では，『[ ]』という**機関紙**が発刊された。　　　　　　　　　　　　　　　　　（法政大）

民報

☑18 **中国同盟会**の副総理には，[ ] が就任した。　（法政大）

黄興

☑19 **三民主義**に立脚する [ ] によって，中国同盟会の具体的な方向性が示された。　　　　　　　　　　　　　　（京都府立大）

四大綱領

☑20 広州〜武漢間の幹線鉄道を [ ] という。　　　（佛教大）

粤漢鉄道

☑21 成都〜漢口間の幹線鉄道を [ ] という。　　　（上智大）

川漢鉄道

☑22 中国への大々的な資本投資を狙う**イギリス・アメリカなど**の銀行は，[ ] を結成した。　　　　　　　　　　　（高崎経済大）

四国借款団

☑23 **四国借款団**を組織した 4 国をすべて挙げよ。 (北海道大)

イギリス・アメリカ・ドイツ・フランス

☑24 **幹線鉄道国有化**に際して，鉄道を守るために〔□□□□〕が結成された。 (早稲田大)

保路同志会（ほ ろ どう し かい）

☑25 **湖北新軍内**の革命派が，1911 年 10 月 10 日に〔□□□□〕を指導者として，**武昌で武装蜂起**を展開した。 (早稲田大)

黎元洪（れいげんこう）

19 世紀後半からの極東

☑01 1860 年代にアメリカ・フランスを中心とする欧米諸国が朝鮮に開国を要求した際，**大院君（だいいんくん）（テウォングン）**は〔□□□□〕政策をとった。 (法政大)

鎖国攘夷（じょう い）

☑02 大院君を引退させた**閔氏政権（びん）（ミン）**は，**内政改革の一環**として〔□□□□〕を行った。 (慶應義塾大)

兵制改革

☑03 1882 年の**壬午軍乱（じんご）**後，**閔氏政権（びん）（ミン）と日本**との間で〔□□□□〕が締結された。 (西南学院大)

済物浦条約

☑04 **甲午農民戦争**勃発時，〔□□□□〕が**東学の中心人物（教主）**だった。 (明治大)

崔時亨（さい じ こう）（チェシヒョン）

☑05 日露戦争開戦後の 1905 年 1 月，日本は**ロシア**の支配する〔□□□□〕の攻略に成功した。 (大阪大)

旅順（りょじゅん）

☑06 1905 年，アメリカのニューハンプシャー州で講和会議が開催され，日本の全権〔 a 〕とロシアの全権〔 b 〕の間で**ポーツマス条約**が締結された。 (明治学院大)

a 小村寿太郎（こ むらじゅ た ろう）
b ウィッテ

☑07 **ハーグ密使事件**を口実として，日本は**高宗を退位**させ，新たに〔□□□□〕を即位させた。 (専修大)

純宗（じゅんそう）

☑08 **初代朝鮮総督**には，当時の日本の現役陸軍大将〔□□□□〕が就任した。 (上智大)

寺内正毅（てらうちまさたけ）

☑09 **朝鮮共産党**の指導者〔□□□□〕は，1934 年以降に中国東北地方や朝鮮国境山岳地帯を中心に**抗日武装闘争**を行った。 (早稲田大)

金日成（キムイルソン）（きんにっせい）

☑10 1949 年に**朝鮮民主主義人民共和国**の政権政党として発足した〔□□□□〕が，現在も一党独裁体制を続けている。 (成蹊大)

朝鮮労働党

☑11 1951 年，ソ連の国連代表マリクの提案で〔□□□□〕が開かれ，1953 年には朝鮮休戦協定が成立した。 (慶應義塾大)

朝鮮休戦会談

☑12 1972 年以降，北朝鮮では**金日成（キムイルソン）（きんにっせい）**によって，政治・経済・国防における自立性を目指す〔□□□□〕が掲げられた。 (成蹊大)

主体思想（チュチェ）

☑ 13 日露戦争後，**賠償金とロシア固有の領土を獲得できなかった**条約の内容を不満として，日本では □□□□ 事件などの民衆暴動が起こった。 （上智大）

日比谷焼き討ち

☑ 14 日露戦争の日本の勝利をうけて勃発した**イラン立憲革命**の翌年，仮の憲法が制定され，□□□□ が開設された。 （早稲田大）

国民議会

近現代のラテンアメリカ

中南米諸国の独立闘争

☑ 01 1780 年代，**インカ最後の皇帝の末裔**を名乗る □□□□ が蜂起した。 （上智大）

トゥパク＝アマル 2 世

☑ 02 フランス革命の影響を受けた**トゥサン＝ルヴェルチュール**は，"□□□□" という別称でよばれた。 （上智大）

黒いジャコバン

☑ 03 **ベネズエラ**では，スペイン国王フェルナンド 7 世の圧政に対して，聖職者 □□□□ を中心とする解放運動が起こった。 （東北福祉大）

ミランダ

☑ 04 **シモン＝ボリバル**は，1819 年にスペイン軍を破って □ a □ 共和国を樹立し，独立を達成し，□ b □ 計画をすすめた。 （早稲田大）

a 大コロンビア
b 南米統合

☑ 05 1826 年，**シモン＝ボリバル**はラテンアメリカ諸国の団結と共同防衛を図って □□□□ を開催した。 （成蹊大）

パナマ会議〔ラテン＝アメリカ会議〕

☑ 06 この会議で行われた，**ラテンアメリカ**を統一しようという試みは，後に十数回行われる □□□□ につながった。 （上智大）

パン＝アメリカ会議

☑ 07 **サン＝マルティン**の努力もあり，1816 年に**アルゼンチン**は □□□□ として正式に独立を達成した。 （國學院大）

ラプラタ連邦

☑ 08 ナポレオンの進出を受け，**ポルトガル王室**の □□□□ 家がブラジルに亡命を余儀なくされた。 （早稲田大）

ブラガンサ

☑ 09 1815 年，ブラジルで □□□□ 王国が成立した。

ポルトガル＝ブラジル連合

☑ 10 1822 年，ブラジルに残った □□□□ 王子が本国より独立を宣言し，**ブラジル皇帝**に即位した。 （神戸学院大）

ドン＝ペドロ

☑ 11 "**独立の父**" と称される詩人 □□□□ が，**キューバ革命党**を率いて独立運動を指導した。 （上智大）

ホセ＝マルティ

☑12 アメリカ=スペイン（米西）戦争後の[____]条約で，スペインは **キューバの独立**を認めた。　　　　　　　　　　　　（東京大）　　パリ

☑13 **リリウオカラニ女王**が退位してハワイに親米政権が樹立した結果， 1897年に[____]が締結された。　　　　　　　　　　　　　ハワイ併合条約

☑14 **メキシコ革命**中の1913年，**マデロ**は自分の派閥の[____]将軍 が起こしたクーデタによって暗殺された。　　　　　（法政大）　　ウエルタ

☑15 **グアテマラ**では，1950年に[____]**左翼政権**が発足した。 　　　　　　　　　　　　　　　　　　　　　　　　　（中央大）　　アルベンス=グス マン

キューバ革命後のラテンアメリカ

☑16 1968年に**ペルー**大統領に就任した[____]は，革新的な**軍事政 権**を樹立した。　　　　　　　　　　　　　　　　　（明治大）　　ベラスコ

☑17 この大統領は，"**資源は産出国のもの**"という"[____]"を唱え た。　　　　　　　　　　　　　　　　　　　　　　　（東海大）　　資源ナショナリズム

☑18 1960年代にインフレが深刻化した**チリ**では，1970年の大統領選 で[a]党と[b]党の**人民連合**が勝利した。　　（京都府立大）　　a・b 社会・共産 （順不同）

☑19 **ニカラグア**では，1979年まで[____]一族による**親米独裁政権** が続いていた。　　　　　　　　　　　　　　　　　　（上智大）　　ソモサ

☑20 この政権は，1979年の**ニカラグア革命**で[____]という組織に よって追放された。　　　　　　　　　　　　　　（関西学院大）　　サンディニスタ民族 解放戦線〔FSLN〕

☑21 1985年，この組織の[____]議長が**ニカラグア大統領**に就任し た。　　　　　　　　　　　　　　　　　　　　　　（慶應義塾大）　　オルテガ

☑22 1989年，アメリカの**ブッシュ**共和党政権は**パナマ**への軍事侵攻 を開始し，当時の独裁者[____]を逮捕した。　　　　（学習院大）　　ノリエガ

☑23 1990年，国民連合の[____]女史が**ニカラグア大統領**となって， 事実上の**親米政権**が発足した。　　　　　　　　　　（上智大）　　チャモロ

☑24 1990年，**日系2世**の[____]が**ペルー大統領**に就任し，革新勢 力に対する強硬策をとって経済の再建を狙った。　　（早稲田大）　　アルベルト=フジ モリ

■ 戦後のラテンアメリカの出来事はまとめて覚えよう！

背景：OAS（米州機構）＝反共体制（アメリカの傘下へ）

50s：朝鮮戦争 ◄──► グアテマラ左翼政権（byグスマン）→米（アイゼンハウアー，共）が打倒

59：キューバ革命 ⇨ バティスタ親米政権打倒byカストロ，ゲバラ→ソ連接近→キューバ危機（62）

60s：ベトナム戦争 ◄──► ペルーの革新政権（68，byベラスコ）

反戦＝民主化運動 ──► チリの社会主義政権（70，byアジェンデ）：銅山の国有化

79：新冷戦 ◄──► ニカラグア革命（ソモサ親米政権打倒），グレナダ左翼政権

近現代のアフリカ

☑01 **アフリカ探検**以前，未開かつ**非文明の地**であるという西欧世界 の偏見から，この地は"_____"という蔑称でよばれていた。
(関西学院大)
暗黒大陸

☑02 **シャルル10世のアルジェリア出兵**に対して，アルジェリアの民 族主義者_____が抵抗した。
(上智大)
アブドゥル=カーディル

☑03 **フランス**は，1882年に ___a___ の一部，1893年には ___b___ を 獲得した。
(大阪大)
a コンゴ
b コートジボワール

☑04 1896年の**アドワの戦い**で，エチオピア皇帝_____はイタリア軍 を撃破した。
(上智大)
メネリク2世

☑05 ベルギー国王**レオポルド2世**は，私財を投じて_____を建設し た。
(早稲田大)
国際アフリカ協会

☑06 ベルリン会議で，**ポルトガル**の_____領有が認められた。
(九州大)
アンゴラ

☑07 1912年，**イタリア**はオスマン帝国と_____を締結して**リビア** を獲得した。
(早稲田大)
ローザンヌ条約

☑08 1958年に自治を認められた**アルジェリア**は，1962年の _____協定によって**独立**を達成した。
(立教大)
エヴィアン

☑09 独立後，_____が**アルジェリアの大統領**となった。 (中央大)
ベン=ベラ

☑10 1960年の**国連総会**で，植民地主義を速やかに終結させるべく _____が採択された。
(近畿大)
植民地解放宣言

☑11 1960年の独立後，**コンゴ**では_____が大統領となった。
(慶應義塾大)
カサヴブ

☑12 コンゴの_____州は，一時"銅"を由来とする**"シャバ州"**とよ ばれ，**ベルギーによって分離独立が主張**された。 (関西学院大)
カタンガ

☑13 1951年の独立後，**リビア**では王政がとられたが，1969年に _____がクーデタを起こして**共和政**になった。 (神戸学院大)
カダフィ（大佐）

☑14 1963年，エチオピアの首都**アジスアベバ**で**アフリカ32カ国**の首 脳が一堂に会し，___a___ が開催され，___b___ が成立した。
(成蹊大)
a アフリカ（独立）諸国首脳会議
b アフリカ統一機構〔OAU〕

☑15 1991年，**アフリカの経済統合**を目指して_____の結成が提唱 された。
(成蹊大)
アフリカ経済共同体

5章 二度の世界大戦と現代の世界

第一次世界大戦

☑01 1884 ～ 85 年の**ベルリン会議**で，列国はアフリカ分割における
　　　 "早い者勝ち"を確認した。この権利を ▢▢▢▢ という。
　　　　　　　　　　　　　　　　　　　　　　　　　　　　（愛知教育大）
先占権

☑02 海軍大臣 ▢▢▢▢ の下，ドイツはイギリスと**建艦競争**を行った。
　　　　　　　　　　　　　　　　　　　　　　　　　　　　（慶應義塾大）
ティルピッツ

☑03 近代文明が発達したヨーロッパの第一次世界大戦勃発前の十数
　　　 年を「 ▢▢▢▢ 」（フランス語で"すばらしい（良き）時代"）とよぶ。
　　　　　　　　　　　　　　　　　　　　　　　　　　　　（早稲田大）
ベルエポック

☑04 1902 年，フランス・イタリア間で ▢▢▢▢ という秘密協定が結
　　　 ばれた。
仏伊協商

☑05 **モロッコ**で先住民の ▢▢▢▢ 人が蜂起したことから，**第 2 次モ
　　　 ロッコ事件**が起こった。　　　　　　　　　　　　（立命館大）
ベルベル

☑06 **セルビア**は， ▢▢▢▢ 主義を掲げてボスニア・ヘルツェゴヴィナ
　　　 の併合を狙った。　　　　　　　　　　　　　　　　（立命館大）
大セルビア

☑07 **第 1 次バルカン戦争**の講和条約として， ▢▢▢▢ が締結された。
　　　　　　　　　　　　　　　　　　　　　　　　　　　　（法政大）
ロンドン条約

☑08 **第 2 次バルカン戦争**の講和条約として， ▢▢▢▢ が締結された。
ブカレスト条約

☑09 第一次世界大戦勃発時， ▢▢▢▢ が**イギリス王兼インド皇帝**だっ
　　　 た。　　　　　　　　　　　　　　　　　　　　　　　（中央大）
ジョージ 5 世

☑10 **バルカン情勢が悪化**する中，オランダの**ハーグ**で ▢▢▢▢ が開催
　　　 された。　　　　　　　　　　　　　　　　　　　　　（中央大）
万国平和会議

☑11 この会議は，**ロシア皇帝** ▢▢▢▢ の提唱で開催されたものだっ
　　　 た。　　　　　　　　　　　　　　　　　　　　　　（学習院大）
ニコライ 2 世

☑12 **サライェヴォ事件**によって，**オーストリア帝位継承者**だった
　　　 ▢▢▢▢ 夫妻が暗殺された。　　　　　　　　　　　　（立命館大）
フランツ=フェル
ディナント（大公）

☑13 **ドイツ**は，**フランスの短期打倒**を図って ▢▢▢▢ 作戦を実行した。
　　　　　　　　　　　　　　　　　　　　　　　　　　　　（専修大）
シュリーフェン

☑14 **ヴェルダン要塞攻防戦**では，フランスの将軍 _____ が活躍した。　ペタン
（京都大）

☑15 **戦車の開発**は，当時のイギリスの海軍大臣だった _____ の命令　チャーチル
で始められた。　　　　　　　　　　　　　　　　　　　（新潟大）

☑16 1918 年 11 月，_____ で**ドイツ休戦協定**が調印され，第一次世　コンピエーニュの
界大戦は終結した。　　　　　　　　　　　　　　　　　　森

ロシア革命

☑01 19 世紀後半，**ロシアは中央アジア**の ___a___ と ___b___ を**保護国**　a・b ブハラ〔ボハ
化した。　　　　　　　　　　　　　　　　　　　　　（筑波大）　ラ〕＝ハン国・ヒ
ヴァ＝ハン国（順
不同）

☑02 19 世紀後半，ロシアは中央アジアの _____ を**併合**した。　コーカンド＝ハン国
（國學院大）

☑03 アレクサンドル 2 世の暗殺後，_____ が皇帝に即位し反動政治　アレクサンドル 3 世
を展開した。　　　　　　　　　　　　　　　　　　　　（早稲田大）

☑04 1905 年，**黒海艦隊**の _____ 号で**水兵が蜂起**した。　（上智大）　ポチョムキン

☑05 1905 年の**十月宣言**により一時革命は沈静化したが，すぐに再　モスクワ蜂起
び活発化して，同年 12 月には _____ が起こった。

☑06 **ストルイピンの反動政治**を受け，**レーニン**は _____ に亡命した。　スイス
（上智大）

☑07 **ロシア**で行われた**皇帝専制政治**を _____ という。（慶應義塾大）　ツァーリズム

☑08 **ロマノフ朝末期**，聖職者を名乗る _____ が政治に介入してきた。　ラスプーチン

☑09 帝政ロシアでは，_____ 暦が用いられていた。　（北海道大）　ユリウス

☑10 **二月革命後**の臨時政府では，_____ が首班となった。　リヴォフ公

☑11 臨時政府で**ケレンスキーが首班となった**ことを受け，ロシアの社　コルニーロフ
会主義化を恐れる**帝政派軍人** _____ が反乱を起こした。
（早稲田大）

☑12 ソヴィエトによる**モスクワ遷都後**，政治機関が _____ 宮殿に設　クレムリン
置された。　　　　　　　　　　　　　　　　　　　　　（札幌大）

☑13 新経済政策（ネップ）によりソ連の都市部では ___a___ とよばれ　a ネップマン
る**小資本家**が，農村部では ___b___ とよばれる**富農**が出現した。　b クラーク
（上智大）

☑14 1933 年にアメリカの承認を得た**ソ連**は，_____ 年にフランス　1934
の斡旋によって**国際連盟に加入**した。　　　　　　　（京都府立大）

第一次世界大戦後のヨーロッパ

ヴェルサイユ体制

☑01 1921年のロンドン会議で**ドイツの賠償金額**は[a]と決定し、その多くは、[b]の取り分となった。

a 1320億金マルク
b フランス

☑02 1922年に**九カ国条約**を締結した国をすべて挙げよ。　（一橋大）

米・英・仏・伊・中国・日本・ベルギー・オランダ・ポルトガル

☑03 "**未回収のイタリア**"のうち、イタリアが**サン=ジェルマン条約**によって獲得した3地域を挙げよ。　（早稲田大）

南チロル・イストリア・トリエステ

☑04 1918年に起こった**ハンガリー革命**で[a]指導の[b]政権が1919年に成立したが、周辺諸国の介入で崩壊した。　（北海道大）

a クン=ベラ
b ソヴィエト

☑05 **セーヴル条約**により、オスマン帝国は**イギリス**に[　]を割譲することになった。　（同志社女子大）

キプロス島

☑06 オーストリアから独立した**チェコスロヴァキア**では、[a]が初代の、[b]が次の大統領に就任した。　（立教大）

a マサリク
b ベネシュ

☑07 1920年の[　]条約によって、**フィウメ**が国際連盟管理下の**自由市**とされた。　（早稲田大）

ラパロ

☑08 **ワシントン海軍軍備制限条約**で、英：米：日：仏：伊の**主力艦保有比率**が[　]と定められた。

5：5：3：1.67：1.67

☑09 ジュネーヴ海軍軍縮会議は、アメリカ大統領[　]により提唱された。　（日本女子大）

クーリッジ

☑10 1930年の**ロンドン（軍縮）会議**で、英：米：日の**補助艦保有比率**が[　]と定められた。

10：10：7弱

☑11 **ルール占領**というフランスの強引な手法に対し、ドイツでは[a]や[b]などの**抵抗**が行われた。　（首都大学東京）

a・b ストライキ・サボタージュ
（順不同）

☑12 ルール占領に対する国際的非難が高まり、フランス経済も悪化していく中、左翼政党が躍進して[　]**左派連合内閣**が成立した。　（早稲田大）

エリオ

☑13 **レンテンマルク**発行時に通貨統制委員だった[　]は、後に**ヒトラー政権で経済相**にもなった。　（大阪学院大）

シャハト

第一次世界大戦後のイタリア

☑14 戦後不況に見舞われた**イタリア**では，インフレーションが悪化していく中，**左翼政党**である ☐☐☐☐ が躍進した。　（上智大）

イタリア社会党

☑15 1920 年，**北イタリア**の ☐☐☐☐ 地方で労働者が工場を占拠するという**ストライキ**が起こった。　（法政大）

ピエモンテ

☑16 **ムッソリーニ**は，ファシスト党内に ☐☐☐☐ とよばれる直接行動隊を組織し，**ローマ進軍**を行った。　（同志社大）

黒シャツ隊

☑17 イタリア国王 ☐☐☐☐ は，軍部によるローマ進軍阻止を拒否した。

ヴィットーリオ＝エマヌエーレ 3 世

☑18 **ムッソリーニ**は，ユーゴスラヴィア〔セルブ＝クロアート＝スロヴェーン王国〕と単独で ☐☐☐☐ 条約を交わし，**フィウメの併合**を果たした。　（名古屋大）

ローマ

☑19 ムッソリーニは，1926 年の ☐☐☐☐ 条約で**アルバニアを保護国化**した。　（早稲田大）

ティラナ

☑20 ムッソリーニは，教皇 ☐☐☐☐ と**ラテラン条約**を締結した。　（成蹊大）

ピウス 11 世

☑21 ムッソリーニは，**ドイツの再軍備宣言に対抗するため**，イギリス・フランスを誘って ☐☐☐☐ を結成した。　（上智大）

ストレーザ戦線

大戦間のアメリカと世界恐慌

☑01 **禁酒法**制定後，シカゴの ☐☐☐☐ などを代表とする**マフィア**が酒の密造と密売を行うようになった。

アル＝カポネ

☑02 アメリカでは ☐☐☐☐ が始まり，現金がなくとも商品が手に入るようになった。　（津田塾大）

月賦販売制度〔ローン〕

☑03 1927 年，☐☐☐☐ が**大西洋無着陸横断飛行**に成功した。　（西南学院大）

リンドバーグ

☑04 "暗黒の木曜日"とよばれる 1929 年 10 月 24 日，ニューヨーク証券取引所で，**フルライン生産**を行っていた大手自動車メーカー ☐☐☐☐ の株価が下落を始めた。

ゼ ネ ラ ル ＝ モーターズ社

☑05 **"ニューディール"**は，フーヴァー大統領の自由放任主義から ☐☐☐☐ 主義への転換を意味していた。　（早稲田大）

修正資本

☑06 **"ニューディール"**の方向性は，**"救済・回復・改革"**という 3 つの英単語の頭文字をとって ☐☐☐☐ とよばれる。　（法政大）

3R 政策

☑07 **金本位制を停止**したことによって，国家が貨幣価値を管理する ☐☐☐☐ 制度に移行した。　（早稲田大）

管理通貨

☑ 08 金本位制の停止によって，**ドルの価値が下がる**ことになった。　　ドルの切り下げ
これを [____] とよぶ。　　　　　　　　　　　　　　（学習院大）

☑ 09 アメリカの**フランクリン＝ローズヴェルト**は，1933 年に開催した　　第 7 回パン＝アメ
[____] で**ラテンアメリカ諸国への内政不干渉**を表明した。　　　リカ会議
　　　　　　　　　　　　　　　　　　　　　　　　　　（早稲田大）

国共合作と日本の中国進出

☑ 01 日本の [____] 内閣によって，**袁世凱**政権に**二十一カ条の要求**　　大隈重信
が突きつけられた。　　　　　　　　　　　　　　　　（早稲田大）

☑ 02 1917 ～ 18 年，**日本**は北京の**段祺瑞**政権に対して**1 億 4500 万**　　西原借款
円の融資を行った。これを [____] とよぶ。　　　　（関西学院大）

☑ 03 **胡適**は，『**新青年**』に「[____]」という論文を発表した。（中央大）　　文学改良芻議

☑ 04 **陳独秀**が発表した論文「[____]」が，"**文学革命**"という言葉の　　文学革命論
由来となった。　　　　　　　　　　　　　　　　　　　（上智大）

☑ 05 **李大釗**は，上海で**中国共産党**の前身の [____] を結成した。　　マルクス主義〔学
　　　　　　　　　　　　　　　　　　　　　　　　　　（近畿大）　　説〕研究会

☑ 06 1917 年，**北京大学**の初代学長に [____] が就任した。（法政大）　　蔡元培

☑ 07 1923 年，**孫文**はソ連の [____] との会談から**中国国民党改組**の　　ヨッフェ
必要性を感じた。　　　　　　　　　　　　　　　　　（専修大）

☑ 08 1923 年に**コミンテルン**から派遣されてきた [____] が，**孫文の**　　ボロディン
顧問となった。　　　　　　　　　　　　　　　　　　（大阪大）

☑ 09 国内に乱立する軍閥に対抗するため，国民党は，**国民革命軍の**　　a 黄埔軍官学校
幹部育成機関として [a] を設立した。校長は [b] だった。　　b 蔣介石
　　　　　　　　　　　　　　　　　　　　　　　　　　（早稲田大）

☑ 10 この学校のナンバー 2 にあたる**政治部主任**には [____] が就任　　周恩来
した。　　　　　　　　　　　　　　　　　　　　　（京都府立大）

☑ 11 共産党による**抗日根拠地**の [____] が各地に成立した。（上智大）　　解放〔ソヴィエト〕区

☑ 12 **最初の解放区**は [a] ・ [b] に成立した。　　（専修大）　　a・b 海豊・陸豊
　　　　　　　　　　　　　　　　　　　　　　　　　　　　　　　（順不同）

☑ 13 井崗山にいた**毛沢東**の下に，**紅軍建設の中心人物**である　　朱徳
[____] が合流した。　　　　　　　　　　　　　　　　（法政大）

☑ 14 1934 年 7 月，**中国共産党**は日本に対して [____] 宣言を発した。　　北上抗日

☑ 15 1935 年に**周恩来**が [____] 会議で毛沢東側に立ったことで，共　　遵義
産党内での**毛沢東の主導権**が確立された。　　　（関西学院大）

☑16 1936年, 共産党攻撃を張学良と◻︎◻︎◻︎に催促するために**西安**に入った**蔣介石が, この両者に監禁**された。 　　　（福岡大）

楊虎城

☑17 **第2次国共合作**の成立後, 共産党の**紅軍**は◻ a ◻や◻ b ◻と名前を変えた。 　　　（明治学院大）

a・b 八路軍・新四軍（順不同）

☑18 1940年, **汪兆銘**は**新日政権**として◻︎◻︎◻︎を樹立した。これは傀儡政権と見なされた。 　　　（上智大）

南京国民政府

第二次世界大戦

ファシズムの台頭

☑01 **ナチス**は◻︎◻︎◻︎という派手な**宣伝活動**を行って, 中小農民や中間階級の市民にヴェルサイユ体制打破を訴えかけた。
　　　（早稲田大）

プロパガンダ

☑02 **ヒンデンブルク**大統領の**独断で首相が指名**された内閣を◻︎◻︎◻︎という。

大統領内閣

☑03 ドイツの政治が混乱する中, ◻︎◻︎◻︎年の選挙で**ナチスが第1党**となった。 　　　（同志社大）

1932

☑04 全権委任法が成立して**ヒトラーの独裁**が始まると, 民主的な憲法とされた◻︎◻︎◻︎が事実上停止することになった。
　　　（北海道大）

ヴァイマル憲法

☑05 1935年, **ユダヤ人弾圧**のために◻︎◻︎◻︎が制定された。
　　　（東京女子大）

ニュルンベルク法

☑06 ヒトラーの**ズデーテン割譲要求**に対し, **チェコスロヴァキア**の◻︎◻︎◻︎大統領は強く反発した。 　　　（関西学院大）

ベネシュ

☑07 チェコスロヴァキア解体と同時期, **ヒトラー**は**リトアニア**に対して◻︎◻︎◻︎地方の割譲を要求した。 　　　（法政大）

メーメル

第二次世界大戦の開戦

☑08 日本やドイツのように**植民地や資源が少ない国**は, "◻︎◻︎◻︎"という表現で自国の侵略を正当化しようとした。 　　　（信州大）

持たざる国

☑09 このような国は, イギリス・フランス・アメリカのように**植民地を多く抱える国**を"◻︎◻︎◻︎"とよんだ。 　　　（信州大）

持てる国

☑10 **ドイツの侵略**に備えて, ポーランドはイギリスと◻︎◻︎◻︎条約を結んでいた。

イギリス＝ポーランド相互援助

☑ 11 **ドイツの侵略に備えて**, ポーランドはフランスと [____] 条約を
結んでいた。
フランス＝ポーランド相互援助

☑ 12 1940 年, ドイツ軍はフランスの**対ドイツ要塞**群である [____]
を避けて, 北フランスへと侵攻した。　　　　　（大妻女子大）
マジノ線

☑ 13 大戦中, 武器装備に劣るパルチザンなどの**非正規軍**は, [____]
とよばれる戦闘法でファシズムと戦った。　　　（関西学院大）
ゲリラ戦

☑ 14 第二次世界大戦において, **ドイツに対する西部方面からの反攻
作戦**を [____] とよぶ。　　　　　　　　　　　（明治大）
第二戦線

☑ 15 1941 年, 日本の外相 [a] とソ連の外務人民委員 [b] が
日ソ中立条約を締結した。　　　　　　　　（慶應義塾大）
a 松岡洋右
b モロトフ

☑ 16 独ソ戦を行っていた**ソ連がアメリカ・イギリス**に対して**第二戦
線を要求**した結果, 1943 年 11 ～ 12 月に [____] が行われた。
　　　　　　　　　　　　　　　　　　　　　　（専修大）
テヘラン会談

☑ 17 1944 年, **東条英機内閣**が倒れて [____] 内閣が成立した。
小磯國昭

☑ 18 **ヤルタ会談**でのイギリスとソ連の対立が戦後の**冷戦**につながっ
たことから, 戦後体制を "[____]" と表現することがある。
ヤルタ体制

☑ 19 **ポツダム宣言**で日本が勧告された内容を 4 つ挙げよ。　（東京大）
無条件降伏・武装解除・民主化・連合国による管理

☑ 20 ポツダム宣言に基づき, **日本占領**のために [____] が設けられた。
　　　　　　　　　　　　　　　　　　　　　　（早稲田大）
連合国軍最高司令官総司令部〔GHQ〕

☑ 21 1945 年 8 月, アメリカは日本の [a] と [b] に**原子爆弾**を
落とした。　　　　　　　　　　　　　　　　　（早稲田大）
a・b 広島・長崎
（順不同）

冷戦

☑ 01 1950 年, 中華人民共和国とソ連は**日本を仮想敵国とする**
[____] を締結した。　　　　　　　　　　　　（同志社大）
中ソ友好同盟相互援助条約

☑ 02 1955 年の**ジュネーヴ 4 巨頭会談**には, アメリカの**アイゼンハワー**
大統領, **ソ連**の [a] 首相, **イギリス**の [b] 首相, フランス
のフォール首相が集まった。　　　　　　　　　（南山大）
a ブルガーニン
b イーデン

☑ 03 人工衛星打ち上げ成功によってアメリカに対する優位性を確立
した**フルシチョフ**は, 1959 年に公式に訪米してアイゼンハワー
と [____] 会談を行った。　　　　　　　　　　（上智大）
キャンプ＝デーヴィッド

☑ 04 1963 年, ソ連の [____] で**部分的核実験停止条約**が調印された。
　　　　　　　　　　　　　　　　　　　　　　（上智大）
モスクワ

戦後のアメリカ

☑01 アメリカ・ミズーリ州の [＿＿＿] で，チャーチルは "鉄のカーテン" 演説を行った。　　　　　　　　　　　　　（立命館大）

フルトン

☑02 **トルーマン**は，政権 2 期目に "ニューディール" に倣って "[＿＿＿]" とよばれる政策を掲げた。　　　　（駒澤大）

フェアディール

☑03 トルーマンの時代，ワグナー法で保障された**労働者の権利を大幅に修正した** [＿＿＿] が制定された。　　　（大妻女子大）

タフト＝ハートレー法

☑04 **米州共同防衛条約（リオ協定）**に基づき，1948 年に開かれた第 9 回**パン＝アメリカ会議**で [＿＿＿] が採択された。　　（上智大）

ボゴタ憲章

☑05 1950 年から，アメリカでは [＿＿＿] とよばれる**反共運動**が始まった。　　　　　　　　　　　　　　　　（立命館大）

赤狩り〔マッカーシズム〕

☑06 トルーマンの次に大統領となった**アイゼンハワー**は，[＿＿＿] を国務長官に任命し，ともに**ジュネーヴ 4 巨頭会談**に出席した。　　　　　　　　　　　　　　　　　　　　（慶應義塾大）

ダレス

☑07 1950 年，アメリカは "封じ込め政策" 強化のため，**戦略物資の東欧への輸出制限**など狙った [＿＿＿] の活動を開始した。　　　　　　　　　　　　　　　　　　　　（慶應義塾大）

対共産圏輸出統制委員会〔COCOM〕

☑08 **ケネディ**大統領は [a] 系移民の子孫で，アメリカ初の [b] 教徒の大統領だった。　　　　　　　　　（慶應義塾大）

a アイルランド
b カトリック

☑09 **キューバ危機**において，ケネディはソ連のミサイルをキューバに搬入できないよう [＿＿＿] を行った。　　（首都大学東京）

海上封鎖

☑10 **ニクソン**大統領は，ベトナム人同士での戦争の解決を狙った "[＿＿＿]" 政策を唱えた。　　　　　　　　（一橋大）

ベトナム化

☑11 **レーガン大統領**が行った一連の**経済政策**を "[＿＿＿]" とよぶ。　　　　　　　　　　　　　　　　　　（慶應義塾大）

レーガノミクス

☑12 **レーガン大統領**は，ソ連など敵の**ICBM（大陸間弾道弾）**を到達前に迎撃するという [＿＿＿] を掲げた。　（慶應義塾大）

SDI〔戦略防衛構想〕

☑13 2008 年，[a] とよばれる**低所得者向けの住宅ローン**が破綻したことにより，**金融危機** [b] が起こった。　（慶應義塾大）

a サブプライムローン
b リーマン＝ショック

戦後のソ連

☑01 1938 年からドイツとの直接戦争が始まるまで続いた _____ 計 画では、**軍需産業の拡大**が図られた。 　　　　　(慶應義塾大)
第 3 次五カ年

☑02 1949 年、**ソ連**は _____ で**核実験**を行って成功させた。
セミパラチンスク

☑03 スターリンの死後、_____ が首相に就任した。 　(早稲田大)
マレンコフ

☑04 スターリンの死後、彼の個人独裁に対する反省から、**ソ連では 権力を分散させる** _____ 体制がとられた。 　　(大阪大)
集団指導

☑05 **ジュネーヴ 4 巨頭会談**には、ソ連の第一書記 ☐ a ☐ やアメリ カ国務長官 ☐ b ☐ も参加した。 　　　　　(早稲田大)
a フルシチョフ
b ダレス

☑06 **ソ連共産党第 20 回大会**では、ソ連の副首相 _____ が**平和共存 路線**を唱えた。 　　　　　　　　　　(上智大)
ミコヤン

☑07 訪米中のフルシチョフが**宇宙開発におけるソ連のリード**を終始 アピールしたことで、アメリカでは _____ 論争が激化した。
ミサイル＝ギャップ

☑08 フルシチョフの失脚後、党第一書記に**ブレジネフ**、首相に _____ が就任した。 　　　　　　　　　(国士舘大)
コスイギン

☑09 1960 年、ソ連上空で**アメリカの偵察機**が撃ち落とされる _____ 事件が起きた。 　　　　　　　　　(法政大)
U 2 型機

☑10 フルシチョフ失脚後のブレジネフとポドゴルヌイ、コスイギンによ る**集団指導体制**を _____ とよぶ。
トロイカ体制

☑11 ドプチェクがソ連に連行されたのち、チェコスロヴァキアでは _____ を第一書記とする**親ソ政権**が成立した。 　(西南学院大)
フサーク

☑12 **中ソ論争**において、ソ連は中国を ☐ a ☐、中国はソ連を ☐ b ☐、 ソ連のプラハの春への軍事介入を ☐ c ☐ とよんで批判した。 　　　　　　　　　　　　　　　(関西大)
a 教条主義
b 修正主義
c 社会帝国主義

☑13 ソ連は、中国における**文化大革命**を _____ とよんで批判した。
極左日和見主義

☑14 1969 年、**中ソ間にあるウスリー川の** _____ で両国の武力衝突 が起こった。 　　　　　　　　　　(京都大)
珍宝〔ダマンスキ ー〕島

☑15 ブレジネフ書記長時代のソ連は、_____ 政権下の**アフガニスタ ン**に侵攻を開始した。 　　　　　　　(早稲田大)
アミン

☑16 **ブレジネフ**は、この政権を打倒して**親ソ的な** _____ 政権を支援 した。 　　　　　　　　　　　　　(上智大)
カルマル

☑17 **ゴルバチョフ**の書記長就任時、☐ a ☐ が最高会議幹部会議長、 ☐ b ☐ が外務人民委員に就任した。 　　　(学習院大)
a グロムイコ
b シュワルナゼ

戦後のヨーロッパ

統合と各国の動き

☑ 01 EECの成立は，**各国政府の政治決定に介入できる** ☐ が誕
生したことを意味した。 　　　　　　　　　　（明治大）

超国家的機構

☑ 02 ECの成立により，**域外に対して共通関税を導入する** ☐ が
成立した。 　　　　　　　　　　　　　　　　（早稲田大）

関税同盟

☑ 03 1960 年の**EFTA成立時に参加していた北欧 3 国**を挙げよ。
　　　　　　　　　　　　　　　　　　　　　（上智大）

ノルウェー・
デンマーク・
スウェーデン

☑ 04 **1973 年にECに加盟した国**で，イギリス以外の 2 国を挙げよ。
　　　　　　　　　　　　　　　　　　　　　（上智大）

アイルランド・
デンマーク

☑ 05 **1981 年にECに加盟した国**を挙げよ。 　　　（千葉大）

ギリシア

☑ 06 **1986 年にECに加盟した国**を 2 つ挙げよ。 　（大阪大）

ポルトガル・
スペイン

☑ 07 **1995 年にEUに加盟した国**を 3 つ挙げよ。 （慶應義塾大）

スウェーデン・
フィンランド・
オーストリア

戦後のイギリス

☑ 08 **社会福祉の充実**のため，アトリーは" ☐ "という有名な言
葉を掲げた。 　　　　　　　　　　　　　　（高崎経済大）

ゆりかごから
墓場まで

☑ 09 **イーデンの後**，保守党の ☐ が内閣を引き継いだ。 （明治大）

マクミラン

☑ 10 ウィルソンは 1970 年の選挙で敗北し， a 党の b が
次の首相となり，1973 年ECに加盟した。 　　（早稲田大）

a 保守
b ヒース

☑ 11 後に" a "という異名をとる**サッチャー**は自由競争の原理
を推進し，" b "とよばれる政府を目指した。 　（成城大）

a 鉄の女
b 小さな政府

☑ 12 1989 年に ☐ を導入したサッチャーは，**下層階級から強い
反発**を受けた。 　　　　　　　　　　　　　（北海道大）

人頭税

☑ 13 1990 年，サッチャーは a 党の代表である b に首相
の座を明け渡した。 　　　　　　　　　　　　（学習院大）

a 保守
b メージャー

☑14 **独自の外交政策**を展開した**ド=ゴール**は、"_____"というスローガンを掲げた。　　　　　　　　　　　　　　　　　　　　(立教大)

フランスの栄光

☑15 **五月危機**によってド=ゴールは退陣し、_____が大統領に選ばれた。　　　　　　　　　　　　　　　　　　　　　　　(高崎経済大)

ポンピドゥー

☑16 1975年、__a__大統領は初の**サミット**をパリ近郊の__b__で開催した。　　　　　　　　　　　　　　　　　　　　　　　(国士舘大)

a ジスカールデスタン
b ランブイエ

☑17 ミッテランが退陣した1995年、パリ市長だった_____が大統領に就任し、ド=ゴール路線を復活させた。　　　　　　(早稲田大)

シラク

☑18 ソ連が1948年に**ベルリン封鎖**を行うと、**アメリカ**は飛行機を使用した_____を行い、西ベルリンへ物資を輸送した。　(立教大)

空輸作戦

☑19 **ドイツ統一後**の1998年、緑の党と__a__などが連立政権を結成し、__b__内閣が誕生した。　　　　　　　　　　　　(学習院大)

a 社会民主党
b シュレーダー

☑20 1955年、**オーストリア**は独立を回復して_____となった。　　　　　　　　　　　　　　　　　　　　　　　　　(大妻女子大)

永世中立国

☑21 第二次世界大戦後、**チェコスロヴァキア**は_____大統領の下で共和国として再興したが、1948年にクーデタが起きた。　　　　　　　　　　　　　　　　　　　　　　　　　　　(西南学院大)

ベネシュ

☑22 このクーデタで、__a__を代表とする__b__党が政権を獲得し、**チェコスロヴァキアは社会主義国家**となった。　　(上智大)

a ゴットワルト
b 共産

☑23 **チェコスロヴァキア**では、1977年に文化人・聖職者・労働者などが"_____"を発表した。

憲章77

☑24 チェコスロヴァキアでは、1989年に**反体制的な知識人層**を中心とする"_____"が結成された。　　　　　　　　　(中央大)

市民フォーラム

☑25 チェコスロヴァキアでは、"**ビロード革命**"によって共産党独裁体制が終了し、1989年に_____が大統領に就任した。　　　　　　　　　　　　　　　　　　　　　　　　　　　(法政大)

ハヴェル

中華人民共和国

☑01 1940年、**毛沢東**の率いる**中国共産党**は_____を提唱し、革命理論を説いた。　　　　　　　　　　　　　　　　　　(中央大)

新民主主義論

☑02 1947年、**中国共産党**は__a__を発表し、土地に関する政策の方向性を示した。これが1950年の__b__法につながった。　　　　　　　　　　　　　　　　　　　　　　　　　　　　(専修大)

a 中国土地法大綱
b 土地改革

☑ 03 1954 年に開催された全国人民代表大会で，□□□□が採択された。 (関西学院大) 　中華人民共和国憲法〔新憲法〕

☑ 04 毛沢東は，**紅衛兵**の活動を"□□□□"とよんで評価した。 (上智大) 　造反有理

☑ 05 1960 年，中国共産党は機関紙『□□□□』で公に**ソ連を批判**した。 (明治大) 　人民日報

☑ 06 キューバ危機や**部分的核実験停止条約**を受けて，中国はソ連を"□□□□"と批判した。 (首都大学東京) 　修正主義

☑ 07 中国は，**ブレジネフ**政権による**"プラハの春"への軍事介入**に対して，"□□□□"との批判を行った。 (青山学院大) 　社会帝国主義

☑ 08 **1969 年，**□□□□**とよばれる中国共産党大会**が開かれ，林彪が毛沢東の後継者として正式に認定された。 　九全大会

☑ 09 **四人組**は，中国の封建的体制を助長する存在として**孔子**を批判し，それを**林彪**と結びつけた。これを□□□□とよぶ。 (名古屋大) 　批林批孔運動

☑ 10 1976 年，北京の天安門広場で開かれた周恩来の追悼集会が，**毛沢東の個人独裁と文化大革命を否定**する集会と化したため，**徹底的に弾圧**された。これを□□□□とよぶ。 　第 1 次天安門事件

☑ 11 1978 年，中国は日本の□□□□首相と**日中平和友好条約**を締結した。 (同志社大) 　福田赳夫

☑ 12 企業の自主性が重んじられるようになり，**外資系企業を積極的に誘致**するために□□□□が設置された。 (慶應義塾大) 　経済特区

☑ 13 1981 年に**華国鋒**が失脚し，□□□□が総書記となった。 (青山学院大) 　胡耀邦

☑ 14 1983 年，劉少奇失脚後に廃止されていた**国家主席のポジション**が復活し，□□□□が就任した。 (関西大) 　李先念

☑ 15 1984 年，中国は**イギリス**の□ a □政権と□ b □の締結に成功した。 (立命館大) 　a サッチャー　b 香港返還協定

☑ 16 **趙紫陽が党総書記**に就いた際，□□□□が首相に就任した。 (関西大) 　李鵬

☑ 17 1989 年 5 月，30 年ぶりに□□□□が実現し，**中ソ対立の終了**と関係の正常化が宣言された。 　中ソ首脳会談

中東問題

☑01 **パレスチナ分割案**では，人口では 3 分の 1 に過ぎなかったユダ　　56%（半分以上）
　　ヤ人が▢▢▢の土地を得た。　　　　　　　　　　　　　　（中央大）

☑02 **パレスチナ戦争**の結果，**エジプト**が▢a▢地区，**ヨルダン**が　　a ガザ
　　▢b▢地区を獲得した。　　　　　　　　　　　　　　　（早稲田大）　　b ヨルダン川西岸

☑03 1951 年，イランの**モサデグ首相**はイギリス系企業だった▢▢▢　　アングロ＝イラニ
　　を接収した。　　　　　　　　　　　　　　　　　　（高崎経済大）　　アン石油会社

☑04 **エジプト国王**▢▢▢は，事実上の宗主国**イギリスと協力関係を**　　ファルーク 1 世
　　結んだために革命が起こった。　　　　　　　　　　　　（中央大）

☑05 1958 年，**シリアとエジプトが合併**して▢▢▢となった。　　　　アラブ連合共和国
　　　　　　　　　　　　　　　　　　　　　　　　　　　（早稲田大）

☑06 PLOは▢▢▢に本部を置き，1974 年の国連総会で国連オブ　　　レバノン〔ベイルー
　　ザーバーとして認められた。　　　　　　　　　　　　（慶應義塾大）　　ト〕

☑07 **第 1 次石油危機**に際し，パリ郊外の▢a▢で第 1 回サミット　　a ランブイエ
　　が開かれ，▢b▢問題が話し合われた。　　　　　　　　（早稲田大）　　b エネルギー

☑08 1981 年 10 月，エジプトのサダト大統領暗殺後，新たに▢a▢　　a ムバラク
　　が副大統領から昇格し，2011 年の▢b▢まで政権を維持した。　　b アラブの春
　　　　　　　　　　　　　　　　　　　　　　　　　　（神戸学院大）

☑09 1988 年に**PLO**は▢▢▢を行い，事実上**イスラエルとの共存**を　　パレスチナ国家樹
　　図る独立国家構想を打ち立てた。　　　　　　　　　　　（上智大）　　立宣言

現代の文化

文学・哲学・学問

☑01 インドの思想家**タゴール**は，**叙情詩集**『▢▢▢』を代表作とし，　　ギーターンジャリ
　　アジア初のノーベル文学賞を受賞した。　　　　　　　（早稲田大）　　〔歌の捧げもの〕

☑02 **チェコ出身のユダヤ系小説家**▢▢▢は，人間の孤独・不安・絶　　カフカ
　　望などを描いた『**変身**』を著した。　　　　　　　　　（慶應義塾大）

☑03 "**プロレタリア文学の父**"とよばれるソ連の▢▢▢は，『**どん底**』　　ゴーリキー
　　を著した。　　　　　　　　　　　　　　　　　　　　　（専修大）

☑04 ベトナムの民族運動を指導した**ファン＝ボイ＝チャウ**は，　　　　ベトナム亡国史
　　『▢▢▢』を著した。

☑ 05 ソ連のコサック農民出身の ［＿＿＿］ は，社会主義リアリズムの代表作『**静かなるドン**』を著した。 （駒澤大）　ショーロホフ

☑ 06 ソ連のユダヤ系小説家 ［＿＿＿］ は，ソ連で出版が禁止された『**ドクトル=ジバゴ**』をイタリアで刊行した。 （駒澤大）　パステルナーク

☑ 07 フランスの文学者 ［＿＿＿］ は，象徴主義の影響によって『**狭き門**』，『**田園交響楽**』などを著した。 （南山大）　アンドレ=ジイド〔ジッド〕

☑ 08 **新心理主義**の小説を確立したフランスの ［＿＿＿］ は，代表作『**失われた時を求めて**』で知られる。 （札幌大）　プルースト

☑ 09 『**車輪の下**』を著したドイツの文学者 ［＿＿＿］ は，ナチスに対して敢然と反対の意を表し，スイスに永住した。 （駒澤大）　ヘルマン=ヘッセ

☑ 10 ドイツの ［＿＿＿］ は，第一次世界大戦での経験から『**西部戦線異状なし**』などの反戦小説を著した。 （大妻女子大）　レマルク

☑ 11 アイルランド出身の小説家 ［＿＿＿］ は，『**ユリシーズ**』などの心理主義文学を創始した。 （上智大）　ジョイス

☑ 12 イギリスの小説家 ［＿＿＿］ は，上流階級の偽善性を批判する『**チャタレー夫人の恋人**』を著した。 （同志社大）　ローレンス

☑ 13 **ヘミングウェー**は，第一次世界大戦におけるイタリア戦線での経験を基にして『［＿＿＿］』を著した。 （明治大）　武器よさらば

☑ 14 アメリカの小説家 ［＿＿＿］ は，激しい社会批判や農民の辛苦を描いた『**怒りの葡萄**』を著した。 （駒澤大）　スタインベック

☑ 15 アルジェリア生まれのフランスの小説家 ［＿＿＿］ は，**反ナチス抵抗運動**に参加した。彼の代表作に『**異邦人**』や『**ペスト**』などがある。 （明治大）　カミュ

☑ 16 ソ連の体制に異を唱えた ［＿＿＿］ は，政治犯収容所に収監され，『**イワン=デニーソヴィチの一日**』を著した。 （早稲田大）　ソルジェニーツィン

☑ 17 ナチスを支持したドイツの哲学者 ［＿＿＿］ は，『**存在と時間**』を著した。 （同志社大）　ハイデッガー

☑ 18 ロシアの思想家 ［＿＿＿］ は，『**帝国主義論**』を著し，世界初の**社会主義革命**に成功した。 （上智大）　レーニン

☑ 19 スイス出身の**危機神学者** ［＿＿＿］ は，『**ロマ書講解**』を著し，反ナチスの教会闘争にも参加した。 （早稲田大）　バルト

☑ 20 **イタリア共産党**を創設した ［＿＿＿］ は，機関紙『**ウニタ**』を創刊した。 （南山大）　グラムシ

☑ 21 **フランス人の** [___] **は，生の哲学を**構築し，哲学・思想界にお
いて多くの文化人に影響を与えた。　　　　　　　（慶應義塾大）

ベルグソン〔ベル
クソン〕

☑ 22 『**哲学**』や『**理性と実存**』で有名なドイツの哲学者 [___] は，神
の存在を自覚するという実存主義を唱えた。　　　（青山学院大）

ヤスパース

☑ 23 イギリスの歴史学者 [___] は，歴史の発展法則を文明の生滅に
求める『**歴史の研究**』を著した。　　　　　　　（明治学院大）

トインビー

☑ 24 イギリスの近代経済学者 [___] は，"**ニューディール**"政策の
指導理論を設計した。　　　　　　　　　　　　（慶應義塾大）

ケインズ

☑ 25 経済学者 [___] は，第一次世界大戦後にオーストリア政府蔵相
に就任し，その後アメリカに帰化した。

シュンペーター

☑ 26 この人物は，[___] という**企業内技術革新**を提唱した。
　　　　　　　　　　　　　　　　　　　　　　（学習院大）

イノベーション

美術・音楽・建築・大衆文化

☑ 27 **フランスの野獣派画家** [___] は，ステンドグラス風の強い輪郭
を特徴とし，娼婦・道化師などを題材にした。代表作に「**聖顔**」
や「**古き王**」などがある。　　　　　　　　　　（関西大）

ルオー

☑ 28 キュビズムを代表する画家として，「**ゲルニカ**」を描いた**ピカソ**や，
「**レスタックの家**」を描いた**フランスの** [___] が挙げられる。

ブラック

☑ 29 19世紀の自然主義・印象主義に反発し，事物の姿そのものより
も主観を強く押し出した芸術表現を [___] とよぶ。（早稲田大）

表現主義

☑ 30 キュビズムで**ノルウェー**を代表する画家 [___] は，不安や憂愁
などをテーマとして描いた「**叫び**」を代表作とする。　（法政大）

ムンク

☑ 31 **現代抽象画を創始した** [___] は，代表作「コンポジション」な
どで知られる。　　　　　　　　　　　　　　　（同志社大）

カンディンスキー

☑ 32 フランスの作曲家 [___] は，「**牧神の午後への前奏曲**」や**交響
詩「海」で印象派音楽**を確立した。　　　　　　　（早稲田大）

ドビュッシー

☑ 33 フランスの印象派音楽家 [___] は，「**ボレロ**」や「**ダフニスとク
ロエ**」などを作曲した。　　　　　　　　　　　　（上智大）

ラヴェル

☑ 34 バレエ音楽「**火の鳥**」や「**春の祭典**」などで世界的名声を手に入
れたロシアの音楽家 [___] は，フランスに帰化し，のちにアメ
リカに移住した。　　　　　　　　　　　　　　（南山大）

ストラヴィンスキー

☑ 35 **フィンランドの音楽家**〔　　　〕は、「カレワラ」や「**フィンランディア**」で世界的名声を獲得した。　(西南学院大)　シベリウス

☑ 36 **ナチス=ドイツ時代の音楽家**〔　　　〕は、楽劇「**サロメ**」や**交響詩**「**ツァラトゥストラはかく語りき**」などを作曲した。　(南山大)　(リヒャルト＝)シュトラウス

☑ 37 スイス出身の近代建築家〔　　　〕は、**国連本部ビル**の設計にも参加した。彼の設計した上野の国立西洋美術館は、2016年世界遺産に登録された。　(明治学院大)　ル＝コルビュジエ

☑ 38 スペインの建築家〔　　　〕は、**サグラダ=ファミリア教会**など曲面・曲線に富んだ作品を多く残した。　(法政大)　ガウディ

☑ 39 "黄金の20年代"を娯楽面から支えたアメリカの役者〔　　　〕は、映画『**独裁者**』でヒトラー政権を痛烈に批判した。　(西南学院大)　チャップリン

科学技術

☑ 40 **高分子化学**の分野において、アメリカの〔　　　〕が**プラスチック**を発明した。　ベークランド

☑ 41 アメリカの〔　　　〕は、合成繊維**ナイロン**を発明した。　(早稲田大)　カロザース

☑ 42 アメリカの〔　　　〕は、放線菌から分離した**ストレプトマイシン**が不治の病だった**結核の特効薬**であることを発見した。　(成蹊大)　ワクスマン

☑ 43 イギリスの物理学者〔　　　〕は、**放射性物質の研究**や**原子の人工破壊**に成功した。　(南山大)　ラザフォード

☑ 44 イタリア生まれの物理学者〔　　　〕は、**核分裂の連鎖反応**を実現し、ノーベル物理学賞を受賞した。　(南山大)　フェルミ

☑ 45 **フランス**は、南太平洋の〔　　　〕で**200回近くの核実験**を行った。　(明治大)　ムルロア環礁

☑ 46 **アメリカの原爆製造計画**は秘密裏に行われ、〔　　　〕計画とよばれた。　(明治学院大)　マンハッタン

☑ 47 1950年、スウェーデンで**核兵器の無条件禁止**を訴える〔　　　〕が採択された。　(関西学院大)　ストックホルム＝アピール

☑ 48 1974年に〔　a　〕が世界で**6番目**に、1998年には〔　b　〕が世界で**7番目**に核を保有した。　(東京大)　a インド　b パキスタン

☑ 49 1979年、アメリカの〔　　　〕原子力発電所で、冷却材喪失により炉心が半分以上融解する事故が発生した。　(学習院大)　スリーマイル島

索引

索引

索引

索引

ほ

ま